U0839277

人才研究

第四辑

齐秀生　主编

山东大学出版社

图书在版编目（CIP）数据

人才研究．第四辑／齐秀生主编．—济南：山东大学出版社，2019.12

ISBN 978-7-5607-6536-5

Ⅰ.①人… Ⅱ.①齐… Ⅲ.①人才—发展战略—研究—中国 Ⅳ.①C964.2

中国版本图书馆 CIP 数据核字（2019）第 289605 号

责任编辑： 刘森文　肖淑辉

封面设计： 臧　旭　李　克

出版发行：山东大学出版社

社　址　山东省济南市山大南路 20 号

邮　编　250100

电　话　市场部（0531）88363008

经销：新华书店

印刷：济南巨丰印刷有限公司

规格：184 毫米×250 毫米　1/16

19.75 印张　410 千字

版次：2019 年 12 月第 1 版

印次：2019 年 12 月第 1 次印刷

定价：55.00 元

版权所有，盗印必究

凡购本书，如有缺页、倒页、脱页，由本社营销部负责调换

《人才研究》（第四辑）
编辑委员会

顾　　问	吴　江	叶忠海	吴德贵
	郑其绪	张体勤	钟祖荣
主　　编	齐秀生		
副 主 编	夏季亭	薛永武	司江伟
	刘　军	杨峰丽	江　岩
执行副主编	王文姮	孙书平	
编辑人员	王治珂	田　涛	孙书平
	孙昕光	孙建华	
编务人员	齐振花		
资料提供	姜少伟	高兴成	王金凤

前 言

为深入学习贯彻党的十九大精神、习近平总书记关于人才工作的重要论述和全国教育大会精神，加强新时代教育和人才理论研究，服务高校人才培养质量提升和地方经济社会发展，2019 年 5 月，山东省高等教育人才研究会 2019 年年会暨“学习贯彻全国教育大会精神形成更高水平人才培养体系”研讨会在泰安召开。本次会议得到上级部门和地方党委政府的大力支持，来自山东省内外高校、科研机构、相关部门和企业的 100 余名人才研究专家学者和人才工作者参加了会议。

会议围绕“学习贯彻全国教育大会精神，形成更高水平人才培养体系”这一主题，邀请了多位高水平专家作报告。人力资源和社会保障部中国人事科学研究院院长、中国人才研究会常务副会长余兴安作了“人力资源新状态下的人才问题”的主旨演讲，报告从人口总量、人口老龄化、劳动年龄人口、农村劳动力、劳动者整体素质、劳动力产业分布结构、劳动工作形态、劳动参与率、人工成本、薪酬形态等十个方面论述了人力资源发展的新动态、新趋势，对深入学习领会党和国家的人才政策、提升人才研究水平、推动工作发展起了重要的指导作用。教育部高校学生司一级巡视员荆德刚从中国的新时代和高校人才培养的新阶段、高校人才培养的新特征和新任务两个方面，作了“新时代高校人才培养的新特征及新任务”的主旨演讲，开阔了大家的思路。中共山东省委组织部人才工作处调研员张兴旺，中共泰安市委常委、组织部部长高尚山，山东省人力资源和社会保障厅一级巡视员（正厅级）李伯平，山东省教育厅副厅长孟庆旭，中国人才研究会人才学专委会理事长、中国石油大学（华东）党委原书记郑其绪，山东财经大学教授、原山东经济学院党委书记张体勤，泰山学院党委书记范真等领导和专家出席会议并作专题报告或致辞。山东省人民政府参事、山东省委高校工委原副书记（正厅级）、山东省高等教育人才研究会会长齐秀生主持会议。

本次会议还围绕“双一流”建设与人才开发、“一带一路”国际化与人才培养、人才培养体系与人才开发、人才的政治理论素养与开发、应用型人才的培养等，组织了五场专题交流发言大会，进行了认真热烈的探讨。为进一步促进交流，研究会对参会论文进行了评选，遴选优秀论文并通过《人才研究》予以出版发表。

本辑《人才研究》还收录了中国人才研究会领导人才专业委员会部分会员的论文。

编　者

2019 年 11 月

目 录
CONTENTS

特 稿

人才发展战略研究

领导人才

人才培养

人才管理

实践探索

特　稿

责任感与人才发展

薛永武*

摘　要　本文从多维角度出发，探索了责任感的本质内涵，认为人生应该具有独立成长责任感、自主学习责任感、家庭责任感、工作岗位责任感、集体主义责任感、社会责任感和人类责任感。通过对责任感与人才发展的关系进行比较全面的研究，揭示了责任感对于促进人才发展的重要性，探索了责任感促进人才发展的具体方法。

关键词　责任感　使命感　人才发展

从人生哲学的角度来看，责任感是一个人应有的主体性；从人才发展的角度来看，责任感是促进一个人成长与成才的重要动力。人生在世，需要从小培养人生的责任感。

一、责任感的内涵

习近平总书记反复告诫党员领导干部，要做好为民用权的政治担当、干事创业的责任担当。2019 年 3 月 5 日，李克强总理在中共十三届全国人大二次会议的《政府工作报告》中指出："切实强化责任担当。"实际上，我们每个人从懂事那天开始，就逐渐具有了人生的责任，学生在校期间要自觉履行学习责任，参加工作以后要学会担起工作岗位的责任。人才发展的历史证明，只有敢于承担人生责任的人，才能促进人才的发展。

（一）责任感的基本内涵

笔者认为，所谓责任感，是指个人、群体或者组织对自己特定阶段思想和行为正确的自我认知、自我定位和自我践行。从责任感的本质内涵来看，责任感不但是人具有主体性的表现，而且还是人性能够超越动物性的人文闪光，是促进人生拓展和社会发展进步的重要动力和保障。

所谓的自我认知，是指个人对自己的责任感能够具有正确的自我认知，在责任面

---

* **作者简介**：薛永武（1957～　），男，山东青岛人，中国海洋大学文学与新闻传播学院教授、博士生导师，山东高校干部与人才研究基地主任、中国人才学专业委员会副理事长、山东高等教育人才研究会副会长，主要从事人才开发、人才美学和文艺学研究。

前不上推下卸，而是责无旁贷；所谓的自我定位，是指个人对自己的责任认识清楚，定位准确，到位而不越位，履职而不越权；所谓的自我践行，是指个人在正确认识自己的责任和具有责任感的基础上，通过自己的行动，自觉履行责任，力求言行一致，达到动机与效果的有机统一。

（二）责任感的多种维度

责任感既非常抽象，又非常具体，它贯穿人的一生。学者们从不同角度对此进行了研究。笔者认为，可以把责任感分为七大类：独立成长责任感、自主学习责任感、家庭责任感、工作岗位责任感、集体主义责任感、社会责任感和人类责任感。其中，自主学习责任感、家庭责任感和集体主义责任感既具有相对独立性，同时也是社会责任感的具体表现；政治责任感、民族责任感都从属于社会责任感的范畴。

1. 独立成长责任感

独立成长责任感，是指一个人对成长过程中思想和行为正确的自我认知、自我定位和自我践行，要求应该具有的一种责任感，即随着年龄的不断增长，不断学会自我约束、自我管理、自理自立，逐渐学会独立成长。这对于广大青少年的成长与成才来说，具有非常重要的意义。独立成长责任感主要包括生活自理的责任感和呵护生命健康的责任感。

生活自理的责任感。人的责任有大有小，随着年龄的增长，责任也会越来越大。从人才培养的角度来看，家长帮助孩子树立责任心，让孩子认识到自己在学习和生活中的责任，有利于锻炼和提高孩子的多种素质和能力。父母要引导孩子学会照顾个人的饮食起居，让孩子学会洗碗，洗手帕，整理自己的床铺、玩具，让孩子认识到自己应该担负的责任，并且鼓励孩子自觉履行责任。父母要鼓励孩子力所能及地做一些家务，让孩子做个小帮手，帮助打扫卫生，准备简单的饭菜，到商店买商品，帮助父母招待客人等。[①] 培养孩子的责任心，有利于促进孩子智力和多种能力的全面发展。孩子有了责任心，在认识问题、思考问题和解决问题时才能够站得高、看得远。

呵护生命健康的责任感。从人生轨迹来看，身体健康是人生事业发展和人生幸福的基石和前提，呵护自身的生命健康非常重要。以青少年为例，每年几乎都有青少年溺水死亡的报道，让很多父母悲痛欲绝。对于青少年溺水死亡的事件，从客观的角度来看，父母和老师固然有提醒与监管的责任，但无论是父母还是老师，都不可能随时随地、如影随形地监护着孩子。这里的关键是每个青少年都应该学会自我防护，珍爱生命。比如，不随意到大海、水库和深河里游泳等；如果去游泳，也要确实保障安全。在呵护生命健康的同时，还需要呵护精神健康，不断培养抗挫折的能力，不断增强抗压能力。在遇到父母或老师批评时，能够正确对待批评意见，有则改之，无则加勉。

① 参见薛永武：《让孩子走向成功和卓越》，中国言实出版社2015年版，第93页。

即使父母和老师批评错了，误会了你，也要少安勿躁，通过摆事实讲道理，父母和老师自然就会消除对你的误会，不能遇到批评，动辄就出走，这是典型的缺乏成长责任感，更缺乏对生命健康的呵护。

2. 自主学习责任感

自主学习责任感，是指每个人对一生中思想和行为正确的自我认知、自我定位和自我践行，要求都应该学会自主学习，即主动学习。自主学习，就是让人生变成学习的一生，变成人才开发的一生。

自主学习责任感对于每个人的一生都具有非常重要的意义，尤其对于青少年意义特别重要。古人说“师父领进门，修行在个人”，就是强调学生在学习过程中的主体性，要求学生在师傅领进门的基础上，要学会自主学习，主动学习和创造性的学习。笔者曾经调研过小学生，问他们如果老师不检查你们回家做的作业，你们还会做作业吗？一些孩子回答说，那就不做作业了。由此可见，这些孩子们还没有养成自主学习的习惯和思维方式，而仅仅把做家庭作业视为向老师交差的必做功课而已。

实际上，我们只要了解任何一个学校任何一个班级，都不难发现，即使在同一个学校的一个班级，在既定的老师授课的前提下，班级内的学生学习成绩仍然千差万别。究其原因，这在很大程度上在于学生的自主学习态度和能力差异，使得学习成绩的差异很大。

3. 家庭责任感

家庭责任感是指一个家庭成员在处理家庭关系时对思想和行为正确的自我认知、自我定位和自我践行，也是促进家庭和谐幸福和事业发展的重要力量。

从一个小家庭的建立开始，夫妻之间彼此应该具有相互关心、相扶相携的责任和义务。丈夫要乐于承担养家糊口的责任，是一个家庭的顶梁柱，在现代社会背景下，丈夫还要自觉克服大男子主义、积极做家务、带孩子等；妻子在男女平等的社会环境下，既要干好本职工作，也要当好家庭的内务部长。

在教育子女方面，父母如果只能生，不能养，更不能教，是对孩子缺乏应有的责任。为了下一代的健康成长，为人父母应认真履行培养子女的责任，当好子女人生的顾问和引路人。但令人遗憾的是，我们很多家庭中的父母根本不知道怎么当父母，甚至糊里糊涂就结婚生子，根本无法承担家庭教育的责任。

对于子女而言，应该尽到子女或者兄弟姐妹之间的责任。比如，哥哥和姐姐要尽量帮助父母照顾好弟弟妹妹；而弟弟妹妹要尊敬哥哥姐姐等。父母年迈时，子女要承担起照顾父母的责任。

4. 工作岗位责任感

工作岗位责任感是一个人在特定工作岗位上的思想和行为正确的自我认知、自我定位和自我践行，也是每个员工能够做好本职工作的重要动力和精神支柱。

在管理工作岗位，每个管理者都担负着重要的职责。比如，从中央到省市县都设有各级管理机构，而各级管理机构都具有法定的管理职能。在各个管理机构内部，从部门领导到具体的公务人员，都承担着各自相应的管理责任。如果缺乏责任感，不能各司其职，就会给管理工作造成严重损失。比如，在医疗卫生领域，近些年过度医疗现象和震撼全国的疫苗事件，客观上都与管理部门缺乏责任感有关。因此，明确每个人的工作岗位责任感，领导干部就是通过科学管理为人民服务，军人就是要保家卫国，企业就是要为社会和广大消费者生产合格的产品，教育工作者就是要教书育人，艺术家就是要为广大人民群众创造真善美的精神食粮。俗话说“干什么吆喝什么”，这反映了一个深刻的道理：做人做事一定要名副其实，要经得起工作岗位的考验。古希腊哲学家亚里士多德曾经对岗位所司职务应该具有的品德进行了阐述：“各人的品德应该达到符合与各人所司职务的程度。当然，统治者的道德品质应该力求充分完善，既然他的职位寄托着最高的权威，他的机能就应该是一位大匠师。这样的大匠师就是‘理智’，至于其他被统治的人各奉行其自然的职务，他所需的品德，在一定程度上就只要适应各人的职务而已。”① 由此可见，工作岗位的责任感需要具有相应的品德要求。

孔子说：“不在其位，不谋其政。”② 这里涉及儒家所谓的“名分”问题。“不在其位，不谋其政”看似是要求做人要安分守己，思不出其位。但从阐释学的角度来看，孔子这句话隐藏或者预设了一个“前理解”：在其位，就要谋其政。实际上，孔子这段话对于我们的人才考核也有参考价值：我们考核一个人，就是看他是否“在其位，谋其政”，是否认真履行了岗位职责。

5. 集体主义责任感

集体主义责任感是个人在对待集体利益时思想和行为正确的自我认知、自我定位和自我践行，也是每个员工关心集体利益的重要动力和精神支柱。集体主义是指一切从集体的利益出发，把集体利益摆在个人利益之上，在二者利益发生冲突时，坚持集体利益高于个人利益的价值观念和行为准则。集体主义责任感是一个员工在特定工作岗位上对待集体利益的思想和行为正确的自我认知、自我定位和自我践行，也是每个员工为集体做出贡献的重要动力和精神支柱。

集体主义责任感倡导集体利益与个人利益的辩证统一。一方面，个人利益的不断实现和个性的全面发展离不开集体事业的存在和发展；另一方面，任何集体利益都是个体创造出来的，依存于个体利益的可持续发展。因此，个人利益与集体利益互为对方存在的前提，个人与集体应该共同发展，一起成长。过去人们常讲“大河有鱼，小河有虾”，现在也可以讲“小河有水，大河淌”，大河离不开小河，小河也离不开大河。集体利益与个人利益相辅相成，在法律和道德的双重规范下，应尽可能地兼顾集体利

① ［古希腊］亚里士多德：《政治学》，吴寿彭译，商务印书馆 1996 年版，第 39 页。

② 杨伯峻：《论语译注》，中华书局 1980 年版，第 82 页。

益和个人的合法利益，以实现双方利益的共赢。

集体主义责任感倡导集体利益高于个人利益。从理想的角度来看，集体利益应该与个人利益和谐统一，但在现实层面上也会出现二者的矛盾。当个人利益与集体利益发生不可调和的矛盾时，个人应该以集体利益为重，具有大局观念，为了集体利益，必要时可以放弃或牺牲个人利益。当然，倡导集体利益高于个人利益，并非忽视个人利益，只有在二者的矛盾暂时无法协调时，才能要求把集体的利益放在首位。

集体主义责任感强调重视和保障个人的正当利益。集体主义责任感不是扼杀个人的合法利益，也不是与个人利益存在根本的冲突。集体主义责任感不能要求个人对集体利益无条件的服从，也不能成为限制和束缚个人自由的准则。在强调集体利益高于个人利益的同时，我们还应该重视和保障个人的正当利益，维护个人的尊严、价值和权利。

从人才发展的角度来看，集体主义责任感有利于我们增进思考问题的全局意识，有利于维护集体利益，客观上也有利于提升个人的整体素质。

6. 社会责任感

社会责任感是一个人在对待社会利益时思想和行为正确的自我认知、自我定位和自我践行，也是每个人能够为社会做出贡献的重要动力和精神支柱。

随着年龄的增长和学业的发展，个人要树立正确的世界观、人生观和价值观，能够从社会需要的高度来思考人生，通过各种社会实践，力求为社会发展进步做出积极贡献。从微观的角度来看，一个人在学校好好学习，在家里做一个孝敬父母的孩子，结婚以后做一个好丈夫、好爸爸，或者好妻子、好妈妈，在单位里做一名合格乃至优秀的管理者或者员工，具有集体主义责任感……这本身就是为社会稳定和谐和发展进步做出了积极的贡献。

培养社会责任感，需要个人超越自身乃至群体和一个组织或者区域的局限性，要克服地方主义和本位主义，也要克服GDP至上的观点。企业要生产合格的产品，不能生产和销售假冒伪劣产品，更不能以污染环境和资源为代价。个体虽然只是沧海一粟，但正是无数的涓涓细流汇成浩瀚的大海；个体的尽职尽责，社会才会变得更加美好。

7. 人类责任感

人类责任感是一个人在对待人类整体利益时思想和行为正确的自我认知、自我定位和自我践行，也是每个人为人类福祉和人类命运共同体做出贡献的重要动力和精神支柱。

人类责任感是社会责任感的扩展和升华，也是以人类为最高价值取向的行为标准，其本质是站在人类本位的高度，正确认识和处理各个国家和不同民族之间的利益和矛盾。在考虑国家和民族利益的同时，也要谋求人类利益的最大化，而不是某个国家利益和民族利益的最大化。人类责任感的哲学基础是人类命运共同体的思想。人类命运共同体的思想体现了全球价值观，包含各国之间相互依存的国际权力观、共同利益观、全球治理观和全球的可持续发展观。

人类只有一个地球，各国共处一个世界。习近平总书记高度重视人类命运共同体，多次在重要讲话中阐释人类命运共同体的思想。2018 年 12 月 18 日，在庆祝改革开放 40 周年大会上的讲话中，习近平总结改革开放 40 年来我国所取得的伟大历史成就，他指出："我们积极推动建设开放型世界经济、构建人类命运共同体，促进全球治理体系变革，旗帜鲜明反对霸权主义和强权政治，为世界和平与发展不断贡献中国智慧、中国方案、中国力量。"① 同时，习近平在大会上也强调："必须坚持扩大开放，不断推动共建人类命运共同体。"②

从人类命运共同体到人类责任感，笔者试图把人类命运共同体这个重大哲学命题具体化为人的行为标准，即每个人对人类应有的责任感。从宏观角度来看：一是要正确认识和处理与大自然的关系，只有与大自然保持和谐共生的关系，才能真正维护人类自身的整体利益；二是要正确认识和处理国家、民族之间的利益和矛盾，让各种矛盾在冲突中走向新的融合与团结。实际上，无论从哲学角度还是从实践的角度来考虑，国家之间和各民族之间既有利益的纷争，也有相互依存、相互合作的巨大空间，因为人类面临许多的共同性，诸如疾病防治、环境保护、应对气候变化、打击跨国犯罪等。比如对著名的蝴蝶效应最常见的表述是：一只蝴蝶在南美洲亚马孙河流域的热带雨林中偶尔扇动几下翅膀，在两周以后就能引起美国得克萨斯州的一场龙卷风。其原因就是蝴蝶扇动翅膀的运动，导致其身边的空气系统发生变化，并产生微弱的气流，而气流的产生又会引起四周空气或其他系统产生相应的变化，由此引发一系列连锁反应，最终导致其他系统的极大变化。蝴蝶效应的本意是指在一个动力系统中，初始条件下的微小变化能带动整个系统长期的巨大的连锁反应。从蝴蝶效应来看人类命运共同体，我们可以发现各国共处于地球这个生存系统，许多方面客观上息息相关，所以我们必须具有人类的责任感。

（三）责任感向使命感的升华

从人才发展的角度来看，每个人不但应该具有责任感，而且还需要把责任感上升为使命感。使命感是一种超越个人利益的重大责任感，往往与国家和民族的重大利益息息相关

"使命"一词由来已久。《辞源》"使命"条释义：（1）指差使的命令。《左传·昭公十六年》："会朝之不敬，使命之不听。"（2）指使者所奉的命令。《玉台新咏·古诗为焦仲卿妻作》："下官奉使命，言谈大有缘。"（3）奉使的人。《梁书·贺琛传》："东

---

① 习近平：《在庆祝改革开放 40 周年大会上的讲话》，《新长征》2019 年第 1 期。

② 习近平：《在庆祝改革开放 40 周年大会上的讲话》，《新长征》2019 年第 1 期。

境户口空虚，皆由使命繁数。”《宋史·田景咸传》：“景咸性鄙吝，务聚敛，每使命至，唯设肉一器，宾主共食。”①《辞海》“使命”条的释义：（1）使者所奉之命令。《北史·魏收传》：“李谐、卢元明首通使命，二人才器并为邻国所重。”（2）奉命出使之人。《宋史·田景咸传》：“每使命至，唯设肉一器，宾主共食。”（3）任务。《三国演义》第八回：“但有使命，万死不辞。”② 综上可见，《辞源》和《辞海》都把“使命”理解为三个基本含义，即差使的命令、奉命出使和某种重要的任务，而不是指日常琐事。随着社会的变迁，使命被引申为肩负重大的任务和责任，也称之为历史使命、神圣使命。

人才开发实践证明，使命感是人才发展的强大动力。但是，令人遗憾的是，随着改革开放中市场经济的发展，社会一方面出现了道德滑坡现象，一方面也出现了使命感淡漠的现象。从干部队伍的建设来看，不少干部甚至身居要职的领导干部，丧失了一名共产党员应有的使命感；从青少年世界观、人生观和价值观的树立来看，不少青少年也缺乏使命感，缺乏社会责任的担当意识，缺乏为中华崛起而读书的历史使命感，而只是更多的关心自己，人生目标不明确，就业高不成低不就，对工作挑三拣四。这些都在一定程度上反映了当前社会中许多人的历史使命感比较淡薄，缺乏履行历史使命感的强大精神动力。在哲学社会科学领域，一些缺乏使命感的专家教授，不去沉下心来认真做学问，而是喜欢招摇过市。他们的错误言行轻则损害知识分子的形象，重则误国误民，害人不浅。众所周知，哲学社会科学对于促进社会发展进步具有重要的引领作用，“哲学社会科学工作者要强化历史使命感，勇于担当构建中国特色哲学社会科学的重担”③。我们每一个有良知的哲学社会科学研究者，都应该担起历史赋予的重任。

使命感包括社会责任感，社会责任感又包括政治责任感和民族责任感。每个立志成才者，都应该心怀社会责任感，忧国忧民，具有“路漫漫其修远兮，吾将上下而求索”的探索精神，要有“先天下之忧而忧，后天下之乐而乐”的人文情怀，要有“位卑未敢忘忧国”爱国情怀，要有“天下兴亡，匹夫有责”的豪情壮志，要有“铁肩担日月，妙手著文章”的担当意识，要有“为中华之崛起而读书”的理想抱负，要有“指点江山，激扬文字”的书生意气。

社会责任感激励我们每一代人自强不息，为社会和谐稳定和发展进步不懈地努力拼搏。每个人具有了社会责任感，才会充满激情地投身到自己所从事的事业之中，所谓勇者无敌，仁者无敌，我们中华民族就一定能够崛起于世界东方。

二、责任感对于人才发展的重要意义

责任感是人之所以为人的重要依据。人如果没有责任感，就不能被称作为一个真

---

① 商务印书馆编辑部：《辞源》第一册，商务印书馆 1980 年版，第 206 页。

② 辞海编辑委员会：《辞海》上卷，上海辞书出版社 1989 年版，第 623 页。

③ 孙兰英：《强化历史使命感 勇于责任担当》，《理论与现代化》2017 年第 3 期。

正的人。责任感是每个人认识自己的人生定位，为自己预设言行的标准。责任感对于人才发展具有非常重要的意义。

（一）有利于正确的自我认知

每个人在社会中都要为自己进行恰当的定位，我是谁？我要做什么？怎么做？做事以后有什么样的结果？我对朋友、对家人、对同事、对组织、对社会、对环境、国家和民族等都有哪些责任？哪些事情是自己责无旁贷的？每个人都应该对此了如指掌，以避免行为的盲目性和随意性。

“责任感”是每个人都能够耳熟目详的字眼。查阅中国知网，在篇名一栏中搜索“责任感”这一关键词，搜到7000多条。由此不难看出，学界对责任感研究的高度重视。但从辩证思维的角度来对此进行反思，对责任感研究的高度重视，恰恰从反面反映了我们社会责任感的某种缺失，由此引起学术界的高度关注。

责任感不是抽象的，而是具体的，也是因人而异的行为准则。对于个人而言，从人才发展的角度来看，这种自我认知和自我定位越准确，就越有利于促进人才的发展；反之，就越阻碍人才的正常发展。从群体或者组织发展的角度来看，这种自我认知和自我定位越是正确，就越有利于该群体或者组织的和谐发展；反之，就越阻碍该群体或者组织的正常发展。

我们强调每个人都要有责任感，就是要求每个人都为自己的人生进行恰当的自我认知和自我定位。如果按照自己的责任感来进行自我认知和自我定位，并且按照这种自我认知和自我定位来践行责任，则十分有利于学习、生活和工作，也有利于促进个人的可持续发展。

（二）有利于正确的自我反思

我们需要有各种各样的镜子来进行自我认知和自我反思，其中一面非常重要的镜子就是责任感，即每个人通过自己的责任感为自我定位，按照责任感进行自律。

《论语·学而》载：“曾子曰：‘吾日三省吾身——为人谋而不忠乎？与朋友交而不信乎？传不习乎？’”[①] 这段话反映了曾子对“谋而不忠”“交而不信”和“传不习”的反思意识。曾子认为，为别人考虑问题，应该尽心；与朋友交往，应该讲究诚信；对于老师传授的知识，弟子应该及时练习。实际上，曾子所谈的这三点也是为人处世应有的责任感，每个人都应该及时地自我反思，不忘做人的准则。曾子所言，揭示了人生“吾日三省吾身”的重要性。“吾日三省吾身”中的“三”是指“多次”的意思，旨在说明每天都坚持多次自我反省。曾子这段话启示我们：人生在世，应该按照做人的标准，要坚持自我反思，时刻提醒自己如何做人，如何做事。

很显然，只有坚持自我反思，才能不断完善自己的生命，顺利完成人生的社会化、

① 杨伯峻：《论语译注》，中华书局1980年版，第3页。

文化化和文明化。从人才开发的角度来看，曾子所说的这些做人做事的原则，对于今天的素质教育，对于引导我们学会做人做事，仍然具有重要的启发意义。特别是身处重要岗位的领导干部，如果不能做到“三省吾身”，就有可能失去自知之明，骄傲自大，以权谋私等，发生权力与人生的异化。

责任感是人生的一面镜子，可以很好地映射出一个人的素质和能力。一个毫无责任感的人做不好任何一件有意义的事情，既难以获得幸福，也难以取得事业的成功。因此，我们有必要把责任感当作一面闪闪发光的镜子，经常自我映照一下，达到自我反思的目的。

（三）有利于正向的自我激励

责任感是一种积极的人生心理状态，也是自觉承担职务责任和社会责任的重要动力，客观上非常有利于促进人才发展。

从激励理论的内容来看，能够对人的行为产生激励作用的有两个方面：一是外部激励，如外在环境、压力或者上级的奖赏等，都可以产生激励作用；二是内部激励，如实现个人高尚成就动机的内部激励，或者是实现一己之私的内部激励。从责任感对个人生命的激励来看，责任感是能够对个人生命产生激励的内部的高尚的成就动机，具有正激励的作用，能够产生持久的动力。我们遇到困难和压力的时候，只要大脑里提醒我们应有的责任感，就会产生巨大的精神力量，我们会自我加油，自我鞭策，自我鼓励，自我奋进，自我拼搏，坚持不懈，持之以恒，直到实现责任目标为止。

相反，一个人如果缺乏应有的责任感，就没有积极进取的欲望和动力，很容易变成平庸的人，浑浑噩噩、无所事事。长此以往，也就无法激活内在的生命力，会在不经意间束缚、压抑和荒废了自己的精神生命和各种潜能。

从哲学的角度来看，责任感是人具有主体性的重要表现。责任感使人摆脱各种异化的束缚，走向理想的澄明，增强克服各种困难的信心和勇气。责任感，可“苦其心志，劳其筋骨，饿其体肤，空乏其身，行拂乱其所为，所以动心忍性，曾益其所不能”①。

（四）有利于促进人才的发展

责任感是一个人家庭和社会双重定位的结果，是人的主观选择和客观规定性的有机统一。历史赋予了我们各种责任，我们不应上推下卸，而是应该自觉认识和履行自己应有的责任，把责任感视为实现生命价值的内在动力和人才发展的内驱力。

结婚以后，男人需要认真履行丈夫的责任，正是这种家庭的责任使婚后的男人成长为一个真正的男人，一个真正的丈夫；当家庭有了孩子以后，为人父母者理所当然地应该承担起抚养和教育子女的责任。在承担这一责任的过程中，男人成长为一位好

① 《孟子·告子下》。

父亲，女人成长为一个好妈妈。对于任何组织的管理者，岗位赋予了相应的管理责任，促使在职者思考问题、认识问题和解决问题，推进所在组织事业的发展进步，也正是在事业的发展进步的过程中，逐渐成长为一个优秀的管理者。“王侯将相宁有种乎！”[①]正是陈涉这种“举大名”的历史责任感，最终促使他举起反抗的大旗。

责任感有利于促进人才的发展，这是人才发展中的一条重要的规律。人才发展规律告诉我们：一方面，一个人越具有责任感，就越能激发内在的生命能量，激发克服一切艰难险阻的信心和勇气，激活其智力，增强其体力，坚韧其意志，越能够走向成功；另一方面，一个人的事业发展越顺利，成就越大，就越会增强责任感。

三、责任感促进人才发展的具体方法

责任感能够促进人才发展，这已经为人才开发的实践所证明。我们需要做的是发现和总结责任感促进人才发展的具体方法。

（一）把责任感当作自律的重要尺度

随心所欲不逾矩，这个“矩”既可以是社会的法律和道德规范，也可以是个人应该具备的各种责任感。前者是外在的他律，而责任感则是个人学习、生活和工作等一切实践行为的内在自律。

人是有主体性的，不同于一般动物，思考问题和解决问题时既要遵守社会道德和法律，又必须学会自我约束，把责任感内化为自律意识。人是要有自律精神的，而责任感是检验我们是否是一个真正意义的人的重要标准。责任感可以外化为工作岗位的职责，体现为一种具体的他律，也可以内化为个人生命的价值准则，成为个人言行的具体标准。孔子所说的“君君臣臣，父父子子”，实际上就是要求君、臣、父、子各自按照应有的职责进行自律。孔子认为，只有君、臣、父、子的自律，家庭和社会才能稳定和谐。在现代社会，很多国家规定每个男性公民都有参军服兵役的责任和义务，这就规定了男性公民的使命，也就是要有保家卫国的责任。

责任感体现了主观选择与客观他律的有机统一，也是人生自由与必然的有机统一。任何人不能只享有权利和自由，而不承担责任和义务。因此，正确认识责任感，就意味着要认识到人生责任，认识到自己做人做事的行为准则。我们每个人都应该自觉履行应该担负的各种责任，让责任激发我们的生命潜能，涵养海纳百川的胸怀，积极开创美好的未来。

（二）把责任感内化为自己的精神生命

责任感能够体现主观选择与客观他律的有机统一，也是人生自由与必然的有机统一。但是，责任感不是外在形式的对人的他律，而只能是隶属于个人生命的自律。这

---

① （汉）司马迁：《史记》卷四八《陈涉世家》，中华书局1959年版，第1952页。

里的关键就在于，为了把责任感转化为人才发展的内在动力，就必须把责任感转化为自己的精神生命。

在责任与责任感的关系中，如果说责任还属于客观的规定性，那么，责任感则已经属于特定个体的主观因素了。因此，任何个人仅仅认识到自己的责任还是不够的，还必须进一步形成责任感，只有责任感才能够自觉要求特定主体去积极履行责任。艾·弗洛姆认为："今天人们常常把责任心理解是义务，是外部强加的东西。但是责任心这个词的本来意义是一件完全自觉的行动，是我对另一个生命所表达出来和尚未表达出来的愿望的答复。"① 在市场经济条件下，文艺产品受到市场经济的影响，从文化创意产业的角度来看，文艺家如何把自己的社会责任感自觉融入创造的艺术作品之中，这是判断文艺家是否履行社会责任的重要标志。文艺家工作岗位的责任感与社会责任感都要求其成为人类灵魂的工程师，把责任感内化为自己的血液和生命，转化为自己创作的高尚动机和心灵律动，在创作自由中激发自己的创新思维，把创作自由与社会责任感和谐统一起来。

由此而论，我们不但应该给予文艺家更多的创作自由，而且还应该引领他们把创作自由内化为自己的血液和营养。唯有如此，他们在创作时，才能够做到游刃有余，随心所欲而不逾矩。

（三）把责任感转化为人才发展的能力

为了发挥责任感促进人才发展的重要功能，我们应该力求把责任感转化为人才发展的能力，让责任感这种看似抽象的主观精神，转化为能够看得见、摸得着的具体能力。

从责任与责任感的角度来看，责任是外在的，也是每个人的人生定位和应该担负的职责，体现了主观与客观的统一。责任感来源于责任，又不同于责任，因为责任既具有客观性，又具有主客观的统一性，而责任感已经内化为个人的精神生命，成为人生的行动准则和行为指南。因此，责任感对于促进人的生命完善、促进人才发展具有非常重要的意义。实践证明，培养责任感有利于促进人才发展，有利于实现人生价值，能够对社会发展进步产生极大的促进作用。

一个孩子如果具有独立成长的责任感，就会逐渐学会在生活中自理和自立，逐步学会各种基本的生活能力，而不是衣来伸手、饭来张口；一个人从小学、中学到大学的各个阶段，如果能够逐渐培养自主学习的责任感，就会在父母和老师的关心培养下，顺利完成学业；一个人如果具有家庭责任感，就会对家庭和睦和家庭事业的发展发挥重要的作用；一个员工如果具有工作岗位责任感，就会尽职尽责，不断提高胜任工作岗位需要的各种能力；一个人如果具有集体主义责任感，就会不断提升团队精神和集

① ［美］艾·弗洛姆：《爱的艺术》，李健鸣译，商务印书馆 1987 年版，第 21 页。

体主义的荣誉感，促进集体的良性发展；一个人如果具有社会责任感，就会顾全大局，为社会做出积极的贡献；一个人如果具有人类责任感，就会为人类的福祉做出力所能及的贡献。

在感情领域，爱情的双方仅相爱是不够的，彼此之间还需要有爱对方的能力。弗洛姆说："爱一个人就是要献出自己，而不期待得到回报，但相信自己的爱一定会唤起对方的爱。爱情是信仰的一种行动，信仰少的人必定爱得也少。"[①] 今道友信认为："爱的力量越强，生命力也就越强，生命的价值也就越大。爱若在什么地方迷失了，生命本身也就绝望了，人也就不愿再活下去了。因而，爱为了完成自己，便要求怀着爱的人献出自己的生命。另一方面，生命为了完成自己，则要求必须有爱。"[②] "爱的本质之德就是自我牺牲。"[③] 也就是说，我们应该从爱的基础上，不断培养爱和奉献的能力。

在教育领域，父母仅有对孩子的爱心和家庭责任感是不够的，还应该具有爱子女和教育子女的能力；教师仅有对学生的爱心和对教育事业的责任感也是不够的，还需要具有教书育人的能力。比如，家长和教师普遍认为孩子具有"逆反心理"，实际上这是家长和教师普遍不了解孩子成长的心理过程，而给孩子带上的"逆反心理"的帽子。正确的做法是父母和教师对孩子的发展要因势利导，自觉遵循孩子心理的健康发展规律。

在企业生产领域，企业家要提高企业的经济效益，就必须具有提高经济发展的能力，要学会企业经营和发展战略，不仅要知己知彼，了解同类企业，而且还要具有国际眼光和全球化的视野。既要高度重视企业人才发展战略，又要大力建设先进的企业文化，特别是需要大力加强企业审美文化建设。

综上可见，培养责任感，要从自我做起，要从孩提时代的学习与自立做起，要从家庭的和谐建设做起，要从工作岗位的尽职尽责做起，要从培养集体主义精神做起，不但具有社会责任感，而且还要胸怀世界，具有人类责任感，自觉把责任感转化为人才发展需要的多种能力。责任感蕴含了利己、利他、利集体、利社会与利人类的统一性。从人才发展的角度来看，每个人只有培养了责任感，才能从内心深处形成强大的内驱力，更好地促进自身的成才与发展，在自觉自律与快乐的统一中实现人生的价值。

---

① ［美］艾·弗洛姆：《爱的艺术》，李健鸣译，商务印书馆 1987 年版，第 89 页。

② ［日］今道友信：《关于爱》，徐培、王洪波译，三联书店 1987 年版，第 36 页。

③ ［日］今道友信：《关于爱》，徐培、王洪波译，三联书店 1987 年版，第 171 页。

习近平关于企业家队伍建设的重要论述

毕　明*

摘　要　企业是市场经济的重要主体，市场经济离不开企业，但企业的兴衰很大程度上取决于企业家素质的高低。习近平对企业家的作用、企业家精神的内涵、政商关系等问题都有自己独到的见解。要推动企业家队伍健康发展，必须正确处理政府与企业关系，构建“亲”“清”新型政商关系。

关键词　习近平　企业家　建设

在长期的领导工作实践中，习近平同志一直非常关注和高度重视企业家队伍建设问题。每次国内调研他都深入当地企业，与企业家们开展座谈交流。党的十八大以来的重要讲话中也多次谈到企业家队伍建设问题。他对企业家作用的认识、企业家精神的内涵、政商关系等问题都有自己独到的见解。这充分体现了习近平对企业家群体的高度重视。

一、习近平关于企业家的论述

在长期的领导工作实践中，习近平同志一直非常关注和高度重视企业家队伍建设问题。1982年他任职正定时，深入基层调研，摸清了正定经济发展落后的症结，提出要转变正定落后面貌，搞活经济，搞好乡镇企业，需要大量懂经营、懂管理的企业管理者，并提出要大念“人才经”，积极实施人才战略。他亲自撰写了面向全国的“招贤榜”，在县里设立招贤馆、人才楼、人才技术开发公司等各种引才机构，以内用、外招、上请、下挖、近补、远育等多种形式，先后引进了很多专业人才来正定创办、管理企业，极大地促进了正定第二、三产业的发展。经过三年多的努力，在他离开正定的时候，正定的工农业生产总值和农民人均收入都翻了一番，由一个“高产穷县”发展成了全面发展的先进县。①

到福建工作后，习近平同志对企业家在市场经济发展中的作用有了更深刻的认识，

---

* **作者简介**：毕明（1965～　），男，山东威海人，中国领导人才专业委员会理事、中国行政管理学会会员、中共威海市委党校行政学部副教授，主要研究方向为公共管理和领导科学。

① 参见程宝怀、刘晓翠、吴志辉：《习近平同志在正定》，《河北日报》2014年1月2日。

更加重视企业家队伍的培养建设。任职期间经常到企业调研，与企业家交流，为他们排忧解难，为企业发展出谋划策。2001 年 3 月 24 日，习近平同志在参加福建省企业家活动日暨表彰大会时明确指出“要理解、尊重家、爱护、支持企业家”①，在福建企业界引发强烈反响。

到中央工作后，习近平同志依然保持了对企业家群体的高度关注，每次在国内考察调研，行程中总要安排到当地重点企业去走访，与企业家们交流，了解企业生产经营情况，为他们排忧解难，出谋划策。出国访问也都有重量级企业家随行，为中国企业创造“走出去”的机会和条件。如 2015 年 9 月习近平访美，有 15 位知名企业家随行。2015 年 10 月习近平访英，随访团队阵容更是庞大，带了 150 名企业家随行。在中国举办的中美企业家座谈会、APEC 工商峰会、中非企业家大会等企业家盛会上，习近平同志或亲自参加或致电致辞，充分展现了他对企业家的高度关注。

习近平同志对民营企业家还给予了特别关注，2016 年 3 月“两会”期间，他专程看望参加民建、工商联联组会的民营企业家，发表了“三个没有变”的重要讲话。2018 年以来，由于外部环境变化、内部转型升级等原因，一些民营企业经营遇到一些困难和问题，习近平同志在一个月内三谈民营经济、民营企业，并进行了两次实地调研。2018 年 11 月 1 日，他又亲自主持召开民营企业座谈会，明确指出“民营企业和民营企业家是我们自己人”，再次重申“非公有制经济在我国经济社会发展中的地位和作用没有变！我们毫不动摇地鼓励、支持、引导非公有制经济发展的方针政策没有变！我们致力于为非公有制经济发展营造良好环境和提供更多机会的方针政策没有变！”②给民营企业家们吃了一颗“定心丸”，为努力发展非公有制经济增添了信心和决心。

二、习近平关于企业家精神的论述

从政 30 余年，习近平同志从河北内陆的农业县、对台开放的最前沿福建、民营经济最发达的浙江、中国经济和金融中心上海到中国的政治经济中心北京，一路走来，他对优秀企业家的品格和精神也形成了自己独到的见解和判断标准。

（一）优秀的企业家要深怀爱国之情，坚守报国之志

习近平同志从小受家庭和传统文化熏陶，有着强烈的爱国情怀，他多次讲到做人要有气节、要有人格，但爱国是第一位的。同时，他又强调爱国不能停留在口号上，要体现在扎根人民、奉献国家的实际行动上。2005 年 6 月 5 日，习近平在浙商论坛峰会上的讲话中就要求企业家们要有造福社会的责任感，在企业发展的同时要回报社会，多为社会做贡献，多为当地百姓做好事、办实事。2006 年 6 月 3 日，他在出席浙商大

① 转引自吴毓健、林侃、方炜杭：《习近平总书记在福建的探索与实践·改革篇》，《福建日报》2017 年 7 月 18 日。

② 转引自邹伟、韩洁：《民营企业和民营企业家是我们自己人》，《人民日报》2018 年 11 月 2 日。

会又提出："要努力把自身企业的发展与国家的命运结合起来，致富不能忘了国家，致富不能忘了人民。"[①] 2015 年 10 月，全国工商联、国务院扶贫办等联合启动了"万企帮万村"精准扶贫行动，习近平对此非常赞赏，2018 年 10 月 20 日还专门给在此项活动中受表彰的企业回信勉励。

当前全国人民正在努力为实现伟大复兴的中国梦而团结奋斗、共同努力，作为社会优秀分子之一的企业家更是义不容辞。经济全球化的时代，企业的经营活动无国界，但企业家有祖国。优秀的企业家应该有热忱的爱国情、强烈的社会责任感，要主动把自身和企业的发展和国家民族的命运紧密地联系在一起，为中华民族的伟大复兴贡献自己的力量，在推动企业发展的同时要主动回报社会，为社会多做贡献。

（二）优秀的企业家要做改革创新的排头兵

习近平同志既是创新精神的大力倡导者，也是坚持不懈的实践者。梁家河的陕北第一口沼气池、正定的全国第一个影视拍摄基地荣国府、福州的"一栋楼办公"、浙江的"八八战略"。一路走来，习近平同志与创新相伴而行。对企业家的创新活动，他尤为关切，强调企业家就是创新家，是一个企业能否兴旺发达的决定因素，也是社会创新的一股重要推动力量，他还说："市场活力来自于人，特别是来自于企业家，来自于企业家精神。"[②] 任职福建期间，习近平同志曾经七下晋江，深入基层、社区和农村进行调研，总结出闻名全国的"晋江经验"。当时晋江发展势头正劲，领跑福建县域经济，但以乡村工业化为主要特征的"晋江模式"也遇到了污染严重、低端竞争、重复投资等的发展瓶颈，习近平鼓励晋江企业家们发挥闽南人"敢为天下先""爱拼才会赢"的开拓创新精神，大胆创新，引进新技术、把好质量关，拿出新产品，创出自己的品牌，闯出一条独具特色的经济发展道路。这些要求，让晋江企业家们眼前一亮，引发强烈共鸣，由此开启了晋江企业上市潮和品牌潮。正是这两股推力，极大促进了晋江民营企业的转型升级。经过十多年的发展，晋江已发展成为拥有众多驰名商标和"国字号"区域产业品牌的知名品牌城市。

党的十八大以来，习近平同志把"创新驱动发展战略"上升到决定中华民族前途命运的高度来认识。他多次到各地的创新基地考察调研，并在多个场合发表重要讲话，强调创新始终是推动一个国家、一个民族向前发展的重要力量，是引领发展的第一动力，必须把创新摆在国家发展全局的核心位置。他在企业考察时总是鼓励企业家们要大胆创新，要引入新产品、提供新标准、实行新管理、采用新技术、开辟新市场。在新大陆科技集团考察时，他希望企业牢牢抓住科技创新，牢牢抓住产业发展前沿；在深圳腾讯公司考察时，他勉励大家"继续保持创新优势，为推动中国互联网发展做出

① 习近平：《干在实处 走在前列：推进浙江新发展的思考与实践》，中共中央党校出版社 2013 年版，第 100 页。

② 转引自赫全洪主编：《新时代经济关键词（2019）》，人民出版社 2019 年版，第 69 页。

更多贡献”。到杭州海康威视数字技术股份有限公司考察时，他要求企业家要充分发挥创新优势。这些指示都为企业家的创新指明了努力的方向。

（三）优秀的企业家要敢于担当，勇于作为

习近平同志一直倡导担当精神。他认为一个优秀的企业家，必须要有闯劲，敢于担当、勇于作为。任职正定时，习近平同志就提出要转变正定落后的传统农业经济发展模式，一定要解放思想，摆脱传统、落后观念束缚，放开手脚，大胆探索。他带领大家到商品经济比较活跃的南方地区和乡镇企业发展比较快的江浙地区考察学习。针对正定实际，大力发展乡镇企业，提出了发展城郊经济的新战略，走多种经营、特色种植的新路子，同时鼓励乡镇企业大胆改革，推行干部选聘制、职工合同制、浮动工资制，极大地激发了乡镇企业的活力，实现了正定经济的大发展。

20世纪90年代，恰逢国企改革初期，社会上存在姓“社”姓“资”的争议，很多国企领导对股份制改革心存顾虑，时任中共福州市委书记的习近平同志一再强调“有利于解放和发展社会生产力的事，就要勇敢地去闯去试”，鼓励企业家们勇敢挑重担，迎着困难上，发扬闽南人“敢为天下先”“爱拼才会赢”的精神，打破传统观念枷锁，当第一个“吃螃蟹”的人。通过扎实调研，他顶着种种非议，说服大家，推动福州经济技术开发区建设总公司成为福州第一个“试水”股份制改革的国有企业，引领了福州乃至福建国企改革的潮流。

（四）优秀的企业家要有国际视野

改革开放40多年来，随着国家综合实力的不断增强，中国的经济结构、发展模式也在不断向更高级、更科学方向转换，中国的企业能否跟上中国经济转轨步伐、融入世界经济大潮，抓住机遇获得更大发展，企业家是否具备国际视野至关重要。习近平总书记在谈到国际国内发展大势、描绘中国改革发展蓝图时，反复强调我们的干部和企业家都要有战略思维和战略眼光。2016年7月8日，习近平在中央召开的经济形势专家座谈会上，更是明确提出“要加快培养造就具有国际视野的企业家”①。

要具备国际视野首先要有战略思维，要有大局观，要讲格局，必须把企业的发展同国家民族命运紧密地联系在一起，高明的企业家应该懂政治，学会研究政策，利用政策，要积极投身国家经济社会发展大势，企业的发展战略必须契合社会发展和人民美好生活的需要，要学会更好分析国家形势和环境，更好把握战略机遇期内涵和条件变化，更好把握宏观经济大势，更好应对挑战。当前国家大力推行“一带一路”建设，为中国企业走出去、参与世界经济竞争和分工合作提供了难得机遇。富有远见的企业家们应该积极参与，推动企业的健康、长远发展。

---

① 转引自吴章勇、董容语：《习近平提出新任务，培养具有国际视野的企业家》，《中国青年报》2016年7月17日。

要具备国际视野还要有世界眼光，要立足中国胸怀天下，紧跟国际经济发展步伐，增强开放意识、冒险意识、竞争意识等，要放眼世界，积极开发国际市场、研发国际化的产品，创造国际化的品牌和影响力。

（五）优秀的企业家必须加强自我学习、自我教育、自我提升

习近平同志深受中国传统文化熏陶，特别注重个人的修身立德。他认为企业家都是创业成功人士，是社会公众人物，言行举止对社会有很强的示范效应，应该做修身立德、注重个人修养的典范。2016 年 3 月 4 日，习近平同志对参加政协会议的企业家们提出：要“加强自我学习、自我教育、自我提升”；“要十分珍视和维护好自身社会形象”；“要讲脸面”，要爱党、爱国、爱人民，做敬业、守法、创新、回报社会的典范。①

习近平同志特别强调企业家的诚信品格。2005 年 6 月 5 日，在浙商论坛峰会上的讲话中他明确要求企业家“要有诚信的价值观。诚信是和谐社会的基石和重要特征，也是企业的立身之本。人无信不立，商以诚待人，业靠诚信创”②。2014 年 7 月，习近平在出席“中韩经贸论坛”时又向企业家们提出了“以义为先，以信为重”的希望。他还特别指出守法是优秀企业家应具备的品质，也是一个企业安身立命之本。他希望企业家们“要洁身自好、走正道，遵纪守法办企业、光明正大搞经营”，要讲良心，守住道德和法律底线，坚决不做偷税漏税、制假贩假、质次价高的亏心事。正是在习近平的倡导下，2001 年福建在全国率先开展治理餐桌污染，企业家们也纷纷响应号召，争做“良心企业”。

三、习近平关于政商关系的论述

企业是市场经济的重要主体，市场经济的发展离不开企业，但企业的生存和发展又离不开政府，两者相互依存，共同推动经济发展。要促进企业家队伍建设，核心是营造良好的社会氛围，正确处理政府与企业关系。2016 年 3 月 4 日，习近平在看望参加政协会议的民建工商联委员时用“亲”“清”二字系统阐述了他的政商关系论。

（一）官商之间要“亲”

所谓“亲”，就是要求领导干部要胸怀坦荡、带着真心诚意同企业家接触和交往，为企业发展提供服务、支持和帮助。特别是当前经济新常态下企业发展遇到一些困难和问题，政府和干部更要主动、靠前服务，多关注企业发展、多与企业家交流，帮助企业排忧解难，真心实意地支持企业发展。在正定工作时，为了引进人才，习近平想方设法为他们提供良好的工作条件，改善生活待遇，用真诚打动人才，至今，正定还流传着“扯开嗓门喊人才”的故事。在福州任职时，为促进企业发展，习近平就将各

---

① 参见霍小光、张旭东：《习近平看望出席全国政协十二届四次会议民建、工商联界委员并参加联组讨论》，《人民日报》2016 年 3 月 5 日。

② 习近平：《干在实处 走在前列——推进浙江新发展的思考与实践》，中共中央党校出版社 2013 年版，第 98 页。

部门所有办事窗口集中在一起，实行“一栋楼办公”和投资项目审批“马上就办”，还出台了一系列放权、简化手续、提高效率的措施和现场办公解决企业问题的机制，受到广大企业家的热烈欢迎和广泛赞誉。担任福建省省长后，他明确提出对企业家要“理解、尊重、爱护、支持”，这在福建企业界引发轰动。任职浙江期间，习近平针对浙江民营经济发达的实际情况，特别要求各级领导干部要支持民营企业发展，要亲商、富商、安商。2014年11月，习近平在亚太经合组织工商领导人峰会上又明确指出政府要进一步放权、做好服务，为企业营造良好经营、发展环境。

（二）官商之间要“清”

所谓“清”，就是要求政府和官员在同企业家交往时要搞君子之交，不带贪心和私念，不谋私利，清清白白，坦坦荡荡。

一是官商之间要有别。从政之初，习近平就树立了“官商有别”的观念，他初入政坛任职正定时，就跟广大干部讲道“当官发财两条道，当官就不要发财，发财就不要当官”①，警示干部们要心中有戒。他任职福建宁德时，恰逢“下海经商潮”，宁德地区很多干部也有做生意发大财的念头，习近平严肃地告诫大家：“如果觉得当干部不划算，可以离职去做生意搞实业，但一定不要既想当官又想发财。”② 党的十八大以来，习近平在不同场合多次告诫党员干部“当官就不要发财，发财就不要当官”，当官、发财“两条道”，给党员干部立起了一条“戒尺”，划出了一条政商间的“红线”。中央也出台了一系列法规制度，筑牢预防官商勾结的“防火墙”。

二是官商交往要有道。官是官，商是商，两者所从事的职业不同，所发挥的作用亦不同，正所谓“官有官道、商有商道”，官商交往必须保持距离、划清界限，各守其道。1998年8月，习近平在泉州与民营企业家座谈时就提出，党政干部与企业家之间要君子之交，要做互相交流学习的诤友，不要搞权钱交易。浙江是中国民营经济发展最活跃的地区之一，到浙江任职后，习近平与企业家打交道的机会很多，也有很多企业家朋友，但他却一再强调：“同企业家打交道一定要掌握分寸，公私分明，君子之交淡如水。”③ 2013年3月，他在参加全国人大会议江苏代表团审议时语重心长地说：“官商交往要有道，相敬如宾，而不要勾肩搭背、不分彼此，要划出公私分明的界限。不能有贪心私心，不能以权谋私，不能搞权钱交易。”④

习近平同志的“企业家观”对于我们正确认识企业家地位和作用，正确处理政商关系，支持推动企业发展、激励企业家创新创业，提供了思想和行动指南。我们要认真学习研究，不断营造有利于企业家健康成长的环境，推动中国经济社会发展。

---

① 程宝怀、刘晓翠、吴志辉：《习近平同志在正定》，《河北日报》2014年1月2日。

② 转引自吴毓健、林侃、方炜杭：《习近平总书记在福建的探索与实践·改革篇》，《福建日报》2017年7月18日。

③ 习近平：《之江新语》，浙江人民出版社2007年版，第38页。

④ 转引自刘璞等：《习近平：官商交往要相敬如宾　不要勾肩搭背》，《扬子晚报》2013年3月9日。

着力培养富有创新精神的人才

齐秀生*

创新是国家发展的动力，是社会进步的灵魂；创新精神是创新创造的前提条件，是创新型人才必须具备的基本素质。习近平总书记高度重视培养富有创新精神的人才，他指出："创新驱动实质上是人才驱动。为了加快形成一支规模宏大、富有创新精神、敢于承担风险的创新型人才队伍，要重点在用好、吸引、培养上下功夫。"[①] 教育是培养创新型人才的基本途径，高校是培养创新型人才的重要阵地，大学生是创新创业的有生力量，在国家实施创新驱动发展战略的大背景下，要下功夫加强对大学生创新精神的培养，为建设创新型国家和世界科技强国，提供强有力的人才和智力支撑。培养大学生的创新精神，主要从以下六个方面用力：

一、培养大学生博学恒学的意识

博学是指学习人类所积累的一切知识，做到学问广博精深；恒学是指在学习上持之以恒，锲而不舍。博学和恒学是创新精神得以发扬的重要基础，这要求大学生为追求真理和创造美好未来而求知向上，为实现崇高理想和伟大梦想积极有为，始终充满对知识的好奇和渴求，永不满足，永不懈怠。培养大学生博学和恒学的意识，可从以下四个方面着手：

第一，在培养大学生树立正确学习目的上下功夫。学习目的是学习的目标、学习的用处，通过掌握知识为未来的发展打好基础，做好铺垫，即学以致用。正确的学习目的是大学生成长成才的前提条件。要引导大学生将个人的学习目的与人生的成才目标相统一、与国家的育人目标相统一，将个人价值的实现同为中华崛起而读书的高远志向同对马克思主义和中国特色社会主义的信仰信念相统一。在树立远大志向、坚定理想信念的基础上，为学生刻苦学习文化知识，追求和掌握新知，打好创新创造的基础。

---

* **作者简介**：齐秀生（1956～　），男，山东淄博人，山东省人民政府参事，中共山东省委高校工作委员会副书记（正厅级），中国人才研究会常务理事、人才学专委会副理事长，山东省高等教育人才研究会会长，历史学博士，兼职教授。主要研究方向为干部与人才、古代官制、人才培养。

① 习近平：《在中央财经领导小组第七次会议上的讲话》，《人民日报》2014年8月19日。

第二，在培养大学生充满强烈求知欲上下功夫。求知欲是探求知识的欲望，强烈要求得到知识满足的欲望，是人的一种内在的精神需要——认知的需要。人在生活、学习和工作中面临诸多问题或任务，在感到自己需要相应的知识时，就产生了探究新知识或扩大、加深已有知识的认识倾向，即求知欲。只有渴望获得知识，才能不断接受新的信息，攀登科学的高峰。强烈的求知欲是掌握知识的能力，促进学习的持久动力。要引导大学生形成浓厚的学习兴趣，树立自觉的学习意识，把读书作为一种人生乐趣，把学习当成生活爱好，广泛涉猎，在现实情境中发现问题、追本溯源，在知识的海洋里发现奥秘。

第三，在培养大学生掌握科学学习方法上下功夫。学习方法是通过学习实践总结出的掌握知识的有效办法和实现途径。科学的学习方法以效率为前提，追求学习效益最大化，越来越受到人们的重视。学习方法没有统一的模式，因人而异，因时而异，因地而异。学习方法可以是自己探索，也可以是学习借鉴他人行之有效的成功经验。大学生的主要任务是学习，掌握科学的学习方法至关重要。学校要走出重教不重学的误区，改变满堂灌式的学习方式，引导大学生变被动式学习为主动式学习，使他们形成循序渐进、由浅入深、且学且思、融会贯通等良好的学习习惯，着力掌握“互联网＋教育”的大环境中的网络学习方式。

第四，在培养大学生具备坚强学习毅力上下功夫。学习毅力是在学习上的意志力、忍耐力，是人们自觉克服困难、努力实现学习目标的一种意志品质，是完成学业所必须具备的素质。当它与人的期望、目标结合起来后，就会发挥巨大的作用。学习毅力考验一个人在学习上的自信、专注、果断和自制能力等，要引导大学生知难而进，坚持开卷有益，持之以恒。以“凿壁偷光”的精神，读万卷书，行万里路。要迅速适应飞速发展的信息时代要求，努力沿着人类进步的阶梯，勇攀科学知识的高峰。

二、培养大学生独立思考的能力

独立思考就是自己动脑思考问题寻找答案，善于运用科学方法思考问题，有自己的独到见解。独立思考是创新精神的基本内涵，要求大学生自主思考问题，并将自己的想法自觉主动地展现出来，最终体现到学习和创新之中。

培养大学生独立思考的能力，要重点培养四个“力”。一是培养大学生的定力。定力是一个人处变和把握自己的意志力，是控制自己、把握自己的能力。有定力的人光明磊落，坦荡无私，不为假象所迷惑，不为名利而动心。求学者有定力，方能坐冷板凳，耐得住寂寞，经得起挫折，博览群书，潜心研读。无定力则心神旁骛，浮躁不安，畏难发愁，浅尝辄止。新时代的大学生要成为社会主义建设者和接班人，有定力是十分重要的。首先要有政治定力。要通过加强思想政治教育等多种途径，教育和引导大学生在大是大非面前始终保持头脑清醒、是非分明、立场坚定，保持对马克思主义的坚定信仰，对共产主义和中国特色社会主义的坚定信念，排除错误干扰，消除思想困惑。其次要有处事定力。要有独立意识，遇事善于动脑思考，分析利弊，有独到见解，心中有数，不人云亦云，不盲从盲信。再次，要有学习定力。对自身的发展前景有明确定位和清晰规划，着眼长远，立足当前，目的明确，措施得当，扎实学习，刻苦钻研。

二是培养大学生的思考力。思考力是在思维过程中产生的一种作用力，是一个人思考的能力，对事物的发展规律进行探索，然后寻求问题的解决方法。思考力首先取决于思考者掌握的关于思考对象相关信息量的多少，其次是要有目的性，再次是必须把思考活动集中在特定的思考对象上，以便深刻认识和把握事物的本质。思考力是人生中最重要的能力之一。善于独立思考和深入思考的人，能够掌控自己的生活和工作，作出自己的判断和选择，成为自己人生的主人，激发出自己无穷的创造力和潜力。培养大学生的思考力，就要改革教学模式，克服包办代替式的学习方式，积极推动翻转课堂、慕课、微课等新的教学模式，广泛开展启发式、讨论式、参与式教学。凡事让学生自己动脑思考，自主分析问题，自己判定对错，寻找答案，并运用已有的知识，举一反三，独立解决学习和生活中遇到的难题。

三是培养大学生的专注力。专注力又称“注意力”，指一个人专心于某一事物或活动时的心理状态，良好的注意力会提高工作与学习的效率。在学习过程中，注意力是打开心灵的门户，门开得越大，学到的东西就越多。而一旦注意力涣散了或无法集中，心灵的门户就关闭了，一切有用的知识和信息都无法进入。人的注意力受多方面因素的影响。对于学生来说，由于学习负担重、心理压力过大而造成高度的紧张和焦虑，会出现注意力无法集中的障碍。睡眠不足、大脑得不到充分休息等，也可能出现注意力涣散的情况。注意力的集中作为一种特殊的素质和能力，需要通过训练来获得。要训练学生专注于学习和钻研，引导他们端正学习态度，对专业有明确的聚焦。强化主人翁意识，做事精力集中，增强社会责任感，牢固树立科学的世界观、人生观、价值观，把为国家图富强，为社会求进步，为人民谋幸福作为自己的人生追求，脚踏实地，乐于奉献。不好高骛远，不受外界干扰，一步一个脚印，努力成长为堪当民族复兴大任的时代新人。

四是培养大学生的协作力。协作力是通过和谐相处、高度协同的方法完成任务的能力，获得的所有利益都是以共享、互惠、互利和协同的方式完成。协作力倡导在团队中气氛融洽，充分授权，人人参与决策，共同承担责任，彼此真诚沟通，通过通力协作，激励人们发挥最大潜力，达到最高绩效。要通过团队心理拓展活动培养大学生的合作意识，通过社会实践活动增强合作体验，通过协同创新实践提高配合能力。引导大学生正确处理群与己、得与失、成与败的关系，不以自我为中心，而是事事换位思考，遇事能够掌控自己的情绪。经常反思自省，见贤思齐，谦虚谨慎，与人为善，不狂妄自大，团结周围的人一道学习与工作。

三、培养大学生敢于质疑的胆识

质疑是对现实状况提出疑问，寻求解决疑难的答案和实现创新的方法。敢于质疑是创新精神的前提条件，要求大学生在尊重事实基础上，客观辩证地看问题。敢于质疑是追求新知的起点，是创新创造的动力。一定意义上说，科学就是在不断质疑中向前发展。培养大学生敢于质疑的胆识，必须着重强化三种思维：批判性思维、逆向思维、辩证思维。

第一，着重强化批判性思维。批判性思维是一种基于充分的理性和客观事实而进行理论评估与客观评价的能力与意愿，包括思维过程中洞察、分析和评估的过程，它不为感性和无事实根据的传闻所左右，能抵制毫无根据的想法。批判性思维并非是一种否定性思维，它具有创造的能力，能运用所获得的新知识发现漏洞、解决问题、实现创新，提出更多可选择的方案。批判性思维是高等教育的目标之一，对大学生创新精神的培养具有重要作用。要引导大学生从理性和客观事实考虑问题，积极发现和分析事物的矛盾，科学认识事物的多样性，积极探求事物发展规律，发现事物的未知，不把已经验证过的当成一成不变的真理，不迷信任何权威，不为感性和无事实根据的传闻所左右。对待事物既有否定，打破规则，又有吸收，遵循规则。

第二，着重强化逆向思维。逆向思维是对司空见惯的似乎已成定论的事物或观点反过来思考的一种思维方式。逆向思维可以摆脱旧经验的影响，给人以出人意料、耳目一新的感觉。具有逆向思维的人敢于朝相反的方向去想，从问题的相反面深入考察，反其道而思之，以求得新思想，产生新观点，创造新成果。要引导大学生打破常规思维，通过逆向思维破解难题。在面对科学攻关时独辟蹊径，有所发现，有所建树，着力改变部分学生习惯于惯性思维、囿于定势的状态。

第三，着重强化辩证思维。辩证思维是反映和符合客观事物辩证发展过程及其规律性的思维。世间万物之间是互相联系、互相影响的，辩证思维正是以万物之间的客观联系为基础，从对象的内在矛盾的运动变化中，从其各个方面的相互联系中进行考察，以便从整体、本质上完整地认识对象。辩证思维要求在观察问题和分析问题时，以动态发展的眼光看问题。要引导大学生善于用辩证的观点、发展变化的眼光看问题，从事物内在矛盾的运动变化中，从其各个方面的相互联系中进行深入考察，不是静止的、孤立的，而是多从整体、本质上去认识，多视角看问题，多角度思考问题。既注意横向比较，又善于纵向思维。既充分肯定成绩和主流，又不掩盖瑕疵。

四、培养大学生开放包容的胸怀

开放包容就是以世界眼光和战略思维兼收并蓄、博采众长。开放包容是创新精神产生与发展的沃土，要求大学生具有宽广的视野和博大的胸怀，能够瞄准世界科技前沿领域，以国际视野、开放心态对待科技发展和文明进步。培养大学生开放包容的胸怀，必须坚决破除四种思想障碍。

一是破除自满思想。自满思想的主要表现是：凡事很容易满足，取得一点成绩就沾沾自喜，骄傲自满，自我陶醉，缺乏危机感，缺乏忧患意识。二是破除保守思想。就是要接受新观念新事物，打破墨守成规，总觉得老经验可靠，老办法管用，在一个封闭的状态里自我欣赏的思维状态。三是破除自卑思想。自卑思想的主要表现是：不能正确认识自己，认为自己很差，干什么都不行，放大自己的缺点，不能扬长避短，缺乏自尊心和自信心，对学业和事业的成功缺乏信心。四是破除狭隘思想。狭隘思想的主要表现为见识片面，目光短浅。如果不善于同不同观点的人打交道，不能接受多元文化，不能在文明互鉴中构筑新思维，就会限制科学的发展，很难形成具有国际竞争力的比较优势。这些思想严重妨碍创新，导致我国大学生创新能力的落后，不利于学生成才和社会的发展进步。

创新需要开放，开放必须包容。要加强思想教育，多进行正面引导，改变关门办学的落后方式，把国际前沿学术发展、最新研究成果、国外先进教学理念等融入课堂教学，尽快适应新一轮科技革命和产业变革的需要，加强与世界各国的交流合作，使学生参与到国际竞争之中。要坚持“走出去”与“引进来”相结合的原则，虚心学习和借鉴适合我国国情的优秀文明成果，取长补短。

五、培养大学生充满活性的思维

思维是人脑对客观现实的概括的间接反映，活性是能够顽强活跃下去的活动性质，人脑充满活性，思维敏捷，反应迅速，内容丰富，想象力强。充满活性的思维是创新精神的重要标志，这要求大学生紧跟科技发展步伐，摆脱思想枷锁的禁锢，锐意进取。培养大学生充满活性的思维，必须激发大学生的内在动力。

第一，激发大学生的创新思维。创新思维是以新颖独创的方法解决问题的思维过程，这种思维能提出与众不同的见解。培育创新思维，要增强观察能力，合理安排跨学科学习，加强思维方面的训练，善于从此事物联想到彼事物，鼓励开展原创性、前沿性、跨学科研究。要培养大学生的竞争意识、棱角精神，成为一个善于创新的人。

第二，激发大学生的创造欲。创造欲是人们渴求达到新的目标实现新的突破的心理状态。创造欲在创造活动中居于十分重要的地位。有了强烈的创造欲，就会以浓厚的兴趣和锲而不舍的精神去创造前所未有的事物，满足人类社会的需要。培养大学生的创造能力，首先是唤起他们的创造欲。追求是点燃创造欲的火炬，是通向成功的桥梁。要鼓励大学生大胆创造，点燃大学生心中的创造欲，使大学生的创造潜能得以发挥。坚决破除知足常乐、求稳怕乱的落后思想意识，敢于打破条条框框、标新立异，冲破束缚，探索新的规律。

第三，激发大学生的创意灵感。创意灵感是在学习和实践过程中突然出现的富有创造力的思路，具有创造性、突发性等特征。创意是有创造性的想法，是对传统的叛逆，是打破常规、破旧立新的创造。创意需要灵感，真正的灵感是思想瞬间的火花，是长期累积的突破。理性和创意思维发达的人，每时每刻都可能会触发灵感。生活中的每个细节，都可能是灵感的源泉。灵感犹如闪电，照亮并打通人们的思路。要培养大学生善于观察的敏感性，乐于观察的专注力，以随时获得创意灵感。

第四，激发大学生的创业热情。创业热情是人在主客观环境条件下激发出的干事创业积极性，是人的能力素质和精神状态的具体表现。大学生青春的激情变为创新的活力，凝聚着创业的渴望。要树立先进的创新创业教育理念，丰富课程、创新教法、强化师资，建设依次递进、有机衔接、科学合理的创新创业教育课程体系，促进人才培养与经济社会发展需求紧密对接，支持大学生到新兴产业创业，营造具有核心竞争力的创新创业环境，努力让大学生创新有条件、创业有舞台，造就大众创业、万众创新的生力军。

六、培养大学生顽强探索的魄力

探索是研究未知事物的精神，是对美好未来的不懈追求。顽强探索是对科学发展的执着，是创新精神的持久动力，是创新型人才不可或缺的品质。大学生是一个最富有创造活力和创造激情的群体，要富于科学幻想，勇于接受挑战，探索未知领域，在实践中寻求真理，在困惑中不断探索。培养大学生顽强探索的毅力，必须全力提升他们投身于创新创造的基本素质。

一是要有梦想。梦想是人的理想，是信仰，是方向，是目标，是动力，需要通过持久的努力和顽强的拼搏使之成为现实。每个人都要有理想和追求，有梦想才是真正有意义的人生。要通过古今中外科学技术飞速发展对人类的巨大贡献，引导大学生大胆描绘梦想，把梦想作为目标而执着追求。努力营造鼓励大学生通过大胆探索实现梦想的良好氛围，营造大学生探索失败的宽松环境。

二是要有勇气。勇气是表现人的果断性和积极主动性的心理特征，是人类最重要的特质之一。探索需要勇气，有勇气才有胆识，有胆识才有信心。要培养大学生大胆果断的性格，敢于担当的意识，激发他们勇于探索，敢于承担重负，面临危险而不退缩。

三是要有毅力。毅力是在困难和挫折面前的坚持，是为达到预定目标而表现出的品质。毅力是实现理想的桥梁，驶往成才的渡船，攀上成功的阶梯。有毅力的人专心、自信、勇敢、果断、自制，意志坚强，坚持不懈，不达目标绝不罢休。伟大的目的产生伟大的毅力。要培养大学生的意志力、忍耐力、持久力，让他们拥有百折不挠的毅力，不怕失败，不图虚名，脚踏实地，积极探索。

四是要有好奇心。好奇心是对事物表示特别注意的情绪，是探究新事物的心理状态。好奇心是人类的天性，是寻求知识的动力，是创造性人才的重要特征。要培养大学生的广泛兴趣，激发他们的好奇心与探索欲望，把好奇心引向智力活动，引向探索领域。

五是要有想象力。想象力是人在已有形象的基础上，在头脑中创造出新形象的能力。想象力在人的判断认识方面起着不容忽视的重要作用。在创造性想象中，人们运用想象力去创造自己希望实现的事物的形象，直到最后成为客观的现实。想象力是人类创新的源泉，要培养大学生的想象力，使他们成为有理想信念、勇于探索未知的人。要引导大学生大胆想象，敢冒风险，敢为人先，积极探索，把理想变为社会发展的现实。

大学生的创新精神主要体现在上层建筑领域，一般从意识、思想层面表现出来，它是创新的动力源，是创新的催化剂。有了创新精神，才能够延伸出创新能力与创新方法。因此，培养创新型人才，必须首先培养创新精神。习近平总书记指出："在激烈的国际竞争中，唯创新者进，唯创新者强，唯创新者胜。"① 实践出真知，规律不可违。高等教育要担负起培养大学生创新精神的神圣使命，将大学生引向创新型人才之路。

① 中共中央文献研究室编：《习近平关于科技创新论述摘编》，中央文献出版社2016年版，第3页。

论应用型人才培养的三大定律

吕利平*

摘　要　本文站在推进国家现代化的高度，探索现代化经济体系和现代职业教育体系协同建设的路径。遵循产教融合律、校企合作律、工学一体律三大定律，来培养大批高素质应用型人才，是我国教育实现实质性改革、经济实现高质量发展和中华民族实现伟大复兴的关键所在。

关键词　应用型　人才培养　定律

新时代中国特色社会主义的根本任务仍然是解放和发展生产力。人是生产力中最革命、最活跃的因素，建设现代化经济体系迫切需要大批高素质应用型人才，而应用型人才主要由现代职业教育体系所培养。你之所需是我之所供，应用型人才这一共有核心要素，使得职业教育与产业经济构成了一个荣辱与共、相互渗透、相互依赖的矛盾统一体，成为现代职业教育体系与现代产业体系必然走向融合的客观依据。

应用型人才是相对于学术型、研究型人才而言的在国民经济各行业从事生产、管理、服务的实践型人才。事物发展在时间上表现为连续性，在空间上表现为层次性、结构性。产教融合、校企合作、工学一体是一个在社会空间三个层面展开的跨界、交叉、综合性社会实践活动，要求研究者站在高于产业经济与职业教育行业的新境界来研究两者的协同问题，即站在国家富强、民族振兴、人民幸福的高度来思考产教融合、校企合作、工学一体问题。我国改革开放后经济发展与职业教育发展 40 多年的历史证明，经济高质量发展主要依靠应用型人才综合职业素质的提升而不是依靠资源的消耗。产教融合、校企合作、工学一体是经济发展、职教发展、人才发展的共同规律，在此可归纳为“三大定律”。即第一定律为宏观层面的产业经济与职业教育发展的规律，称作“产教融合律”；第二定律为中观层面的企业与职业院校发展的规律，称作“校企合作律”；第三定律为微观层面的个体职业发展与成长成才的规律，称作“工学一体律”，此三定律也正是马克思主义哲学原理——理论与实践相统一、知行合一在社会空间层

* **作者简介**：吕利平（1964～　），男，河北元氏人，深圳技师学院副教授，研究方向为技能人才、职业教育、产业经济。

面的具体体现。

一、宏观定律：产教融合是应用型人才培养的根本体制

产教融合律是哲学上的认识与实践相统一、认识论在国家层面的具体体现。唯物辩证法认为，规律是事物发展中本身所固有的本质的、必然的、稳定的联系，也是事物运动、变化和发展的必然趋势和确定的秩序。[①] 在经济全球化的今天，国家综合实力的竞争日趋激烈，产业经济与职业教育基于应用型人才的供求高质量平衡，两者逐步趋于融合，实现产业经济与职业教育的共赢与协同发展。

（一）产教融合律的基本内涵

什么是融合？融合即将几种不同的事物合成一体。产教融合是产业与职教、学校与企业等多元主体跨界，通过整合各自优势资源，推动教育链与区域创新链、人才链与产业链的有机衔接，从而实现合作各方协同育人、协同创新、协同发展的一种模式。[②] 简要地讲，产教融合就是指产业、产业经济与教育、职业教育两个不同的活动领域合成一体，即现代职教体系与现代产业体系、人才培养供给侧与产业人才需求侧、教育链人才链与产业链创新链合成一体的进程或状态。产教融合律，即产教融合，是大势所趋，是经济社会发展的必然要求，是应用型人才培养的本质要求，是社会发展规律。遵循之则社会发展就快，违反之则社会发展就慢甚至停滞。

现代化经济体系是一个从高速增长转向高质量发展，发展方式实现转化、经济结构实现优化、增长动力实现转换的经济体系，是在建设实体经济、科技创新、现代金融、人力资源协同发展的现代化产业体系的基础上，全要素生产率得到提高的经济体系。现代职业教育体系是适应经济发展方式转变、现代产业体系建设和人的全面发展要求，遵循技术技能人才成长规律，形成由中职、专科、本科到研究生的有机衔接，职业教育、普通教育、继续教育相互沟通、多元立交的现代职业教育系统。

产教融合、校企合作、工学一体是建设现代化经济体系和现代职业教育体系的关键环节和有效途径。只有通过产教融合、校企合作、工学一体才能建成现代化经济体系，也只有通过产教融合、校企合作、工学一体才能建成现代职业教育体系。

（二）产教融合律的实践依据

1. 有利于推进产业科技创新与塑造创新教育氛围

当前，新一轮科技革命和产业革命蓬勃兴起，科技创新越来越成为经济发展的决定性因素。加快推进创新驱动发展战略，补上创新短板，破除一切阻碍创新发展的体

---

① 参见李秀林、王于、李淮春主编：《辩证唯物主义和历史唯物主义》，中国人民大学出版社 1982 年版，第 106 页。

② 参见徐金益：《应用型本科高校产教融合体制机制构建研究》，《黑河学刊》2018 年第 6 期。

制机制弊端，增强国家的科技实力并向现实生产力转化的能力。

产教融合是推进科技创新的重大举措。实施协同创新是提升一个国家科技水平的有效途径，这需要产教之间的有效合作，建立产教融合，实现协同创新的稳定机制。当大汉帝国遇上罗马帝国、当卢浮宫遇上紫禁城、北京人在纽约、西方人在中国等，都会产生一系列创新的故事。产业与教育的政策沟通、信息畅通、人才流通、资源融通、民心相通，产教两方均可以利用好两个市场（即产业市场、教育市场）、两种资源（即产业资源、教育资源）、两种体制（即公办体制、民营体制）等。二者之间的不断融合能够充分调动双方的积极性，去实现共同的目标，保证协同创新工作的有序开展，为多出快出创新成果提供重要的基础保障。职业教育面向市场竞争激烈的企业一线生产实践，有强烈的需求和明确的目标，塑造了创新人才培育的良好氛围。

2. 有利于产业转型升级与深化教育改革

改革开放是决定中国命运的关键一招，将改革开放进行到底，是习近平于2018年视察深圳时向全世界提出的宣言。产教融合是推进产业经济改革和职业教育改革的重要途径。职业教育的根本任务是通过培养应用型人才、技术技能人才来促进产业经济、实体经济的发展，职业教育专业设置、课程设置、人才培养结构与国民经济发展需要紧密相连，适应时就会促进产业经济的发展，促进产业的转型升级；不适应时，还会阻碍产业经济的发展，从而阻碍社会生产力的发展。产教融合有利于职业教育体系与现代化经济体系的人才供求相一致。若不一致，则将倒逼职业教育做出符合市场需求的改革。

同时，产教融合是改革我国教育投资体制的重要措施。企业是应用型人才培养的直接受惠者，只有与职业院校紧密结合，共同出资出力出人办学，才能从根本上解决应用型人才培养的适用性、精准性和教育滞后问题，减轻国家、个人办学经费的负担和学校教学经费的不足问题。特别是日新月异的技术进步、技术创新形势，对掌握高新技术的人才需求更加旺盛。学校能否适应新技术发展的迫切需要为企业培养出创新人才，关键在于能否走产教融合、校企合作、工学一体之路，加速科技成果向现实生产力的转化，并积极为企业解决生产技术实际问题。

3. 有利于减少社会交易成本与培育诚实守信公民

随着经济全球化发展，国与国之间、城市与城市之间、产业与产业之间、企业与企业之间的竞争程度越来越激烈，技术创新的难度也越来越大，这就需要国内产业与教育之间、各类社会组织之间能够形成一个长期、稳定的信任合作关系，否则就会因为相互的不信任增加许多障碍，从而增加了各类商业组织、社会组织之间的交易成本。只有竞争，没有合作，就会造成人人互相猜忌、互不信任的社会氛围，不利于培养诚实守信的公民；反之，加强产教融合、军民融合、媒体融合、文旅融合等，就可以加强社会信任，增加社会资本，不断向国家利益共同体迈进。

（三）遵循产教融合律，选择有效路径大力推进

1. 加强顶层设计研究，完善法律法规

产教融合是我国改革开放后出现的新生事物，是我国经济社会发展的必然趋势，是职业教育与产业经济发展的共同规律，深入研究这一现象与事物，创立产教融合学、校企合作学、工学一体学，开展跨学科研究，探寻融合过程中共同的规律和办法，是迫切需要解决的问题。

推动修订《劳动法》《劳动合同法》《工伤保险》《职业教育法》《校企合作促进条例》等相关法律法规，明确“校企双制”学徒的法律地位，建立“校企双制”培训合同违约惩戒机制，维护并平衡好教育企业和学徒的合法权益。推动职业教育法修订，明确政府、企业、行业协会、学徒的责权利以及双元制职业教育的运行机制，在法律层面建立长期保障。完善能够体现职业院校、应用型高校特点的，能够准确反映应用型人才培养成本的职业教育、高等教育拨款机制。

2. 建立健全产业与职业教育对接联动机制

推进职业教育和产业联动发展机制，促进供需对接和流程再造，建立产教联席会议制度，将应用型人才培养规划纳入产业发展规划。同时，规定不含人才培养规划的产业发展规划，二者不能同时推进。不是一个合格的产业发展规划，不应付诸实施。促进产教供需双向对接，强化行业协调指导、产教融合服务组织、产教融合信息服务平台建设力度，积极支持社会第三方机构开展产教融合效能评价。

3. 强化产教合作信任关系

强化产教合作和信任关系的具体途径，在职业教育行业层面：一是根据学校自身的科研能力、声誉、社会地位和优势，有针对性地选择合适的合作伙伴，在合作中加强双方的沟通和信息交流，在遇到难题时与企业共同商讨来寻求有效的解决办法，同时要以积极的姿态赢取企业的信任。利用自身的科研成果和资源来带动区域内的经济发展，积极了解地方企业发展过程中对于技术的实际需求，加强与地方企业之间的交流和沟通，注重自身科研成果的进一步完善，保证与实际需求之间相互匹配。

在产业经济层面，为了强化双方的合作、信任关系，行业需要做好以下几方面：一是在协同创新的过程中秉持良好的合作心态和开放的合作态度，主动与职业院校进行信息交流和技术沟通，让学校能够快速了解企业技术发展和运行状态，强化和学校之间的信任关系；二是给予学校科研人员更多的空间，这是因为协同创新本身就是一个复杂、漫长的过程，学校在开展创新项目时承受着较大的压力，需要企业予以理解和支持，促进双方的良好信任。

在政府层面，政府在加强产教之间的合作和信任关系问题上具有重要的推动作用，可以出台相应的优惠政策，提供必要的资金支持来帮助实现产教之间的有效合作。在社会道德舆论方面，在不同的经济发展阶段需要有不同的伦理道德标准。孔子认为，

伦理道德生活的答案存在于内心世界，只有当人们的集体感和责任感超越个人和家庭私利时，才能实现普遍的秩序与和谐，学问和知识是达到和谐与秩序的必由之路。[①] 当今，美国硅谷、我国的北京中关村和深圳科技园等都是产教融合快速发展、高质量发展的典范。

二、中观定律：校企合作是应用型人才培养的基本制度

校企合作律是认识与实践相统一、知行合一的马克思主义哲学认识论在社会组织层面（集体）的具体体现。校企合作既是技工院校（职业院校）发展的方向，也是技工院校的一项基本办学制度。[②] 校企合作是培养应用型人才的基本制度，是职业院校可持续发展与企业打造核心竞争力的根本途径。

（一）校企合作律的基本内涵

校企合作律即是校企社会组织的一种发展规律，是学校、企业发展的必然要求与必然趋势，是学校与企业之间的一种本质联系。合作有多种定义，一般认为合作是有机体为共同利益或互惠互利而共同工作或行动的过程，与为了个人利益而参与竞争相对。奥古斯丁·富恩特斯将所有的合作定义归纳为“为了一个相同的目标一起工作”[③]。目前，我国校企合作的内容逐步走向全面与深入，即贯穿人才培养的全链条，在招工招生、专业建设、课程开发、师资培养、教学管理、质量评估、职业培训、技术开发等方面均有开展的范例和样板。

（二）校企合作律的实践依据

1. 有利于促进科技成果转化和培养创新型人才

科技成果转化是指为提高生产力水平而对科学研究与技术开发所产生的具有实用价值的科技成果，所进行的后续试验、开发、应用、推广直到形成新产品、新工艺、新材料，发展新产业等活动。校企合作，既能发挥职业院校在知识、人才和技术方面的优势，又能发挥企业在市场、经营、管理等方面的优势，是打通技术成果流动渠道、促进科技成果转化的一种重要举措。同时，校企合作促进学校专业教师（科技人员）及时了解最新市场需求和科技前沿，使得学校专业教师（科技人员）将最新需求、最新科技知识、创新意识传授给学生，从而有利于培养创新型应用人才。

2. 有利于促进企业发展与人才培养

校企合作在促进人才培养的同时也促进企业的发展，或者说在促进企业发展的同时促进了人才的培养，是一个双赢的效果。校企合作培养人才，使生产劳动贯穿于人

---

① 参见［英］彼得·沃森：《人类思想史》，姜倩等译，中央编译出版社 2011 年版，第 190 页。

② 参见《关于大力推进技工院校改革发展的意见》（人社部〔2010〕57 号），2010 年 8 月。

③ ［美］奥古斯丁·富恩特斯：《一切与创造有关》，贾丙波译，中信出版社 2018 年版，第 18 页。

才培养的全过程，从而有利于人的发展和素质的提高。校企合作培养人才，能够做到多个“合二为一”：劳动者与学习者的合二为一，劳动内容与学习内容的合二为一，教育过程与劳动过程的合二为一，等等。校企合作培养人才的实质也就是通过教育与生产劳动的结合，培养全面发展的新人，以促进生产力的发展。这包括两个方面：一是培养全面发展的新人，二是促进生产力的发展。这两个方面是相辅相成、相互促进的。

3. 有利于双方优势互补、资源共享

首先，校企共享企业资源。企业有资金、设备、生产实践场地，贴近市场和消费者，更重要的是有一大批技术水平高且了解市场行情的技术人员和一线职工，他们是职业院校实践教学过程中不可欠缺的人才。通过校企合作，学校在专业设置方面更贴近实际需要，在教学大纲及课程安排方面更合理，高新技术人才在学校和企业之间实现自由流动，校企互为拥有自己的兼职教师队伍，提高了社会人才的使用效率。将这些在生产第一线的技术专家和骨干聘请到学校为学生讲课，可以针对生产过程中的需要将技术理论具体化、通俗化，课堂效果好，学生易掌握，学习目的性明确，缩短了书本知识与实际应用之间的距离，从而解决了为什么学以及怎样学的问题。这既能保证学生所学知识和技术是企业实际工作中需要的，又能缩短毕业生到工作单位的适应期，减轻用人单位的培训负担。特别是校企合作为学校毕业生寻找工作创造了便利条件，许多技工院校学生实现了实习转就业。只有校企合作双方各自发挥自身优势，才能最经济、最有效的培养企业所需求的高素质应用型人才。

其次，校企共享学校资源。企业可以借助学校良好的学习环境和充足的教学资源如训练有素的教师队伍、完备的实验设备和教学仪器、图书馆、教室及操场等齐全的教学设施为企业进行岗位培训、产品开发和设计、市场的调研，并共同解决生产中的难题。例如，深圳技师学院珠宝系学生承担的企业设计产品，并打入了国际市场，为企业赢得了可观的利润。更进一步，职业院校将成为企业技术进步和技术创新的孵化器和基地。校企之间形成齐心协力、共同发展的良性循环机制，加速科研成果向现实生产力的转化，节约企业的人力、物力和财力，为企业增强竞争力创造条件。与此同时，企业可以优先从学校选拔人才，充实职工队伍。如许多企业利用职业院校举办技能节的机会，派出专业人才担任技能竞赛评委，竞赛优胜者即可与企业签订意向书，大大降低了人才招聘的成本。

（三）遵循校企合作律，采取有效措施强力推进

国务院于2019年1月最新印发的《国家职业教育改革实施方案》文件指出：厚植企业承担职业教育责任的社会环境，推动职业院校和行业企业形成命运共同体。[①]

---

① 参见《国务院关于印发〈国家职业教育改革实施方案〉的通知》（国发〔2019〕4号），http://www.gov.cn/zhengce/content/2019－02/13/content_5365341.htm。

1. 健全完善校企合作运行机制

校企合作实行校企主导、政府推动、行业指导、学校企业双主体实施的合作机制。[①] 一般包括以下机制：一是合作伙伴选择机制，选择有合作意愿、专业与产业对接的行业龙头企业，选择优势互补、人才供求一致、有发展前景的企业，选择具有高度社会责任感、社会美誉度和信誉度高的企业；二是利益分配机制，找到合作双方的利益结合点，建立优势互补、责任共担、利益共享的分配机制，合作双方通过签订具有法律效应的合作协议，明确各自的责权利关系；三是协调联动机制。建立企业与学校、企业内部各部门、学校内部各部门、项目组等多层次的协调联动机制，如工作例会制、对话活动制。[②] 此外，还有信息沟通反馈机制、多维评价机制，通过以上机制建设校企利益共同体，形成稳定互惠的合作机制，促进校企紧密联结。

2. 制定实施校企合作激励政策

提高企业参与积极性，着力培育一批"教育企业"。建立产教融合式企业认证制度，对进入目录的产教融合式企业给予"金融＋财政＋土地＋信用"的组合式激励，并按规定落实相关税收政策。[③] 制定准入标准和事前补贴机制，建立学徒培养事后奖励机制，可根据取得技能等级证书的"双元制"学徒数量（与企业签订劳动合同），按照每人一定的标准，予以教育企业一次性奖励。鼓励企业补足内部培训软件短板，加强企业内训师资队伍建设。探索企业内训师备案制定和技术等级认定制度，根据其人数和技术等级，分别予以企业和个人一定数额的一次性补贴；探索建立企业内训师长期从教津贴制度，给予最高补贴。建议出台"教育企业"减免税政策，探索税前扣减学徒工资和职业教育运营成本以及教育附加、地方教育附加等税费的优惠政策，提升企业承担职业教育主体责任的积极性。制定学生到企业实习实训制度，落实企业职工培训制度，完善职业院校教师实践假期制度，建立健全职业院校理事会制度。

3. 推进校企合作成功模式的实施

（1）学校主导模式：一是建桥搭台模式。"建桥"即建立专业顾问委员会，"搭台"即搭建技能节、技能俱乐部、技能竞赛等合作的平台。这是校企合作中最简便易行的一种模式。二是订单式培养模式，即以订单委托培养形式与企业联合办班，企业参与办班全过程，引进企业实际工作项目，开展基于工作过程导向的项目课程教学，学生毕业后即进入该企业工作。三是"校中厂"模式，即将工厂环境引入学校，在校内建起技术先进、设备完善、环境真实的教学工厂，将学校和工厂合二为一，统一领导，统一组织，并按统一的教学生产计划进行运作。以学校主导的、中国特色的校企合作

---

① 参见人力资源和社会保障部职业能力司、中国就业技术培训指导中心：《校企双制　工学一体》，中国劳动社会保障出版社 2018 年版，第 121 页。

② 参见徐金益：《应用型本科高校产教融合体制机制构建研究》，《黑河学刊》2018 年第 6 期。

③ 参见《国务院关于印发〈国家职业教育改革实施方案〉的通知》（国发〔2019〕4 号），http://www.gov.cn/zhengce/content/2019-02/13/content_5365341.htm。

模式中，除以上模式外，还有委培式、投资式、校董式、奖学金式、收购式、学术委员会式等。

（2）企业主导模式：技师工作站模式是通过政府认定在企业设立的以企业项目实践为主要方式来培养全日制技师的载体。大师工作室模式是指通过政府认定的在企业（或在学校）设立，旨在充分发挥高技能领军人才在带徒传技、技能攻关、技艺传承、技能推广等方面重要作用的有效载体。校外实训基地模式是指政府认定的、给予政策资金支持的，在企业设立用于在校学生通过工学结合学习实践技能的场所。公司化运作模式是以有实力的大企业为主导参与院校治理，以公司化运作为基础校企合作模式。企业独办院校模式是一种完全由一家企业决定学校培养目标和人才培养过程的模式，如华为大学、富士康学院、比亚迪技工学校等。

（3）校企双主体模式：企业新型学徒制是指以“招工即招生、入企即入校、企校双师联合培养”为主要内容的技能人才培养模式。“双元制”模式是指学生一边在企业中接受职业技能培训，一边在职业学校中接受文化基础知识和专业理论知识、基本职业技能训练的职业教育。

三、微观定律：工学一体是应用型人才培养的核心模式

工学一体律是认识与实践相统一、知行合一马克思主义哲学认识论在个体层面的具体体现。应用型人才培养的核心模式，即核心教学模式，既是应用型人才在企业中成长成才的根本途径，也是企业增加人才资本、培养企业核心技术技能人才、打造企业核心竞争团队的根本举措。

（一）工学一体律的基本内涵

工学一体化教学模式指的是以培养学生的职业能力为重点、以提升学生的综合素质为目的，以实践同理论相结合的方式，将学习和工作两者进行统一结合的教学模式，即工作与学习的一体化或工厂与学校的一体化，本文中主要指工作与学习的一体化。工学一体的思想借鉴了马克思主义哲学的理论与实践相统一的思想，同时也与王阳明“知行合一”的思想相接近。但王阳明的“知行合一”主要是指道德意识与道德实践的关系，而“工学一体”主要包括八个方面：工作环境与学习环境的一体化、主要生产任务与专业课程开发的一体化、生产内容与教学内容的一体化、生产设施与教学设施的一体化、生产技术专家与专业教师队伍的一体化、生产标准与课程教学标准的一体化、企业员工管理制度与学校学生管理制度的一体化、员工工作评价与教学评价的一体化。

（二）工学一体律的实践依据

1\. 有利于提高教学效率及与岗位需求精准对接

对学校而言，企业参与了学校的人才培养方案和教学计划的制定、教学资源的开

发以及师资队伍的培养等，克服了学校闭门办学的问题，建立了学校和企业共同培养技能人才的新教学制度，使用工学一体教学模式能够有效提高教学效率，提升学校的办学能力。对企业而言，在校所学就是企业岗位所需，可直接进入优质产品生产状态，为企业赢得了时间，节约了成本，赢得了利润，进而获得快速发展。

2. 有利于企业招聘优秀人才和提升毕业生就业质量

对企业而言，工学一体教学模式提升了企业新招聘人员的职业综合素质。工学一体使学生更早地与企业接触，对企业的管理更为了解，对企业的生产更为熟悉，对企业的文化也更为认同，这使毕业生能更好更快地适应企业生产任务需求。工学一体教学模式培养的学生绝大多数都能够达到企业对人才的需求，毕业生的质量得到明显提高，并可有效缓解企业“招工难、留工难”的问题，可优化企业员工队伍结构。

3. 有利于提升学生发展平台和企业人才发展动力

工学一体，也是落实好立德树人的根本任务，健全德技并修、育训结合，推动企业深度参与协同育人的重要途径。对学生而言，工学一体模式通过工作和学习的有效结合，使学生的学习目标更明确、学习动力更强大、学习效果更好，让学生能够在工作中得到成就感，提高学生的创新意识。提高了发展平台，增强了学生的就业竞争力，使学生拥有了更为广阔的发展空间。目前，工学一体教学模式已在全国技工院校中得到了普及。值得注意的是，这种教学模式灵活性很强，在采用的时候需要根据当地企业提供的工作环境，灵活调整教学内容，确保工学一体教学模式发挥实效。

（三）遵循工学一体律，采用企业真实项目扎实推进

1. 实施项目化教学

工学一体的教育教学模式，关键在于“做中学，学中做”，将企业工作过程和学校学习过程以典型工作任务为载体有机融合起来。学校可引进企业实际项目，按照实际工作过程进行项目化教学；创建“厂中校”，学生参与企业生产，在工作中学习；实施“校中厂”模式；实施“模块化、小班型”实训教学；“学随工动”，灵活调整教学进程。

2. 推进一体化课程改革

应用型人才以较强的实践能力（即动手操作能力）为第一标准，自然理论知识的学习就不同于学术人才需要掌握系统扎实的学科知识；而学习理论知识是紧紧围绕完成实践任务、提升实践能力而展开的。所以，学校需将以掌握学科系统知识为主的课程体系改造为以提升动手实践能力为主的一体化课程体系，同时需要实现教师的一体化、教学场所的一体化、教材学材的一体化、考核评价的一体化等，没有教学资源一体化的配合，课程的一体化就会落空。

3. 重视综合职业素质

项目化教学、一体化教学模式在实践中容易忽视的是学生综合职业素质的培养，

容易产生急功近利的问题，需要按照劳动者职业生涯的发展规律，针对工作现场实际的需求，有计划地发展学生的综合职业素质。通过校企双方的协同运作，分阶段将学生从初学者逐步培养成为企业需要的熟练劳动者和应用型人才、技术技能人才，并在长期的职业生涯中逐步从生手、新手成长为熟手、高手，乃至国手、技能大师的高度，从而实现为现代化强国培养众多大国工匠的目标。

合作是人类社会发展进步的不二选择。没有现代职业教育体系，就无法建成现代化经济体系；没有现代化经济体系，同样也无法建成现代职业教育体系。两者是你中有我、我中有你的问题，离开双方的合作，都无法完成自身的使命、实现自身的奋斗目标。产教融合、校企合作、工学一体之间是辩证关系。产教融合是塑造高质量发展与高素质人才培养的大环境，校企合作是搭建高质量发展与高素质人才培养的高效平台，工学一体是高质量发展与高素质人才培养的最佳模式。产教融合的基础是校企合作，校企合作的最终目的是实现工学一体，宏观、中观、微观定律三位一体，同时作用与发力，必将加快实现现代化经济体系与现代职业教育体系建设的目标。

马克思主义认为，“两个相互矛盾方面的共存、斗争以及融合成一个新范畴，就是辩证运动的实质”①。可以预见的是，在不远的未来，产教融合将合二为一，成为一个新实体，即产教共同体；校企合作将合二为一，成为一个校企共同体；工学一体将合二为一，工学成为一枚硬币的两个方面，不分你我，即在工作中学习、在学习中工作。充分认识三大定律，自觉遵循三大定律，将为民族复兴造就大批全面发展的高素质应用型人才，并在理论上创造崭新的产教融合学、校企合作学、工学一体学，从而推进我国迈进世界高质量发展国家之列，为建设现代化经济体系与现代职业教育体系，为国家富强、民族振兴、人民幸福做出更大贡献。

① 李秀林、王于、李淮春主编：《辩证唯物主义和历史唯物主义》，中国人民大学出版社 1982 年版，第 141 页。

提高党对新时代人民政协工作领导力的若干思考

卞钢达*

摘　要　本文分三大块阐述了笔者对提高党对人民政协工作领导力的若干思考。从党的政治领导力、党的统战工作力、党的群众工作力和党对政协的全面集中统一领导、鲜明的政治立场等五个方面阐述了中国共产党领导下的人民政协工作是党的领导力的重要组成部分；从发挥好政协党组的主要职能和要突出解决的四个问题分析论证了加强党对政协工作的领导关键要抓住重点，攻克难点；结合地方政协工作实际，从工作思路创新、工作方式创新、工作机制创新等方面，浅析党对人民政协工作的领导力的提高离不开创新环境的营建。

关键词　党的领导　人民政协　民主政治　创新

通过协商民主来实现党的领导，是我国社会主义民主政治的特有形式和独特优势。学习习近平总书记关于加强和改进人民政协工作重要思想，准确把握和充分运用好坚持党的领导与推进人民政协事业之间的关系规律，着力提高党对新时代人民政协工作的领导力，对于巩固党的执政基础、改善党的执政方式、丰富党的执政资源、优化党的执政环境具有十分重要的现实意义。

一、中国共产党领导下的人民政协工作是党的领导力的重要组成部分

坚持中国共产党领导的多党合作和政治协商制度，充分发挥人民政协在国家政治社会生活中的重要作用，是党执政兴国的重要法宝，也是党的领导力的重要体现。具体来说，表现在以下三个方面：

首先，坚持中国共产党领导的多党合作和政治协商制度，是党的政治领导力的重要内容。中国共产党领导的多党合作和政治协商制度是我国的一项基本政治制度，是具有中国特色的社会主义新型政党制度。人民政协作为党领导下的多党合作和政治协商的重要机构，不仅肩负着加强中国共产党同民主党派合作共事、巩固中国共产党同

* **作者简介：**卞钢达（1964～　），男，山西吕梁临县人，全国领导人才专委会理事，山西省领导科学研究会常务理事、副秘书长，吕梁市农业学校校长，主要研究方向为领导科学、公共管理、农村党建、中职教育。

党外人士政治联盟的重要责任，而且还承担着坚持和完善我国社会主义政党制度、坚定不移地走中国特色政治发展之路的重要使命，是我国政治体制不可或缺的重要内容。

其次，坚持中国共产党领导的多党合作和政治协商制度，是党的统战工作力的重要载体。人民政协从其诞生之日起，即以统一战线组织这种特定的性质登上历史舞台。作为我国最广泛的爱国统一战线组织，人民政协不仅具有广泛代表性、巨大包容性、党派合作性等鲜明的统战性质，而且还有通过发扬民主和增进团结来凝聚人心、通过民主协商和平等议事来增进合作、通过求同存异和体谅包容来促进和谐等独特的统战功能，是巩固和壮大党的统一战线不可替代的重要载体。

最后，坚持中国共产党领导的多党合作和政治协商制度，是党的群众工作力的重要方面。人民政协是发扬社会主义民主的重要形式，是扩大公民有序政治参与的重要渠道。特别是作为唯一由界别组成的政治组织，人民政协还天然地具有联系、服务、团结和引导各界别群众的功能优势，有利于促进政党关系、民族关系、宗教关系、阶层关系、海内外同胞关系的交流，因此本质上就是党的群众工作，而且是一项特殊的群众工作，也是提升新形势下党的群众工作力不容忽视的重要方面。

上述三个方面，体现了中国共产党领导下的人民政协工作是党的领导力的重要组成部分，决定了提高党对人民政协工作领导力最根本的政治站位。这突出表现为五个方面：

一是党对政协的全面集中统一领导。中国特色社会主义最本质的特征是中国共产党的领导，中国特色社会主义制度的最大优势是中国共产党的领导。在我国政治生活中，核心力量是中国共产党的领导。统揽伟大斗争、伟大工程、伟大事业、伟大梦想，起决定性作用的是党的建设新的伟大工程。没有党的坚强领导，就难以把广大人民的积极性、主动性、创造性调动起来，也难以形成统一意志，发展社会主义民主也就无从谈起。按照党的十九大提出的全面从严治党新任务与习总书记关于加强和改进人民政协工作的重要思想新要求，需要切实加强政协党组织和自身建设，以党的建设和思想政治建设为引领，以制度建设为保障，着力打造政治过硬、本领过硬的领导班子，带动建设高素质、专业化的委员队伍和机关干部队伍，为新时代人民政协新作为提供有力组织保证。

二是鲜明的政治立场。就是要旗帜鲜明地讲政治，进一步增强“四个意识”，始终如一紧跟核心、拥戴核心、维护核心、捍卫核心，坚决服从维护以习近平同志为核心的党中央权威和集中统一领导，在政治立场、方向、原则、道路上，始终与以习近平同志为核心的党中央保持高度一致，提高政治站位，坚定政治信念，保持政治定力，强化政治担当，始终用习近平新时代中国特色社会主义思想武装头脑，始终坚定人民政协事业的正确政治方向。切记，政协是一个让委员充分说话的地方，但绝不是一个无原则、无底线乱说的地方。无论委员履职还是做政协工作，一定要有高度的政治敏锐性和政治鉴别力，敏于事而慎于言，既坐而论也起而行，在把握大势、服务大局中发出好声音、议出高水平、传递正能量，始终做到明方向、守规矩、有作为。

三是人民至上的履职取向和价值追求。当前，我国社会的主要矛盾已转化为人民日益增长的美好生活需要和不平衡、不充分的发展之间的矛盾。随着我国总体实现小康，人民美好生活需要日益广泛，不仅对物质文化生活提出更高要求，而且对民主、法治、公平、正义等也提出更多要求。树立以人民为中心的思想，就必须着眼于我国社会主要矛盾变化，紧扣人民对美好生活的需要，通过多种途径、多种渠道、多种方式就改革发展稳定重大问题特别是事关人民群众切身利益问题进行广泛协商。既尊重多数人的意愿，又照顾少数人的合理要求，发挥政协工作优势，帮助群众排忧解难、解疑释惑，做到人民政协为人民。

四是浓厚的统战意识、监督意识和协商精神。新修订的党章扩大了统一战线的对象，赋予人民政协新使命。人民政协要强化统战意识，协助党和政府做好协调关系、化解矛盾、理顺情绪、增进团结的工作，努力形成最大公约数，画好最大同心圆，为党和国家事业发展最大限度地凝聚共识、凝聚人心、凝聚智慧、凝聚力量。要加强和改进政协民主监督。政协开展监督是以提出意见、批评、建议的方式进行的，不具有强制约束力，是一种协商式监督。党的工作推进到哪里，政协的工作就跟进到哪里；党抓什么，政协就配合抓什么，目的是协助党和政府解决问题、改进工作，重点是监督党和国家重大方针政策和重要决策部署的贯彻落实情况。要适应推进国家治理体系和治理能力现代化的要求，坚持改革创新精神，把协商民主贯穿履行职能全过程，推进政治协商、民主监督、参政议政制度建设，不断提高制度化、规范化、程序化水平。

五是强烈的服务意识。聚焦党和国家中心任务在专注发展、服务大局和专心为民、服务群众上下功夫，是政协履职的主攻方向。党的十九大描绘了新“两步走”的宏伟蓝图，各级党委和政府都提出了具体目标要求和工作举措，把蓝图和目标变为美好现实，需要人民政协紧扣党和国家中心工作履职尽责，做到政治协商聚焦大事，参政议政关注实事，民主监督紧盯难事，建真言、谋良策、出实招，更好彰显政协工作在服务改革发展大局中的独特价值。要准确把握、主动适应我国发展新的历史方位、社会主要矛盾变化，聚焦人民群众对美好生活的向往，着力解决好不平衡、不充分发展在当地的表现，打通政协为人民群众服务的“最后一公里”，协助党委政府做好惠民生、增民利、解民忧工作。

二、加强党对政协工作的领导关键要抓住重点，攻克难点

所谓重点，就是要不断强化政协党组织在政协工作中的政治领导力、思想引领力、群众组织力、社会号召力，充分发挥好政协党组的主要职能作用，全面肩负起实现党对人民政协领导的重大政治责任，发挥好把方向、管大局、保落实的重要作用，着力提高党对政协工作的领导力。

（一）提高党对政协工作的领导力

一是把好方向，同心同向，始终主动接受党的领导。政协党组作为党在人民政协中的派出机构，首先必须牢牢把握好政治方向，以习近平新时代中国特色社会主义思想牢固武装头脑，确保同党方向一致、目标一致、工作一致，始终与党的事业心连心，与人民群众同呼吸，与时代发展共命运。要主动置身于党“总揽全局、协调各方”的工作格局，把最广泛的爱国统一战线巩固好、发展好，把中国共产党领导的多党合作和政治协商制度坚持好、完善好，把人民政协的独特优势运用好、发挥好。

二是管住大局，议好大事，跟进重点协商建言。围绕中心、服务大局，是人民政协履行职能必须始终遵循的重要原则，也是政协党组找准定位、体现作为、实现价值的重要着力点。管大局，议大事，不仅要善于抓好全体会议、常委会、主席会议、专委会、界别及委员建设等政协自身建设发展的重要内容，积极推进政协工作的制度化、规范化、程序化，而且还要将围绕党政中心工作作为政协党组的履职主线，主动跟踪事关经济社会发展的重大问题，特别是党政工作的重点事项，认真开展协商议政，突出社会服务成效，真正做到哪里有党和政府的重点工作，哪里就要有政协力量的跟进；哪里有党和政府的工作需要，哪里就要有政协人的身影。切实发挥好协调关系、汇聚力量、建言献策、服务大局的重要作用。

三是抓好落实，出好思路，发挥优势助推发展。人民政协汇集了社会各行各界的优秀代表人士，能够为推动科学发展提供强大的智力支持、奠定坚实的群众基础。党组工作必须紧扣五个发展理念提出的任务，坚持政治协商从发展着眼，民主监督为发展助力，参政议政为发展服务，把政协各参加单位和广大委员的积极性、主动性、创造性引导到推动“五个发展”上来。尤其要着力发挥人民政协人才荟萃、智力密集的独特优势，聚焦党政关心、群众关切、社会关注的重点、难点和热点问题，多想“五个发展”大事，多谋“五个发展”大计，为转变发展方式、破解发展难题建睿智之言，献务实之策，切实当好党政工作的“人才库”“智囊团”。

与此同时，政协委员和政协机关中的共产党员，特别是中共党员委员，作为受党的委托从事政协工作的同志，既是加强党对政协工作领导的重要基石，也是提高党对政协工作领导力的重要环节，必须着力强化政治意识、履职意识和共事意识，自觉发挥好党员的先锋模范作用。

（二）发挥党员的先锋模范作用

一要强化“政治”意识，凸显引领作用。政协组织中的共产党员，不论来自何种界别、从事何种本职工作，都是党的政协工作者，必须时刻牢记自己的第一身份是共产党员，第一职责是为党工作，把尽党员之责摆在首要位置，在自觉坚守政治原则、坚定政治立场、坚持政治道路上当好示范。既要不断加强自我学习、着力强化思想引领，带头学习和贯彻党的路线、方针、政策和对政协工作的精神要求，特别是注重用好人民政协“大学校”功能，在与委员的观点互动、思想流动和智慧涌动中不断锤炼和提升思想力，真正做到用真理的力量来感召人、推动事。还要主动加强自身修养、自觉维护党的形象，始终保持共产党员的先进性，充分展示出共产党员应有的政治品格、政治操守和政治风范。

二要强化“履职”意识，凸显骨干作用。政协委员中的共产党员作为政协工作的中坚力量，要把履行委员职责、发挥主体作用当作自觉的使命追求，使党员的先锋模范作用体现在政治协商、民主监督、参政议政等履职的各个方面。特别是担任政协常委、副秘书长、专委会主任、界别召集人等职务的中共党员委员，更应主动承担好组织引导的重任，努力把每一次发言、每一项调研、每一份提案都打造成为展示政协智慧的精品之作。政协机关中的共产党员更应牢固树立“委员的事情，件件当事业；政协的工作，处处讲细节”的工作理念，带着感情、充满热情、迸发激情地投入到为委员服务的事业中去，用精细精致的服务让委员自觉自愿地履职，不断增强党的政协事业的凝聚力、影响力和生命力。

三要强化“共事”意识，凸显团结作用。围绕团结民主开展合作共事，是实现党对人民政协领导的主要方式，也是做好政协工作的主要方法。政协组织中的共产党员作为党团结各界的重要渠道，必须自觉强化共事意识，坚持平等相待、尊重各方、求同存异，着力营造好人民政协“大家庭”，努力在平等议事、尊重同事、合作干事中实现精彩共事。

所谓难点，就是要树立问题导向，深入研究和探讨影响党对人民政协工作领导力的制约因素，突出解决以下四个问题：

一是协商就要“真协商”。人民政协要在健全社会主义协商民主制度中发挥它应该发挥的作用，人民政协要努力，党委更要重视和支持。党委要把人民政协政治协商作为重要环节纳入决策程序，必须解决以下几个问题：一是认识问题，确立起“协商就要真协商”的观念。真协商就要协商于决策之前和决策之中，根据各方面的意见和建议来决定和调整决策和工作。二是制度问题，要从制度上明确哪些问题不经过协商就不能决策，从制度上保障协商成果落地，使决策和工作更好的顺乎民意、合乎实际。从实践来看，要把人民政协的政治协商真正落到实处，除了进一步强化制度之外，还要严格监督考核，党委要带头落实人民政协的政治协商成果，加强督促检查，并把是否重视做好政治协商工作纳入领导班子和领导干部考核的重要内容。结合地方政协工作实际，还要着力破解协商滞后、内容不广的问题。要转变协商多为决策后执行过程的协商，协商议题多集中在经济、社会发展方面，内容相对单一的状况。

二是增强政治认同，狠抓委员能力素质建设。人民政协要坚持推进履职能力建设，提高调查研究能力、联系群众能力、合作共事能力。笔者认为提高履职能力，当前亟须在以下几个方面用力：首先要加强思想理论建设，把坚持和发展中国特色社会主义作为巩固共同思想政治基础的主轴，坚定理想信念，增强政治认同，牢牢把握履职正确方向；其次要改进履职方式，创新履职手段，提高履职水平和实效；再次要狠抓委员能力素质建设，更加深入地开展委员学习培训，开展“岗位建功、履职为民”、委员联系界别群众等系列活动，为委员履职搭建平台。切实尊重和保障委员的各项民主权利，完善委员联络制度，健全委员联络机构，为委员履职尽责创造良好条件。

三是委员产生应增加民主推荐的分量。改进委员产生机制，真正把代表性强、议政水平高、群众认可、德才兼备的优秀人士吸收到委员队伍中来。政协委员的产生，是我们应该需要认真研究的一个课题。要在各党派中央、各人民团体、无党派人士、各个界别提名协商推荐环节，增加民主推荐的分量，来改进政协委员产生的办法和机制。要进一步明确和坚持标准，适时建立退出机制，将履职情况作为委员能否留任的重要依据。对不履行或不能正常履行职责的委员，按政协章程和有关规定，及时予以调整，建立正常的退出机制。按照政协章程规定，政协委员的产生有一系列的程序和步骤。在实际工作中，政协委员产生还存在方式透明度不高、途径民主程度不够以及缺乏政协委员协商产生的具体工作条例等问题。对此，可以制定政协委员协商产生工作条例，用具体条例对政协委员的条件、安排的原则和产生的方式、途径、程序、步骤等进行统一和规范，从制度上保障政协委员协商产生的科学化、规范化、程序化，从而保障政协委员产生的严肃性。

四是民主监督要强化跟踪督查机制。民主监督是政协的一项重要工作，但监督难落地一直是个难题。要建立健全协商议题提出、活动组织、成果采纳落实和反馈机制，特别是在处理与党委、政府关系，推动协商成果落实和反馈机制方面，政协可进行有益的探索。实践证明，做好政协民主监督，必须要完善民主监督的组织领导、权益保障、知情反馈、沟通协调机制，解决好敢于监督、善于监督的问题。推动协商成果的落实和反馈，重点是要完善民主协商的工作制度，强化跟踪督查机制。对重要的协商成果，应建议党政主要领导亲自批办督办，办理部门（单位）负责人向政协专题通报办理情况。对一些重要监督意见未能及时采纳反馈的，应通过视察、调研、约谈等形式进行跟踪督办。对重大协商成果因办理不力造成不良后果和影响的，政协要主动向党委政府提出责任追究建议，由党委政府检查处理并作反馈，督促办理部门作出整改。

三、提高党对人民政协工作的领导力离不开创新环境的营建

（一）工作思路要创新

作为地方政协工作，应根据中共中央《关于加强新时代人民政协党的建设工作的若干意见》并结合全国政协系统深入开展的学习研讨活动成果，尽快拿出具体可行的创新工作思路。

1. 政协工作氛围要创新

作为地方党委也应制定出台《关于进一步加强政协工作的意见》，并以地方党委文件形式批转年度政协工作要点，地方党委、人大和政府领导也需应邀出席政协全会和政协常委会，政协领导应列席党委常委会和视情列席政府常务会，政府领导每年应在政协全会上通报提案办理情况，并做到每年在政协常委会上通报经济和社会发展情况，党委、政府对政协建议案、提案、视察报告、调研报告、评议报告、社情民意信息等意见和建议要认真办理、书面回复并形成制度落到实处。真正形成党委高度重视、政府大力支持、政协积极努力、政协委员团结一致、社会各方有序参与的政协工作良好氛围。

2. 激励和约束机制要创新

坚持和完善地方政协工作年度量化考核制度、政协工作年度先进单位评选表彰制度，坚持和完善政协委员年度述职考评和评选表彰制度。对委员履职情况要进行述职考评，依据考核考评情况，评选出政协工作先进单位、优秀政协委员、先进政协工作者。对履职成绩突出、做出重要贡献的委员，在各种媒体上大力宣传。同时要依照政协章程提请政协常委会，免除长期不参加政协活动、不履行委员职责的委员职务。通过委员年度述职考评、评选优秀政协委员和免除长期不履行职务的委员职务，切实加强政协委员队伍的建设和管理。

3. 文史资料工作要创新

政协文史资料是人民政协事业的重要组成部分，是“有益今人，惠及后世”的中国特色社会主义文化事业的重要组成部分，具有“统战、地方、‘三亲’（亲历、亲见、亲闻）”的显著特征。政协文史资料工作要注重宣传源远流长的古老文化、流传青史的历史人物、波澜壮阔的革命斗争、保家卫国的英雄壮举、改革开放的巨大成就，弘扬革命精神在打赢脱贫攻坚战中的重要作用，发挥好存史、资政、团结、育人的重要作用。

4. 宣传信息工作要创新

宣传信息是党的新闻宣传工作的重要组成部分，是人民政协事业的重要组成部分。应搞好对内和对外、自有资源和社会资源、多种形式和多种手段、业务部门和职能部门的结合。应宣传政协的活动和成果，把民主监督与舆论监督结合起来，扩大政协的社会影响。尤其应发挥政协网站的功能，将政协的活动和成果在网上公布，有力促进政协意见和建议的落实。

（二）工作方式要创新

市政协应注重务实，既坚持宏观议大事，又注意微观办实事，坚持虚中求实，实中求活，活中求新，积极谋事献计、成事出力，做到虚事实做，有为有位。

1. 在政治协商上求实

把政治协商纳入决策程序，就国家和地方的重要问题在决策之前和决策执行过程中进行协商，是政治协商的重要原则。地方党委要高度重视人民政协的政治协商，统一部署和协调，并认真组织实施。不仅协商建议要突出落实，而且会议协商也要突出务实。切实树立“不说话”是失职，“说假话、说空话”是渎职，“说真话、说实话”才是履职的理念。坚持“不唯上、不唯书、只唯实，交换、比较、反复”的思想方法，发扬“不一般的建言、不建一般的言、敢建别人不言之言”的创新精神，从宏观与微观、理论与实践的结合上，开门见山提问题、一针见血找原因、实事求是提建议，撰写出理论深刻、观点新颖、对策可行的发言材料，积极为经济社会的发展建有据之言、有理之言、有用之言、合法之言。

2. 在民主监督上求硬

地方政协应充分体现人民政协为人民监督的履职理念，创新以民主监督求作为、以民主监督求实效、以民主监督求地位的工作思路，在各项具体工作中，启动个案调查程序，加强对行政执法、发展环境的监督。创新以全面评议部门工作为点，以重大问题的监督为线，以选派特约民主监督员为面的监督体系。创新全会评议政府部门全面工作，常委会评议政府主要工作和提案办理工作，基层县乡政协评议县直部门延伸机构的工作的多层次、多种形式的民主评议体系。创新提案办理工作机制，推进提案由数量型向质量型转变、提案办理由答复型向落实型转变，坚持政府领导领办提案，政协领导督办提案，提办双方专题协商，网站公开提案的工作机制。创新建议案互动机制，善于把涉及全局问题的重大提案、重要调研报告转化为建议案，把涉及全局问题的委员个人行为、党派团体行为，提高到政协主席会议、常务委员会议的组织行为；特别要创新视察成果转化方式，善于通过将视察成果转化为提案、建议案、社情民意信息、大会发言等，争取视察成果的最大化。

3. 在参政议政上求精

开展调查研究，反映社情民意，作为参政议政的两种主要形式，既是中央的要求，也是人民政协的经验。要注重专题调研实效，按照用心选择调研课题，精心打造调研精品，全力转化调研成果的要求加强调研工作。要注重信息高层反映，充分发挥通过政协的专门渠道汇集、分析、反映情况和意见，帮助领导机关分析判断形势并进行有效决策的作用。

（三）工作机制创新

政协工作贵在积极主动，重在整体联动。政协的工作存在诸多的矛盾性：任务很重，而条件局限；要求很高，而办法有限；人才很多，而力量分散；荣誉地位很高，而社会认知较低。要真正体现政协的整体联动功能，尤其应处理好“五个关系”，实现政协工作的良性互动。

1. 处理好“内”与“外”的关系

做好政协工作既要激活内力，又要借助外力。一方面，要充分发挥政协党组的领导核心作用、政协委员的主体作用和政协机关的保障作用；另一方面，要积极争取党委的重视，争取人大、政府的支持和社会各界的积极配合，以沟通促了解，以交流促共识，努力形成有利于政协事业发展的良好局面。

2. 处理好点与面的关系

履行政协职能，既要着眼于区域经济社会发展的整体情况，又要把主要精力放在解决改革发展稳定深层次问题的分析上，放在对党委、政府关注的大事难事的对策研究上，放在人民群众关注的热点、难点问题的深入思考上，通过以点带面，点面结合，全力促进政协工作的有效开展。

3. 处理好虚与实的关系

人民政协的性质、职能决定了政协主要是通过提案、建议案、调研视察报告等形式来参与和促进社会经济发展。这是一项以研究讨论、建言立论为主要形式的务虚性工作。但在履职的实践中又必须做到虚功实做，虚中求实。一方面，要深入基层、深入实际、深入群众，掌握实情，切实提出对党委和政府有参考价值的履职成果；另一方面，要强化督促，跟踪问效，努力把政协的意见建议转化为实实在在的社会效益。

4. 处理好“热”与“冷”的关系

这里所说的“热”是指党政重视、社会关注的重点和难点问题，“冷”是指那些党政暂时没有想到或没有精力顾及的问题。首先要选择“热”，紧扣党政工作重点，围绕经济建设这个中心，精心选择调研课题，做到与党政目标一致，与部门工作同步，心往一处想，劲往一处使。其次要兼顾“冷”，拓宽思路，关注群众期待解决而党政部门没想到或暂时无暇顾及的领域，做好拾遗补阙工作。

5. 处理好“为”与“位”的关系

有作为才能有地位，有地位才能更加有作为。“有为”与“有位”是辩证统一的关系。随着全国深入开展学习习近平总书记关于加强和改进人民政协工作的重要思想，各级党委对政协工作更加重视，政府对政协工作更加支持，政协组织应当倍加珍惜面临的良好机遇，积极履职，主动作为，竭忠尽智建诤言，一心一意谋良策，推进经济社会又好又快发展，实现有为、有位的良性互动。

习近平总书记关于加强和改进人民政协工作的重要思想，为我们提高党对人民政协工作的领导力赋予了强大动力。新时代呼唤人民政协新作为，需要每一位政协委员饱含政协情怀忠实履职，持续不断地凝聚和传递正能量；需要做政协工作，不仅靠真理的力量去打动人、靠实干的力量去感动人，而且还应靠品德的力量去影响人、靠人格的力量去感染人、靠人缘的力量去团结人；切实以习近平新时代中国特色社会主义思想统领人民政协工作，坚持高起点谋划工作、高要求推动工作、高标准规范工作、高质量完成工作，始终与党委合心、合力、合拍，同心、同向、同行，不断开创新时代人民政协工作新局面。

企业领导人员团队建设能力调查报告

胡海艺　胡月星*

摘　要　企业领导人员的团队建设能力既是选拔考核企业领导人员的重要指标，也是影响企业成长发展的核心因素。本文在对访谈结果进行分析和编码的基础上，从领导与管理团队、创造良好的团队氛围、增强团队凝聚力、提高团队效能的能力等核心因素上进行分析归纳，由此得出企业领导人员团队建设能力的三个维度：目标引领、授权管理、配合协作。同时也提出加强企业领导人才团队建设能力的对策建议。

关键词　企业领导人员　团队建设能力　调查报告

一、背景

团队建设能力是企业领导人才选拔考核的重要指标。近年来，新信息、新知识、新理念在组织中所起的作用越来越受到理论界重视，组织外部环境的风云变幻和组织内部条件日益复杂，传统的组织形式——金字塔的等级制度因其内在机制的僵化和死板而受到了挑战，企业为了提高自身的适应性和应变能力，纷纷进行组织结构的改革。实践表明，工作团队的组织结构形式给提高组织的竞争力做出了巨大的贡献。由于员工队伍日趋多元化，素质和能力也不断提高，他们希望参与企业决策的呼声越来越高。他们更倾向于自己采取行动，自己管理自己，已经不甘心做"金字塔"的维护者。更为重要的是，市场竞争强度日趋激烈，企业中各项工作的复杂和综合程度不断提高，问题的难度亦不断加大，靠单个部门或个人的单打独斗已经无法适应客观环境的变化和要求，协同作战、联合进攻成为在竞争中制胜的关键之所在。团队合作就是其中一条重要的途径，只有参与团队合作才能使分散的个人和具有不同能力和个性的人结合起来，携手作战，组织成一个有共同目标的相互协作的整体。

国内企业领导人员在团队建设能力方面，可以分为团队内部的领导者和团队外部的领导者。团队内部的领导者主要作用是通过一系列手段和管理方式，维系团队的正

* **作者简介**：胡海艺（1989～　），女，中国五矿稀土有限公司人力资源部；胡月星（1963～　），男，中共中央党校（国家行政学院）教授、博士生导师。

常运转，增强团队凝聚力，针对团队目标，提高团队效能。团队外部的领导者则对团队建设负有全面的责任。从组建团队、制定目标、提供资源到团队的运行中协调团队内部及团队间的沟通，都离不开外部领导的作用。

研究表明，每一个团队都是由个性不同的员工为了完成同一团队目标，共同参与进来的，团队的领导者在建设团队工作中的最主要任务是管理好这些千差万别的员工，协调工作关系，促进团队在企业整体组织目标的指引下，往积极、互信、配合、融洽、高效的方向发展。目前，每个组织都鼓励员工参与组织活动，而这些活动在过去都属于管理者的职责范围。随着市场竞争的日益加剧，很多管理者意识到团队精神是当今企业精神的重要组成部分，是不断增强企业凝聚力、竞争力的精神力量。团队被普遍采用的原因在于其对组织效率的贡献，具体体现为：①团队具有弹性。企业传统的组织架构难以应对外界环境的不断变化以及顾客需求的多样性，而团队以其成员组成、责任感与荣誉心、激励之下的工作态度，对团队的认同为特征，针对环境及顾客的需求整合资源，针对重点做出立即快速并具品质的反应。②团队成员具有强烈的归属感。团队目标与工作设计由成员自己参与、设计和执行。以现行企业管理模式，员工的目标与工作设定大多为由上而下，员工奉命行事，而团队却由成员自己决定及执行，员工因受到尊重而付出较高的努力，因自己的承诺而全力以赴。③团队能提高生产率。团队模式简化了组织结构，便于内部协调，使企业决策层集中精力制定正确的发展战略，寻找良好的市场机会和发展空间。④团队能增强员工技能，提高员工素质，充分体现人本管理。⑤团队能优化企业内部环境，有利于沟通协调，增强凝聚力。团队成员把个人目标融入和升华为共同的团队目标，建立了共同的价值体系。

二、研究思路和方法

（一）文献查阅及访谈

对于近10年国内外关于团队建设能力方面的文献资料进行查阅，形成初步的概念和印象，提出关于企业领导人员团队建设能力的初步构想。编制访谈提纲对某企业的领导人员进行访谈，在访谈过程中收集信息，通过具体实践来丰富对协调能力的认识。

（二）团队建设能力维度确立

在对访谈结果进行分析和编码的基础上，形成对于团队建设能力的概念，即善于领导与管理团队，创造良好的团队氛围，增强团队凝聚力，提高团队效能的能力。在此基础上得出领导人员团队建设能力的三个维度：目标引领、授权管理、配合协作。

目标引领是指创设共同愿景、促使下属形成对团队共同目标的承诺的能力；授权管理是指能够做到因事择人、视能授权，同时做到权责明确、过程监督，能够充分调动下级的工作积极性的能力；配合协作是指在团队内部能够正确处理好分工与合作的关系，既提倡相互配合，又鼓励独立工作，提高团队效能的能力。

（三）问卷的编制

根据团队建设能力的三个维度编制问卷。

目标引领方面包括：①创设共同愿景，促使下属形成对团队共同目标的承诺；②能与团队成员达成共识，围绕团队目标确立个人目标。

授权管理方面包括：①能根据不同的任务选择合适的人，授予权力；②给下属授予权力的过程中，做到权责明确；③在执行任务的过程中，关注下属的权限意识，防止越权行为的发生。

配合协作方面包括：①努力创设积极、互信、配合、融洽的团队氛围，增强团队成员的向心力；②根据团队任务、团队成员特点，合理进行分工与协作；③能够增强团队效能，并注意提高团队成员的积极性。

（四）数据分析方法

1. 独立样本 T 检验

测量性别、民族等“二分”分组变量的两个分群在团队建设能力总分及其三个维度（目标引领、授权管理、配合协作）上是否存在差异。

2. 单因素方差分析（One-Way ANOVA）与事后多重比较（LSD）

测量年龄、工作年限、起始学历、最高学历、职级、工作性质等分组变量的各个分群在团队建设能力的各个维度上是否存在差异，并对达到显著性差异的项目继续进行事后多重比较（LSD），进一步了解各分组之间的差异。

三、总体结果显示

（一）样本分布

本研究选取某大型国企科级以上领导干部参与本次调查，共发放问卷 1150 份，回收 1139 份，回收率 99.04%，剔除无效问卷之后，有效问卷为 1040 份，有效率为 91.31%。被试样本属性的组成，如表 1 所示。

表 1　　团队建设能力调查样本统计表

个人属性	类别	样本数	百分比（%）
性别	男	737	70.87
	女	303	29.13
年龄	30 岁以下	109	10.48
	31～35 岁	167	16.06

续表

个人属性	类别	样本数	百分比（%）
年龄	36～45 岁	409	39.33
	46～55 岁	311	29.90
	55 岁以上	44	4.23
工作年限	5 年以下	79	7.61
	6～10 年	101	9.72
	11～20 年	376	36.19
	21～30 年	260	25.02
	30 年以上	223	21.46
起始学历	大专	215	20.73
	本科	528	50.92
	硕士	46	4.44
	博士	5	0.48
	其他	243	23.43
最高学历	大专	190	18.30
	本科	640	61.66
	硕士	158	15.22
	博士	9	0.87
	其他	41	3.95
职级	处级	230	22.18
	科级	454	43.78
	一般干部	353	34.04
工作性质	党群	147	14.25
	行政	247	23.93
	经营	200	19.38
	营销	88	8.53
	生产基建	350	33.91

（二）信度检验

信度是用来考量调查问卷测量结果可靠性和稳定性的有效指标，对问卷问题进行内部一致性信度检验，克隆巴赫系数为 0.734，达到问卷信度标准。

四、差异性比较

通过 SPSS 13.0 对性别、年龄、工作年限、起始学历、最高学历、职级、工作性质等八个人口学变量在目标引领、授权管理、配合协作以及团队建设能力总分上的差异进行了分析，结果如下：

（一）性别因素对团队建设能力的差异性比较

根据独立样本 T 检验，不同性别的领导干部在团队建设能力三个维度（目标引领、授权管理、配合协作）和总得分上均存在显著性差异。如表 2 所示：

表 2　　性别对团队建设能力的差异性比较

	性别	人数	均值	标准差	T	P
目标引领	男	737	8.414	1.354	2.023*	0.043
	女	303	8.218	1.569		
授权管理	男	737	12.593	1.944	5.660***	0.000
	女	303	11.746	2.705		
协作配合	男	737	13.326	1.658	3.067**	0.002
	女	303	12.950	2.083		
团队建设能力总分	男	737	34.332	4.349	4.336***	0.000
	女	303	32.914	5.734		

注：* $P<0.05$，** $P<0.01$，*** $P<0.001$。

在表 2 的四个指标中，男性均略高于女性。一般来说，女性领导者带团队的难度是大于男性领导者的。在团队建设的过程中，男性领导者在树立威信力、引领目标方面略有优势；女性领导者一般比较感性，并且作为团队带头人，女性领导者要花更多的精力在树立自己团队带头人形象上。同样也因为感性，女性领导者在培养团队氛围上也存在一定的优势。但也不排除女性领导者在工作中对下属过于苛刻，使得下属处于不良工作状态的可能。因此，企业领导人员在具体实践工作中，首先应充分了解和正确认识自己的性别上的优势，在发挥优势的同时也要对自己的弱势进行补足，以使自己更加适应千变万化的市场环境，为企业目标愿景的实现而积极努力。

（二）年龄因素对团队建设能力的差异性比较

根据方差分析结果，不同年龄段的领导人员在团队建设能力三个维度以及总得分上的差异均具有显著性，如表 3 所示：

表 3　　　　不同年龄对团队建设能力的差异性比较

	年龄	人数	均值	标准差	F	P
目标引领	30 岁以下	109	8.229	1.274	2.510*	0.040
	31～35 岁	167	8.281	1.472		
	36～45 岁	409	8.521	1.395		
	46～55 岁	311	8.215	1.480		
	55 岁以上	44	8.432	1.301		
授权管理	30 岁以下	109	11.917	2.361	3.783**	0.005
	31～35 岁	167	12.000	2.503		
	36～45 岁	409	12.582	2.078		
	46～55 岁	311	12.302	2.244		
	55 岁以上	44	12.841	1.569		
协作配合	30 岁以下	109	12.725	1.737	4.634***	0.001
	31～35 岁	167	13.012	1.979		
	36～45 岁	409	13.450	1.616		
	46～55 岁	311	13.158	1.944		
	55 岁以上	44	13.455	1.470		
团队建设能力总分	30 岁以下	109	32.872	4.601	4.294**	0.002
	31～35 岁	167	33.293	5.276		
	36～45 岁	409	34.553	4.526		
	46～55 岁	311	33.675	5.082		
	55 岁以上	44	34.727	3.775		

注：* $P<0.05$，** $P<0.01$，*** $P<0.001$。

对存在差异的几个指标进行 LSD 事后比较作进一步分析，结果发现：在目标引领方面，36～45 岁的企业领导人员得分显著高于 46～55 岁的领导人员。在授权管理方面，30 岁以下的得分显著低于其他四个年龄段，而 31～35 岁的得分显著低于 36～45 岁和 55 岁以上的。在协作配合上，30 岁以下的得分显著低于其他四个年龄段。在团队建设能力总得分上，30 岁以下显著低于其他四个年龄段的领导人员得分，31～35岁显著低于 36～45 岁，而 36～45 岁显著高于除 55 岁以上年龄段的其他三个年龄段得分。

从总体上来看，这是符合人生发展的一般规律的。随着年龄的增长，为人处世以及掌控团队的经验得到了丰富，在实际工作中对于团队的驾驭可以更加得心应手。同时，数据证明：36～45 岁正是一个领导人员的黄金年龄。在这个年龄阶段，既有丰富的管理经验累积，又能适当地吸收新鲜事物并进行创新，在带领团队，提高团队效能方面显得游刃有余。30 岁以下的企业领导者在团队建设三个维度以及总分上都处于劣势，这与这个年龄段的领导者的性格和经验都有着很大的关系。年轻人由于缺乏经验以及性格冲动等方面的原因，在带领团队的时候，存在威信力不够、不能融洽团队整体等劣势。如果把各年龄段的得分用折线图来表示的话，36 岁之前领导人员是属于迅速上升的，超过 45 岁以上的领导人员能力各方面发展就开始走缓走平了。因此，在选拔和任用领导人员的时候，要增加年轻干部的选拔比率和培养力度，而领导人员的主要年龄段也应该是 36～45 岁。

（三）工作年限因素对团队建设能力的差异性比较

根据方差分析结果，不同的工作年限段的领导人员在协作配合维度上具有显著的得分差异，详见表 4。

表 4 工作年限对团队建设能力的差异性比较

	工作年限	人数	均值	标准差	F	P
目标引领	5 年以下	79	8.190	1.292	1.237	0.294
	6～10 年	101	8.277	1.372		
	11～20 年	376	8.441	1.456		
	21～30 年	260	8.427	1.430		
	30 年以上	223	8.238	1.412		
授权管理	5 年以下	79	11.861	2.302	1.916	0.106
	6～10 年	101	12.000	2.371		
	11～20 年	376	12.410	2.311		
	21～30 年	260	12.473	2.050		
	30 年以上	223	12.426	2.163		
协作配合	5 年以下	79	12.532	1.678	3.528**	0.007
	6～10 年	101	13.069	1.856		
	11～20 年	376	13.319	1.763		
	21～30 年	260	13.288	1.890		
	30 年以上	223	13.274	1.727		
团队建设能力总分	5 年以下	79	32.582	4.399	2.332	0.054
	6～10 年	101	33.347	4.971		
	11～20 年	376	34.170	4.933		
	21～30 年	260	34.188	4.835		
	30 年以上	223	33.937	4.689		

注：* $P<0.05$，** $P<0.01$，*** $P<0.001$。

对存在差异的几个指标进行LSD事后比较作进一步分析，结果发现：在协作配合方面，工作年限为5年以下的领导人员得分显著低于其他四个工作年限段。一个工作年限为5年以下的领导人员，与具有长期工作经验的领导干部相比，在管理团队方面，不管是威信力还是调整团队关系、团队目标方面都存在着很大的差距。随着工作时间的增加和各方面经验的累积，领导团队做一些工作的时候必然会有很大的提高。数据表明，对于领导者来说，管理团队的技能的确需要时间的累积和经验的总结。

（四）学历因素对团队建设能力的差异性比较

根据方差分析结果，起始学历和最高学历在团队建设能力各维度及总分上均不具备显著差异性。如表5、表6所示。

表5　　起始学历对团队建设能力的差异性比较

	起始学历	人数	均值	标准差	*F*	*P*
目标引领	大专	215	8.302	1.446	0.487	0.745
	本科	528	8.345	1.400		
	硕士	46	8.413	1.275		
	博士	5	7.800	1.095		
	其他	243	8.436	1.480		
授权管理	大专	215	12.419	2.406	0.421	0.793
	本科	528	12.297	2.121		
	硕士	46	12.283	1.858		
	博士	5	11.400	1.342		
	其他	243	12.420	2.365		
协作配合	大专	215	13.335	1.753	1.172	0.321
	本科	528	13.172	1.777		
	硕士	46	12.978	1.556		
	博士	5	12.000	1.225		
	其他	243	13.284	1.928		
团队建设能力总分	大专	215	34.056	5.040	0.657	0.622
	本科	528	33.814	4.653		
	硕士	46	33.674	3.927		
	博士	5	31.200	3.194		
	其他	243	34.140	5.198		

根据数据分析的结果来看，起始学历和最高学历对于团队建设能力的影响较小。虽然各学历类型之间的得分存在一定的差异，但并没有达到显著差异的水平。由此可

见，在选拔领导干部的过程中，不应该盲目地追求高学历。一些学历较低的领导干部从基层脱颖而出，走上领导岗位，领导风格和处事方式都是经过时间的考验的，所需要的只是对理论知识的补强。不能因为某个领导干部的学历不高，就否定他的工作，否定他再进步和再晋升的可能。

表 6　　最高学历对团队建设能力的差异性比较

	最高学历	人数	均值	标准差	*F*	*P*
目标引领	大专	190	8.300	1.570	0.885	0.472
	本科	640	8.366	1.368		
	硕士	158	8.462	1.381		
	博士	9	8.667	1.658		
	其他	41	8.049	1.642		
授权管理	大专	190	12.263	2.689	0.380	0.823
	本科	640	12.347	2.161		
	硕士	158	12.506	1.830		
	博士	9	12.222	2.167		
	其他	41	12.122	2.358		
协作配合	大专	190	13.242	2.004	1.092	0.359
	本科	640	13.238	1.725		
	硕士	158	13.272	1.707		
	博士	9	13.000	2.121		
	其他	41	12.659	2.093		
团队建设能力总分	大专	190	33.805	5.712	0.727	0.574
	本科	640	33.950	4.615		
	硕士	158	34.241	4.334		
	博士	9	33.889	5.711		
	其他	41	32.829	5.477		

综合来看，学历与团队建设能力的关系并不是成正比的，并不是说学历越高，团队建设的能力就越高，与团队建设能力相关较大的还是经验、阅历等。高学历能够带来知识的增长，但是经验是学历无法提供的，必须经由长时间的工作实践慢慢积累。因此，对于企业领导人员来说，绝对不能忽视实践能力而盲目的追求学历。但是，具备一定领导经验和阅历的领导干部，也不能忽视专业理论知识的补强，理论和实践是相辅相成的，缺一不可。

（五）职级因素对团队建设能力的差异性比较

根据方差分析结果，不同的级别的领导人员在团队建设能力的三个维度以及总得分上均具有显著的得分差异。可详见表7。

表7　职级对团队建设能力差异性比较

	职级	人数	均值	标准差	F	P
目标引领	处级	230	8.543	1.245	10.064***	0.000
	科级	454	8.471	1.376		
	一般干部	353	8.085	1.550		
授权管理	处级	230	12.839	1.560	34.001***	0.000
	科级	454	12.687	1.810		
	一般干部	353	11.578	2.810		
协作配合	处级	230	13.565	1.424	21.983***	0.000
	科级	454	13.425	1.656		
	一般干部	353	12.714	2.073		
团队建设能力总分	处级	230	34.948	3.669	28.913***	0.000
	科级	454	34.584	4.245		
	一般干部	353	32.377	5.767		

注：* $P<0.05$，** $P<0.01$，*** $P<0.001$。

对职级的几个指标进行LSD事后比较作进一步分析，结果发现：在目标引领方面，一般干部的得分显著低于科级干部和处级干部；在授权管理方面，一般干部的得分显著低于科级干部和处级干部；在协作配合方面，一般干部的得分显著低于科级干部和处级干部；在团队建设能力总分上，一般干部的得分显著低于科级干部和处级干部。

研究结果表明，一般干部的团队建设能力显著低于科级和处级的领导干部。通常，职级的提高也伴随着年龄和工作年限的增长，这与上文中提到的两个指标的研究结果不谋而合。此外，这也说明了当代企业的人才选拔制度具有一定的有效性，能让团队建设能力强的管理人员脱颖而出。团队建设能力是基层干部走向中层干部最重要的能力。一般来说，好的领导干部都有他自己的团队，这里的团队不是指小团体，而是互相信任、融洽、积极向上、团结奋进、效率极高的团队。

（六）工作性质因素对团队建设能力的差异性比较

根据方差分析结果，不同工作性质的领导人员在授权管理维度上具有显著的得分差异。详见表8。

表 8　　工作性质对团队建设能力差异性比较

	工作性质	人数	均值	标准差	F	P
目标引领	党群	147	8.442	1.304	1.655	0.158
	行政	247	8.231	1.580		
	经营	200	8.395	1.318		
	营销	88	8.648	1.313		
	生产基建	350	8.314	1.432		
授权管理	党群	147	12.653	1.940	2.416*	0.047
	行政	247	12.020	2.546		
	经营	200	12.310	2.206		
	营销	88	12.625	2.507		
	生产基建	350	12.389	2.018		
协作配合	党群	147	13.395	1.555	1.512	0.196
	行政	247	13.117	1.882		
	经营	200	13.170	1.827		
	营销	88	13.557	1.714		
	生产基建	350	13.143	1.841		
团队建设能力总分	党群	147	34.490	4.140	2.120	0.076
	行政	247	33.368	5.355		
	经营	200	33.875	4.734		
	营销	88	34.830	5.052		
	生产基建	350	33.846	4.709		

注：* $P<0.05$，** $P<0.01$，*** $P<0.001$。

通过对授权管理维度上的五种工作类别进行 LSD 事后比较作进一步分析，可发现：行政性质的领导干部得分显著低于党群、营销、生产基建三个性质的领导干部。可以看出，五种性质的领导干部中，党群干部的团队建设能力得分最高，营销的其次，得分最低的就是行政干部。党群干部对于团队建设能力上有独特的地方，因为党群干部最主要的工作责任就是负责企业党政团队的稳定与高效。营销方面的领导干部团队建设能力也相对重要，在营销中，团队的作用有时体现得极为明显。行政类干部的团队建设得分显著低于其他类型，这点值得注意，往往一个成熟的企业，它的行政流程和管理团队都是非常有效的。

五、研究结论

通过对性别、年龄、工作年限、起始学历、最高学历、职级、工作性质等八个人口学变量在目标引领、授权管理、协作配合和团队建设能力总分上的差异进行了分析，得出以下结论：

男性领导干部在团队建设能力三个维度（目标引领、授权管理、协作配合）以及总得分上均显著强于女性领导干部；30 岁以下的领导干部在团队建设能力方面居于劣势，36～45 岁领导干部明显居于优势；工作年限为 5 年以下的领导人员在协作配合方面居于劣势；学历方面，无论是起始学历还是最高学历，对领导干部的团队建设能力影响都不大；一般干部的团队建设能力明显弱于科级、处级干部；党群类干部授权管理能力最强，营销类干部次之，行政类干部最弱。

六、提升企业团队能力的对策和建议

在现代企业中，一名优秀的企业领导人员应当具有良好、成熟的团队建设能力，这样才能使企业的发展更快更好。从某种意义上说，领导者是否善于建设团队会对组织产生不同的效应。针对本研究所揭示的问题，要提升领导干部的团队建设能力，需要从以下几个方面入手：

一是增强团队凝聚力。团队的领导者应该是一名好的外交家和政治家，负责平衡外界环境，负责协调与其他团队的关系，在争取获得最大支持的同时，与团队内部和外部的重要人士建立稳固和谐的关系，使其可以帮助领导者完成团队的发展目标。有熟练外交技巧的领导者也常常是人们心目中理想的团队领导者。

二是提升团队效能。团队的领导者应该是一名好的团队理念宣传员和团队榜样，负责宣传团队文化、团队理念和团队目标，团队文化是团队成员共有的价值观。领导者在团队文化和团队目标建设中担负着极其重要的作用。他是团队的精神领袖，有什么样的领导者，就会有什么样的团队文化。团队领导者严格要求、规范管理，团队成员就会严谨自律，遵章守纪；如果领导者放任自流，管理松松垮垮，团队成员就会乐于营造“办公室俱乐部”的团队氛围；领导者目标明确，任务清晰合理，团队成员就会各司其职、有序工作；团队领导者如果盲目从事，朝令夕改，团队成员就会变成无头苍蝇，无所适从；领导者如果愿意分享知识、经验、技能，团队成员就会积极进取心胸宽广。团队领导者如果僵化保守，总感觉团队是自己的“自留地”，团队成员也会封闭保守。因此，领导者的精神导向作用绝对是不可忽视的，团队领导者的态度决定整个团队的基本价值取向，进而影响整个团队绩效的高低。

三是加强目标建设。企业领导者应该是一名良好的团队建设者，善于依照组织目标调动团队人员积极性，这就要求领导者要有良好的沟通能力。清晰的发展目标是团队领导者提高自己在团队影响力的桥梁和翅膀。以目标为导向使领导者能够更加准确地了解企业准确信息，避免盲目，使领导能够营造良好的组织氛围，促进团队之间的交流与整合。这样，在增加领导有效性的同时，也提升了组织影响力和团队成员的向心力，增强了团队成员的参与感和组织认同感，从而增加整个团队合力。

四是注重激励考核。针对团队成员心理需求及个体差异，依据岗位职责特点，选择具有针对性的考核激励方式，注意调动团队成员积极性、主动性。在激励中坚持业绩导向，贯彻公平公正原则，激励向一线倾斜，向做出突出贡献的重要岗位倾斜，既要善于激励，也要善于用人。把能力强、业绩好、具有实干精神的优秀人才及时选拔到重要岗位上，让敢于担当、善于担当、表现突出者有舞台，让积极努力、上进心强者有奔头，把团队建设能力作为激励考核的重要内容，在加强团队建设中发现人才，激励人才，使企业充满生机活力。

五是提高团队素质。团队的领导者应该是团队中的一名教师，他要训练团队成员遵守团队的目标和规则，并不断提高团队成员的能力素质，以适应组织的发展需求。团队的培训学习很重要，提高团队成员的能力对于团队目标的实现至关重要。团队领导者自己不但要不断加强培训和学习，适应发展的需要，而且要肩负培训团队成员、帮助提团队成员的能力和素质的重任。通过培训，可以改善团队成员的绩效，进而改善整个团队的绩效。需要指出的是，并不是当团队出现问题的时候才安排培训，也不是只对领导者认为有问题的成员实施培训，或者像有些团队那样只对优秀的成员进行培训。团队领导者对团队成员的培训应该依据团队发展的需求长期地、持续地、有计划地进行。

人才发展战略研究

地方本科高校破解高层次人才引进困境探索

——以泰山学院为例

王光杰*

摘　要　面对人才竞争激烈的严峻形势，泰山学院以“五个坚持”为统领，积极探索破解地方本科高校高层次人才引进困境，深化人才发展体制机制改革，努力建设高素质的人才队伍。

关键词　人才引进　五个坚持　人才改革

面对人才竞争激烈的严峻形势，泰山学院在建设高素质人才队伍方面主要做了以下几方面的工作。

一、坚持统筹推进，优化齐抓共管的人才工作体制机制

学校坚持党管人才原则，牢固树立“人才是第一资源”的理念，把人才作为学校实现内涵发展、质量提升的重大基础性工程。泰山学院在第三次党代会中明确提出“全面深化改革，实施二次创业”，“创新管理体制机制，做到引进、培养和使用并重，发挥好政策导向激励作用，努力打造一支结构合理、精干高效的人才队伍”。学校有十分强烈的人才意识，切实把“人才工程作为学校的头号工程”，把人才工作作为强校之基、竞争之本，摆在突出位置，实行优先谋划、优先投入、优先发展，落实人才工作年度目标，优化人才工作机制，推进人才引进培养力度，不断提升人才工作水平。学校成立人才工作办公室（与人事处合署），具体负责人才政策落实、高层次人才的培养引进、人才服务和协调等方面工作。一方面，印发《泰山学院人才工作考核细则》（泰院政发〔2018〕15号），实行人才工作目标责任制，将工作目标完成情况纳入年终考核；另一方面，成立教师工作部，与人事处、人才工作办公室合署，进一步凝聚了人才工作合力。目前学校形成了“党委统一领导，部门齐抓共管，学院分头落实”的良

* **作者简介**：王光杰（1969～　），男，山东东平人，泰山学院人事处处长，党委教师工作部部长，人才工作办公室主任，历史学硕士，主要研究方向为高校人才引进与培养、高校人事制度改革。

好工作运行机制和工作局面。

二、坚持高端引领，构建灵活高效的引才引智政策体系

面对人才竞争空前激烈的严峻形势，针对学校没有硕士点、引人平台较低的现实状况，学校注重横向比较同类高校人才引进政策，构建完善“全职引才”及“柔性引智”等灵活高效的引才引智政策体系。

一是在“全职引才”方面，构建了“入职待遇分类别，科研项目有资助，职称评聘有通道，优秀成果重激励”四位一体的人才引进政策体系。学校两次修订人才引进优惠政策，具有博士学位的高层次人才增量大幅提升，在编博士由2012年的78人增加到2018年的221人，2018年新增博士28人，1名教授入围山东省泰山学者青年专家，1名教授入围教育部高校教学指导委员会委员，1教师团队被评为山东省高校黄大年式教师团队。由此可见，泰山学院的高层次人才工作既有量的提升，更有质的突破，人才发展新高地正加速形成。

二是在“柔性引智”方面，破除“为我所有”旧传统，创立“为我所用”新思路。小城市办大学有诸多局限，加之学校没有硕士点，科研平台较低，全职引进院士、“千人计划”、长江学者等高层次领军人才不太现实。按照“不求所有、但求所用，不求所在、但求所为，不求常在、但求常来”的原则，学校破解了高层次专家引进的困境。高层次专家可以兼职在校工作，签订合作协议，指导学科建设，开展合作研究，完成相应的工作任务。2017年学校签约陈锋等4名高层次专家，2018年签约又柔性引进叶涛等4名专家，学校成立了特聘教授工作室，组建了教学科研团队。2018年10月“第四届全国区域文化研究会年会暨泰山文化学术研讨会”在泰山学院成功举行，来自中国社会科学院、清华大学等高校和研究机构的90余位知名专家齐聚泰山脚下，共襄学术盛会，此次年会能在该校举办，就是学校聘请的武汉大学陈锋教授极力促成的。柔性引进的高层次专家通过邀请名家来校讲学、开设青年教师研讨班、举办高水平学术会议、帮助青年教师申报课题等诸多举措，指导与帮扶泰山学院的学科建设，为学校建设高水平应用型大学提供了强有力的智力支持。

三、坚持“三破三立”，创新分门别类的人才评价机制

以打造一支“四有”好教师队伍为目标导向，深化教师分型管理、破格评审、目标考核三项改革，实现“三破三立”。

一是破除“千人一面”旧标准，建立“个性发展”新常态，将教师岗位从横向分为教学为主型（文、理）、科研为主型（文、理）、教学科研并重型（文、理）三大类六小类，纵向分为11个等级（从教授二级岗一直到助教二级岗），量身定做各类型各等级岗位申报条件和聘期目标，支持和鼓励教师根据自身特点和潜能合理定位，明确

发展目标和方向，实现了教师个性发展与学校事业均衡发展的有机结合。

二是破除“论资排辈”旧观念，树立“能者居之”新理念。学校29名有较强的学术潜力和重要标志性成果的优秀人才破格申报专业技术职务，其中3人由副教授三级岗跨层级晋升为教授三级岗，4人由讲师三级岗跨层级晋升为教授四级岗。

三是破除“只上不下”旧传统，树立“目标导向”新思路。以往职称评审都是“评上职称歇一歇”，一旦评上高一级专业技术职务后，便很少再出科研成果。“只上不下”的传统根深蒂固，学校在此次岗位聘用工作中，坚持“目标导向”，分级别类地制定了四年聘期目标，聘期目标与申报条件、考核办法、政策待遇事先同步公布，在聘期结束后对无法按时完成聘期目标的分别进行低聘、解聘或缓聘。

四、坚持固本培元，创新多措并举的人才培养机制

为建立中青年优秀人才蓄水池，全面增强高层次优秀人才战略储备，不断提高学校整体学术地位和综合竞争力，学校创新实施校级人才工程，不断激发人才成长活力。

一是实施“泰山学人1958人才工程”，加大校级拔尖人才扶植力度。“泰山学人1958人才工程”包括“泰山学人领军人才”和“泰山学人青年才俊”两个层次，5年内共遴选“泰山学人领军人才”19名、“泰山学人青年才俊”58名。每年3月下旬组织遴选，每次遴选15名左右，每批支持期3年，连续选拔5年。在支持期内给予入选者特殊人才津贴和专项经费：“泰山学人领军人才”每年津贴8万元，专项经费理工科30万元，人文社科15万元；“泰山学人青年才俊”每年津贴4万元，专项经费理工科20万元，人文社科10万元。通过五至十年的重点培养，使其成为在山东省内所属学科领域具有较高知名度、国内有一定影响的杰出专家，造就若干名泰山学者、国家杰出青年科学基金等省级以上人才项目获得者及候选人，建立泰山学院中青年优秀人才“蓄水池”，全面增强学校高层次优秀人才战略储备，不断提高整体学术地位和综合竞争力。

二是实施中青年教师培训计划。青年教师是学校师资队伍的主要群体，是学校发展的未来和希望。对于中青年教师，要坚持按需培训，择优选拔，学以致用，注重实效。通过新聘教师岗前培训计划、青年教师导师选配计划、培养博士研究生计划、名校名师访学计划、课程短期进修计划、挂职锻炼计划、素质拓展计划等7项培训计划，为青年教师成长成才提供保障。经过5年建设，选派60名左右的青年教师到重点高校攻读博士学位，选派100名左右的青年教师到国内外重点高校或科研机构访学，选派150名左右的青年教师到行业企业实践（挂职）锻炼，选派300名左右的青年教师参加课程短期进修培训，选派500名左右的青年教师参加多种形式的岗位培训或素质拓展。这一举措，将为学校的硕士学位点建设和重点学科建设提供智力支持和人才保障。

三是修订完善《泰山学院教职工继续教育办法》。对外出读博返校工作的博士待遇

予以完善，如：取得学位回校工作后，若工资和津贴补发金额不足取得学位当年学校引进相应专业人才安家费标准，学校核实后予以补齐；科研启动费按取得学位当年学校引进人才的相关优惠政策予以确定；等等。同时，要做到人才政策校内外人员一视同仁，同一个客观评价标准，真正解决了“来了女婿，气走儿子”的问题。另外，学校提高了教师参加政府公派出国留学项目、山东省高校青年骨干教师国内访问学者项目等成长计划的配套资助比例。

五、坚持绩效管理，创新与业绩挂钩的人才奖励机制

泰山学院把绩效考核作为激发人才活力的有力引擎，站位全局，精心组织，确保考到关键处，核到关键点。学校聚焦聚力争创硕士授予权单位建设关键指标，发挥岗位绩效津贴的杠杆作用，重点落实好“两个挂钩”：一是学院切块划拨津贴总额与学院科研经费完成率挂钩，二是教师教学科研任务完成情况与个人绩效津贴挂钩。这体现了岗位绩效津贴向业绩突出的优秀高层次人才倾斜的原则，进一步调动了教师教学科研的积极性，为超额完成2018年科研经费任务提供了强有力的政策支撑，同时也为确保岗位聘用目标的全面完成奠定了坚实基础。

试论人才的过度社会化现象

孙昕光*

摘　要　在社会急剧变革发展时期，社会对个人的期望或要求过度，以至于超出个人所能接受或承受的应有限度，便会产生过度社会化的现象。当前，人才过度社会化现象表现出评价标准的数据化、思维方式的趋同化、行为方式的功利化、角色认知的标签化等突出特征。这种过度社会化现象对人才的危害主要表现在：一是过度的精神压力；二是过度的健康透支；三是过度的投机心理。应对人才过度社会化现象的有效策略或途径主要包括：一是人才全面发展的社会化；二是人才评价机制的科学化；三是人才心理素质的健全化；四是人才健康管理的规范化。

关键词　过度社会化　人才过度社会化　人才全面发展　人才评价机制

任何社会都是由个人组成的，而任何个人也只有归属于特定社会才能得以生存和发展。个人并非天生具有社会属性、自然具备归属社会的能力，而是需要不断学习和了解社会的文化、习俗、道德、规范、法律等，才可逐步熟悉社会、适应社会、融入社会，由生物人转变成为社会人。这个过程也就是社会学意义上的个人社会化。个人社会化并非总是积极的、体现正功能的作用，也常常会有消极的、体现负功能的情况，其中最为突出的就是过度社会化现象。在社会急剧变革发展的时期，社会对个人的期望或要求过度，以至于超出个人所能接受或承受的应有限度，便往往会产生过度社会化现象。"过度社会化的人被套上了心理枷锁"①，这不仅严重影响个人的现实生存与发展，而且还会最终走向社会期望或要求的反面。目前，过度社会化现象已经引起较多

---

* **作者简介**：孙昕光（1964～　），男，山东章丘人，山东师范大学文科学报编辑部编审，山东省高等教育人才研究会理事，研究方向为人才学、编辑学和语文教育。

① 袁方、姜汝祥：《北大为证——关于现实与自我的心灵对话》，中华工商联合出版社1998年版，第155页。

的关注，但大多数学者都是从学校教育方面提出问题①，尚未见到从人才学方面探讨的研究成果。而在当下现实社会中，人才的过度社会化现象却表现得愈加突出，因而本文对此问题试作初步探讨，以引起学界关注和相关部门的重视。

一、人才过度社会化现象的特征

人才是素质较高、具有某方面专业特长或技能的表现突出者，是对社会做出突出贡献的优秀个人。正因为如此，相对于一般普通人来说，社会对人才的要求更加严格，对人才的期望也更高。当个人渴望成为人才，努力争取作为人才，以得到社会认可，但与社会要求的距离较大，难以实现预期目标时，就会感到来自社会的巨大压力，容易造成严重的心理障碍，从而导致过度社会化现象。从其具体表现来看，当前人才的过度社会化现象主要有以下特征：

（一）评价标准的数据化

人才是一个相对的发展的概念。不同国家、不同社会甚至不同时代背景下，对人才的界定都会有很大程度的区别。而对人才界定得准确与否，归根结底还是要看其衡量人才的标准是否科学。在以往很长一段时间里，我国人才评价更多地偏重于定性分析，凭借管理部门人员综合考查后的主观判断或者专家委员会成员的投票等在很大程度上就可以确定所要选拔的人才，如改革开放初期有些不拘一格录用的人才就属于此类情况。而随着社会的不断发展，这种评价方式缺乏客观性、容易出现任人唯亲、存在潜规则等的弊端逐渐显露出来，因此，人才评价的客观化标准逐渐成为发展趋势。但是，当前人才评价对客观化标准的强调在很多情况下达到一种极端程度，往往将客观化完全等同于数据化，片面强调一切靠定量分析得出的数据来作为选拔人才的客观依据。

这种“唯数据”② 的人才评价模式在大学人才管理中最为突出。大学教师的职称晋升、科研成果奖励、拔尖人才等荣誉称号获得等都要归结到具体数据的统计上来。发表 SCI 期刊论文占多少分，发表 CSSCI 来源期刊论文占多少分，发表核心期刊论文占多少分；发表的论文被转载占多少分，被转引占多少分；申请到省级项目占多少分，申请到国家级项目占多少分，申请到国家重大项目占多少分；等等。以上各项累加起来的总分数，就代表教师的水平；总分越高，水平越高。这种评价标准固然可以很容

---

① 这方面有关论文包括华炜：《透视学校德育中的儿童“过度社会化”现象》，《现代中小学教育》2001 年第 2 期；陈文昆：《大学生过度社会化及对高校思想政治教育的影响》，《社会科学论坛》2010 年第 1 期；刘文静、任顺元：《小学生“过度社会化”的教育社会学探析》，《现代中小学教育》2011 年第 1 期；常言虎：《中学生过度社会化的成因》，《教育教学论坛》2011 年第 33 期；马一平：《大学生过度社会化的弊端及矫正》，《现代教育管理》2011 年第 9 期；邱昆：《小学生“过度社会化”问题探析》，《滇西科技师范学院学报》2015 年第 3 期；戴诗樱：《中学生过度社会化的成因探究》，《法制与社会》2016 年第 36 期；等等。

② 参见孙昕光：《高校人才评价机制问题与对策研究》，《人才研究》2017 年第 1 期。

易地将那些擅长于理论研究方面的学术人才选拔出来，但同时也常常会忽略那些偏于教学或艺术、体育等实践技能性学科方面的优秀人才。正如有学者指出："在极端的情况下，规范评价规则下的评价群体完全没有自主性，是典型的、过度社会化表现。"①

（二）思维方式的趋同化

人才评价标准数据化的背后，是思维方式在起作用的结果。越来越多的人认为，科学的评价标准就是客观化的，而客观化的标准就是要数据化，因而最科学的评价标准也就是数据化的，最终归结为只看数据来评判人才。这样，不符合数据要求者无论在实际工作表现如何突出、如何优秀，都不能算是人才。比如，大学教师讲课无论多么出色，多么受学生欢迎，但如果没有发表论文，如果没有论文在 SCI、CSSCI 等高级别期刊发表，也是没法晋升为教授。久而久之，这样的评价标准逐渐由少数部门的标准成为行业通行标准，由行业通行标准成为各行业沿用的社会通行标准。这实际是思维方式趋同化的结果。

人才评价标准的思维趋同，最终会影响到人才培养和使用方面的思维趋同。目前国内大学的博士研究生培养大都在发表论文方面有严格的要求，一般规定人文学科至少有两篇 CSSCI 来源期刊论文、自然科学要有 SCI 期刊论文发表，才能准予参加毕业学位论文答辩。各大学在引进博士人才时，往往也都根据发表论文成果的级别高低、数量多少等，将其划分为不同类别，在进行待遇方面区别对待。这种管理部门对待人才趋同化的定势思维，最终导致对人才的过度社会化。他们要想作为人才获得社会认可、单位聘用，就不得不也要认可、接受这种评价方式。

（三）行为方式的功利化

与人才评价标准的数据化思维相适应，管理部门在对待人才问题上的功利化行为也越来越突出。数据化标准具有客观而容易操作的特点，同时又避免了人情关系等方面的麻烦与纠缠，因而，这在选拔或引进人才时为当前大多数管理部门所普遍采用。但这一标准使用的过度社会化现象，不仅表现它被视为"放之四海而皆准"、对各行各业所有人才都普遍适用的唯一标准，而且还表现在它在具体应用上愈加突出的功利化倾向。在当前社会上盛行的五花八门的高校排名竞赛中，需要提高发表论文的数据，高校引进人才时就将发表论文数据作为硬性标准；需要提高教师学历层次的数据，引进人才时就将"211""985"等名校高学历数据设为必要门槛；需要提高教师国外学术背景的数据，引进人才时就将海归博士等确定为重要条件。这种削足适履的功利做法往往使许多有用的人才被硬性地拒之门外，正如有学者指出的："在一些单位和部门组织的人才评价工作中，比如人才项目评审，人才评价精准化变成了人才评价机械化，将本用来发现人才的指标体系变成了阻遏选拔人才的壁垒，将优秀人才在初审环节就

① 侯芳：《面向群组的局部评价环境理论与方法》，国防工业出版社 2015 年版，第 90 页。

排除在外。”①

在人才评价功利化的影响下，人才在工作业绩方面表现的功利化倾向也越来越突出。为了能够尽快得到社会认可、单位重用并晋升职称，他们往往以多发表论文、多拿科研项目、多出研究成果为努力目标，而那些很难用数据衡量的工作如高校中的教学以及难以快出成果的基础理论研究等则渐受冷落。

（四）角色认知的标签化

西方社会学中的标签理论认为，一个人最初的某一行为或表现特征往往会给周围人留下固定不变的印象，如同贴上标签一样，成为人们对其角色认知的判断依据。如有人因偶然一次的偷窃、醉酒、学术不端等行为，可能就会一直被周围人视为“小偷”“酒鬼”“学术不端者”，甚至小偷的儿子也会被看作是“小偷”、酒鬼的儿子也会被看作是“酒鬼”等。一个人一旦被贴上某种标签，无论他的实际行为表现与标签是否一致，社会对他的角色认识都很难改变，而其本人也会逐渐习惯接受这一角色定位。依照这一理论分析来看，当前社会对人才的角色认知也较突出地表现出标签化的特征。

具体来说，人才角色识别的标签化是指社会对人才的能力和水平的判断往往不是根据他在工作中的实际表现，而是依据其学历、学术头衔等来确认。这种标签化超过一定限度后，就逐渐成为一种学历崇拜、头衔崇拜的过度社会化现象。如现在愈演愈烈的大学“引进人才热”中，只认学历、只认头衔的倾向便表现得非常突出，许多大学只将博士学位者视为人才，动辄将引进人才瞄向那些两院院士、长江学者、国家级有突出贡献专家、千人计划人选、万人计划人选、国家重点学科学术带头人等。当然，不可否认这些具有高学历、高头衔者的能力和水平，但也应该看到，即便是这些人，他们的高学历、高头衔也是一个从无到有，能力和水平也是一个逐步得到承认的过程。如果只认标签、不看实际能力、不从具体需要出发，即使将高学历、高头衔的人才引进过来，也不能使人才的作用得到很好的发挥，而那些为学校真正急需的人才则往往因为门槛设置过高而被拒之门外。例如，某省属高校在引进教师时，就有非“985”高校的博士毕业生一概不予考虑的严格规定，这就导致该校有些专业因缺乏“985”高校培养的博士生而面临急需引进人才却又无人才可引进的尴尬困境。

二、人才过度社会化现象的危害

从西方发达国家的经历来看，社会的急剧发展往往伴随着社会对人的过高要求而出现过度社会化现象。过度社会化的初期，它的负面影响表现得可能不太明显，甚至由于其正面导向与竞争机制还会表现出更多对个人的激励作用和对社会的促进意义。

---

① 王强、林立成、赵畅：《创建高层次人才评价新机制　加快实现新旧动能转换》，《人才研究》2017 年第 1 期。

但随着社会的进一步发展，过度社会化程度的逐步加深，其弊端便会越来越明显地表现出来。具体来说，过度社会化的危害突出表现在以下几个方面：

（一）过度的精神压力

随着经济全球化和信息网络化时代的发展，生活和工作节奏加快，人们心理和精神上的压力也大大增加。我国第一部心理健康蓝皮书《中国国民心理健康发展报告（2017～2018）》指出：目前我国有11%～15%的人心理健康状况较差，可能具有轻到中度心理问题；2%～3%的人心理健康状况差，可能具有中度到重度的心理问题。数据显示，虽然绝大部分国民的心理健康状况良好，但一些行业、群体存在突出的心理健康问题，需要注意引起重视。在有关职业人群中，我国公务员有5%的人焦虑水平比较高，5.5%的人抑郁水平比较高，10.2%的人压力水平比较高；处于中高等焦虑、抑郁和压力水平的比例分别达到35.2%、33.2%和52.2%。①《人民日报》官方微信提供报告的有关数据表明，教师的心理健康水平整体呈逐年下降趋势，抑郁、焦虑、偏执等方面问题出现变差趋势；医生的心理健康状况低于我国普通成年人平均水平，焦虑、偏执、抑郁等较为突出，外科、急诊科和儿科医生的心理健康状况相对较差。仅从这些资料，足以看到人才集中的社会群体所存在的更为突出的心理问题。

许多人才集中群体所存在的各种心理问题，固然有其个体方面的主观原因，但是作为一种群体性的现象来看，其背后必然有着深层的社会原因。之所以说人才群体的精神和心理压力较为突出，就在于他们作为社会成员中的优秀群体受到社会的更高的期望、更多的要求。他们越是表现优秀，来自社会方面的期望就会越高、要求就会越多。“过度社会化的人们的思想与行为比轻度社会化的人更感受社会期待的限制。……过度社会化的人被套上了心理枷锁……”② 当这种期望和要求超过人才所能承受的极限时，各种心理问题便会产生，直至进一步发展到严重程度时，个体甚至会因精神崩溃而导致自我毁灭——自杀。对此，有学者曾列举了一组令人痛心的案例：2004年9月22日，北京大学毕业的女博士朱某坠楼身亡；2005年2月3日凌晨，厦门大学一在读博士生刘某在宿舍浴室内自杀；2005年8月20日，中科院上海某研究所在读博士生孟某坠楼身亡；2006年5月16日，中国人民大学新闻学院一名即将毕业的女博士生董某跳楼而死；2007年11月10日，香港科技大学在读博士生葛某在宿舍里自杀；2007年12月5日，中国人民大学一博导余某在家中坠楼身亡，警方排除他杀可能。③ 这些人自杀的原因可能不尽相同，甚至有的是包含多方面的复杂因素，但许多都与过度社会化的负面影响有着不同程度的联系。

---

① 参见邱晨辉：《我国不同人群心理健康问题均呈增长趋势》，《中国青年报》2019年2月25日。

② 袁方、姜汝祥：《北大为证——关于现实与自我的心灵对话》，中华工商联合出版社1998年版，第155页。

③ 参见辛建飞、谢智广：《高级知识分子英年早逝和自杀的主观因素分析》，《信阳农业高等专科学校学报》2009年第3期。

（二）过度的健康透支

过度社会化除了加大人的精神压力之外，还往往直接导致人的健康受损。根据世界卫生组织报道，全世界有70%以上的人处于亚健康状态，而在亚洲地区，亚健康状态的比例则更高。据统计，美国每年有600万人被怀疑处于亚健康状态；俄罗斯约有1/4的人是亚健康状态；日本发生率高达60%～70%。相比较而言，我国的情况更不容乐观，有70%的人属于亚健康，超过9亿人口，多发生于35～45岁，以脑力劳动者居多。据国家体改委公布的一个专项调查显示，中国知识分子平均寿命仅为58岁，低于全国平均寿命10岁左右。①

过度社会化对人的健康影响，轻则导致亚健康状态，严重程度便会出现过劳死等现象。过劳死现象在美、日等发达国家早已出现，并正日益受到重视，在我国也在越来越多地出现。有学者就提供了这样一组很有说服力的实例：2002年12月9日上午，年仅34岁的复旦大学博士生魏某，拿着餐具从7楼宿舍到学校食堂吃饭，下到3楼时突然昏倒，送医院抢救无效死亡，医生确诊为猝死；2005年1月26日中午，46岁的清华大学教授高某因肺腺癌不治去世，医生认为繁重的工作压力使他错过了最佳治疗时机；2005年8月5日，36岁的浙江大学教授、博士生导师何某因弥散性肝癌晚期离世，劳累过度是其去世的重要因素；2006年9月14日晚，云南民族大学老师杨某在教室里突然从椅子上滑到地下，被送往医院抢救无效死亡。② 这些事例说明，过度社会化的负面影响应该引起我们的足够重视了。

（三）过度的投机心理

在过度社会化的要求下，有些人以承受精神上的压力和透支健康为代价，努力来获得社会认可、求得成功；而有些人则往往寻求另外的捷径，以投机方式靠不道德的行为，甚至铤而走险，通过违法犯罪的行为来达到社会认可的目的。当社会为个人的成功目标设置了极高的门槛，而依靠个人能力难以实现目标时，有些人便企图通过非正当途径来实现其奋斗目标。因此，虽然任何社会都难免会有投机行为，但在一个成功门槛设置越来越高的社会，人的投机心理往往就会成为一种为获社会认可而免遭社会淘汰的普泛化行为。这就像小学生每次考试成绩不好都要回家遭到父母的体罚，久而久之便使他只能通过说谎和欺骗来避免受到体罚一样，过度社会化的环境在很大程度上往往更容易让人产生投机心理。

在过度社会化的环境中，人的投机心理成为个人应对社会的生存策略。尽管这种心理常常是以非正当的不端行为表现出来，但却很容易受到周围人的理解或容忍。因

① 参见黄开斌主编：《健康中国　国民健康研究》，红旗出版社2016年版，第33～34页。

② 参见辛建飞、谢智广：《高级知识分子英年早逝和自杀的主观因素分析》，《信阳农业高等专科学校学报》2009年第3期。

而，这种投机行为虽屡受查处，但却始终难以禁绝。中国社会科学院中国廉政研究中心“学术诚信与廉洁学术殿堂建设”课题组进行的一项研究指出，学术不端受到调查处理难：在64起学术不端典型案例中，64名涉事人中有22人没有受到任何处理，其中12人受到调查但没有受到处理，10人没有受到调查。[①] 原南京大学博士生导师、“长江学者”梁某学术不端事件更是一个极具代表性的案例。据教育部通报，梁某违反教学纪律，敷衍教学；违反学术规范，研究生在读期间抄袭、重复发表多篇论文，使用抄袭的论文作为自己的成果，在职称申报中弄虚作假。学校对梁某作出取消研究生导师资格、调离教学科研岗位、终止或退出有关人才项目的处分。据说，梁某2009年进入南京大学任教时，学院内部曾有不同意见，认为她发表的30多篇论文中有不够严谨等问题。但是她仍然凭借论文数量上的优势通过了投票。[②] 可见，只重形式、单看数据、不从实际能力和水平来考察人才，就很容易让某些投机者滥竽充数。

过度社会化造成社会对个人愈来愈益严重的负面影响，那么，如何来看待或评价这一现象呢？有的学者认为，评价过度社会化的利弊得失要从社会需要出发。“如果从社会需要的角度评价，如社会需要快出人才和出高水平人才，完全可能在某一时期出现对部分人来说是过分社会化的情况，甚至有可能造成一些因承受力差而精神失常的病态现象，但社会的预期目的实现了。”[③] 事实真的像这种看法所说，过度社会化真的是以个人代价换来了“社会的预期目的实现”吗？其实并非如此。个人与社会形成交融互动的辩证关系。个人无法脱离社会存在，而社会最终要由无数个人力量的聚积才能得以推动发展。一个社会，当它的个体利益受损、健康状况不能得到很好保障、长期在紧张状态下高负荷运转时，其自身的发展运转也是不可能不受到同样影响的。因此，过度社会化的危害不仅是针对个体而言，对社会整体亦是如此。这应该引起我们的高度重视。

三、人才过度社会化现象的对策

如何才能避免人才过度社会化造成的危害？由于过度社会化的危害是因社会与个人的互动关系畸变所造成，其对策主要可以从个体和社会两方面来作探讨。从个体来说，提高个人的再社会化能力，包括继续学习能力、工作能力、心理承受能力、自我调适能力、抗挫折能力等，有助于更好地应对来自社会的各种压力，在很大程度上可以缓解过度社会化对个人的负面影响；从社会来说，完善社会机制，改革相关制度，重视人才关怀，采取有效措施，为个人提供更加宽松、愉悦、民主、自由的发展环境，

① 参见王诗堃：《社科院盘点学术不端典型案例：网络是最主要曝光渠道》，2018年10月6日，南方网，http://static.nfapp.southcn.com/content/201810/06/c1549018.html.

② 参见王嘉兴：《青年长江学者与她“404”的论文》，《中国青年报》2018年10月24日。

③ 刘豪兴主编：《社会学概论》，高等教育出版社1992年版，第200页。

使社会与个人之间形成良好互动关系，则有望逐步减轻过度社会化现象的危害。下面主要从社会整体视角来说明防止人才过度社会化现象的有效对策。

（一）人才全面发展的社会化

过度社会化的突出缺陷在于，没有充分考虑到社会中的每一个个体的不同情况和多方面需求，而只是简单划一地从社会方面作出机械刻板的要求。这种对个体利益的忽视，使个人在投身于社会工作时很难形成最大化的合力，因而也就会最终影响到社会目标的实现。“每个人的自由发展是一切人的自由发展的条件”[①]，也是整个社会理想发展的前提。因而，人才全面发展的社会化是防止过度社会化现象的有效策略。强调人才的全面发展，就不能只以学术成果论英雄，以论文、项目数量多少论成败，要从德、能、勤、绩等方面综合考察；强调人才的全面发展，就不能只论工作业绩，只讲奉献大小，要注意工作与生活、敬业与休闲、奉献与待遇等方面兼顾；强调人才的全面发展，就不能以固定的模式束缚、限制，要尊重个性，张扬个性，使不同个性得到充分发展的自由空间。总之，人才全面发展的社会化的理想目标就是要“保证全体人民在共建共享中有更多获得感，不断促进人的全面发展”，“努力形成人人渴望成才、人人努力成才、人人皆可成才、人人尽展其才的良好局面，让各类人才的创造活力竞相迸发、聪明才智充分涌流”[②]。

（二）人才评价机制的科学化

人才评价机制的完善对于防止过度社会化有着重要作用。有学者指出：“以用为本是人才发展的核心价值。一定意义上，对人才而言，用就有价值，不用就没有价值。”[③]而用的前提，需要对人才作出准确而权威的评价。如果对人才的评价出现偏颇或失误，那么用就无从谈起，人才的价值更是无从体现。目前，我国的人才评价机制明显存在“唯数据”“重科研”的价值导向。例如许多大学规定，发表在CSSCI来源期刊上的论文，每篇奖励1000～3000元；发表在SCI一区的论文，每篇奖励2万元；发表在权威期刊上的论文，奖励更是丰厚。而教师一年的教学工作量通常为300～380课时，辛苦劳作一年，收入却可能抵不过一篇论文的奖励。[④] 当然，应该看到，有些学校也在一定范围内大胆改革，力图改变这种现状。2016年1月7日，河南大学为退休讲师常某颁发副教授聘任证书，就引发了该校师生及网络上的众多点赞。该老师为本科生讲了32年的古代文学课，任教期间不出书、不发论文、不申报职称，只专注教学，因课讲得

① 《马克思恩格斯选集》第1卷，人民出版社1995年版，第294页。

② 习近平：《决胜全面建成小康社会　夺取新时代中国特色社会主义伟大胜利——在中国共产党第十九次全国代表大会上的报告》，《中国共产党第十九次全国代表大会文件汇编》，人民出版社2017年版，第19、52页。

③ 齐秀生：《高校要在人才发展中发挥重要作用》，《人才研究》2017年第1期。

④ 参见张忠华：《深化高等教育质量改革的几点思考》，《北京社会科学》2016年第7期。

特别好而深受学生喜爱；直到2015年10月退休时，她仍是大学讲师职称。[①] 这“迟到的聘书”正暴露了当前评价机制的缺陷。清华大学发布《清华大学关于完善学术评价制度的若干意见》，强调克服学术评价中唯论文、唯帽子、唯职称、唯学历、唯奖项等倾向，建立重师德师风、重真才实学、重质量贡献的评价导向。这一改革举措无疑为促进人才评价机制的科学化产生积极影响。

（三）国民心理素质的健全化

现代社会的快节奏、多元化、网络化等特点是不以人的意志为转移的客观趋势。对于不能适应这些特点的一部分社会成员来说，可以通过正常的个人社会化途径，如媒体宣传、社会影响、组织培训、公益咨询、学校教育、群体交流等，培养和提高他们的心理素质。正如习近平总书记在中共十九大报告中所指出：“加强社会心理服务体系建设，培育自尊自信、理性平和、积极向上的社会心态。”[②]

（四）职业健康管理的规范化

社会发展要靠人来实现，因而应该以人为本、以人为中心，或者说首先要考虑人的发展。而人的发展首先是以身体健康为前提。“人民健康是民族昌盛和国家富强的重要标志。要完善国民健康政策，为人民群众提供全方位全周期健康服务。”[③] 因此，防止人才的过度社会化现象必须重视人才的健康问题，逐步建立和完善国家职业健康治理机制，以提高人的健康水平为核心，以普及健康生活、优化健康服务、完善健康保障、建设健康环境、发展健康产业为重点，把健康融入人才社会化的全过程，提高人才的健康保护意识，全面保障人才健康。

① 参见潘志贤：《“口碑教授”常萍：用生命在课堂舞蹈》，《中国青年报》2016年1月16日。

② 习近平：《决胜全面建成小康社会　夺取新时代中国特色社会主义伟大胜利——在中国共产党第十九次全国代表大会上的报告》，《中国共产党第十九次全国代表大会文件汇编》，人民出版社2017年版，第49页。

③ 习近平：《决胜全面建成小康社会　夺取新时代中国特色社会主义伟大胜利——在中国共产党第十九次全国代表大会上的报告》，《中国共产党第十九次全国代表大会文件汇编》，人民出版社2017年版，第48页。

对接国际技能大赛　打造新时代高技能人才

田　涛*

摘　要　技能人才是技术创新的探索者、实践者和推动者。党的十八大以来，党中央、国务院高度重视高技能人才队伍建设，山东省聚焦高技能人才队伍建设，取得重大成绩。国际技能大赛是学习国外先进技术、交流技工教育理念、培养和锻炼高技能人才的重要舞台，山东应积极对接国际标准，创新技能人才教育和培养模式，打造更多新时代齐鲁工匠，为山东省新时代重大战略提供人才技能支撑。

关键词　国际技能大赛　技能人才　技工院校

高技能人才作为人才队伍建设的重要组成部分，具有高超技艺和精湛技能，能够进行创造性劳动，是技能型人才队伍的核心骨干。① 党的十八大以来，党中央、国务院高度重视高技能人才队伍建设，作出一系列重大决策部署。习近平总书记指出，"工业强国都是技师技工的大国"②，"要大力培育支撑中国制造、中国创造的高技能人才队伍"③。

山东是经济和制造业大省，技能人才在经济发展中发挥着不可替代的作用。近年来，山东省全面推动新旧动能转换重大工程，技能人才的作用更加凸显。在党中央、国务院和中共山东省委、省政府的坚强领导下，山东大力贯彻实施人才强省战略，聚焦高技能人才队伍建设，不断创新完善政策，着力优化人才环境，在高技能人才队伍建设工作转型发展上迈出重要步伐。山东省高技能人才总量不断扩大，结构布局逐步优化，整体素质明显提高，为新旧动能转换重大工程等重大战略的有效实施提供了强有力的技能人才支撑。截至 2018 年年初，全省技能人才总量达 1106.4 万人，其中高技能人才达 290.6 万人。

---

* **作者简介**：田涛（1979～　），男，山东昌乐人，山东省人力资源社会保障科学研究院副编审，博士，主要研究方向为人力资源社会保障、新闻宣传。

① 中组部、人社部：《高技能人才队伍建设中长期规划（2010～2020 年）》（中组发〔2011〕11 号）。

② 《习近平总书记在全国总工会同全国劳动模范代表座谈时的讲话》，2013 年 4 月 28 日，中国共产党新闻网 http://cpc.people.com.cn/pinglun/n/2013/0502/c78779－21345312.html。

③ 《习近平出席全运会开幕式并在辽宁考察》，《人民日报》（海外版）2013 年 9 月 2 日。

山东高度重视国际技能大赛对于高技能人才成长成才的促进作用，积极开展各层级的世界技能大赛选拔赛，以赛促训、以赛促教的效果非常突出。2017年，山东工业技师学院学生袁强、山东城市服务技师学院学生曲笛在第44届世界技能大赛中分获工业控制项目金牌和西餐烹饪项目优胜奖，实现了历史性突破。由此可见，应继续以世界技能大赛为代表的高水平技能比赛为引领，带动山东高技能人才建设实现新突破，再上新水平。

一、参与国际技能比赛的重大意义

（一）走向国际、开阔眼界、学习先进技术的重要途径

当今世界，高技能人才数量和质量逐步成为衡量一个国家和地区综合竞争力的重要指标。从世界发达国家经济发展的成功经验看，德国、美国、日本等发达国家纷纷把加强高技能人才培养作为提升经济竞争力的“秘密武器”，大力发展职业教育，积极培育高素质劳动者，促进了经济腾飞和转型升级。世界技能大赛素有“技能奥林匹克”之称，是世界技能最高水平的竞技比赛，也是世界各个国家和地区展示和交流职业技能的重要平台。参与世界技能大赛，有利于促进我们走向国际赛场，可以通过比赛观摩、比较、学习发达工业国家选手的先进技术，快速提升自身的技术水平。

（二）推动技工教育与国际接轨的有效途径

当前，山东省技工教育快速发展，但还存在专业设置不合理、投入不足等矛盾和问题，教学和实践水平较发达国家还有一定差距。参与国际技能比赛可以此发现我国技工教育和发达国家的差距，从而有针对性地进行教学改革，调整专业设置，提高教学和实践水平。

（三）营造技能人才良好发展空间的有效途径

从山东高技能人才发展情况看，高技能人才发展环境有待进一步优化，社会上重学历、轻技能的观念仍然比较浓厚，高技能人才待遇偏低、地位偏低的问题仍然存在。参加国际技能大赛，取得优异比赛成绩，能够为高技能人才创新创业创造条件，改变社会上重学历、轻技能的偏见，形成尊重劳动、崇尚技能、鼓励创造的新风尚。

二、对接国际大赛，推动技工教育发展

积极对接国际，是促进技工教育发展、培养新时代高素质技能人才的必由之路。积极参与国际技能比赛是走向国际的重要途径，要以此为契机，全方位改革和提升技工教育，推动山东技工教育达到国际先进水平。

（一）推进技能教育理论和标准国际化

要对照国际技能大赛标准，研究技术规范，加强理论研究，通过直接引进、合作

开发等多种形式，加快与世界技能人才培养标准相对接，推动高技能人才培养、使用、评价体系与国际接轨。同时，推动国际化职业资格证书互认。根据国家要求，为适应人才国际化趋势，逐步引进社会急需职业（工种）国际职业资格证书，并实现与国内相关职业资格证书互认。

（二）按照国际标准广泛开展职业技能竞赛活动

对接世界技能大赛等重大赛事，积极组织开展选拔赛以及高水平省内技能大赛，要不断按照国际标准创新竞赛机制，打造竞赛载体，优化竞赛环境，提升竞赛水平，更好发挥职业技能竞赛的引领作用。目前，“技能兴鲁”职业技能大赛连续成功举办，已成为山东职业技能教育的一张亮丽的名片。今后应对接国际标准，应不断提升办赛水平，使更多优秀高技能人才通过大赛脱颖而出。

（三）加强技能人才培训载体建设

培训基地是培养顶级技能选手的摇篮。要按照国际标准，建设一批功能齐全、设施一流的技能大赛培训基地，加大投入力度，加强基地硬件建设，严格按照国际比赛相关技术规定，使用相同的设备材料开展训练，最大程度地提高集训效果。同时，尽可能地模拟世界技能大赛的现场环境，创造参赛实战条件，帮助选手熟悉竞赛规则和技术标准，不断提高技能水平和实战经验。最后，要加强高技能人才研修基地、技工教育特色名校、技能大师特色工作站、省劳模（高技能人才）创新工作室建设。对围绕新一代信息技术、轨道交通设备、生物医药等新兴产业，首次开设“高精尖缺”职业（工种）高级工及以上等级专业的技师学院，每年给予一次性专业建设补贴。

（四）大力引进职业教育发达国家人才和技术

目前，山东省技工院校的国际化程度还不高，多数停留在教师考察学习、学生短期互访等小规模、低层次水平上。要加强国际交流与合作，开辟国际高技能人才服务绿色通道，提供高效便捷服务，吸引更多国际技能人才来山东创新创业和从事教育。技工院校要加强与信誉良好的国际组织、跨国企业以及职业教育发达国家开展交流与合作，与德国、澳大利亚、英国等国家有关职业院校签署战略合作协议，探索中外合作办学的新途径、新模式。学习和引进国际先进成熟适用的职业标准、专业课程、教材体系和数字化教育资源；与专业相近的国（境）外高水平院校联合开发课程，共建专业、实验室或实训基地，建立教师交流、学生交换、学分互认等合作关系；举办高水平中外合作办学项目和机构，每年选择一定数量的支撑山东省经济发展的主要职业（工种），组织技工院校教师赴德国等国家（地区）进行专题培训，从境外职业教育研究机构、职业技术学校聘请职业教育专家来山东省技工院校任教，每年聘请国外专家来山东省规模以上企业传艺带徒研修。如青岛海洋技师学院在航海、轮机等专业上实现了国际化就业，毕业生遍布世界各地，学院培养的船员资格达到国际认证，其经验做法值得推广。

（五）积极“走出去”，开展国际交流合作

技工院校要主动发掘和服务“走出去”企业的人才需求，培养具有国际视野、通晓国际规则的高技能人才，为中国企业在海外生产经营和境外合资企业培养具备国际通用技能的本土人才。每年从山东省技工院校遴选教师到职业教育发达国家和地区学习培训，掌握先进的教育理念、教学方法，扩大与“一带一路”沿线国家职业院校的教育合作，与积极拓展国际业务的大型企业联合办学，共建国际化技能人才培养基地。如东营技师学院与石油装备制造的龙头企业斯伦贝谢油田技术服务公司合作，在东营市和东营区政府支持下，建设科瑞国际学院，把油田青年骨干技术人员进行培训，输出到中东、非洲等国际油田企业。

（六）加大职业技能教育投入和职业技能竞赛奖励力度

加大对职业技能教育资金投入，提供坚实保障。稳步提升技工院校教师待遇，对做出突出贡献、培养出高水平技能人才的授课教师及大赛指导教师给予特殊奖励。提高技师、高级技师培训补贴标准，落实省级区域发展战略推进专项资金，支持技能型人才培训。对在世界技能大赛获得金牌的选手，可晋升为高级技师并破格认定为年度齐鲁首席技师，并给予高额奖励。对山东省获得世界技能大赛优异成绩的选手，为选手获奖提供指导和帮助的技术指导专家、教练、技术翻译，按照国家奖励标准分别给予同等奖励。对在国家级一类技能大赛取得前三名的选手以及选送的技工院校，都要提高标准给予奖励。

（七）大力宣传在国际高水平赛事取得优异成绩的选手及事迹

为提升技能人才的社会地位，要深入挖掘在国际高水平赛事取得优异成绩选手的事迹，利用各种形式、途径，大力宣传和倡导新的求学观、择业观和成才观，努力改变社会上重学历、轻技能的偏见，进一步优化技能人才成长环境，为加快高技能人才队伍建设营造良好的社会氛围，努力培养和造就一大批适应经济发展需要、结构合理的技能人才。

“十三五”时期企业人才发展形势与需求分析

——以新疆地区企业调研为例

郝玉明*

摘　要　在国民经济与社会发展“十三五”规划启动之际，研究企业人才发展形势与需求，对于有针对性地完善企业人才管理服务、促进当地企业和经济发展具有重要意义。本文以新疆地区为例，基于对新疆地区典型企业的深入调研和数据统计，突破传统“六类”人才划分方法，分析了该地区企业人才发展面临的经济、政治与文化形势，提出了企业发展面临的主要人才需求，包括人才引进的迫切需求与困难；企业各类人才培养开发不足，经营管理人才激励不足，人才评价机制需要调整；需要强化去产能就业安置政策，完善企业人才管理信息化等。

关键词　企业人才　发展形势　需求分析

对新疆地区企业人才发展面临的形势及需求进行研究，既是编制“十三五”期间新疆企业人才发展规划的基础和前提，也是贯彻落实国家“丝绸之路”经济带发展战略的要求，对于促进新疆地区企业实体经济发展具有重要意义。本文统揽新疆地区企业法人单位及其从业人员状况，结合对新疆地区企业以及企业人力资源管理情况、企业人才工作情况的调研①，基于对新疆地区企业人才发展面临的形势分析，提出“十三五”时期企业人才发展的重点需求。

本文所称“企业人才”指的是企业中的从业人员，系广义的企业“劳动者”或“员工”范畴。因此，在研究对象范围上，既包括企业高端、核心人才群体，也包括企业中占有较大份额的普通员工、生产工人。前者重点研究高端企业经营管理人才、

---

* **作者简介**：郝玉明（1973～　），男，内蒙古呼伦贝尔市人，中国人事科学研究院副研究员，经济学博士，主要研究方向为公务员管理、薪酬与人力资源管理等。

① 调研包括对新疆特变电工、中泰化学、石河子市天富热电、天业集团等四家企业进行深度访谈和实地考察，在自治区层面召开的9家重点企业人事部门负责人和国资委、经信委两家企业主管部门负责人和自治区人社厅负责有关企业人才工作的业务处室负责人参加的综合调研座谈会，在石河子市（兵团八师）召开的5家主要企业领导人员和新疆建设兵团人力资源局领导、兵团八师和人力资源局主要领导参加的座谈会等。

核心专业技术人才，后者重点研究稀缺高级技能人才和普通生产工人。对企业普通工人的研究，既包括由于“招工难”“用工荒”所涉及的普通劳动者群体，也包括由于“供给侧结构性改革”淘汰落后产能而释放出来的、需要就业安置的就业困难群体。

一、企业人才发展面临的形势

（一）经济发展机遇与挑战并存

新疆地区经济发展同时面临“丝绸之路”经济带①桥头堡地位带来的发展机遇和“供给侧结构性改革”产业转型升级和淘汰落后产能的挑战。

中央和国家提出了“一带一路”经济发展倡议，为新疆地区经济发展提供了前所未有的发展机遇。新疆地处我国西部边疆和欧亚大陆中心区域，向东联系国内 13 亿人口，向西联系中西亚和欧洲 13 亿人口，独特的区位优势将新疆推到“丝绸之路经济带”中不可替代的核心地位，发挥连通欧亚大陆“陆地丝绸之路”的桥头堡作用，对新疆地区未来经济发展将带来极大的促进，铁路、公路、机场等交通基础设施建设、与濒临国家和延伸国家扩大国际贸易、跨境金融服务和电子商务都将面临巨大商机，相关领域重点产业、企业即将迎来跨越式大发展。

经济发展、产业转型升级对人才需求提出新的更高的要求。“十三五”时期要大力发展新能源、新材料、先进装备制造、生物医药等战略新兴产业，加快把纺织服装、农副产品加工业等打造成重要支柱产业，加快钢铁、有色金属、化工、建材、轻工等传统产业转型升级，培育一批创新型企业和高新技术企业，壮大一批“专精特新”中小微企业。这些产业结构调整和发展需要相应的人才保障。在产业结构调整和转型升级提出了新的人才需求同时，淘汰落后产能势必会释放一定数量劳动力，需要就业政策扶持。应从企业发展、保障民生和社会稳定角度出发，投入财力、花费精力，妥善研究经济结构调整导致的人才需求和促进就业的安置措施。

（二）维护政治稳定的任务艰巨

新疆地区发展面临民族和宗教等社会问题，少数极端分子受境外反动势力和异端宗教信仰的蛊惑，影响社会治安和政治稳定，因此，反恐维稳工作仍然处于制约经济发展和社会稳定的重要地位。相应地，新疆在“十三五”时期提出了“紧紧围绕社会稳定和长治久安总目标，以推进新疆治理体系和治理能力现代化为引领，以经济发展和民生改善为基础，坚持依法治疆、团结稳疆、长期建疆”的基本工作思路。

新疆的维稳工作处于“十三五”时期的重要地位，面临着艰巨的任务。要在充分

---

① 2013 年，由国家主席习近平在哈萨克斯坦纳扎尔巴耶夫大学演讲时提出，是在古丝绸之路概念基础上形成的一个新的经济发展区域，包括西北五省区陕西、甘肃、青海、宁夏、新疆和西南四省区市重庆、四川、云南、广西。

认识新疆政治维稳形势的复杂性和任务艰巨性前提下，加强干部、教师和爱国宗教人士“三支队伍”建设，依法打击暴力恐怖势力、民族分裂势力、宗教极端势力“三股势力”，最大限度地团结和争取绝大多数各族群众、最大限度地孤立打击极少数敌人。这种政治维稳形势势必对经济和企业发展带来一定的不利影响，对于企业人才队伍建设也会带来一定程度的消极作用。

（三）多元民族文化拉动国际交流与相关产业发展

新疆地域辽阔，占全国1/6的领土面积，南北疆自然气候条件差异显著，资源优势不同，产业发展结构不同，社会文化也呈现多元化特征。新疆地区濒临中亚多个国家，与其地理文化具有较大相似性；区域内人口构成包括维吾尔族、汉族、回族、柯尔克孜族、蒙古族、锡伯族、俄罗斯族、塔吉克族、乌孜别克族、塔塔尔族、满族、达斡尔族等多个民族，又具有多元的民族文化特征。与内陆地区的文化差异，为发展新疆地区独特的文化产业提供契机；而与邻近西亚地区和国家的文化趋同的优势，又为发展跨国旅游和贸易往来奠定基础。文化特征差异不仅对文化产业和国际交流发挥重要作用，而且在对人才交流与合作方面也担任重要媒介。在国际人才引进和大陆内地人才引进方面，新疆文化都扮演了重要角色，对新疆独特的文化向往已经逐渐成为新疆引进人才的内在牵引，成为企业人才队伍建设的潜在优势。

二、企业人才发展的需求分析

产业转型、政治维稳、文化引领开启了新疆“十三五”时期企业发展的新常态，对企业人才提出了新需求。除了这些宏观环境因素影响企业发展和人才工作以外，微观企业管理因素也对企业人才管理也提出新要求。企业各项成本不断提高，包括劳动力和工资成本上升，自然资源、土地原材料大幅上升，技术进步成本上升，技术模仿空间变小，以及环境成本上升，等等，这些因素促使企业面临更艰巨的成本控制压力，迫切需要提高企业管理水平和核心竞争力，解决问题的关键在人才。宏观环境因素和微观管理因素都对企业人才提出了新需求。

（一）高层次人才引进需求仍然较为迫切，重点工业领域产业工人缺口较大

高端企业经营管理人才、核心专业技术人才、高端研发人才、高级技能人才以及企业博士后工作站研究人员等均比较缺乏。新疆国资委企业领导人员管理处负责人在调研中指出：目前新疆缺少具有战略眼光和较强经营管理能力的高层次经营管理人才和某一领域具有专业技术的领军型人才；未来人才需求主要集中于生产技术部门的研发型人才、投融资领域的专业人才和有经验的技术型工种以及决策层和一线中层领军型人才。

在重点工业领域，产业工人缺口较大。新疆维吾尔自治区经信委2014年对新疆重

点工业领域产业工人紧缺状况与需求进行的调查发现[①]，在所调查的1693家重点产业企业中，有1254家出现紧缺状况，需要新增不同数量的产业工人，占74%；所调查的重点产业企业现有产业工人61738人，需要新增产业工人64965人，即需要新增人数与现有人数之比为1.05：1。

（二）高层次人才引进困难，博士后设站及招收工作不能满足企业发展需求

新疆地区企业一方面面临较大缺口的高层次人才需求，另一方面又面临着高层次人才引进困难的局面。高层次人才引进困难，又包括两个方面：一是缺乏对高层次人才引进的吸引力；二是缺乏引进高层次人才的渠道。石河子市经济技术开发区作为新疆地区环境和发展都相对较好的地方，仍然面临着高端人才吸引力不足的问题；中泰集团作为自治区国资委直属管理的国有大型企业集团，在调研中也明确表示其面临着这一困境和需求。2016年，中泰集团参加了深圳市举办的国际人才交流大会，但高层次人才招聘数量极少；去北京参加人社厅组织的毕业生招聘会，也只有几名毕业生表达了来疆工作意愿。

企业博士后工作站作为吸引高层次博士后人才的平台，同样面临招人困难的局面，而且目前的设站规模和审批控制，也不能够满足新疆地区企业发展需求。因此，存在对设置企业博士后工作站设站审批权限下放、放宽招收博士后人员年龄等条件限制、增强博士后进站前与进站后资助力度、加大博士后招收信息宣传推广力度等实际需求。

（三）淘汰落后产能企业自主安置就业负担较重，需要加大政策扶持力度

按照国家统一的“去产能”经济结构调整的政策，对淘汰落后产能企业给予一定的就业安置补助，这一政策将就业安置补助对象范围限定在钢铁和煤炭行业，范围过于狭窄。还有一些面临去产能带来内部退养、转岗、培训等安置就业的企业承受自主安置就业的沉重负担，需要政府给予税收、社保减免扶持政策以及就业安置资金资助。在自治区企业座谈会上，“天山水泥”负责人指出，从2011年以来，企业淘汰了6条生产线，有五六千人需要安置，已实行内部退养800余人，给企业生产发展带来较重的负担。而从水泥行业发展来看，2015年仅维持了39%的产能利用率，2016年形势继续恶化，但水泥行业却不属于国家去产能安置政策的行业范围，不能够享受到相应的政策性安置补助。参会的“众合股份”负责人结合本企业实际情况，测算出一名内退人员每年需3.5万～4万元安置成本。更有甚者，对于需要安置产能调整富余人员的企业，仍然面临“一刀切”的安置残疾人就业的统一比例指标，导致企业负担“雪上加霜”。

---

① 参见《新疆重点工业领域产业工人紧缺状况与需求调查研究》课题研究报告。调查对象涵盖了全疆14个地州市近2000家规模以上企业及部分成长性较好的企业，企业类型包括国有、私营、外资等，产业分布包括石油化工、天然气、煤炭煤电煤化工、矿产采掘、食品、纺织、建材、生物制药、新能源新材料、节能环保、电子信息等。

（四）现有的企业人才评价机制需要调整

从现有的企业人才政策与工程来看，一方面资助名额偏少，申请难度较大；另一方面，申报条件限制过严，评价标准不能反映企业实际需要，职称评审、技能人才评审等均在评价机制上有改进需求。现行的较为僵化的企业人才评价机制，过于注重学历和职称以及脱离实际的职业资格认证，导致一些企业管理和生产中切实发挥重要作用、创造较大价值和贡献的人才，由于没有符合要求的学历、职称等相应证书，而不符合相关资助政策条件要求，也不能够合理地享受到政府政策资助。“众和股份”负责人在企业座谈会上指出，对企业优秀人才评选设置的硬性条件过高，对于那些技能水平很高、工资收入很高的企业真正需要的人才，不重视职称或高级技师资格证书导致不能被推荐为优秀人才，而那些符合条件的少数人往往面临反复被推荐的情况，结果造成了很多荣誉集中在一个人身上，带来的后果是向企业开口要价、甚至带着荣誉的光环离职去其他企业。“特变电工”负责人在调研中指出，国家现行的职称评定条件，诸如年龄、学历等都不太适用于企业要求；但是完全放开职称评审条件给企业，不同企业或地区之间标准不同，又将面临不同企业之间、不同省份地区之间的互认障碍。

（五）需要进一步畅通和拓宽企业人才引进渠道

企业人才引进渠道不畅很大程度上制约了企业人才引进工作。即便是发展基础和实力较强的企业，诸如“特变电工”，仍然面临高端人才引进渠道障碍问题。“特变电工”的多晶硅工程项目招聘海外人才，但更多招聘的还是华人，而且认为招聘渠道有限，企业与海外人才对接不畅。

企业普通操作工人也同样面临招聘渠道限制问题。自治区经信委 2014 年对新疆地区重点工业领域产业工人紧缺与需求状况的调查①显示，企业解决产业工人需求方式排在前三位的分别是现场招聘、熟人推荐和网络招聘，占招聘总数的比例分别是 17.8%、17.6%和 15.4%，合计超过一半；而通过人才市场中介招聘的比例只有 14.4%，位居第四。而“产业工人来源渠道不畅通，符合企业需求的工人难找”是聘用产业工人所遇到的最大问题，位列第一，比例为 22.9%。

在对新疆地区企业的访谈调研中发现，产业工人集中来自西北五省，需要建立与这些劳务输出省的对口合作关系；同时需要回归人才服务中心服务人才工作的职能，在企业高端人才引进上发挥政府猎头作用。

（六）企业各类人才培养开发需求较为迫切

新疆地区企业在注重引进人才和面临引进人才受到制约的情况下，对建立和完善企业内部人才培养开发机制需要尤为迫切。新疆地区一些特色优势企业有效解决企业发展对人才需求的经验表明，强化企业内部人才培养开发、探索多种形式的校企合作、

① 参见《新疆重点工业领域产业工人紧缺状况与需求调查研究》课题研究报告。

加强疆内外轮岗交流、建立企业职业技能学院等是满足企业发展对各类型各层次人才需求的有效渠道。课题组在企业的调研中发现，特变电工、中泰集团都建立了企业内部培训学院，天业集团在企业所在地的石河子大学设立了定向招生专业，与塔里木学院、昌吉学院创新校企合作形式，对于毕业后在企业工作的毕业生提供奖励性租房补助和公寓房，工作满8年的租房款并入购房款并由企业给予报销之前大学教育学费。这些人才培养开发的多种形式为保障企业发展提供适合人才方面取得了很好效果，也成为其他众多企业效仿的典范。

不同层次的企业人才培养开发需求侧重不同。企业经营管理人才更希望走出去到其他内地企业交流学习；专业技术人才需要继续教育提高专业素养；技能人才更多地需要依靠地方职业学校和企业内部自主培训。在自治区企业座谈会、石河子市调研以及重点企业走访考察中，都不同程度地反映了需要加大对企业人才培养开发投入和工作力度的需求。金风科技负责人结合本企业实际，提出希望加大对企业中层岗位人员的培训力度，加大与其他地区企业的交流合作的需求；众和股份负责人结合企业去“985”“211”高校招聘困难的实际情况，提出希望这些知名高校能够给予新疆地区生源一定的定向培养名额。

此外，还需要对现行的企业技能人才培训经费资助政策进行调整完善。中粮屯河负责人指出，现行的高技能人才培训补贴，一是资助额度还不够，二是政策规定需要调整，规定只有设有内部培训机构的企业才可以享受，限制了培训补贴的发放范围。

（七）企业经营管理人才激励不足制约人才引进

企业经营管理人才对企业发展至关重要，培育和引进一批具有现代经营管理理念、熟悉国际国内市场及相关法律法规、富有创新精神的企业家和企业经营管理人才队伍，是决定新疆地区未来企业发展和经济发展的决胜力量。企业经营管理人才激励不足、核心技术与管理人才薪酬待遇不高，都对人才引进构成制约。由于新疆的地理区位影响，引进高端经营管理人才需要给予补偿性报酬激励。调研企业普遍反映，与内地企业相比，新疆地区企业人才引进成本一般要高出50%～80%，有的甚至需要翻倍。这就要求新疆地区企业对企业经营管理人才提供较高的报酬水平，才能吸引、维持和激励高端企业经营管理人才在新疆成家立业，并促进高端企业经营管理人才引进工作顺利进行。

（八）“互联网+”时代对企业人才统计与信息化提出要求

企业人才涵盖类别范围广，不同的统计口径，统计的数据结果不同。从人才类别来看，包括经营管理人才、专业技术人才和高技能人才以及普通操作工人多个群体；从企业内部职能岗位划分来看，包括研发人员、生产人员、销售人员、行政人员、管理人员以及各层级领导人员等。加之，公有制企业、私营企业、外资企业、港澳台资企业以及混合所有制企业等多种所有制性质企业，隶属不同主管部门“多头管理”，导致对企业人才信息收集难度进一步加大。但企业人才工作，尤其是政府对企业人才引进扶持、培训开发资助、重点产业企业人才服务保障等方方面面，又迫切需要基础数据支持和信息化手段保障。在“互联网＋”时代，大数据工具开发与应用日益广泛，对企业人才工作带来机遇和挑战，电子人力资源管理（E-HR）将成为企业人力资源管理主流，加强企业人力资源数据统计和管理信息化成为企业人才工作的基础性要求。

三、小结

综上所述，本研究基于企业人力资源的统计口径，打破了固有的按照“六类”人才的划分方式，着眼于企业发展对高中低端、不同层次、不同类型人力资源的需求，以新疆地区为例，分析提出了企业人才发展面临的形势和需求。从经济、政治和文化三个方面进行形势分析，指出了对于企业人才发展的有利方面和制约因素，这是新疆地区企业人才发展必须面对的基本区情和前提；对新疆地区企业发展面临的主要人才需求进行分析，提出以下主要观点：新疆人才引进需求迫切，但引进困难，缺乏渠道；企业各类人才培养开发不足，经营管理人才激励不足，人才评价机制需要调整；需要强化去产能就业安置政策，完善企业人才管理信息化等。对新疆地区企业人才发展形势与需求的分析，即新疆地区企业人才发展的需求，是对新疆个性化区情的体现，也在一定程度上具有普适性，可为全国其他地区编制和实施“十三五”时期人才发展规划提供可资借鉴的一种思路和模式。

“双一流”建设背景下的高校人才流动分析

李 岩 程文琪*

摘 要 党和国家提出的“双一流”建设方案，是我国高等教育领域发展的重要举措。各高校在“双一流”建设背景下对人才需求更加迫切，人才争夺白热化，加大了国内人才流动的频度和数量，这种流动既有利于学术思想的交流与碰撞，也有部分恶性竞争造成的无序流动。因此，必须从国家、高校、人才个体三方面进行调整，以规范高校人才流动机制，更好地为国家“双一流”建设服务，推动高等教育的整体协调健康发展，助力我国战略目标早日实现。

关键词 “双一流”建设 高校人才流动

一、“双一流”建设的背景与意义

2015 年，国务院发布《统筹推进世界一流大学和一流学科建设总体方案》。此方案是面对我国一流大学和一流学科数量少、层次低、竞争力弱的情况，基于对高等教育现状的深刻分析，而推出的新时代高等教育强国的重大举措。

建设世界一流大学和一流学科，即“双一流”建设，是我国继“211 工程”“985 工程”之后的一项教育战略部署，旨在推进国家高水平大学优先发展，再带动整个高等教育领域的协调发展，从而不断提升我国高等教育发展水平，增强国家核心竞争力，奠定国家长远发展的坚实基础。“双一流”建设与“211 工程”“985 工程”的本质区别，就在于其一流大学和一流学科建设的战略高度和战略意义，这也对人才提出了更严格的要求，即数量要求更多、质量要求更高。

习近平总书记在中共十九大报告中明确指出，人才是实现民族振兴、赢得国际竞争主动的战略资源。高校要实现“双一流”建设的目标，必须不断培养和引进高层次人才，从实现途径和效果分析，培养周期过长，而人才引进是高校获取人才增量的快

---

* **作者简介**：李岩（1983～ ），男，山东泰安人，山东大学人事部（人才工作办公室）副部长（副主任），主要研究方向为人事人才管理等；程文琪（1991～ ），女，山东青州人，山东大学人事部（人才工作办公室）人才服务专员，主要研究方向为高层次人才管理与服务。

速有效途径。

二、高校人才流动的主要渠道及分析

任何高校的学科平台建设、科研成果产出及转化、人才培养、团队建设、国际化等，都离不开高层次人才。因此一流大学和一流学科建设的核心要素是人才。在此背景下，各高校纷纷加大引才的力度，其人才引进的主要渠道是海外与国内其他高校及科研院所。

（一）海外引进人才情况分析

2008 年，国家实施海外高层次人才引进计划（即“千人计划”），重点引进一批战略科学家和领军人才来华创新创业。2011 年实施“青年千人计划”，大力引进一批有潜力的优秀青年人才，为今后 10～20 年中国科技、产业的跨越式发展提供支撑。各省（区、市）、高校、科研院所也结合发展需要，有针对性地制定了海外引才计划。海外人才引进计划实施 10 年来，全国上下形成了海外人才引进的热潮，引进了大批国家急需的领军人才和青年后备人才，引才成效显著。

针对海外高层次人才的引进，目前各高校广泛运用海外校友会、驻外使领馆、国际权威学术期刊、海外华人学者联谊会等平台资源，通过自媒体、网络社交平台等新型传播渠道，及时发布国际化人才招聘信息，扩大学校的海外知名度，吸引海外人才，助推高校“双一流”建设。

政府、高校、科研院所通过海外宣讲会、人才（学术）论坛、人才工作站、组建引才联盟市场化引入团队等多种形式，不断引进海外人才。如山东大学举办“齐鲁青年论坛”、武汉大学组织开展“珞珈学术与人才发展论坛”、复旦大学召开“光华青年学者论坛”等，搭建高校与全球青年才俊的沟通交流平台，吸引更多优秀海外人才。上海在巴黎、旧金山、伦敦、悉尼等地设立了上海国际人才交流协会驻外联络处；山东大学在芝加哥、伦敦、柏林、多伦多等地建立海外人才工作站，强化与海外院校合作，为建立常态化海外招聘工作机制迈出重要一步。山东省支持科研院所整体式引进俄罗斯、乌克兰等国在光学、船舶等领域的高层次团队，抢占产业前沿技术制高点。①

尽管海外引才取得了显著的成果，但也产生一些弊端。一方面，各单位纷赴海外招聘人才，各种活动场次多、水平参差不齐，一些海外重点高校一天要接待国内数场活动甚至更多，存在资源浪费、部分活动形式大于实质的情况，造成引才负面影响，不利于海外长期引才活动的开展；另一方面，各种人才的“扎堆”引进，缺乏针对性，在人才培养体系与发展通道建设不全的情况下，不利于高校人才梯队的合理与有效建

① 参见山东社会科学院人才支撑新旧动能转换课题组：《留得住引得进用得好》，《光明日报》2017 年 10 月 13 日。

设，可能形成人才之间的不良竞争，造成人力资源和各类学术资源、平台的浪费，影响我国“双一流”建设的进程。此外，高强度引进海外人才，极易对我国与其他国家的关系产生不良影响。因此，必须加强对海外引才的统筹规划。

（二）国内引才情况分析

“双一流”建设提出以来，由于人才数量与质量是“双一流”考核的重要指标，在引进人才更具时效的情况下，各高校或多或少地呈现“重引进轻培养”的不良发展模式。在国家创新驱动发展和新旧动能转换背景下，人才作为第一资源成为各单位争夺的对象，人才竞争进入白热化状态，出现了“挖人”的功利化和无序化。地方高校在当地政策财政支持下，针对某个学科高价挖人，扰乱了人才市场的正常流动。究其根源在于各地政府对“双一流”建设的投资支持。根据《中国青年报》统计：“北京预计投入100亿元推进高校高精尖创新中心建设；广东三年计划投入超百亿元，支持大学建设；河南出台《优势特色学科建设工程实施方案》，砸31亿元打造‘一流学科’；山东将在‘十三五’筹集50亿元支持‘双一流’建设。”①

“孔雀东南飞”是高校人才分布的普遍现象。“双一流”建设无形中更加剧了中西部人才的流失。对此，教育部于2017年印发了《关于坚持正确导向促进高校高层次人才合理有序流动的通知》，明确要求不鼓励东部高校从中西部、东北地区高校引进人才，高校之间不得片面依赖高薪酬高待遇竞价抢挖人才。

适度的高校人才流动可以带动资源、研究与思想的交流与发展，推动学术创新和学科发展。但是，目前高校人才的无序流动，加剧了高校间的不良竞争与紧张关系，影响学术领域的交流与合作，阻碍高校的协调平衡发展，影响高等教育领域的整体发展。此外，鉴于高校对地区经济的带动作用，恶性挖人也会影响地区经济发展，不利于国家中西部战略的实现。

从根本上分析，国内引进人才只是人才数量在高校间的此消彼长，对国家整体的人才数量和质量的提升并无意义。同时还会造成高校教师队伍的不稳定性，阻碍师资队伍建设，扰乱正常的科研与教学秩序，造成国家资源的严重浪费。对高层次人才个体来说，需要花费更多的时间去适应环境、组建团队等，形成极高的时间成本，造成人才资源的浪费。因此，需要进一步规范国内人才流动机制。

三、高校人才流动的策略与建议

针对目前高校人才流动的现状及分析，笔者提出以下策略与建议，以期进一步优化人才流动现状，形成人才流动的良好态势，推动高校“双一流”建设的进程，实现高等教育领域的协调发展。

---

① 柴如瑾、晋浩天：《“挖”人才创一流的隐忧》，《光明日报》2017年3月20日。

（一）加强顶层设计，统筹规划高校人才工作

根据目前海外引才的新形势、新要求，建议加强国家层面顶层设计，防止招才引智中的“大呼隆”，切实提高招才引智工作实效。建议发挥国家部委、驻外使领馆作用，对赴海外的引才活动进行审查统筹，规范各类海外引才活动。结合高被引科学家信息库、科研信息数据库、海外毕业生（博士后）信息库等，进行海外高层次人才的信息采集、精准筛选与学科匹配，建立海外人才引进信息库，供国内需求单位查询使用，提高引才效率和精准性。

不断优化我国高等教育结构，加强对中西部高校的投入与引导，人才项目数量、经费投入向中西部高校倾斜，引导人才“回流”。教育部部长陈宝生明确要求中西部高校“有所为有所不为”，“聚焦重点和优势，加快形成办学特色优势，并对传统学科专业进行更新升级，集中建设好优势特色学科专业群，构建与本校办学定位和办学特色相匹配的学科专业体系”①，以此来吸引更多高层次人才加入中西部高校，推动高校教育的协调发展。

此外，针对其他类高校的现状，一方面引导其发展有地方特色的高水平研究平台，吸纳各类针对性人才；另一方面引导各高校学科进行错位发展，合理布局，构建既有竞争又互补协作的良性生态环境。②

（二）完善评价指标，规范人才流动秩序

“双一流”建设启动后造成的人才流动失序日益严重，其根源在于评价体系的不完善。如学科评估中，有人才头衔的人才数量更多则更具竞争优势，这必然引导高校通过各种手段与途径引进更多具有人才称号的人才。因此，必须建立更加完善合理的评价指标体系，破除“五唯”，不仅关注高校各类高层次人才的数量与结构，而且还关注其人才队伍建设的合理性，注重高校科研成果的应用性、本科教育水平、毕业生发展前景、高校对社会经济文化发展的影响程度等，减少高校间因评价指标造成的恶性人才竞争，努力引导高校为国家战略与社会发展的目标进行发展。

（三）建立人才工作联盟，引导高校有序协调发展

为规范国内人才引进工作，加强人才有序流动，教育部已建立直属高校人才工作联盟。但目前高校间的人才恶性竞争主要存在于地方高校，为了实现人才 GDP，利用省市财政投入，倾全力高价挖人。在此，笔者建议建立全国高校人才工作联盟，构建全国高校人才工作行业自律机制和沟通协商机制，遏制人才恶性竞争。

通过人才工作联盟，积极通过柔性引进、协同创新、联合攻关等方式实现人才互

---

① 陈宝生：《东部高校，请对中西部高校人才“手下留情”》，2017 年 2 月 24 日，新华社，www.xinhuanet.com/2017-02/24/c_129495478.htm。

② 参见焦以璇等：《人才无序流动该如何规范》，《中国教育报》2018 年 3 月 13 日。

助共赢，加强人才引进与发展的规范管理。规范人才流动机制，借鉴足球球员转会制度，探索建立高层次人才流动补偿制度，引进国内高层次人才的高校基于市场规律给予人才流失的高校一定的经济补偿，减少其对人才付出的成本，构建和谐稳定的人才流动市场秩序。

加强市场薪酬调查，根据不同职位、职称制定薪酬价格表，出台薪酬标准的指导意见，设定明确上限，推动建立不同层次师资队伍的国家薪酬体系，避免过高薪酬待遇造成的恶性竞争。①

通过联盟共享人才信息平台，构建高层次人才电子诚信档案，高校之间签署自律公约，在人才流动问题上达成共识，确保人才资源合理流动，逐步形成合作互动、优势互补、互利共赢、共同发展的人才工作新格局。

（四）推进体制机制改革，构建人才制度体系

高校应积极推进体制机制改革，着力破除制约人才发展的体制机制障碍，营造最优人才生态，以良好的管理和服务机制吸引更多人才流动，为“双一流”建设提供坚实的制度保证。

建立人才管理服务常态化沟通渠道，健全党管人才工作格局，成立人才工作小组，建立高效的人事人才服务联动工作机制，促进部门之间、部门与教学科研单位之间人事人才服务保障工作的沟通与协同，优化人才引进的工作流程，使引进人才更加畅通。

构建杰出人才体系，不断完善人才发展通道，同时，拓展人才引进渠道，广泛应用海外优势资源，扩大海外宣传，建立立体化引才网络，加强引才的力度和精准度，着力把引才工作推向深入，全面提升引才效能，吸引更多海外人才。

下放机构管理权限，学校管理职能由具体管理向宏观指导、服务监督转变，提高各单位引进人才的自主权。建立人才工作贡献奖，加大激励力度，增强各单位引进人才的积极性与主动性。建立领导干部与专家学者联系制度，全面畅通沟通渠道，做到对专家学者政治上积极引领、思想上主动引导、工作上创造条件、生活上关心照顾。设立高层次人才服务专员，在人才项目申报、合同签订等过程中为高层次人才提供便捷、暖心的个性化服务。

（五）加强自身建设，落实立德树人根本任务

在目前高校人才竞争日益激烈的环境下，高层次人才更应加强自身建设，注重落实立德树人根本任务。这并不意味着不允许人才的流动，而是应避免无序、为高价待遇频繁跳槽的现象。

高层次人才是高校师资队伍的重要组成部分，在潜心学术研究的同时，也要努力修为师之德，以身作则，率先垂范，自觉加强师德修养，做优良学术道德的践行者、

---

① 参见焦以璇等：《人才无序流动该如何规范》，《中国教育报》2018 年 3 月 13 日。

维护者，担当起学生健康成长的指导者和引路人的责任，为高校“双一流”建设提供更多的人才资源。

四、结语

“双一流”建设是我国高等教育发展过程中的一项重要举措，各高校在推进“双一流”建设的进程中，不能满足于“双一流”的名分，而应着眼于国家战略高度，承担起高等教育强国的责任与担当。

面对高校人才流动的现状与分析，国家、高校、人才应形成联动体系，共同努力建设合理有序的人才流动环境与机制，通过高层次人才队伍的建设，推动国家“双一流”建设的进程，为我国长远发展提供优质人才资源。

慕课（MOOC）视域下的高校全网教学模式优化实证研究

——基于中国石油大学网课的调研分析*

赵霞　丁欣**

摘　要　本文立足于中国石油大学网络课程的实证调研分析，重点研究网络课堂实践面临的困境和问题，并在此基础上提出构建课程建设平台、学校管理方、教师团队方、学生方“四位一体”的网络教学优化对策。以网络课程线上线下结合、混合式教学为入口，以课程建设方做好“五用”课堂，学校做好“规划—管理—支持—评估—反馈”一条龙服务，教师做好“导、教、学、做、创、评”，学生提高主动意识，学好慕课的优化体系，并针对目前网络课程存在的问题予以优化和改革。

关键词　慕课　网络教学　线上线下教学模式

一、引言

慕课（Massive Open Online Courses，MOOC）由加拿大学者戴夫·科米尔（Dave Cormier）与布莱恩·亚历山大（Bryan Alexander）于2008年首次提出，后被广泛定义为大规模开放在线课程。随着数字化、信息化的发展，特别是移动互联网的风靡，慕课已经在我国高校中如火如荼地开展起来，很多高校已开发或者引进了很多类似的网络课程。但是作为新生事物，基于慕课的网络教学模式在发展过程中还面临一系列的困难，存在一些问题。同时，学术界对于网络课程的研究还存在一定的空白。通过对国内外研究现状的总结和分析，可以发现，国内学者对“慕课”网络课程建设和教学模式无论是具体课程的分析，还是运行

* 基金项目：中国石油大学（华东）教学改革项目“MOOC视域下的我校本科课程全网教学线上线下模式改革研究”（JY-B201849），山东省高校教育人才研究会课题“‘双一流’视域下山东省高校弱势学科人才培养方式创新研究”（RK19-1）；山东省研究生教育优质课程建设项目“公共管理学”（SDYKC17024）。

** 作者简介：赵霞（1978～　），女，中国石油大学（华东）经济管理学院副教授，主要研究方向为人才培养；丁欣（1995～　），女，中国石油大学（华东）经济管理学院硕士研究生，主要研究方向为公共管理。

与管理的研究、质量和评价的研究，都是零散的、不完整的。本研究立足于中国石油大学网络课堂的实施情况进行调研分析，重点研究网络课堂实践困境及提出对策，在一定程度上能促进网络课程和慕课建设，有助于教学改革、学生发展、教师专业发展等，并结合实证调研对高校进行网络教学课程建设和教学方法进行分析，提出相关建议。

二、中国石油大学全网教学情况现状调研分析

近几年，中国石油大学大力推广慕课建设，引进30门左右的智慧树、尔雅等网络平台课程，利用中国石油大学云课堂建设了800多门网络开放课程资源。并且学校还积极对教师进行网络信息技术培训，鼓励教师使用微助教、雨课堂等方式进行线上线下教学模式改革，并取得了一些成效，但也存在一些问题。笔者利用“微助教”“问卷星”等方式在学校开展了关于网络课程实施情况的调研，共收到有效问卷384份，其中大一学生为64.75％、大二学生为21.3％、大三学生为10.24％、大四学生为3.76％，专业上工科为49.87％、理科为38.12％、文科为8.33％、艺体生为3.68％。这一比例基本符合学校实际情况，证明调查结果具有普遍性。问卷主要涉及慕课等网络课程认识（包括态度、优势）、学习效果（包括满意度、影响因素）、网课建设存在问题、整改建议等。

（一）对慕课的认识

从调查结果来看，学生通过手机App、电脑等方式参与课堂学习的达到了89.13％，57.45％的学生赞成线上线下混合式教学模式，普遍认为线上线下混合式学习增加了学习兴趣（48.94％），可以自主自由地学习（59.57％），成绩提升很快（31.91％），不枯燥（31.91％），提升自己独立解决问题的能力（46.81％），更好地掌握知识与专业技巧（21.28％），师生之间、同学之间交流更方便（14.89％）。

从学习方式来说，学生们的线上学习方式多种多样，有超星、尔雅、智慧树、网易公开课、清华学堂在线等大型共享式网络课程平台，有学校自主建设的慕课和课程平台——石大云课堂，有课程教学互动神器——微助教和雨课堂。见表1。从调研结果看，学生对于学校选购的智慧树和学校自建的慕课以及网课平台——石大云课堂更加青睐，说明了学校慕课建设取得了一定的成效。在课程信息化手段上，63.83％的学生利用手机通过微助教、雨课堂等App参与互动，说明学校教师开始让手机从“低头的工具”变成了“抬头的力气”，体现出当代大学生现代的学习手段。

表1　　　　你用过哪些线上教学方式

选　项	结果（％）
超星尔雅	44.68
智慧树	87.23
网易公开课	42.55

续表

选　项	结果（%）
慕课	65.96
石大云课堂	70.21
微助教	51.06
雨课堂	12.77
其他	6.38

（二）慕课学习效果及影响因素分析

从慕课学习效果来看并不是特别理想。有学生认为还是传统的线下教学模式更适合深度学习和掌握扎实理论，其中，认为网课学习不能满足自己的学习需求的占到了67.04%。通过网课能掌握全部内容的学生只有6.43%，38.01%的人能掌握大部分学习内容，另有2.34%的人一点也没有掌握。由此可见，网络课程还有很大的提升空间。

从影响因素来看，调查显示："学习自主性意识和能力"和"课程内容数量"的问题是影响学习效果的重要因素。同时，学习方式、学习氛围也很重要，网络课程缺少面对面深入交流的机会，容易导致学生走神。

关于网络平台使用影响因素的问题，调查问卷中关于"课后很少或从未访问过学习平台的主要原因"的选项中，"因为学习时间忙"，"登录方式问题"，"展示系统性问题"和"平台内容、资源、活动、交互问题"导致了学生学习深度不足。在访谈中发现，有些学生利用网课只是为刷学分，不能系统、认真和持续地学习。见表2。

表2　课后很少或从未访问过学习平台的主要原因

选　项	结果（%）
学习太忙，没有时间	44.68
登录平台存在困难，宿舍难以上网	31.91
微课或者视频实用性不强，对学习帮助不大	31.91
平台内容更新较慢，不能体现学科动态	23.4
平台资源不够丰富，不如其他专业网站	27.66
平台学习活动不够丰富	31.91
平台中师生交互不多	8.51

（三）网络教学存在的问题

网络教学需要课程建设方、学校管理方、教师团队方、学生方共同的努力和付出，才能真正发挥网课的作用，培养优秀的人才。但是在调研中可以发现，在建设慕课的过程中，这四方存在着各种问题。

1. 课程建设方问题

课程建设方直接决定了网络课程的质量和效果，但是调研结果显示，课程建设方由于建设时间短、没有经验和资本驱动任务的驱使，课程质量良莠不齐。人才培养的市场化导向诱发了一些不良现象，如完成任务式的培养模式，只注重课程数量而忽略教学的质量；只重视成果的产出而忽视基础知识的掌握与技能的训练。智慧树之类课程平台上的课程只有讲授环节，模式单一，课程设计过于泛化，很容易丢失教学的重点。有此为完成紧迫的教学任务往往就是照本宣科，就教材上的基本知识泛泛而谈。缺少面对面交流导致课程互动效果不佳，还有些因为缺乏技术、资金、经验等问题导致软件有缺陷，界面不友好等问题。详见表3。

表3　课程建设方问题

选　项	结果（%）
课程质量参差不齐	31.91
上课模式固定单一	34.04
忽视教育本质	19.15
知识系统性不强	36.17
课程互动效果不佳	21.28
线上的教学软件有缺陷，不好用	34.04

2. 学校管理方问题

在线课程的建设过程需要大量的投入，只有得到学校的大力支持，工作才能顺利进行。作为课程的管理方，学校担负着服务和监管责任，是网络课程建设的推动者和支持者，也是课程后续评价的监管者和激励者。在实际建设中，当前学校管理存在着盲目性，因为经验的不足和资金的紧缺，作为课程管理方，校方在有教师申报慕课建设、社会调研、课程实验设计时投入不足，在课程验收环节也存在着监管不力的现象。参见表4。

表4　学校管理方问题

选　项	结果（%）
课程选拔建设缺乏规划	29.79
课程评价缺乏个性	38.30
资金保障投入不足	44.68
课程组织监管不力	40.43
课程激励措施不足	34.04

3. 教师团队方问题

教师团队是课程设计的主导者和产出者，直接决定了课程质量的好坏，因此，教师团队也需要大力提升。由于课程建设的能力、经验和技术等的不足，课程建设的质量不高。面对翻转式教学，教师需要准备大量的资料、图片、视频、案例，需要采用多种技术手段，这大大增加了教师的工作量和工作难度。如果没有适度的激励和培训手段，教师的积极性就很难被调动起来。参见表5。

表5　教师团队方问题

选　项	结果（%）
课程建设质量不高	31.91
课程任务多，时间紧，课程内容很多来不及讲解	40.43
教学内容过时	36.17
教学能力有限	25.53
建设课程过于复杂	36.17
其他	8.51

4. 学生方问题

学生是网络课程的使用者、评价者和受益者，他们是网络课程的教学效果和知识掌握程度的最终评判者。慕课最终的目的是提高学生的学习积极性、主动性和参与意识，提升他们的学习成果。但是，学生在线上线下教学方式中也面临一些困境，主要体现为学习时间碎片化、课程参与度不高、学习要求多而疲于应付、个性化学习难以实现等问题。参见表6。

表6　学生方问题

选　项	结果（%）
个性化学习难实现	29.79
学习时间碎片化	44.68
课程参与度不高	38.30
要求看很多视频，学习条件高	44.68
学习工作量好大，好累	17.02
其他	4.26

三、构建“四位一体”网络课程教学模式优化体系

为解决以上问题，应基于慕课视域构建课程建设方、学校管理方、教学团队方、学生主体方“四位一体”的培养模式。见图1。

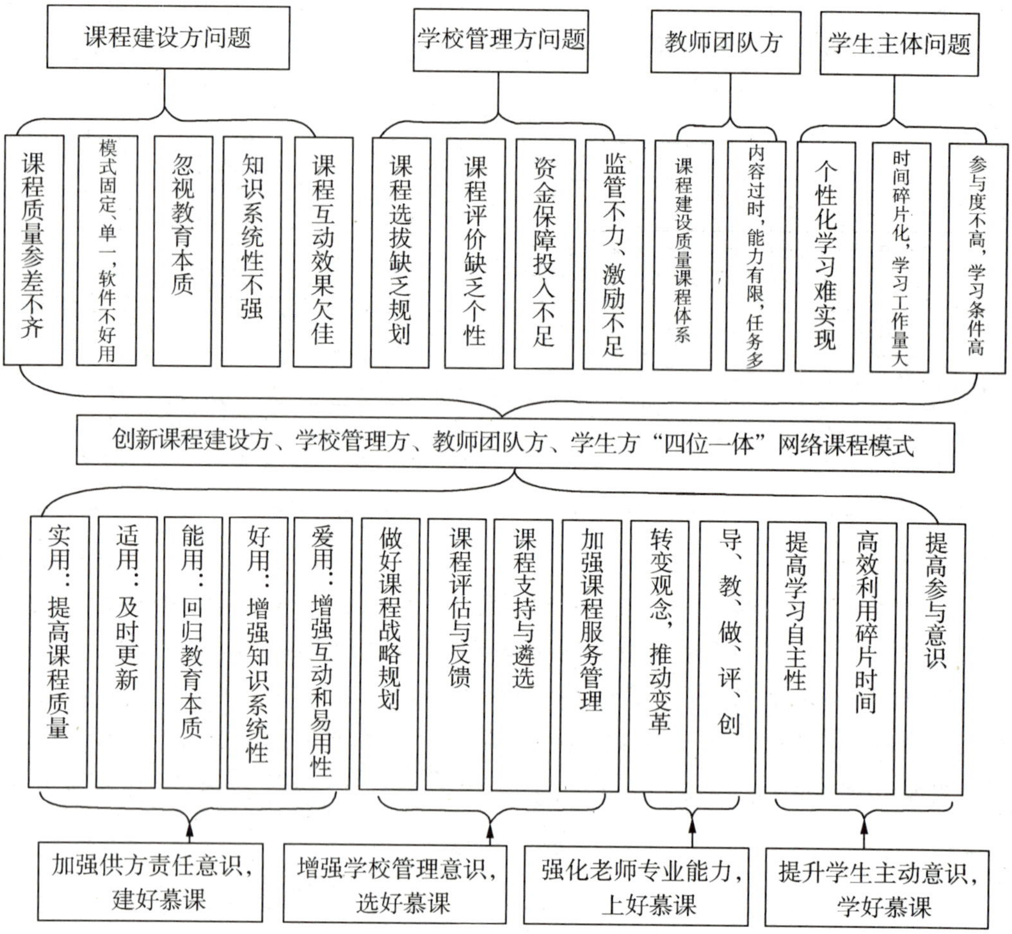

图1 “四位一体”网络课程优化模式

（一）加强课程建设方责任意识，建好慕课

课程建设方直接决定了课程的质量和效果，须回归本质，提高质量，及时革新内容，增强知识的系统性和创新教学模式，建设“五用”课堂。

1. 实用：提高课程质量

市场需求应用型人才，即基础知识牢固，可将理论知识转化为具体操作或实物的人才。课程建设应以理论为基础、应用实践为目的、具体操作实践为内容，保证课程质量。知识的时效性要求人才在第一时间做出有效反应，因此在课程建设时应更注重

情境的设计，全方位训练学生的临场反应及职业素养。借助慕课资源能力，增加趣味性页面设计，增强课程立体化、形象化效果。

2. 适用：及时革新课程内容

人才的培养不能与社会的需求脱节。为保证课程内容的专业前沿性，应在课程建设团队中增加专授教师；为保证在线课程的有效使用，应增加擅长网站维护的专业人员，保障内容更新的及时性。

3. 能用：回归教育本质

作为网络课程的建设者，一定要不忘初心，本着教书育人的伟大使命，躬耕深挖、反复打磨教学课程，杜绝急功近利的心态，切实提高课程质量，全方位提升学生的技能与素质，为社会输送更多的优秀人才。

4. 好用：增强知识系统性

增强知识的系统性要求在建设慕课课程时应在不断搜集课程素材和资料的基础上，进一步提炼与精心编排，增加课程内容的内在逻辑性，增强不同课程之间的联系性，为学生提供一个系统的、有效的学习方案。

5. 爱用：增强易用性与互动性

慕课课程的操作应尽可能简便、导航清晰、符合认识规律、符合网络学习习惯，增强易用性。为保证教学的互动性，还应继续加强使用网络交流工具如微信、QQ 等，做到随时随地交流。另外，随着在线课程的推广，有必要根据学习情况对使用者进行分流，如设立不同的交流区，使课程最大程度地适用不同的学习者，使讨论的针对性和课程的互动性更强。

（二）增强学校管理意识，选好慕课

学校管理方应从战略高度规划课程，做好“规划—管理—支持—评估—反馈”一条龙服务，大力支持课程的建设与创新。

1. 课程战略规划

作为课程的管理方，学校要尽好自己的监管职责，做好课程上网申报前的规划设计，充分调研市场和学生需求，把握市场发展现状，了解国际学术前沿，有针对性地选择符合需求的、质量好的、与学术前沿接轨的课程。

2. 课程支持和遴选工作

在线课程的建设过程需要大量的投入，只有得到大力的支持，工作才能进行下去。作为课程管理方，校方在有教师申报慕课建设、社会调研、课程实验设计时，还要做好本校教师在线课程的全方位支持工作，包括投入资金、技术、物质、人力等，鼓励和激励教师进行慕课创新教学。另外，优先选择具有实际价值的课程，与课程建设方做好相关的沟通与协调工作，以期最大化地利用课程建设资源。

3. 课程评估与反馈

对慕课课程的评估与反馈是学校管理过程中十分重要的一个环节，评估主体应包括权威机构、专家和选修学生，应建立一套科学有效的评估体系，评估标准严格按照此评估体系进行。评估结果应及时反馈给课程建设方和教师，对于存在的问题进行整改，不合格的课程及时撤销，并根据人才市场发展、研究前沿进行课程更新，以便提供有效的、实用的课程学习。

（三）强化教师专业能力，上好慕课

从发挥教师作用方面来看，要转变教学观念，顺应“低头族”的学习方式，将手机带进课堂，利用互联网＋技术，综合设计教学方式、学习方式，将课堂教学与信息技术进行融合，使教学过程线上与线下有机结合，开创基于慕课的“导、教、做、创、评”全阶段的教学——学习模式。

1. 导

慕课课程的设计要做到激发兴趣、引发思考，课前提前介绍学习要点和注意事项，针对直播和在线课程内容布置下次课程的预习和讨论话题，采用案例教学与任务驱动相结合的形式，引导学生通过慕课网络平台进行课前自主学习。如通过在线观看相关视频，查找资料，并与平台上的师生随时进行交流。此外，教师还可以通过平台上学生的登录情况、讨论的问题、资料查阅等因素掌握学习者的进度，并进一步引导、督促学生进行课程学习。

2. 教

慕课教学就可采用翻转课堂教学法传授知识、让学生亲自操作，教师成为教练，成为知识的内化者和行为的指导者。通过慕课课程平台等在课堂外进行知识的传授，学生可以自由选择学习方式。课堂内则主要就问题进行讨论，在操作实践中接受教师的指导。通过线上微视频、QQ、微信平台和线下面对面讲授交流促进和推动整个教学过程。

3. 做

在人才培养模式中，实践教学不仅能够提升学生的综合素质与创新能力，培养与社会需求接轨的人才，而且还能够促进学科建设和发展。在慕课视域下，课程建设分为模拟操作和自主操作两种实践方式。通过课前自主学习和教师讲解，模仿操作完成相关任务，消化本次学习的知识技能。为提高实践能力，教师需布置相应工作任务，如采访、专题报道等。学生根据所学知识和技能自主完成，完成后上传慕课平台，供师生共同讨论与学习，教师进行网上或现场辅导答疑。

4. 创

在当前环境下，要致力于学生知识与能力体系的完善建构，不仅要重视专业技能，而且还要重视能够升华技能的理论素养。创新教学模式主要指技能操作的提升，根据

“分层教学，优生优培”的需求设置技能提升学习任务，观看教师制作的微视频和网上学习资源等，以网络自主学习为主、师生互动为辅的方式培养学生自主分析和解决问题的能力，开发潜在的学习能力，强调对优秀学生的培养。

5. 评

课程实践以项目分组的方式进行，小组内协作自主完成课程项目。项目完成后采用过程性评价与终结性评价相结合的方式，主要就项目的思路设计、方案制订、实操步骤、完成情况以及方案的优缺点等内容，进行项目小组总结、学生间互评与教师点评相结合的点评方式。在对项目进行评估与总结的过程中，既可以找出实践中存在的不足，又可以互相借鉴经验，充分的讨论也可以激发思维和学习兴趣。

（四）提升学生主动意识，学好慕课

从学生主体来说，要学好慕课，就要提高学生的自主性与参与意识，并做到高效利用时间。

1. 提高学习自主性

当前人才培养过程缺乏个性化，慕课培养模式的构建以学生为本位，在课程选择时，利用慕课课程模式方便学生跨学科选择课程，从自身兴趣与需求出发，打破培养模式的学科界限。通过跨学科修读多类课程，拓展自己的视野和知识储备，了解社会百态，全面提升能力、增强竞争力，为成为专业人才做好知识铺垫。

2. 增加参与意识

在运用慕课培养模式教学时，学生要增强自己的主动意识，积极参与到课程建设中来。通过互联网技术将视频、图片、案例等以作业提交、在线讨论、上课交流的方式增加学习的多元性和主动性，通过学生之间、师生之间、多方的交流与互动，进一步巩固知识，思维、观点的碰撞还可以启发出新的知识点和教学方式，由此可形成一个良性循环。

3. 高效利用碎片时间

传统的教学方式要求有固定的时间和地点，模块化的学习模式导致了课程间隙时间的浪费。慕课课程模式的出现解决了固化教学模式的弊端，通过在线课程可以在任何时间、地点进行学习，很大程度上将碎片化的时间联系了起来，使学生可以随时随地进行温故知新。另外，在线课程的选择没有人数限制，避免了传统课程受教室等原因限制导致许多学生选不到心仪的课程，这在很大程度上实现了教育的公平性。

四、结语

慕课视域下“四位一体”的网络课程优化模式，不仅仅是针对中国石油大学人才教育的设计，对其他学校学科领域的人才培养同样具有适用性，以中国石油大学人才的培养为基点进行“四位一体”培养模式的探索，以期为人才教育培养提供借鉴和经验。

新时代高等农业院校实现内涵式发展的思考和建议

徐　慧　周安忠*

摘　要　党的十九大报告高度重视“三农”工作，强调农业、农村、农民问题是关系国计民生的根本性问题，要大力实施乡村振兴战略。党的十九大报告同时对高等教育也提出了要求，即实现高等教育内涵式发展。高等农业类院校作为乡村振兴人才培养的主要载体，要主动服务乡村振兴战略，这既是新时代中国特色社会主义大学的本质属性使然，也是自身办学特色、优势和学科布局的必然，更是自身发展的历史性转机。因此培育“懂农业、爱农村、爱农民”“下得去、留得住、用得上”的“三农”人才队伍既是乡村振兴的关键，也是我国农业类高校实现内涵式发展的必由之路。

关键词　新时代　乡村振兴战略　农业类高校　人才培养　内涵式发展

党的十九大报告中提出实施乡村振兴战略，明确指出：“要坚持农业、农村优先发展，按照产业兴旺、生态宜居、乡风文明、治理有效、生活富裕的总要求，建立健全城乡融合发展体制机制和政策体系，加快推进农业农村现代化。”① 进入新时代，乡村振兴战略的提出，标志着我国“三农”发展开启了新征程。乡村振兴的冲锋号已经吹响，对于高等农业院校而言，服务乡村振兴战略既是中国特色社会主义大学的本质属性使然，也是自身办学特色、优势和学科布局的必然，在乡村振兴战略中有所作为，是新时代赋予高等农业院校的历史使命，也是农业类高等院校的职责所在。党的十九大报告同时明确指出，高等教育要实现内涵式发展。新时代，在乡村振兴战略的指引之下，无论从国家层面还是从当前山东经济发展要求来看，都是高等农业院校实现自身内涵式发展的大好时机。为了适应山东省社会经济快速发展的需要，推进山东省农业类高等教育事业的发展，新时代高等农业院校走内涵式发展道路势在必得。

---

* **作者简介**：徐慧（1987～　），女，山东济南人，山东农业工程学院马克思主义学院讲师，研究方向是思想政治教育、教学质量管理；周安忠（1981～　），男，陕西安康人，山东农业工程学院马克思主义学院副教授，主要研究方向是思想政治教育、人事人才、统一战线学。

①　习近平：《决胜全面建成小康社会　夺取新时代中国特色社会主义伟大胜利——在中国共产党第十九次全国代表大会上的报告》，人民出版社2017年版，第32页。

一、高等农业院校内涵式发展势在必行

（一）新时代乡村振兴战略的要求

习近平同志在党的十九大报告中提出，农业农村农民问题是关系国计民生的根本性问题，必须始终把解决好“三农”问题作为全党工作重中之重，实施乡村振兴战略。2018年，中央一号文件《中共中央、国务院关于实施乡村振兴战略的意见》发布，明确了乡村振兴的“三步走”规划和目标。2018年3月5日，李克强总理在政府工作报告中再提乡村振兴战略，要求“科学制定规划，健全城乡融合发展体制机制，依靠改革创新壮大乡村发展新动能”①。我国农业在规模化和集约化方面与发达国家相比较还有很大差距，要想实现产业兴旺，必须依靠大量有知识、懂技术的专业人才带领农民脱贫致富。当前，农业院校人才培养供给侧和农业产业需求侧在结构、质量、水平上还不能完全适应。因此，高等农业院校应以此为契机，推动人才培养模式改革。这既是解决农业院校人才培养供给侧和农业产业需求侧不对称问题的途径，也是高等农业院校实现内涵式发展的现实途径。

（二）社会发展的时代需求

随着城镇化发展和分工分业的不断细化，农业类人才在不同区域、不同产业间流动，大批农业类人才向非农领域流失。尽管新时代给予农村发展以很大的先机，但就目前来看，农业类院校培养的学生毕业后很多转入其他行业，愿意主动选择到乡村从事农业工作的人员比例较低，这导致农业人才流失严重。高等农业院校毕业生不愿意返乡涉农的主要原因在于农业自身吸引力不足、农村生活条件差、农业科技人员待遇低等多方面因素，这也是有真正懂农业的人才却留不住的原因。但是，要想真正实现乡村振兴、产业升级，必须依靠大量有知识、懂技术的专业人才回到农村带领农民脱贫致富。因此，高等农业院校培养出“懂农业、爱农村、爱农民”的复合型农业人才是当前社会发展的时代需求。

（三）高等农业类院校特色发展的需要

2018年5月2日，习近平总书记视察北京大学并发表重要讲话。讲话提出了四个“重大论断”：高等教育是一个国家发展水平和发展潜力的重要标志；党和国家事业发展对高等教育的需要，对科学知识和优秀人才的需要，比以往任何时候都更为迫切；培养社会主义建设者和接班人是各级各类学校的共同使命；走内涵式发展道路是我国高等教育发展的必由之路。这四个“重大论断”，充满了对高等教育的热切期望，表明了总书记对培养社会主义建设者和接班人的最大关切，体现了对扎根中国大地办高等

① 李克强：《政府工作报告——在第十三届全国人民代表大会第一次会议》，2018年3月5日。

教育、坚定不移走内涵式发展道路的坚定决心。[①] 2010 年中共中央国务院印发的《国家中长期教育改革和发展规划纲要（2010～2020 年）》中也提出："树立以提高质量为核心的教育发展观，注重教育内涵发展，鼓励高校办出特色、办出水平。"因此，高等农业院校需要积极响应国家宏观理念和顶层设计，寻求特色发展之路。在培养"三农"人才方面，高等农业院校具有天然的师资优势、学科优势和教学资源优势。但是受体制机制等多种因素影响，农业人才的教育供给与社会的产业需求之间还存在一定程度的结构性矛盾。与此同时，面对在招生就业时的多重压力等因素，高等农业类院校需要寻求内涵式发展的新路。

（四）高等农业院校大学生成长的需要

与乡村振兴的实际需求相比，现在大学生毕业返乡的人数比例较低。即使是农业类院校毕业的大学生，归乡就业的意愿也并不强烈，甚至是排斥。"所学非所用"这一现象，不但造成教学资源的浪费，而且还造成了人才浪费，甚至不利于大学生成长成才。从国家社会层面来讲，最直接有效的措施就将更多优惠政策向涉农类专业学生倾斜。比如出台针对农业人才的倾斜支持政策，解决农业大学生下不去、留不住的难题。再比如，可按照免费师范生政策的思路，大量培养免费农学生，同时对愿意到乡村从事农业科技工作的大学生，按年返还大学学费等措施。[②] 同时，高等农业院校大学生成长需要正确的思想政治引导和农业农村的充分滋养，培育出对乡土的深厚情感，才会产生反哺农业农村的想法。

二、基于政策及现实需求的高等农业院校人才培养问题梳理

（一）人才培养定位多专注于某单一专业领域

目前，高等农业院校人才培养定位多专注于某单一领域，与乡村振兴战略所需复合型人才有所出入。乡村振兴战略目前急需的是既具有某一领域扎实的专业技术，又具有农村农业工作多方面普适性知识和技能的复合型人才，即一专多能的人才。当前高校培养机制下的农业人才多专攻某一领域，或粮食生产，或动物养殖，或农业机械工程，或农业食品加工。大部分回归农业的毕业生就业后，只能服务于单一生产型或经营型产业某一链条甚至链节，而集多能于一身，多种生产、经营、服务、管理、创新的复合型人才较为欠缺。所以，真正培养出"懂农业""用得上"的人才，才能满足新时代乡村振兴之所需。

（二）人才培养缺乏思想引领和导向

人才培养过程中思想引领和导向缺位，导致"懂农业、爱农村、爱农民"和"下

---

① 参见陈宝生：《坚持以本为本 推进四个回归建设中国特色、世界水平一流本科教育》，《时事报告（党委中心组学习）》2018 年第 5 期。

② 参见张婷：《乡村振兴，教育大有可为》，《中国教育报》2018 年 3 月 9 日。

得去、留得住”人员相对不足。高等农业院校培养中重课程、重专业、轻规划，使得培养过程中本应发挥的思想引领导向缺位。据调查，农业类专业高校学生毕业后从事与农业相关行业的人数不足40%，专职从事农业行业的人数不足20%，真正走进乡村，从事农业实践的不足10%。随着城镇化发展和分工分业的不断细化，农业类人才在不同区域、不同产业间流动，大批农业类人才向非农领域流失。农业相关人才流失严重，很关键的一个原因就是农业院校在培养学生的时候缺乏思想引领和导向，比如让学生充分了解国家、政府对农业农村的支持力度和相关政策等。农业类高校未充分发挥充分的思想引领和导向作用，因此学生群体中“懂农业、爱农村、爱农民”的人才少，“下得去、留得住”的农业人才更少。农业类高校要想逆转局面，需要在人才培养规划之初进行宏观整体布局，全校各部门内外联动，努力创造农业人才大有可为的培养氛围。

三、新时代高等农业院校内涵式发展体系建构的思考及建议

2018年5月2日，习近平总书记在北京大学师生座谈会上的讲话中提出了四个“主要内容”：明确提出教育的“一个根本任务”，就是培养德智体美全面发展的社会主义建设者和接班人；明确提出“两个重要标准”，就是要把立德树人的成效作为检验学校一切工作的根本标准，把师德师风作为评价教师队伍建设的第一标准；明确提出抓好“三项基础性工作”，就是要在办学中坚持正确的政治方向，建设一支高素质的教师队伍，形成高水平人才培养体系；在再次强调“四有好老师”殷切期望的基础上，对青年学生明确提出“四点希望”，就是要爱国、励志、求真、力行。这个“一、二、三、四”是一个完整的逻辑体系，进一步深刻回答了培养什么人、怎样培养人的问题，旗帜鲜明地指出了高等学校的根本任务就是培养人，高等学校的根本标准就是立德树人的成效。特别是要形成高水平人才培养体系，这是当前和今后一个时期我国高等教育改革发展的核心任务。[①]

2018年6月，教育部部长陈宝生在新时代全国高等学校本科教育工作会议上指出，目前高等学校人才培养工作已进入提高质量的升级期、变轨超车的机遇期、改革创新的攻坚期。[②] 必须推进回归大学的本质职能，把“培养人”作为根本任务。农业类高校为了培养真正“懂农业、爱农村、爱农民”的服务农业一线的专业人才，解决人才供给侧的问题，需要深化农业院校产教融合，促进农业院校教育链、人才链与农业领域产业链、创新链有机衔接。因此，高等农业院校更应精准把握当前的机遇，走内涵式发展道路，实现特色转型。笔者认为，目前农业类高校内涵式发展的体系构建可从以

---

① 参见陈宝生：《坚持以本为本　推进四个回归建设中国特色、世界水平一流本科教育》，《时事报告（党委中心组学习）》2018年第5期。

② 参见陈宝生：《坚持以本为本　推进四个回归建设中国特色、世界水平一流本科教育》，《时事报告（党委中心组学习）》2018年第5期。

下几方面入手：

（一）构建“1+X”的人才培养机制，培养“懂农业”“用得上”的“T”形乡村振兴人才

所谓“1+X”的人才培养机制，就是将一专多能体现在人才培养过程中。其中“1”是指一个主专业，“X”是指多个微专业。微专业是从就业岗位需求出发，通过提炼某一岗位群的核心技能，由五六门核心课程构成的课程组，通过微专业的修读，快速达到某一领域的工作技能要求。“1”是“T”形人才的“丨”，即“一专”，多个微专业构成“T”形人才的“一”，即“多能”。

“1+X”人才培养机制的核心有三：一是对接“三农”岗位需求，建立一系列微专业标准；二是优化主专业课程体系，重新缔造主专业与微专业融合衔接的人才培养体系；三是拓展“三农”工作需要的通识课，扩充学生知识面，进一步拓宽和提高毕业生的适应能力。

（二）构建全过程、全方位的“爱农”教育体系，培养“爱农村、爱农民”“下得去、留得住”的乡村振兴人才

目前，农业类高校毕业生与返乡就业或从事与农业相关工作的人数不成比例，其重要原因是缺乏对“三农”的热爱，如果大多数农业类高校大学生都“学农不爱农”，构建“三农”队伍恐怕只是空谈，“三农”问题就很难解决，乡村振兴更是无从谈起。因此，高校的政策引导和教育体系需要全面贯彻党的教育方针，坚持立德树人，构建思政育人、专业育人、实践育人、文化育人“四位一体”的德育体系，将“爱农村、爱农民”的德育主题贯穿教育教学的始终，形成全过程、全方位的“爱农”教育大格局。

1. 思政教育“爱农”

充分发挥思想政治理论课在教育教学中作为“思政育人”主渠道的作用，不断引导农业类高校学生“爱农村、爱农民”。习近平总书记在2016年全国高校思想政治工作会议中指出：青年学生“要正确认识时代责任和历史使命，用中国梦激扬青春梦，为学生点亮理想的灯、照亮前行的路……正确认识远大抱负和脚踏实地，珍惜韶华、脚踏实地，把远大抱负落实到实际行动中”①。我国是农业大国，进入新时代进一步开展好“责任担当”教育对于农业类高校大学生的成长成才、培育社会主义接班人进而实现中华民族伟大复兴意义非凡。高等农业类院校要注重顶层设计、统筹布局，紧紧围绕立德树人的根本任务，强化责任担当教育，打造属于农业类院校自身特色的德育工作体系，真正形成全员、全程、全方位、立体化的协同创新育人格局。②

---

① 《习近平：把思想政治工作贯穿教育教学全过程　开创我国高等教育事业发展新局面》，《人民日报》2016年12月9日。

② 参见蔡汇民、宋欢、李坚：《高校责任担当教育模式的探索——以华南农业大学为例》，《学理论》2018年第2期。

2. 学科、专业、课程“爱农”

深入挖掘学科、专业、课程所蕴含的德育元素和承载的德育功能，把“爱农村、爱农民”教育无缝嵌入学科专业课程教学中。农业类高校在构建全员、全过程、全方位“三全育人”大格局过程中，更要着力推动高校全面加强课程思政建设，做好整体设计，根据不同涉农专业人才培养特点和专业能力素质要求，科学合理设计教育内容。强化每一位专业教师的立德树人意识，在每一门课程中有机融入爱农教育元素，形成专业课与思政课教学紧密结合、同向同行的育人格局。对于高校农业类专业学生来讲，更要用发展的眼光看待自己的专业，要用在学校里学到的新理念去改变农业的现状，为实现农业现代化做出自己的贡献。

3. 社会实践和专业实践“爱农”

积极开展大学生农村一线社会实践和专业实践，让学生在农村一线实践中积累形成对农业农村的依恋情感、乡土情结，进而发现正能量、感知正能量、体悟正能量、传播正能量，使学生“爱农村、爱农民”成为一种自觉意识。

助力乡村振兴战略，农业人才要首先具备“实用性”特点。因此，“实用性”已经成为衡量高等农业类院校培养的人才是否具有价值的重要考量因素。实用性的人才不仅懂科学原理，而且还能实际操作。这需要农业类高校在进行人才培养时，合理优化人才培养方案，让学生在学习科学理论知识的同时，加强实用性技能的培养。同时，让学生有充分的时间深入农村、乡间，有机会亲身和农民打交道；还可以让学生深入田间地头向“土专家”“田秀才”“致富带头人”亲身取经，增强他们会种地、善经营、懂管理、懂专业的实用能力，使农业院校走出来的毕业生真正成为农业领域的实干专家代表，引领和带动更多的农民成为新型农业经营主体，使农业类高校人才起到示范和带头作用，助力农村经济发展。

4. 文化“爱农”

努力营造“爱农村、爱农民”的校园文化氛围，充分发挥文化育人的浸润和熏陶作用。农业类高校还需要整体营造重农情怀和重农氛围，注重农业、乡村教育，让学生了解国家对于农业支持的各项相关政策。围绕乡村振兴这一重大战略，加强乡土教育，发掘农村农业文化特色，开发相关教材，推进乡土文化进课堂、进校园，让在校大学生充分切身感受到乡村文化，从整体上增强乡土文化的自觉和自信。这对农业类高校的学生发展是大有裨益的。

在新时代乡村振兴战略的引领下，高等农业类院校迎来了历史性机遇期，只有抓住机遇，更加准确定位人才培养目标，实施人才培养模式改革，构建更加合理的人才培养体系，培养出一专多能的“T”形农业人才，培育出“懂农业、爱农村、爱农民”，“下得去、留得住、用得上”的“三农”人才队伍，才能真正夯实农业发展基础，服务乡村振兴战略，从而使新时代农业类高校实现内涵式发展真正落地。

现代职教背景下高职院校实施创客教育的路径探索

王顺波　柴换成　王　斌*

摘　要　创客教育是创客文化与教育的结合，是着力培养和塑造学生的创新能力、创业精神和就业竞争力的一种素质教育。在现代职教背景下，通过创客教育与高职教育的有效融合，推动创客教育更快更好地融入高职人才培养体系中，为社会发展培养创新型高技能人才。

关键词　现代职教　高职院校　创客　创客教育

创新是一个企业立于不败之地的坚强后盾，更是一个国家发展进步的不竭动力，如果一个民族缺少了自强意识和创新精神，那么就注定要被时代所抛弃。作为培养高技能人才的高职院校，应以培养创新型人才为主线，引导青年学子做新时代创客，担民族复兴之责。

根据教育部发布的信息，截至2018年，我国独立设置的高职学校已达1418余所，在校生人数已经占到整个高等教育在校生人数的一半左右，2018年高校毕业生将达到820万人，比2017年增加25万人，就业人数创历史新高。高职学生如何在激烈的竞争中抢得先机、突出重围，成为高职院校面临的严峻考验和重要课题。要立足于高职院校学分制的实施和管理，开展面向高职院校学生的创客教育体系研究，通过开展创客教育，着力培养和塑造学生的创新能力和创业精神，提升学生的就业竞争力，实现创新引领创业、创新带动高质量就业。

一、创客的含义

“创客”一词源于英文单词“Maker”，最初是指那些酷爱科技、热衷制造、乐于分享，努力把各种创意转变为现实的人。① 后逐渐延伸为，只要具备了创意、创新、实

---

* **作者简介**：王顺波（1964～　），男，山东荣成人，山东水利职业学院副校长、副教授，研究方向为大学文化和创新创业教育；柴换成（1980～　），男，甘肃武山人，山东水利职业学院创新创业学院办公室主任、讲师，主要从事教学研究、校企合作、创新创业等工作；王斌（1982～　），男，山东济宁人，山东水利职业学院创新创业学院办公室副主任、讲师，主要从事教学研究、人事管理、创新创业等工作。

① 参见张磊：《从创客运动到创客教育：为创造而生》，《今日教育》2016年第6期。

践、合作、分享等特质，人人皆可成创客。正如美国《连线》杂志前主编克里斯·安德森在《创客：新工业革命》一书中所说："如果你喜欢烹饪，你就是厨房创客；如果你喜欢种植，你就是花园创客……"在互联网时代的今天，便捷的信息分享把众多创客连接在一起，3D打印机等数字制造技术的成熟及应用，显著地降低了由创意变为产品的成本，从而助推了席卷全球的创客运动。

二、创客教育

创客教育是融合了新一代信息技术，以创新创造实践为主要学习方式，以培养各类创新型人才为目标的新型素质教育模式。2016年2月，中国电子学会创客教育专委会对此作出定义："创客教育是创客文化与教育的结合，基于学生兴趣，以项目学习的方式，使用数字化工具，倡导造物，鼓励分享，培养跨学科解决问题能力、团队协作能力和创新能力的一种素质教育。"① 由此我们可以总结得出，创客教育就是应用创客的精神和理念去改造传统的教育模式，将创客运动所倡导的"创意创新、动手操作、合作分享"等理念融入各学科的教学过程，开展基于创新创造的学习性活动。

创客教育的兴起，从外部环境分析来看，主要源于全球性的创客运动热潮和我国"大众创业、万众创新"时代社会经济发展的迫切需要；从教育内部来看，则是要解决传统教育中创新能力、创业精神、就业能力培养不足等诸多教育问题。创客教育与高职教育的融合就是顺应社会发展需要培养创新型高技能人才的实践探索，当前，创客教育已经成为促进教育全面改革和创新发展的重要推手，为进一步将创新创业教育落到实处，培养和提升学生的创新能力、创业精神和就业竞争力等核心素养提供了良好的实践平台。

对于目前的创客教育热潮，北京师范大学教育学部余胜泉教授认为，创客教育不是一窝蜂地让学生去学习开源电路板、3D打印、机器人，不是培养少数发明家，而是要在教育活动中融入创客的精神和内涵，将学习者培养成为有创客精神的人。强调了创客教育过程中的兴趣导向、创新引领、实践操作、跨界合作等核心要素，推进跨学科知识融合的STEAM教育，在帮助学生打好基础的前提下，着力培养其创新能力、创业精神和就业竞争力，不断提升创新型人才培养的质量。②

三、国内外创客教育现状

美国的创客教育已经有30多年的历史，主要体现在STEAM教育内涵的不断延伸上，其重要性不亚于我国的素质教育。自1986年开始，美国国家科学基金会建议国家

---

① 王同聚：《3D打印技术在创客教育中的应用与实践——以中小学创客教育为例》，《教育信息技术》2016年第6期。

② 参见张磊：《从创客运动到创客教育：为创造而生》，《今日教育》2016年第6期。

调动各类资源投入科学、数学和工程（SME）领域的教育，开启了SME教育。2009年11月，美国总统奥巴马在“Educate to Innovate：High School Robotics”活动中首次倡导美国学生应该成为知识的创新者和社会的创造者，这成为美国政府在全球率先开展国家创新战略，进一步落实创客教育的标志。2012年，创客空间被引进中小学，为此美国政府推计划在四年内在1000所中小学引入创客空间，配备开源硬件、3D打印机和激光切割机等数位开发和制造工具。

我国国内创客教育起步于少数中小学校和教师们的自发探索。早在21世纪初，国内一些学校，如清华大学附属中学、深圳中学等，开始尝试培养学生跨学科解决问题能力、团队协作能力以及创新实践能力。创客运动在我国的真正兴起有两个标志性的事件：第一个是国内创客运动的鼻祖“新空间”在2010年落户上海市，标志着创客运动在我国正式开始；第二个是各类创客教育论坛从2014年开始在全国各地陆续开始举办，这标志着我国创客教育由自发的实践探索阶段转入有组织的理论研究和实践探索相结合的时期。2015年3月5日，李克强总理在政府工作报告中首次提到“创客”一词，这代表着从国家层面对创客和创客教育的重视。2016年4月15日，中国创客教育联盟成立，创客教育开始在我国各地流行。

“改革开放以来，职业教育为我国经济社会发展提供了有力的人才和智力支撑，现代职业教育体系框架全面建成，服务经济社会发展能力和社会吸引力不断增强，具备了基本实现现代化的诸多有利条件和良好工作基础。”① 高职教育是直接为产业服务的教育，在新一代信息技术引领下，“互联网＋”技术、物联网技术、智能制造等飞速发展，对产业工人的规格提出更高的要求。高职教育只有密切对接国内重大战略方向和产业调整，才能更好地适应社会经济变革为高职教育带来的挑战，才能更好地服务产业转型升级和国家经济发展。而大力推进创客教育与高职教育的深度融合，培养学生的创新能力和创业精神，提升学生的就业精神，则是高职院校主动适应社会经济大发展的重要举措。

四、高职院校实施创客教育的路径探索

2015年，国务院办公厅印发了《关于深化高等学校创新创业教育改革的实施意见》，文件中明确指出深化高等学校创新创业教育改革，是国家实施创新驱动发展战略、促进经济提质增效升级的迫切需要，是推进高等教育综合改革、促进高校毕业生更高质量创业就业的重要举措。以山东水利职业学院为例，近年来，学院紧跟国家创新创业教育的政策导向，把服务国家创新驱动发展战略，培养具有高职特色的创新型高技能人才作为创客教育的目标，以“人人是创客，人人是赢者，人人能出彩”为工

① 《国务院关于印发〈国家职业教育改革实施方案〉的通知》（国发〔2019〕4号），2019年1月24日。

作愿景，重点建设创客通识课程体系、创客文化体系、双创大赛体系、创客师资体系、创客平台体系、跨界交流体系等六大工程，以培养学生创新能力、创业精神和就业竞争力为核心，积极探索有高职特色的创客教育体系，初步形成了“人人关注双创，人人学习双创，人人参与双创”的良好局面。

（一）实施创客教育的三个愿景

1. 人人是创客

学院在实施创新创业教育过程中，一直坚持人人皆可为创客的原则。学生是创客，老师也是创客，师生同创才是开展创客教育的正确途径。学生的创客精神带来了创新能力的不断提高，教职工的创客精神同时推动了学院的创新发展。

2. 人人是赢者

近年来，随着高考生源数量的不断减少，高职院校的生源质量也出现了明显的下降。但是“人人有特点，人人有优长”，只要加以正确的引导和训练，提供更多的机会和平台，学生就能实现人生价值，成为各行各业的领军人。

3. 人人能出彩

通过创客教育和创新创业大赛，学生们的团队合作意识、语言表达能力、实践动手能力、逻辑思维能力等方面都有了显著的提升，收获了丰硕的成果和快乐的体验。学校的目标就是使每一位高职生都能以自信者的心态进入社会，实现高质量就业，在各自的人生舞台上秀出精彩。

（二）实施创客教育的六大工程

1. 优化和改革创客教育课程

创客通识课程是创客教育的基础，创客通识教育的核心在于人文素质的培养，是具有时代性、创新性的全方位和个性化的教育模式，是现代教育理念的更新与发展。高校应该培养什么人、为谁培养人，是习近平新时代中国特色社会主义思想赋予高校的新思考。当今社会需要的是具有创新思想、高度社会责任感、较强专业知识与能力共聚的新时代接班人。创客教育继承了体验式、探究式的学习理论，体现了实干、创新的工作精神，与目前高职教育改革所倡导的基于工作过程的项目化学习法高度契合。通过构建合理的创客课程，坚持以学生为中心，创新课程设计方案，根据学生实际操作中存在的问题，通过师生的探讨激发学生的创造思维和创新能力。

学院针对高职学生的实际，着力构建“四力九段十八步”（见表1）、理论与实践相结合、线上线下相结合的创客教育课程体系，以创新行动力、创业意志力、创造活跃力和就业竞争力“四力”为核心，开发编写活页式特色创客教材。该教材是基于实行学分制和学分转换管理办法，以构建高职院校创客教育生态体系为主要任务，统筹职业生涯规划和职业发展、创意和创新、就业和创业三大方面，实现传统上职业发展与就业指导课、创新创业课以及正在兴起的创客教育的深度融合，努力提高课程的应用性、实效性和针对性，使广大青年学生在参与、互动、体验中逐步成长为一名新时代的创客，旨在探索新时代高职院校大学生成长的必由之路——创客之路。

表 1　“四力九段十八步”创客教育课程体系主要内容

九段	十八步
一段：我的青春我做主	第一步：我的职业梦想 第二步：学会自我管理
二段：创意是我未来的工作方式	第三步：创意管理“三要素” 第四步：创意管理“五力”
三段：我要参加双创大赛	第五步：认识双创大赛 第六步：我在双创训练营
四段：认识创新思维	第七步：创新思维的特征 第八步：创新思维的过程
五段：掌握创新方法	第九步：头脑风暴法 第十步：图解思维法
六段：运用创新工具	第十一步：创新工具与创新方法的关系 第十二步：几种典型的创新工具
七段：创客内涵	第十三步：创客教育的内涵 第十四步：高职校园需要一场创客运动
八段：创客实践	第十五步：商业模式创新 第十六步：用户体验的创新设计
九段：创客精神	第十七步：企业家精神 第十八步：工匠精神

2. 营造和弘扬创客文化

高职院校创客教育离不开创客文化的营造，良好的创客文化取决于高职院校自身对创客教育所持有的态度。因此大力营造创客文化，形成良好的创客氛围，高职院校应积极举办诸如创客日、创客大讲堂、创客路演大会、创客文化节及创客文创产品开发等形式各样、参与面广的创客活动，以此营造“展示创客风采，弘扬创客精神，传播创客文化，引领创客教育”的校园创客文化氛围。通过多样化的创客系列活动营造创客文化氛围，推动创客文化的传播与弘扬，提高创客教育活动的影响力，激发学生的创造力，为大众创新培养生力军。

学院大力培育创客文化，利用山水微信公众号、联盟、协会、创客日、嘉年华、文创产品、路演大会等载体，共同构建起学校创客文化体系。山水创客微信公众号是以展示创客风采、弘扬创客精神、传播创客文化、引领创客教育为宗旨的新媒体创客空间；山水创客联盟是山东水利职业学院教职员工、校友以及关心学院创新创业教育的社会各界人士共同发起倡议并自愿参加的开放型交流、分享与合作群体；山水创客协会是面向全校学生开展创新、创业实践类活动的校级学生组织；山水创客日是指学校将每年12月份的第一个星期六设定为“山水创客日”，旨在使创客文化获得更广的参与度和更深的受益面，打造师生每年一度的总结交流平台；山水创客嘉年华是在每年年底由山水协会主办，以双创为特征的年度晚会，作为下一年度双创赛事的预热活动；山水创客文创产品包括文化衫、咖啡杯、创客标志等，已初步形成了具有山水创客特色的文创系列产品；山水创客路演大会是以展示学校创客风采，提升师生创新创业能力，促进创客团队交流学习的展示平台。

3. 重视和参与创新创业大赛

“普通教育有高考，职业教育有大赛。”这是大家对大赛在职业教育中地位的形象概括。各类大赛是检验职业院校人才培养质量的有效平台，而创新创业大赛虽然起步时间比专业技能大赛较晚，但以“互联网＋”大学生创新创业大赛为代表的创新创业大赛已成为社会广泛认可的创新创业实践的交流和展示平台。创新创业大赛一般包括商业计划书、路演PPT、视频展示、现场路演等内容，既要求项目团队要将掌握的知识和创新实践相结合，也要求团队具备良好的互助协作、语言表达、组织沟通、临场反应等多方面能力。通过各类创新创业大赛的历练，学生的创新创业能力、专业综合能力、沟通协调能力、实践创新能力等方面都会得到全面的提升。

学院坚持以参加各类创新创业大赛作为提升学生创新创业能力的有效途径，以赛促育，形成了“十千百”为特征的创客教育竞赛体系，即每年参与各类创新创业大赛十余项，参赛师生超千人，获奖总数约100项。自2017年以来，学院把创新创业大赛作为创客教育的有效途径，逐步形成了以“互联网＋”大学生创新创业大赛、“挑战杯——彩虹人生”职业院校创新创效创业大赛、“深创杯”国际大学生创新创业大赛、山东省大学生科技节赛事等为代表的四类十余项创新创业系列赛事。2018年，学校师生在全国和山东省各类创新创业大赛中获一等奖26项、二等奖21项、三等奖55项。通过参加各类创新创业大赛，参赛学生的创新能力、实践能力和就业竞争力得到全面提升，学院创客教育的成果得到全面的展示。

4. 建设和开放创客空间

创客空间指的是社区化运营的工作空间，在这里，有共同兴趣的人们（通常是在电脑、机械、技术、科学、数字艺术或电子技术等方面）可以聚会并展开合作。创客空间（创客实验室）作为创客活动的空间载体，它承担着创新创意的实现和转化的作用，并有利于创客教育的开展。高职院校建设创客空间要充分发挥实验（实训）室的作用，根据专业大类和跨界合作的要求，建设和开放创客空间和创客工作室，构建良好的创客环境，满足大学生的不同需求，培养大学生的创新能力。同时，可完善校园信息化建设，确保信息覆盖校园每个角落，借助信息化平台搭建智慧型学习环境。

学院坚持“学生主体，创新驱动”的育人理念，积极培育校园创新精神，扶持学生创业实践，探索适合高职院校创新创业的教育模式。学校根据专业特点，整合校内资源，实施“创客空间＋实践体系”工程，按照专业大类规划建设水利、智能制造、电子信息、现代物流、金融等创新创意中心，在每个新建实训室规划建设过程中都融入创新创业元素，秉承“动手创造，思想碰撞，跨界协作，创业实践”的创客理念，使实训室成为技术创新、产品创新、技术发明、管理创新的支撑平台和大学生创新创意实践平台。

5．培养和打造创客师资队伍

创客教育导师不仅要具备扎实的专业基础能力、敏锐的洞察力、创新实践能力，而且还要对社会发展和行业现状有清晰的认识，深谙教学规律，了解学生实际，能够对学生在创客教育过程中遇到的问题进行指导和分析，及时掌握和处理各类问题。作为创客教育导师，其必须首先成为一名创客，既掌握创新创业实践本领，又善于教书育人、指导实践，能够充分调动和激发学生的学习和实践兴趣，引导学生自觉开展创新实践探索。高职院校应当根据创客教育的发展需求培养和引进创客教师，打造专兼职结合的创客型师资队伍。

学院高度重视“双创”师资队伍建设工作，近两年来，先后选派 186 名教师参加了各类“双创”专题培训，全面提升了教师的创新意识和创新能力，同时面向全院教职工开展创新创业专题讲座，提升了全院教师对创新创业的理解和认识。2017 年以来，学院先后与各集团联合举办了三期主题鲜明的山水创客训练营，使全体参训师生深切感受到了创新的魅力和创业的艰辛，有效提升了师生的创新精神和创业意识。

6．积极开展跨界合作

社会创客空间以产品创新为核心目标，其运行模式可以灵活多样，而高职创客教育强调学生创新能力与创新意识的培养，偏重于创客活动与课程教学的结合。高职院校创客教育与社会创客空间应相互衔接和沟通。首先是与时俱进，借鉴各类社会创客空间建设和运行经验；其次是更好地发挥高职院校服务地方经济发展的作用。高职院校应积极争取政府、行业、企业的支持，联合优质的企业资源共建创客空间，积极开展与不同创客组织的合作交流，实现跨界合作、优势互补、资源共享、合作多赢，只有这样，创客教育才能紧密结合地方和产业发展需求，实现良性可持续发展。

学院坚持“走出去”和“引进来”相结合的战略，积极争取社会优质资源，与企业共建创新创业孵化基地。如学院与京东商城合作，在校内高标准建设了京东校园实训中心，成为电子商务类专业学生提升业务技能的实训室和开展创新创意的工作室，被中国职业技术教育学会授予“全国职业学校电子商务互联网＋双创实训基地”称号。学院积极推进校企合作、协同创新，与山东力创科技股份有限公司等单位合作共建了山东省水工机械工程技术研究中心等创新创意平台，联合开展了“水利污物处理机的研发”“沙滩浒苔清理机”“螺旋挤压过滤机的研发在污水处理中的应用”等二十余项的技术创新和技术研发任务，“水利污物智能处理机的研发”顺利通过了水利部鉴定，填补了国内水利行业的空白，在国内大型水利工程中得到了广泛应用，受到业内人士的一致好评。2018 年 12 月，学校牵头成立的山东省水工机械工程技术研究中心，并被山东省科技厅认定为省级工程技术研究中心。

创客教育在高职院校创新型技能人才培养中发挥着重要作用，本文在探讨其内涵与国内外现状的同时，结合本校实施创客教育的实践探索，提出创客教育与高职教育融合的路径，旨在推动创客教育更快更好地融入高职人才培养中，为社会发展培养高质量创新型技能人才。

高校辅导员意识形态工作能力的构建

巩其亮* 齐 清 马艳阳

摘 要 大学生意识形态工作是一项极端重要的工作。高校辅导员要充分认识自己的角色定位和历史使命，在意识形态研判处置，社会思潮管控引导，马克思主义教育传播，意识形态工作与其他工作统筹结合等方面提高自身能力。高校要从把好辅导员准入关，明确意识形态工作职责任务，加强教育培养和工作研究等方面，努力培养提高辅导员的意识形态工作能力。

关键词 高校辅导员 意识形态 工作能力

高校承担着培养中国特色社会主义合格建设者和可靠接班人的重要使命，处在意识形态工作的前沿，因此，高校意识形态工作具有极端重要性。高校辅导员是高校人才培养目标、任务的具体落实者之一，其职业特点、岗位要求、工作内容等都决定了其工作具有较强的意识形态属性。① 因此，高度重视并努力提升高校辅导员意识形态工作能力是保证高校育人目标实现的重要保证，也是加强高校辅导员队伍建设的重要内容。

一、当前高校意识形态工作面临的形势

（一）高校依然是意识形态斗争的前沿阵地

意识形态的斗争从来就没有停止过。2016 年全国高校思想政治工作会议和 2018 年全国宣传思想工作会议都进一步强调了做好意识形态工作的重要性。当前，我国的改革进入深水区、攻坚期，各种新旧社会矛盾纷纷浮出水面，并且复杂交织。在这种形势下，西方敌对势力倾其所能地加大意识形态输出力度，对我国进行施压促变和思想文化渗透活动。高校一直是西方敌对势力渗透的重点。近些年来，伴随着高校开放办学的不断推进，高校与社会的联系越来越紧密，很多社会矛盾都不同程度地折射到校

* **作者简介**：巩其亮（1972～ ），男，山东泰安人，山东农业大学人才工作办公室主任、副教授，博士。主要研究方向为大学生思想政治教育。

① 参见白永生、李俊俊：《高校辅导员应具备的意识形态工作能力》，《教育与职业》2015 年第 32 期。

园中，境内外各种不良舆论、社会思潮等渗透到校园中，对高校师生的世界观、人生观和价值观产生很大影响，对社会主义主流意识形态产生很大冲击。因此，我们必须清醒地认识到，新时期的意识形态斗争中高校依然是前沿阵地，当前高校的意识形态工作异常艰巨。

（二）互联网成为高校意识形态斗争的主战场

近些年来，伴随着我国互联网的快速发展，网络化生存成为非主流意识形态的显著特征。在网络空间，非主流意识形态经常与主流意识形态对冲，主流意识形态的影响力遭到削弱，面临前所未有的挑战。高校是互联网使用最为密集的地方之一，大学生上网人数占我国网民总数的三成，“人人网，处处网，时时网”已成为当前高校校园新常态。互联网给大学生的学习生活带来便利的同时，也给高校的意识形态工作带来严峻挑战。境外敌对势力利用其掌握的互联网先发优势、技术优势、话语优势，利用互联网传播速度快、形式变化多、监控难度大的特点，加强对我国高校的意识形态渗透。当下，网络民粹主义、网络谣言等大面积存在，且成泛滥之势。互联网成为高校意识形态构建和对抗的主战场和最大变量。①

（三）高校意识形态工作还存在薄弱环节

目前，我国高校的意识形态工作在思想认识、方法手段、阵地管理、队伍建设等方面还存在很多薄弱环节，不适应当前意识形态工作需要。这主要表现在：一是很多高校对当前做好意识形态工作的极端重要性、复杂性、紧迫性认识不足，主体责任不清、缺乏顶层设计和常态化机制；二是多数高校意识形态工作创新不足，存在工作内容和方法落后、形式简单粗放等问题，与新生代大学生发展的现实需求对接不够；三是少数高校阵地意识、守土意识缺乏，对不断出现的一些错误思潮和负面舆论缺乏研究，疏于鉴别；四是高校意识形态工作队伍数量不足、能力素质不高、结构不合理，专业教师和学生骨干的作用发挥不够。另外，当前一些西方思想理论和价值观被悄然植入课堂，部分人鼓动高校教学科研“去意识形态化”，一些青年教师和学生热衷于使用西方思想话语体系、思维方式，个别教师政治纪律松懈，言行失范，在课堂输出错误思想和消极人生观、价值观，这些问题必须引起我们的高度警觉。②

二、高校辅导员在意识形态工作中的角色

（一）高校辅导员角色的历史演进过程

自1952年党中央、教育部提出在全国高等学校设立辅导员60多年以来，高校辅导员制度经历了确立、停滞、恢复、加强以及创新发展等不同发展时期。高校辅导员

① 参见王建南：《把握高校意识形态工作复杂性和主动权》，《思想教育研究》2014年第10期。

② 参见赫铭、牟霖：《高校意识形态工作面临的挑战与对策分析》，《高教学刊》2015年第7期。

的角色定位经历了从单一到综合、从模糊到逐渐明晰的摸索过程。高校辅导员从最初的“政治引路人”到后来的“政治引路人”和行政管理者，再到后来的教育者、管理者、服务者三种角色集于一身，其工作的职责范围得到不断拓展。近些年来，伴随着我国高等教育改革进程的不断推进，高校辅导员制度的规范化、专业化和职业化程度不断提高，逐步形成涵盖大学生思想政治教育、事务管理和发展指导等领域的完整职责体系。高校辅导员队伍在保证高校的社会主义办学方向、培养社会主义合格建设者和接班人、服务大学生健康成长等方面发挥了不可替代的作用。

党的十八大以来，我国高等教育发展进入快车道，高等教育对辅导员队伍建设提出了新要求、新挑战。为大力推进辅导员制度改革，推动辅导员队伍的专业化、职业化和专家化进程，教育部先后印发了《普通高等学校辅导员培训规划（2013～2017)》(以下简称《规划》)、《高等学校辅导员职业能力标准（暂行)》（以下简称《标准》)。2017 年 9 月，又颁布了新的《普通高等学校辅导员队伍建设规定》（以下简称《规定》)。这些文件的出台和修订，进一步明确了新时期高校辅导员的角色定位、工作职责、建设目标等多方面内容，为高等教育新常态下高校辅导员队伍建设指明了方向。

（二）意识形态工作是高校辅导员的核心职责

综观高校辅导员制度的发展历程，无论辅导员的角色内涵如何变化，职责范围如何拓展，做好大学生意识形态工作始终是其核心职责。这要求高校辅导员要努力成为大学生的人生导师，要围绕立德树人的教育目标，通过多样的思想政治教育活动，引导大学生树立马克思主义的世界观、人生观、价值观，坚定在中国共产党的领导下走中国特色社会主义道路，为实现中华民族伟大复兴努力奋斗的信念。[①]《标准》和《规定》强调高校辅导员要做好以下几方面工作：一是要主动学习思想政治教育理论，努力提高理论水平，学会运用理论探讨、调查分析等方法开展思政教育工作的理论与实践研究；二是要深入开展中国特色社会主义理论宣传教育，帮助高校学生增强道路、理论、制度和文化自信，努力成长为中国特色社会主义的合格建设者和可靠接班人；三是要深入开展社会主义核心价值观教育，使之内化于心、外化于行，成为高校学生的日常行为准则；四是要求高校辅导员主动学习运用现代信息技术，积极构建和占领网络思政教育阵地，及时了解网络舆情信息，努力把握网络舆论的话语权和主导权。

三、高校辅导员意识形态工作能力构成

（一）意识形态的研判处置能力

当前，我国经济社会发展进入调整期，改革进入深水区，各种社会矛盾凸显。高校是各种思想交汇的前沿，高校学生群体的思想意识、价值取向、行为观念等受社会

---

① 参见闫翠娟：《高校辅导员在维护高校意识形态安全中的角色冲突与调试》，《未来与发展》2015 年第 8 期。

的影响较大，目前，敌对势力对高校进行意识形态渗透的形式更加多样，手段更加隐蔽。“90后”是当代大学生的主体，他们个性鲜明、思想活跃、爱国热情高，但同时他们的人生经历较浅、社会阅历不丰富，对世情、党情、国情了解不深刻，对很多问题和现象的认知、辨别能力较弱，比较容易为一些假象所迷惑。因此，辅导员要时刻关注大学生的思想和行为动向，对意识形态领域的事件和动向保持高度敏感，能在第一时间作出正确研判、正确分级，能准确甄别是一般思想问题还是意识形态问题，划定意识形态领域的红线、底线，并根据不同情况采取疏导、回应、管控等不同方式加以有效处置，确保高校意识形态工作不出问题。

（二）社会思潮的管控引导能力

随着国内外意识形态斗争形势的深刻变化，普世价值论、宪政民主论、历史虚无主义、新自由主义等各种思潮及其“变种”不断出现，对大学生的思想产生很大冲击。特别是移动互联网等新媒体的快速发展，为一些错误思潮提供了新的传播土壤和更大的生存空间，冲减了马克思主义主流意识形态的舆论控制力。高校辅导员要勇于担当起“政治引路人”的角色，通过开展宿舍“细胞工程”、班级“磐石工程”，加强学生会、党团支部、班集体、学生社团等组织的建设，打牢意识形态工作的组织基础。通过加强对课堂、网络、校园文化活动等的管理，打牢意识形态工作的阵地基础。要抓住各种舆论争端和焦点问题，积极主动发声，当好大学生的意见领袖。通过以上卓有成效的工作，教育和引导大学生认同并接受主流意识形态，入心入脑，不给各种错误思潮提供可乘之机。

（三）马克思主义的教育传播能力

马克思主义是我们立党立国的根本指导思想，是我们社会主义意识形态的伟大旗帜。《标准》和《意见》对辅导员开展马克思主义教育提出了明确要求。高校辅导员要学习马克思理论的相关知识，利用和发挥自身的独特工作优势，积极开展马克思主义教育、中国特色社会主义理论体系教育，着力培养一批青年马克思主义者。要充分利用好党团活动、校园文化活动、社会实践活动等载体，把中国特色社会主义理论体系教育、社会主义核心价值观教育、伟大复兴中国梦宣传教育融入第二课堂活动中。要在宣传教育方式和传播载体媒介上不断创新，主动运用移动互联网中的微信、微博、QQ等媒介，以更加贴近青年学生的方式，开展线上思想教育，提升宣传教育的感染力。辅导员还要结合国际国内热点问题积极开展大学生形势政策教育，用马克思主义观点教育和引导青年学生，正确分析、理解党和国家的政策以及国内外热点问题。当前，一些高校聘请部分有高级职称的辅导员为学生上“法律基础与思想道德修养”和“中国近现代史纲要”等课程，聘请年轻的思想政治理论课教师担任兼职思想政治辅导员，参与大学生的教育管理，这是一种非常好的尝试，对提高辅导员的理论素养、提升思政教育教学效果起到了很好的作用。

（四）意识形态工作的统筹结合能力

当前，随着高等教育的不断发展，辅导员工作的外延和内涵不断丰富拓展，辅导员除了开展好大学生的思想政治教育外，还要做好大量的管理和服务工作。这些工作对学生的成长成才同样重要，这就要求辅导员要具备统筹各项工作的能力，学会把意识形态工作融入管理和服务之中，做到虚功实做。要通过心理疏导、困难帮扶等，在解决学生实际问题的同时有针对性地帮助学生解决思想困惑，疏导心理情绪，回应内心需求。要在工作过程中把党、国家和学校的关怀送到位、政策讲明白，培养青年学生的家国情怀、人民情怀，增强大学生的爱党、爱国、爱校热情。进而增强青年学生对中国特色社会主义的道路自信、理论自信、制度自信和文化自信，增强对马克思主义的政治认同、理论认同和情感认同，使他们更加积极主动投身中国特色社会主义建设实践。

四、提升高校辅导员意识形态工作能力的途径

（一）把好准入关，打牢意识形态工作基础

《标准》对辅导员所必须具备的基本条件进行了规定。但从近些年各高校辅导员的选拔条件和过程来看，对思想政治素质的考察考核重视还不够。当前，从加强意识形态工作的要求出发，应重点从以下三方面把好辅导员的职业准入关，抓好“人”这个关键，打牢意识形态工作基础。一是注重专业背景。主要从教育学、社会学、管理学、法学、政治学等专业招录，这些相关专业的知识既符合辅导员工作的需要，又能更好地开展意识形态工作。二是考察思想政治素质。按照《标准》规定，高校的辅导员必须为中国共产党党员。在此基础上，通过查阅档案、到毕业学校调查座谈，问卷测试等方式，全面考察其思想、政治、道德、心理等方面素质，确保政治立场和思想道德方面绝对可靠。三是尝试按一定比例从具有基层工作经历、政治思想和业务素质过硬的人员中选拔辅导员，优化辅导员队伍的组成结构，提升高校意识形态工作水平。

（二）明确职责任务，提高意识形态工作使命感

高校处于各种思想和文化交融交锋的前沿，意识形态工作极端重要，丝毫不可放松。就大学生的教育管理工作而言，学生事务管理、发展指导等工作搞不好会出问题，意识形态工作搞不好不仅会出问题，而且会出“大问题”。[①]《标准》和《意见》规定的高校辅导员的工作职责涉及十个方面，内容非常多，但强调必须要用有效的思想政治教育去统领辅导员的全部工作，要始终把思想政治教育工作放在首要位置。当前要特别强调以下两方面：一是要明确高校辅导员意识形态工作的主体责任，对辅导员开展思想政治教育工作进行专项考核评估，考核不合格一票否决，切实增强辅导员做好高

① 参见王清义：《切实肩负起意识形态工作的主体责任》，《河南日报》2015年12月22日。

校意识形态工作的责任感、使命感和紧迫感。二是要求辅导员要统筹好思想政治教育与管理服务工作。把思想政治教育工作渗透到各项管理服务工作中，两手抓、两手都要硬，实现两促进、两提高。

（三）加强学习培养，提升意识形态工作能力

《规划》和《标准》都对加强辅导员培训提出明确要求。新形势下，高校意识形态工作不断变化，高校辅导员由于工作任务内容繁杂，往往对意识形态工作知识和能力的更新不够。同时，近些年来，由于高校规模扩张，年轻辅导员所占比例较大，他们的意识形态工作自觉性、知识和能力都比较欠缺，因此，非常有必要加强相关培训的力度。主要做好以下三个方面的工作：一是合理构架培训内容。过去的培训以学生事务相关培训为主，今后应加大思想政治教育培训的比重，内容既要涉及基础理论和基本知识，也要涉及思想政治教育面临的新问题、新难点，增强培训的针对性和有效性。二是要创新培训形式。采取课堂培训、座谈交流、实践锻炼、案例分析相结合的方式，在打牢理论基础的同时，要注重增强辅导员做好意识形态工作的实战能力。三是形成长效机制。要建立完整的培训体系，实现系统性培训和项目性培训相结合，国家、省和学校不同层次培训相结合，与辅导员成长发展的不同阶段要求相结合。

（四）开展工作研究，强化意识形态工作创新

新形势下大学生意识形态工作面临许多挑战，有许多课题需要破解。同时，大学生意识形态工作也具有自己的特点和规律，只要能够把握这些特点、规律，就可以破解工作中遇到的难题，真正把大学生的意识形态工作做好。因此，要高度重视开展大学生意识形态工作研究，力图在理论、措施、方法上不断创新，使高校的意识形态工作更贴近当代大学生的特点，更符合中国特色社会主义建设者和接班人的教育目标。按照《规划》和《标准》等文件的要求，主要应做好以下三个方面的工作：一是国家和省级主管部门要制定规划，搭建更多辅导员开展工作研究的平台，设立意识形态工作研究的专题、专项，给予更多经费支持，保障相关研究工作系统、持续开展。二是高校作为意识形态斗争的前沿阵地，要高度重视意识形态工作研究，要组织专业老师、宣传统战和辅导员等人员成立团队，结合高校特点，持续开展思想动态调研、网络思政工作开展、舆情管控和应急处置等方面的研究，增强工作的针对性，及时化解高校在意识形态工作方面出现的问题。三是辅导员要增强开展意识形态工作研究的主动性，结合工作加强理论研究和实践探索，提升意识形态工作能力水平。

领导人才

忠诚文化与组织内部领导人才培养

朱纯辉*

摘　要　忠诚文化不仅是中华民族传统文化的一朵璀璨奇葩，而且还是中国革命文化的价值追求，对党和军队各级组织领导人才的培养极为重要。把忠诚文化贯穿于组织领导人才培养的始终，不仅要高度重视组织领导人才忠诚，而且还要把好领导人才选用的关口，加强对领导人才的忠诚教育、忠诚锻造和忠诚鉴别。

关键词　领导人才　培养教育　忠诚文化

2017年10月召开的党的十九大，首次把坚持党对军队的绝对领导列入新时代坚持和发展中国特色社会主义的基本方略。坚持党对军队的绝对领导，首先要求全军对党绝对忠诚，特别是高级干部必须维护党中央的权威和集中统一领导，坚决听从党中央和中央军委指挥。这是马克思主义建党建军的一条基本原则，也是中国共产党长期以来建军治军经验教训的深刻总结。为此，习近平总书记在2018年8月军委党的建设会议上强调，党的十八大以来，全军处理的军级以上干部的深刻教训就是对党忠诚出了问题。可见，"忠诚"对于军队这一武装集团领导干部的教育培养极为重要。不仅如此，忠诚文化对于社会上任何组织、任何团队领导人才的培养也同样十分重要。

一、忠诚文化的内涵及其价值

忠诚是指对所效忠的对象及人和事诚心诚意，尽心尽力，没有二心。忠诚是一种文化，一种文明。自古以来，中国传统文化就十分重视对人的忠诚培养，古代典籍《忠经》有"天之所覆，地之所载，人之所覆，莫大乎忠"的论述，就是历朝历代所宣扬的为政原则，也是"天下至德，莫大于忠"。忠是为官做人之道。三国时期诸葛亮在《兵要》中强调："人之忠也，犹鱼之有渊。鱼失水则死，人失忠则凶。故良将守之，志立则扬名。"同时，"忠"也是成事立业之基。《汉纪·文帝纪下》中说："周勃质朴忠诚，高祖以为安刘氏者必勃也。"《忠经·天地神明章》中亦指出："夫忠，兴于身、

* 作者简介：朱纯辉（1965～　），男，陕西西安人，国防大学政治学院教授、博士生导师，中国领导科学优秀中青年专家，主要研究方向为军队政治工作学、军事领导科学、中共党史党建。

著于家、成于国，其行一焉。”① 几千年来，忠诚一直是人们称颂的精神文化，是中华民族的文化之基，也是中华文明中的一朵璀璨奇葩，经久不衰，历久弥新。一直以来，忠诚于真理，忠诚于国家，忠诚于人民，忠诚于组织，忠诚于人类事业，成为中华儿女人生目标的一种境界与追求。

忠诚的内涵与价值是与时俱进的。新的时代孕育新的忠诚，新的历史条件下呼唤着对党、对国家、对人民、对社会、对事业的忠诚。1937 年，毛泽东在《反对自由主义》一文中指出：“一个共产党员，应该是襟怀坦白，忠实，积极，以革命利益为第一生命，以个人利益服从革命利益。”② 2014 年，习近平在全军政治工作会议上指出：“对党绝对忠诚要害在‘绝对’两个字，就是唯一的、彻底的、无条件的、不掺任何杂质的、没有任何水分的忠诚。”③ 他同时强调，党员、干部要用这样的标准要求自己，自觉在思想上、政治上、行动上同党中央保持高度一致，党叫干什么就坚决干，党不允许干什么就坚决不干，坚决听党话、跟党走，没有犹豫、没有怨言、没有二心，这是党对人民军队最根本的政治要求，也是各级领导干部首要的政治品格。

二、忠诚对于组织领导人才更为重要

如果说忠诚是各级领导干部为官做人的基本准则，那么对于团队组织的领导人才来说，忠诚则显得尤为重要。

（一）依靠忠诚确保组织发展的正确方向

无论在政党组织还是在企业组织内部，组织领导人才往往处于组织的核心领导层，其一言一行、一举一动对于组织生存发展具有重要的影响。在我国的革命战争年代，毛泽东等老一辈无产阶级革命家正是凭着对中国革命事业的坚定信念和不懈追求，才先后战胜了党内的错误思想路线，最终探索出了一条符合中国革命实际的正确道路，使党和红军多次转危为安，不断发展壮大，最终赢得中国革命的最后胜利，建立了新中国。实践证明，在任何组织团队内部，领导人才的忠诚、干净、担当是组织不断发展进步的重要保证。

（二）依靠忠诚维护组织的纯洁稳固

在组织内部，由于地位特殊，领导人才常常会面临各种利益诱惑和政治考验，这也是敌对势力和竞争对手腐蚀和拉拢的重点目标。如果组织领导人才对组织缺少忠诚，对事业缺乏坚贞，就有可能在利益面前、关键时刻、危难关头失守底线，违反组织纪律，损害组织利益，背叛组织初心，其带来的严重后果往往是难以预料的。如 20 世纪

① 马融：《国学经典：忠经全集》，海潮出版社 2011 年版，第 1 页。

② 《毛泽东选集》第 2 卷，人民出版社 1991 年版，第 361 页。

③ 中共中央文献研究室编：《十八大以来重要文献选编》（中），中央文献出版社 2016 年版，第 197 页。

30年代，随着党内某些领导组织人员的叛变，中国共产党不仅牺牲了许多重要骨干力量，而且还使上海的党中央组织几乎瘫痪，最终不得不离开上海进入中央苏区，其教训极为深刻。

（三）依靠忠诚发挥示范引领作用

在组织内部，领导人才通常处于核心地位，其一举一动对组织成员具有举足轻重的影响。孔子曾讲过："为政以德，譬如北辰，居其所而众星共之。"① 在组织内部，如果领导人具有强大的人格力量，能说到做到，就能增强组织的凝聚力和战斗力，对组织其他成员起到强烈的示范效应。在组织内部，如果领导人才对组织前途失去信心，对组织纪律缺少足够敬畏，遇事总是打个人小算盘，那么组织内部必然是帮派林立，人心涣散，纪律松弛，组织发展就会有解体危险。

三、组织领导人才不忠诚的主要表现、危害及原因

2018年7月，习近平在全国组织工作会议上强调："党的十八大以来，我们查处了一大批高级干部，有的还是党和国家领导层的干部，哪里像党的高级干部？连做普通党员都不配！关键就是对党忠诚出了问题。"② 认真梳理落马官员不忠诚的表现、危害，分析其产生的原因，无疑对于组织领导人才的教育管理监督至关重要。

（一）组织领导人才不忠诚的主要表现

一是伪忠诚，即过去人们常说的大奸似忠。这些人表面上把忠诚喊得震天响，表态的调门非常高，有时表面上伪装得很积极、很廉洁，私下却严重背离组织，政治、道德败坏，干尽了坏事。二是假忠诚，即叶公好龙式"忠诚"。平时看不出问题，一到关键时刻理想信念就动摇、甚至投敌叛国，特别是在大是大非面前、在残酷的斗争面前，经不起各种考验。三是亚忠诚，即有二心的忠诚。平时落实指示打折扣，执行规定搞变通，遇事盘算个人"小九九"；工作上拈轻怕重，不愿意到艰苦地方和岗位工作；报告个人有关事项打埋伏等，这样的干部真到了关键时刻是根本靠不住的。四是俗忠诚，即所谓的人身依附式忠诚。中国古代的门生文化、山头文化催生了大批这样的"知恩图报"之人。这些人遇事不管公道正义，不问是非对错，只听命于某个人，仅对某一个人负责，不对组织负责，推崇所谓的哥们义气。

（二）组织领导人才不忠诚带来的主要危害

领导人才对组织不忠诚，势必会造成组织分裂，组织内部所谓的门生文化、裙带关系、山头主义泛滥，给组织造成重大损失，甚至会带来灭顶之灾。同时，领导人才对组织不忠诚，必然使组织难以形成强大的凝聚力和战斗力，内部离心离德、人心涣

① 《论语·为政》。

② 习近平：《在全军组织工作会议上的讲话（2018年7月3日）》，人民出版社2018年版，第28页。

散，大大降低工作效益和领导威信。这不仅会给组织的发展带来致命伤害，而且还会让组织前途更加渺茫，甚至会使其土崩瓦解。

（三）组织领导人才不忠诚的原因

一是组织对领导人才的教育管理失之于宽、失之于软，执纪监督不严，给领导人才留有“天窗”和“暗门”，导致领导人才思想荒芜、道德沦丧、理想信念丢失。二是组织内部政治生态严重污染，选人用人不公，一些正直之人受到打压，有识之士得不到重用，组织内部裙带风、关系网盛行，使一些领导人才对组织失去信心，另择他途。三是组织内部奖罚不明，该奖的不奖、该罚的不罚，干好干坏一个样、干与不干一个样，导致一些领导人才不担当、不作为，甚至在“大帽子”底下开小差。四是组织发展前途暗淡。组织设计缺乏战略眼光，发展目标与社会文明进步背道而驰；组织内部缺乏生机活力，机构臃肿，人浮于事；组织纪律松懈，腐败现象丛生，人们在组织内部看不到希望；组织领导人才各怀异志，临阵倒戈、出卖组织机密等现象时有发生。

四、把忠诚文化贯穿于组织领导人才培养全过程

2018 年 7 月，习近平在全国组织工作会议上强调：“我们挑选优秀年轻干部，千条万条，第一条就是看是否对党忠诚；我们培养优秀年轻干部，千条万条，第一条就是教育他们对党忠诚，坚决防止政治上的两面人。”[①] 实际上，任何组织对于领导人才的培养，都离不开忠诚文化的教育熏陶和忠诚度的考察与鉴别。

（一）强化政治标准，严格把住领导人才选用的忠诚关口

选人用人是人才队伍建设的指挥棒，是政治生态的风向标。2013 年 6 月，习近平在全国组织工作会议讲话中强调：“用一贤人则群贤毕至，见贤思齐就蔚然成风。选什么人就是风向标，就有什么样的干部作风，乃至就有什么样的党风。”[②] 任人唯贤历来是我们党选拔任用干部的标准，也是历代王朝兴衰成败的关键，而“贤”的重要内涵就是忠诚。

如何把好领导干部的忠诚关口？1943 年，周恩来在《怎样做一个好的领导者》一文中指出：“挑选干部的标准，政治标准与工作能力，二者是缺一不可的，而政治上可以信任是先决问题。”[③] 2017 年，习近平在党的十九大报告中指出：“坚持正确的选人用人导向，匡正选人用人风气，突出政治标准，提拔重用牢固树立‘四个意识’和‘四个自信’、坚决维护党中央权威、全面贯彻执行党的理论和路线方针政策、忠诚干

① 习近平：《在全军组织工作会议上的讲话（2018 年 7 月 3 日）》，人民出版社 2018 年版，第 28 页。
② 中共中央文献研究室编：《十八大以来重要文献选编》（上），中央文献出版社 2014 年版，第 342 页。
③ 《周恩来选集》上卷，人民出版社 1980 年版，第 130 页。

净担当的干部，选优配强各级领导班子。”[①] 所以，选人用人要强化党组织领导和把关作用，从严把好政治关、品行关、作风关、能力关、廉洁关，坚决摒弃选人用人上的宗派主义、本位主义、自由主义，坚决纠治圈子文化、山头文化，坚决反对任人唯亲、跑官要官、人身依附，决不能让攀附者成事、让钻营者得利。同时，要强化担当作为的正向激励，对于敢于负责、勇于担当、善于作为、实绩突出的干部，及时大胆使用，大力宣传，建立容错纠错机制和免责清单，形成想干事、能干事、干成事的政策导向，营造安心安身安业的良好环境。

（二）强化政治意识，着力抓好领导人才的忠诚教育

政治意识是指领导干部遇事要多从政治上考虑、谋事要多从政治角度出发，干事要多考虑政治需求，做官要多想到政治规矩，始终保持坚定的政治方向、鲜明的政治立场、严明的政治纪律和强烈的政治敏锐性和很高的政治觉悟。以忠诚老实、公道正派、实事求是、清正廉洁等共产党人的价值观为引领，培塑积极健康的党内政治文化，把忠诚作为政治文化的精神内核，融入学习、工作和生活各个方面，引导大家正心修身，律己持家，清廉为官，自觉抵制歪风邪气的侵蚀。对于军队来说，就是要强化军魂意识教育，坚持用习近平新时代中国特色社会主义思想特别是强军思想凝心聚魂，铸牢领导干部听党话、跟党走的思想根基，通过中心组学习和高级干部理论轮训，解决领导干部深层次理论认识问题。把学习成效落实到看齐追随的笃行上、理想信念的坚定上、政治能力的提升上、许党许国的担当上。强化高级干部贯彻军委主席负责制首当其责的观念，坚决做到听习主席指挥、对习主席负责、让习主席放心。

（三）加强政治历练，不断强化领导人才的忠诚锻造

忠诚不是只挂在嘴上、写在纸上，而是要体现在实际行动上。培养忠诚组织的领导人才，不仅需要加强忠诚教育，强化忠诚意识，而且还要加强政治历练，让领导干部在实践考验面前、在利益诱惑面前，能站稳脚跟，经受住严峻考验。对于军队领导人才来讲，就是要通过政治整训、行为规范、实践砥砺、重大任务考察等途径，锤炼领导干部爱党、忧党、兴党、护党的坚强党性，切实做到在大是大非面前旗帜鲜明，在各种考验面前坚如磐石，在利益诱惑面前挺起脊梁，真正使各级领导人才成为听党指挥的模范，全面彻底肃清党内流毒影响，坚持纠治阳奉阴违、拉帮结派等问题，及时把不忠诚不老实的两面人清除出去。

同时，严格的党内生活既是从严治党的要求，也是历练领导人才对党忠诚的重要手段。分析一些领导干部腐败堕落的一个重要原因，就是个人主义、自由主义严重，不把组织放在眼里，长期游离于党组织生活之外，没有受到有效制约和监督。所以，通过加强党纪党规教育，严格党内组织生活，强化政治定力和政治鉴别力，使每个党

---

① 《党的十九大报告学习辅导百问》，学习出版社 2017 年版，第 50 页。

员领导干部无论职务有多高，都时刻不忘党纪国法，做到心有所畏、言有所戒、行有所止，在执行党的路线方针政策和国家法律法令、遵守党的政治纪律和加强思想道德修养方面作出表率。

（四）加强政治考察，重视做好领导人才的忠诚鉴别

诸葛亮在《知人性篇》中提出，人之性“有温良而为诈者，有外恭而内欺者，有外勇而内怯者，有尽力而不忠者”。所以，对人的忠诚考察不能仅凭一事一时和表面现象来判断，需要进行全方位的考察。正如 1938 年 10 月毛泽东在《中国共产党在民族战争中的地位》中指出的：“必须善于识别干部。不但要看干部的一时一事，而且要看干部的全部历史和全部工作。这是识别干部的主要方法。”① 1962 年 2 月，邓小平在扩大的中央工作会议上也同样强调：“干部的好坏长短应该从他的长期工作中去鉴别，而不要只从某一运动或某一短期的表现去鉴别。”② 对军队领导干部而言，要加强对干部的日常考核、分类考核和近距离考核，要全方位考察干部的政治忠诚、政治定力、政治担当、政治能力、政治自律，注重看面对大是大非能否站稳政治立场，看执行决策指示能否不折不扣，看对待考验能否坚持党和人民的利益第一，看对组织能否交心交底，看台上台下能否言行一致，看关键时刻能否挺身而出，使选出来的干部组织放心、群众满意、干部服气。

① 《毛泽东选集》第 2 卷，人民出版社 1991 年版，第 527 页。

② 《邓小平文选》第 1 卷，人民出版社 1994 年版，第 315 页。

企业家精神培育及其领导力提升

卢岳华*

摘　要　培育履行社会责任、提供高质量产品服务的企业家精神，深化企业改革创新，推动中国经济高质量发展，是一项需要多元联动、整体推进的系统工程。一是要强化战略思维、系统思维能力，从宏观层面解决企业定位功能问题，提升改革的顶层设计能力。摈除唯利是图、不择手段的工具理性，强化思维方式的转型升级能力。二是要提升以观念形态的企业文化凝聚改革共识的能力，完善制度形态的企业文化，形成行为方式形态的企业文化，强化激发创新活力，形成改革合力的执行力。三是要提升恪守道德、法律和安全底线的能力，提升掌控“安全阀”“稳压器”的危机管理能力。

关键词　企业家精神　高质量发展　领导力　治理对策

习近平总书记高度重视企业家群体，在多次重要讲话中提到企业家精神。他指出：“企业家是经济活动的重要主体，要深度挖掘优秀企业家精神特质和典型案例，弘扬企业家精神，发挥企业家示范作用，造就优秀企业家队伍。”① 2018年年初，习近平同志强调：“广大个体私营企业经营者要认真学习贯彻党的十九大精神，弘扬企业家精神，发挥企业家作用，坚守实体经济，落实高质量发展，在全面建成小康社会、全面建设社会主义现代化国家新征程中作出新的更大贡献。”② 真正的企业家是诚信经营、敢于担当、引领创新、推动发展、造福社会的功臣。

企业的领导者并非天然的真正的企业家。动机与效果的统一、价值理念与目标追求的统一、素质能力与业绩的统一、诚信守法与服务人民的统一才是评判真正企业家的标准。而企业家精神是在长期特定的生产经营实践过程中形成，以科学素养为支撑，以理念、技术、管理等多层面创新为引领，以维护企业生存发展的根本利益为驱动力，以履行兼济天下的社会责任为使命，以规范职业行为为约束的精神道德要求、品质凸

---

* **作者简介**：卢岳华（1964～　），男，中共长沙市委党校、长沙行政学院教授，研究方向为领导科学。

①《习近平：治国理政关键词：企业家精神》，《人民日报》（海外版）2017年5月2日。

②《习近平：坚守实体经济　落实高质量发展》，《人民日报》2018年1月23日。

显。它是一种敢于担当、服务社会的精神操守，是坚忍不拔、代代传承的气质，是不断创新、参与竞争的能力和综合素质。具体而言，它是指一种忠诚热爱的心态，恭敬严肃的态度，对待企业和消费者的价值观念、思维方式、心理心态，体现在“消费者第一、顾客至上”的经营理念和回馈社会的行为模式，包含精益求精、重信履诺的职业精神。企业家精神具有导向性，责任的内隐性和外显性，职业心理和职业习惯的稳定性和可变性，潜移默化的相互影响性，与企业利益竞争力的强关联性、多元性、包容性等特征。企业家精神是企业灵魂的人际传递与代际传承。责权利相统一的企业家精神必然成为重构当代文化价值的重要资源和推动企业改革创新的强大精神动力与智力支撑。

一、强化战略思维、系统思维能力

推进企业各项改革，必须以强化企业家精神为引领，促进思维方式的转变升级。

（一）提升企业改革的顶层设计能力

提升深化国企改革的顶层设计能力，须解决以下问题：首先，要突出规范经营决策、资产保值增值、公平参与竞争、增强活力、提升效率、更好地承担社会责任等重点。其次，准确界定不同类别国企的功能。如对国资控股经营的自然垄断行业，实行政企分开、政资分开、特许经营、政府监管，放开竞争性业务，推进公共资源配置市场化，破除行政和行业垄断等，这是改革的主要内容。再次，健全与现代企业制度相适应的多元治理体系。例如，健全协调运转、有效制衡的公司法人治理结构；建立职业经理人制度，更好地发挥企业家作用；深化企业内部管理人员能上能下、员工能进能出、收入能增能减的制度改革；建立长效激励和约束机制，强化国有企业经营投资的责任追究，解决权力强力剥离责任、遇事推诿、职责不明确、权力边界模糊问题；做到权力责任利益关系的顶层设计规范化、科学化、制度化、法治化；建立健全权力责任清单，强化企业责任、团队责任和个体责任，实行权责利的对等与良性互动，提升竞争软实力。

（二）强化思维方式的转型升级能力

思路引领出路，思维层次决定改革的档次和品质。科学的思维方式决定改革创新的力度和成效。习近平同志强调，要树立大局意识，善于从大局看问题，放眼世界，放眼未来；要善于观大势、谋大事，把握工作主动权；强化大局意识是提升战略思维、系统思维能力的逻辑起点；推进企业改革必须既突出重点又统筹兼顾，既立足企业现状又面向未来。对企业在整个国内和国际市场中的技术人才优势、前景、份额、创新力、竞争力和可持续发展能力进行科学定位与合理评估，不做井底之蛙；要提升辩证思维和创新思维能力，要有强烈的问题意识，以重大问题为导向。在激烈的国际竞争中，唯创新者进，唯创新者强，唯创新者胜。要基于企业面临的困境和存在危机的现实可能性、现行体制机制的局限性、变革的紧迫性进行合理性考量。要打破因循守旧的惯性思维，克服目光短浅的功利主义思维，变简单直线思维、技术主义思维为辩证思维、创新思维、人文思维，围绕调结构、转方式、补短板、优质量、保增长、促稳定、求和谐的目标，正视问题而不回避矛盾，探索规律、紧扣重点、着力解决矛盾。要提升和合共赢思维能力，企业要去行政化思维，从管理走向善治与服务，变强迫命令为沟通对话，从冲突走向和解，在对话、辩论、协商下实现协调合作。

（三）提升心理心态的优化能力

良好心理心态是严明职业纪律、强化职业精神、助推企业改革创新的动力之源。在竞争高压态势下，企业家的心态是否平和决定企业的现实状况与未来前景。推进企业改革必须克服集团既得利益刚性化、心理扭曲化、心态阴郁化、情绪负面化等深层次的现实与心理阻力。如企业家个人发展遭遇瓶颈，产生茫然倦怠感；体制人文环境不佳，产生紧张焦虑感；话语权参与决策权益得不到维护，产生压抑感；晋级升迁无望和事业失败，产生挫折感；心怀怨恨、牢骚满腹，与企业产生疏离感；担心改革损害自身利益和企业未来发展的不确定性，产生恐惧感。企业家要优化心理认知，尊重员工的价值与能力。一要克服只愿享受权力带来的便利，不愿担责的卸责者心态；二要克服急功近利的浮躁心理和好大喜功的虚荣心理；三要克服盲目扩张、贪大求全的虚幻膨胀心态；四要克服以权谋私、损公肥私的贪腐心理。着力提升企业家和员工对企业发展前景的认同度，做到心理正常健康化、心态开放化、情绪控制科学化、管理专业化、治理精细化、服务人性化。

二、提升价值认同共识的整合能力

推进企业可持续生存、高质量发展是一项涉及方方面面的复杂系统工程。其中，企业家肩负掌控改革方向、实现改革目标的重任，处于主导地位；管理层和员工处于支持推动改革的主体地位。提升企业员工价值认同的整合能力，是提升企业家推动改革的当务之急，更是企业改革能否顺利成功的关键所在。进入互联网时代，互联网大企业，不是规模大，不是市值大，而是责任大、担当大、格局大。没有大而不倒的企业，只有好而不倒的企业。落实《中共中央、国务院关于营造企业家健康成长环境弘扬优秀企业家精神更好发挥企业家作用的意见》（中发〔2017〕25号），必须把培育共同价值观放在首位。

（一）培育共同价值观，提升以观念形态的企业文化凝聚改革共识的能力

创新价值观、凝聚改革共识、重塑共创共赢共享企业文化是提升企业核心竞争力的优先选择。推动企业改革必须着眼于为管理服务层在内的所有员工提供更多的发展平台，打造各部门精诚合作的团队，畅通上、中、下各层级之间合理化意愿、建设性建议、合法性诉求的表达渠道，才能真正聚集领导智商、专家智囊和员工的集体智慧，

增强领导管理者和员工对企业的忠诚度、归属感、满意度，使忠诚热爱、艰苦创业、敬重职业、勤奋工作、固本强基成为企业改革的价值选择与目标追求。构建以职业精神为内核的企业文化，既有利于提升企业核心竞争力和品牌美誉度，又有利于培养员工职业稳定带来的自豪感、薪酬逐年增加带来的安全满意感以及公平公正、人文关怀与按劳分配妥善结合带来的忠诚感，这是企业领导推动改革首要的价值追求。改革必须以问题导向为前提，以理念创新、技术创新为动力，以治理创新、服务创新为核心，以激励约束机制创新为保障。企业家要把员工的呼声作为推进职业精神培育的第一信号，把聚集广大消费者和员工关注的聚焦点、诉求核心点作为寻找企业改革抓手的重要渠道，把不断满足消费者需求和履行社会责任作为强化职业精神建设的第一选择，把消费者满意、员工认同、社会认可作为推进企业改革创新的第一标准，紧紧依靠企业中层管理者和员工群众的智慧，深入推进企业文化建设。真正站在新时代国内外大市场的竞争视角以及消费者与员工的立场上制定、完善和创新企业改革的系列举措，要强化职业家精神灌输宣传、培育养成力度，努力克服组织企业文化存在的缺陷，以提升自我价值、助推企业可持续发展和服务奉献社会作为共同的职业理想凝聚人心，走出价值观扭曲、缺乏共同价值认同和追求的困境。

（二）完善制度形态的企业文化，构建行为方式形态的企业文化，激发创新活力、形成改革合力的执行力

企业家精神是经济发展的动力源泉。英国经济学家亚当·斯密说："一切统治设施，不过是智慧与美德不足时的一个不完美的补救办法。所以，凡是能够基于政府的效用而归属于政府的美丽，必定在远为高级的层次上属于智慧与美德。"① 而制度设计既是治理设施手段又彰显智慧与美德。完善企业经营管理的系列配套制度，一方面，既可确保领导管理层权力责任的合法化、规范化、科学化运作履行，又可有效规避领导管理层渎职贪腐的个人风险和企业在市场竞争中的衰败风险；另一方面，科学合理的制度设计与安排能够引领企业长远发展的方向目标，既可激发企业员工的创新能力、提升企业品牌信誉、增强其竞争实力，又可强化企业领导和员工的职业责任、凝聚各层面的智慧，增强改革的信心、形成改革合力。健全激励机制和自觉履责的内生动力机制，能够促进职业精神与职业实践互动互促的良性循环。真正睿智的企业家必须增强员工对未来有乐观预期的安全感和对企业的归属感，真正让其分享企业改革的红利，而不成为改革的受害者，让员工真正与企业同舟共济、共创美好未来。为此，必须真正落实员工合理薪酬的正常增长机制、"五险一金"逐年增加的保障机制、以实际贡献论功行赏的激励机制，形成职业精神转化并促进企业改革、企业改革强化职业精神的良性互动。因此，企业文化的培育、职业精神的养成贯穿于认知、认同、践行的全过

① ［英］亚当·斯密：《道德情操论》，谢宗林译，中央编译出版社 2009 年版，第 231 页。

程，不可能单靠其成员自发形成，必须依托于领导和管理集团的长期强化和身体力行的引导，持之以恒地推进，才能逐步进入员工的思想和意识深处，达到“内化于心，外化于行”的效果。只有当企业领导真正实行深切的人文关怀，才能强化员工“企兴我荣，企衰我忧”的主体参与意识、拼搏奋进和协作精神，让所有员工能共享企业改革成果，达到和合共生共赢的目的，实现激发创造创新活力、形成改革合力的目标。

三、提升恪守道德、法律和安全底线的能力

习近平总书记强调：“要善于运用底线思维的方法，凡事从坏处准备，努力争取最好的结果，这样才能有备无患、遇事不慌，牢牢把握主动权。”① 底线思维是一种以全局意识为统领、以问题意识为导向、以忧患意识为前提、以责任担当意识为基础、以风险防范意识为保障的科学思维理念、方法和能力等构成的复合系统。能否把握确立和坚持运用底线思维，是检验企业领导治理智慧高低的重要尺度和标准。始终恪守运用底线思维必须贯穿于企业领导想问题、作决策、办事情的全过程，同时也是建立健全现代治理体系、提升企业治理能力、重塑企业形象的必然选择。

（一）真正的企业家要恪守法律底线和道德底线，提升掌控“保险杠”的风险防范与处置能力

首先，企业家要提升拒腐防变的廉洁自控能力。2013 年 1 月 22 日，习近平指出：“要防止和克服地方和部门保护主义、本位主义，决不允许‘上有政策、下有对策’，决不允许有令不行、有禁不止，决不允许在贯彻执行中央的决策部署打折扣、做选择、搞变通。”② 在推进企业各项改革中，由于领导者掌握着企业资源、资产、资金的管理权、使用权和处置权，极易成为贪腐“重灾区”。因此，一方面，要以清单方式列举政府、企业能够依法行使的职能、权限和依法经营的领域范围，出台权力合法性行使的“权力清单”与禁止性操作的“负面清单”。所谓负面清单，是指政府以清单方式明确列出禁止和限制企业投资经营的行业领域、业务范围，清单以外则充分开放，企业只要按法定程序注册登记即可开展投资经营活动。合理确定并严格规范国企领导管理层薪酬水平、职务待遇、职务消费、业务消费，要推进国有企业财务预算等重大信息公开，确保权力规范有序运行。另一方面，企业领导必须牢牢守住法律底线，提升清廉自保的预警防范能力、自控自律能力。

其次，要提升企业运行经营中的法律风险防范能力。亚当·斯密在《国富论》中说：“每一个人只要不违反公正的法律，就将享有按自己的方式追求自己的利益的自由。”③ 作为理性经济人，企业领导必须化解追求合理利润与确保产品质量的矛盾，在

---

① 吴春晖：《善于运用底线思维》，《光明日报》2019 年 4 月 3 日。

② 钟纪岩：《坚决维护党的政治纪律》，《人民日报》2013 年 2 月 6 日。

③ ［英］亚当·斯密：《国富论》，章莉译，译林出版社 2012 年版，第 306 页。

产品生产、经营、营销、售后服务过程中必须强化法治思维，靠制售假冒伪劣、偷税漏税、商业贿赂、内幕交易牟取黑色收入，必然触及法律“高压线”，自取灭亡。要建立风险排查与预防处置机制、健全法律风险防控机制。例如，健全法律服务团队，强化财务和审计部门的监管自控。

最后，恪守道德底线，提升维持和塑造企业良好形象的能力。在资讯发达的新媒体时代，企业品牌形象创立难、受损易、难修复等特征决定了企业软实力的重要性。既然企业形象的树立与维护是确保企业可持续生存发展的根本基石，就必须恪守道德自律的职业操守，坚持品质至上、消费者至上、企业信誉至上的经营理念，切实履行好企业应该承担的政治责任、社会责任、经济责任、生态环境保护责任，才能赢得消费者的认可，提升美誉度，从而在激烈的市场竞争中立于不败之地。

（二）企业家必须守住安全和稳定底线，提升危机管理能力

习近平总书记提出，要构建“亲”“清”新型政商关系。政府保护的是合法竞争、不断创新，而非行贿受贿、不顾公民生命安全的野蛮掠夺。首先，对企业和人民、社会而言，安全稳定是高质量发展的底线与前提。习近平总书记对安全生产作了“人命关天，发展决不能以牺牲人的生命为代价。这必须作为一条不可逾越的红线”① 的批示；对于吉林长春长生生物疫苗案件必须以猛药去疴、刮骨疗毒的决心，完善我国疫苗管理体制，坚决守住安全底线，全力保障群众切身利益和社会安全稳定大局。产品质量是企业的经济生命线和社会生命线。要解决员工不按严格化、科学化的工作流程和精细化标准作业问题，力戒违规野蛮操作，化解职业精神匮乏、监管松懈、执行力缺失等威胁群众生命、企业安全和社会稳定的危机。其次，对政府的社会治理和企业生产经营、政府官员和企业领导而言，所有投资上项目搞开发的决策行为都与征地、拆迁、社会保障等涉及群众切身利益之事息息相关，安全生产、环境保护与群众生命、社会稳定紧密相连。任何逾越权力边界和安全稳定底线的行为必然存在践踏社会公平正义、破坏企业生产经营的巨大政治社会风险和经济风险，置政府官员和企业于丧失公信力、竞争力的危险境地。因此，提升企业领导的危机管理能力，必须优先考虑生态容量环境承载力、群众生存的民生保障供给力以及群众情绪和心理承受力，而非地方政府 GDP 的增速总量和企业利润的多寡。要建立健全企业风险防范、危机预警预案处置机制，未雨绸缪、防患于未然，化“危”为“机”、化险为夷，把一切可能激化社会矛盾、引发群体性事件的安全稳定风险消灭在萌芽状态。企业领导要培育与强化职业责任、社会责任，履行担当的自觉意识，进一步促进业界良心的内化与巩固，同时严明令行禁止的职业纪律，健全权力滥用的追责惩戒机制。

① 《习近平：始终把人民生命安全放在首位》，《人民日报》2013 年 6 月 8 日。

四、提升高质量发展的有效博弈能力

改革的过程就是各利益主体反复博弈的过程，调整各方博弈主体利益格局的改革具有系统性、整体性、包容性、协同性、创新性特征。能否做到在激烈的市场竞争中正和博弈，追求和谐共生、合作双赢，考量着企业领导主导和掌控改革推进的智慧和能力。就企业内部而言，改革涉及企业领导层、管理层和普通员工权益的调整与重构。就外部而言，企业改革与政府、市场、社会、消费者和群众利益的关系具有较高的关联度。

强化达成正和博弈的管控发展能力。正和博弈又叫“合作博弈”，是在政、企、商的理性智慧主导下，综合评估风险成本，充分考量利弊得失，通过谈判协商形成共识，达成对博弈各主体均有普遍约束力的协议的合作共赢方式，使博弈各方在妥协后创造多极增益点，确保多元主体的利益诉求都有所满足与增进。正和博弈各方可以通过共同谋划、协商合作来寻求双方利益的最大化，是对政府、企商自身，对当地群众，对整个社会都有利的多赢选择。

正和博弈尊重了群众的知情权、决策参与权、自由选择权和利益共享权，符合现代文明社会的基本道德要求。党的十九大报告指出的改革征地制度，提高农民在土地增值收益中的分配比例，实际蕴涵了一种协商共享共赢式的博弈理念。首先，要健全重大事项决策把关机制，科学设定议事规则、规范决策程序，健全决策问责和纠错制度。各地政府商企要把节能、节水、节约土地资源的环保类项目作为招商引资的优先选择。在项目决策前和过程中引入公众参与机制、企业社会风险评估机制，制定严格的安全环保标准和环境影响评估体系，强化对企业安全生产监管和环境保护，并完善政务公开、企业信息披露公开和年报公开、各领域办事公开制度，健全质询问责、经济责任审计等制度。其次，要健全协商民主和基层民主制度，畅通和规范群众诉求表达、利益协调、权益保障渠道，扩大公民有序参与。要以广纳群言、广集民智，加强民主监督、法律监督、舆论监督，让人民监督政府企业权力，及时化解社会矛盾。不使农民在土地征收中“经济上受伤、精神上受害”，即避免政府和企商“信誉上失分、运转上失灵、道德上失败”。最后，要深化资源性产品价格和税费改革，建立反映市场供求和资源稀缺程度、体现生态价值和代际补偿的资源有偿使用制度和生态补偿制度，形成有利于结构优化、社会公平的税收制度，建立公共资源出让收益合理共享机制，把房地产开发商、煤矿有色金属开采商所获的高额利润以合理税收的方式纳入社会保障体系账户，使矛盾得以化解，使整个社会受益，达到地方经济可持续发展，政府获取实在财税政绩，商企赚取合法利润，群众得到合理补偿，社会得以稳定和谐的多方共赢共享格局。

新时代激发企业家创新活力和创造潜能的调查研究

——以岳阳“优化非公经济发展法治环境”为例

陈振会*

摘　要　岳阳市高度重视非公有制经济发展，并将优化非公经济发展法治环境作为激发非公企业家创新活力和创造潜能的一项战略举措。调查显示，岳阳市鼓励、引导和支持非公经济发展的做法既取得较好成效，也存在需解决的问题。为此，应进一步提高思想认识，优化政策、司法、执法环境，落实行动，为优化非公经济发展法治环境提供可靠保障。

关键词　新时代　非公企业家　活力和潜能　法治环境　岳阳

习近平总书记在党的十八大、十九大报告中都明确提出，要毫不动摇地鼓励、支持、引导非公有制经济发展，使市场在资源配置中起决定性作用。此前，2016 年“两会”期间，全国政协民建和工商联的联组会上，习近平总书记重申“两个毫不动摇”①，强调“三个没有变”②，号召全党全社会构建“亲”“清”的新型政商关系，发挥非公经济在建设社会主义国家中的重要作用。2018 年 11 月 1 日，习近平总书记在主持召开民营企业座谈会上再一次突出强调：“毫不动摇地鼓励支持引导非公有制经济发展，支持民营企业发展并走向更加广阔的舞台。”这一系列论述充分表明了党中央既高度重视我国非公有制经济的发展，同时也是千方百计地激发非公企业家的创新活力和创造潜能。党的十八大以来，中共岳阳市委、市政府高度重视非公有制经济发展，提出要大力扶持和发展非公经济，并将“优化非公经济发展法治环境”作为激发非公企业家创新活力和创造潜能的一项战略举措。为此，笔者与课题组成员深入岳阳市各县（市）区、公检法司等单位和 90 多家非公规模企业，采取实地访谈、会议座谈、问卷调查等方式

---

* **作者简介**：陈振会（1979～　），男，湖南临湘人，中共岳阳市委党校副教授，主要研究方向为中国特色社会主义理论和宏观经济管理。

① “两个毫不动摇”：必须毫不动摇地巩固和发展公有制经济，毫不动摇地鼓励、支持、引导非公有制经济发展。

② “三个没有变”：非公有制经济在我国经济社会发展中的地位和作用没有变，我们鼓励、支持、引导非公有制经济发展的方针政策没有变，我们致力于为非公有制经济发展营造良好环境和提供更多机会的方针政策没有变。

进行了为期两个月的深入调研。

一、岳阳非公经济发展的基本概况

岳阳古称巴陵，又名“岳州”，位于湖南东北部，环抱洞庭，濒临长江，素有“湘北门户”之称。岳阳辖岳阳楼区、岳阳经济技术开发区、云溪区、君山区4个区，湘阴县、岳阳县、华容县、平江县4个县，代管汨罗市、临湘市2个县级市，设有岳阳经济技术开发区（国家级）、城陵矶临港产业新区、南湖新区和屈原管理区4个行政管理区，面积15019平方公里，总人口559.51万，其中城镇人口为292.58万。近年来，中共岳阳市委、市政府坚持优化非公经济发展环境，毫不动摇地鼓励、引导和支持非公经济发展，取得较好成效。

（一）主要成就

近年来，岳阳非公有制经济持续发力，稳步增长，每年非公经济增速均高于同时期GDP增速。其占GDP的比重也由2010年的57.5%提高到2015年的62.1%，再到2018年的65.5%，呈逐年提升趋势。当前，岳阳非公经济已经成为全市经济的重要增长点，吸纳就业的主渠道，财政和居民增收的“活水源”，并在今后的发展中，继续扮演岳阳加速发展、建设湖南发展新增长极的重要支撑角色。截至2018年年底，岳阳市共有非公企业280593个，非公经济完成增加值2234.2亿元，占全市GDP比重达65.55%。公有经济完成增加值占比较大的行业主要在金融业、其他服务业和农林牧渔业，非公经济完成增加值较大的行业主要在住宿和餐饮业、工业和交通运输仓储和邮政业。目前，全市近40%的税收和60%以上的GDP，70%以上的科技创新，80%以上的投资以及90%以上的就业岗位，都来自非公经济企业。

（二）经验与做法

1 优化环境，搭建平台

岳阳将优化经济发展法治环境列入了市委、市政府年度综合绩效考评，制定了具体的考核办法，每年组织实施考评工作。在优化环境方面，首先，优化了政务服务环境。岳阳市委、市政府落实中央精神，进一步简政放权，规范行政审批行为，优化审批流程，提高审批效率，优化公共服务流程，做好“放、管、服”改革，加强巡查监察，督查整改，严格问责。其次，优化产业园区建设环境。坚持基础先行、品质为先，大力优化产业园区基础设施，园区道路、供水、供热、供气等设施逐步完善，平台功能和承载能力不断提高。最后，优化企业发展环境。一方面，认真及时受理企业投诉举报。开通投诉热线电话，健全投诉受理和调查处理机制，对投诉件实行统一登记编号、跟踪协调办理。对于重点案件，召开协调会议，实地调查督办。另一方面，切实减轻企业负担。实行收费清单公示制度，做到“涉企收费进清单，清单之外无收费”。持续开展“基层组织建设年”活动，不断加强民营企业会员队伍规范化建设，完善非公经济人士综合评价体系。

2. 热心帮扶，壮大实体

积极开展重点民营企业帮扶行动，近40名市级领导和40家重点部门重点帮扶石油化工、装备制造、食品加工等9大产业和40家重点民营企业。2018年，先后帮助企业化解困难和问题90多个，重点帮扶的40家民营企业实缴税金6亿多元，同比增长12.1%，帮扶工作作为全市典型上报国务院第三次大督查。为缓解企业融资难题，积极帮助民营企业与资本市场对接，加强金融机构深度合作，先后与中国建设银行岳阳市分行签署合作协议，授信30亿元，为245家企业投放贷款10.3亿元。为缓解企业招工难题，每年组织“民营企业招聘周”活动，共为企业招聘员工3.6万人。积极参与“巴陵人才工程”，1100多名创新创业人才落户岳阳。为助推企业“走出去”与“引进来”，举办150多家民营企业和30多家境外商会代表参加“中国·岳阳第九届城市友好商会经济协作会暨百强民营企业岳阳行”活动，签约重大项目26个，合同引资187亿元。

3. 依法行政，强化服务

严格落实涉企检查备案制度，从源头上防止“三乱”发生。督促各单位依法、集中、规范地开展涉企检查，全面杜绝趋利性、骚扰性、刁难性检查，大幅减少重复检查。积极为民营企业化解矛盾、协调关系、依法维权，主动加强与纪监、检察、法院、公安等单位的联系，为非公经济发展保驾护航。规范行政审批行为。对于保留的审批事项，按照精简环节、压缩时限、减轻费用、便民利民的要求，简化审批程序，优化审批流程，提高审批效率。依法全面公开行政审批信息，切实保障申请人知情权，规范行政裁量权，实行“阳光审批”。

二、优化非公经济发展法治环境需要解决的主要问题

湖南省统计局民意调查中心进行的全省“非公经济发展法治环境”调查数据显示，岳阳市与其他市州之间存在较大差距，说明岳阳市非公经济发展的法治环境仍然存在一些迫切需要解决的问题。

（一）政策公平性不够的问题

1. 市场准入政策不公平

据全国工商联的新近调查显示，非公企业主要分布在农业、采矿业、制造业、建筑业、商业等第二产业和商业类第三产业行业，分别占83%和17%，这说明非公经济的进入通道仍不畅通。特别是金融、保险、证券、电力、石化、通信等行业和一些投资收益较高的领域，几乎全部由公有制经济包揽。

2. 政策服务不公平

据统计，公有经济在金融业形成完全垄断，在其他服务业和农林牧渔业占有明显优势，非公经济主要分布在住宿和餐饮业、工业和交通运输、仓储和邮政业等。岳阳的这

一产业结构的形成与国家的市场准入政策和政策服务的不公平有着极为密切的关系。

（二）行政执法公正性不够的问题

1. 公共权力过分干预现象在一定范围内依然存在

在计划经济体制下所形成的传统的行政管理定式与思维定式并没有完全转变，在有些地方，政府的职能还没有转变到位，管理部门权力过大，对经济生活的干预太多，使非公经济发展的法治环境欠佳。调研中，在“您认为当地政府是否存在部门保护、地区封锁和行业垄断行为”的评价中，认为不存在的占91.80％，认为存在的占8.82％，岳阳满意度在湖南省各地市州中的排名比较靠后。

2. 依法行政观念不够强

在个别地方，公共权力部门不愿意放权的意识仍在作祟，政府工作人员为纳税人服务的观念缺失，在行政执法过程中往往只强调管理和服从，忘记了服务和保障。个别政府职能部门的少数工作人员在行政执法过程中，存在着执法违法、以权谋私、权钱交易等现象。个别领导干部受利益驱动，违法干预和插手工程、项目的招投标及建设，利用职权为亲属、熟人等“打招呼”“批条子”的现象依然存在。在“您认为当地政务是否公开透明?”的评价中，回答“是”的占76.47％，回答“不完全是”的占21.57％，回答“否”的占1.96％，而岳阳在湖南各地州市中排名也十分靠后。在调研中有非公人士反映，当前岳阳的公共服务流程依然十分复杂，各类不在必要之列的证明仍被看作必要条件，且办事流程不合理、不透明，服务方式不灵活、创新性不足。在对“当地政府部门行政审批时效性如何?”的评价中，认为及时的只占50.50％，而认为比较及时、不太及时和不及时的，分别为37.62％、10.89％和0.99％，岳阳在湖南各地州市中排名也十分靠后。

（三）司法公正性不够的问题

1 服务理念不够新

司法机关为非公经济提供的司法服务领域还不够深、不够广，服务方式不够创新。个别司法部门和执法人员向企业索拿卡要、利用办案职权环境干涉企业内部事务或生产经营活动的情况仍然存在；对受理的案件立案后不及时裁判；对待非公企业还没有牢固树立“谦抑理念、审慎理念、善意理念”，个别司法人员的大局意识不强，服务非公有制经济的思想认识不到位；存在重办案、轻服务，重打击、轻保护的现象，停留在“就案办案”的水平，不能做到“案结事了”，更谈不上案后延伸服务。司法机关“闭门办案”多，深入到企业调研、了解企业需求少，泛泛而谈的会议多，解决实际问题的行动少。

2. 服务能力不强

当前，司法机关服务非公经济存在“供需错位”问题较为突出。司法机关因缺乏“供给侧思维”指导，难以找准问题为非公经济提供精准服务，导致工作做了不少，但效果不理想。一是“闭门办案”多，深入到企业调研、了解企业需求少，缺乏与案件当事人的交流，宣传法律政策不够，服务不主动、不及时。二是泛泛而谈的会议多，解决实际问题的行动少，所出台的意见和措施对非公企业来说操作性和适用性不强。

（四）非公企业自身存在的缺陷

调研发现，非公企业在内部管理上还不够规范，需要进一步加强，具体表现为：

1. 内部管理不规范

一般来讲，非公企业尤其是一些家族式企业基本都是在个体户基础上逐步发展起来的。在起步阶段，多数企业缺乏相应的制度规范。即使少数企业有些内部规定，也是临时草拟的，简单粗略。公司内部管理的不规范，严重影响和制约了非公企业的发展壮大。

2. 非公经济人士自身素质存在缺陷

在调研中发现，部分非公企业人士法律意识不够强、法律知识相当缺乏，不懂也不会用法律手段来保护自身合法权益，因此常常落入经济陷阱中，致使企业蒙受损失。这具体表现在：首先，不懂法。调研中，我们发现发生在非公企业中的法律纠纷主要有股权登记不规范、挂靠、确权、经营不规范以及技术转让等，这些都是由非公企业未提前进行法律防范造成的，即使正当权益受损也不能得到法律的及时救济。其次，不信法。由于立法、司法和执法方面存在一些问题，使得一些非公企业产生了对政策的复杂心理和对法律权威的不恰当理解，认为法律是统治的工具而不是维权的武器，因此对法律持怀疑和观望态度。当其权益受到侵犯时，他们更愿意上访而不是诉讼，更愿意找党委和政府而不是找法院，更愿意找媒体曝光，而不是找律师咨询。最后，不守法。一些企业在市场体制不完善的情况下，为了追求暴利，在竞争中采取不正当的手段，在一定程度上破坏了法治环境和企业形象，从而制约了非公经济的持续健康发展。

三、优化非公经济发展法治环境的对策与建议

党的十九大报告提出，要毫不动摇地鼓励、支持、引导非公有制经济发展，保证各种所有制经济依法平等使用生产要素、公平参与市场竞争、同等受到法律保护。从这次调研的情况来看，当前和今后较长一段时间内，主要应从以下方面不断优化岳阳非公经济发展的法治环境。

（一）提高认识，增强大力发展非公经济的紧迫感和责任感

1. 党委政府要高度重视

党委和政府领导要以习近平总书记关于发展非公有制经济的系列重要讲话精神为指导，提高思想认识，弘扬工商文化，带头深入调查研究，了解非公经济发展的情况，特别是要带头贯彻好《岳阳市扶持发展非公有制经济十条》的精神，充分发挥工商联的作用，真正重视和关心支持非公经济发展，把服务非公经济发展作为考核各级党政

领导和部门工作业绩的重要内容。

2. 坚持问题导向

政府及其相关部门要坚持问题导向，从岳阳市非公经济发展的现状和存在的问题出发，实事求是，立足当前，统筹长远，按照《岳阳市扶持发展非公有制经济十条》的要求，制定具有可操作性的方案、措施和制度，切实加强非公经济发展法治环境的整治，进一步激活非公经济发展的活力。

3. 构建新型政商关系

构建党委、政府、群团和非公经济人士常态化联络沟通机制，定期召开联席会议，及时听取并研究解决非公企业的合理诉求和管理难题。积极邀请非公经济人士、人大代表、政协委员、工商联等部门工作人员参与“走进公、检、法”等系列活动，旁听涉及非公企业的重大案件庭审、公开听证等活动，邀请知名企业家、专家为司法机关介绍非公经济发展趋势和相关专业知识，增进沟通和了解，真正消除对非公经济的歧视，真正形成“亲”“清”的新型政商关系。

（二）依法行政，为非公经济发展提供高效优质的服务

1. 创新服务理念

要通过政府及其职能部门的依法服务、廉洁服务、诚信服务、创新服务、高效服务、人性化服务来营造商务成本低、投资环境优的岳阳形象。要敢为人先，转变观念，对非公经济实行放开政策，放手发展，不限发展比例，不限发展速度，不限经营方式，不限经营规模。不断创新政府服务体系，让“领导就是服务”“管理就是服务”的思想得到广泛认同。

2. 完善制度保障

把非公经济纳入整个国民经济体系来调控和管理，围绕提速、降费、优服进行全面改革。一是建立综合统一的行政审批机构，加大政务公开力度，实现权力清单和责任清单全覆盖，对园区项目审批实行现场办结制和超时默认制。二是切实实行收费清单公示制度，做到涉企收费进清单，清单之外无收费。着力降低非公企业税费、融资、用工、用地、制度性交易成本。三是推动建立综合行政执法机构，按照行政决策、审批与监督职能相对分离的原则，组建综合行政执法机构。四是完善并落实园区企业“宁静日”制度，开展检查的部门和单位在年初制定涉企常规检查年度计划，当年3月底前报市优化办，并在媒体公示。

3. 提高行政效能

一是在规范行政审批上下猛药。促进各部门按照权力清单、责任清单认真履职，确保承接、取消和下放的审批事项落地。依法全面公开行政审批信息，切实保障申请人的知情权，规范行政裁量权，实现“阳光审批”。建议每年在全市开展一次提升行政效率，优化服务的“积案清零行动”。二是在简优公共服务流程上谋创新。全面梳理和

公开服务事项目录，坚决砍掉各类无谓和烦琐的手续，大力推进办事流程简化优化和服务方式创新。全面推进审批制度改革，实现并联审批、在线审批，重大项目代办制的全覆盖运行。建立和完善以省级为单位的信息交换、数据共享和联动监管工作平台。三是在创新行政监管方式上激发活力，进一步规范市场执法行为，创新政府管理方式，强化市场主体自律和社会监督，提高管理效能，激发市场活力。

4. 严格问责监督

一是定期开展评议。每年开展一次“最难办事科室”评选活动，评选内容可涉及行政不作为、缓作为、态度恶劣以及违反廉洁纪律等方面。对于“高票者”，对其主要负责人予以诫勉谈话；连续两次评选入围“前三名”者，对科室负责人进行岗位调整；连续两次评选入围“前十名”者，要求科室排查上报问题并责令限期整改。二是严格问责。对在为非公企业服务中失职失责造成严重后果、人民群众反映强烈、损害非公企业发展、侵犯非公人士合法权益的，要严肃追究责任，既追究主体责任、监督责任，又追究领导责任。

（三）公正司法，维护非公经济合法权益

1. 平等保护非公经济合法权益

一是努力营造和谐稳定的社会环境。公检法等职能部门要做到敢于亮剑、大胆出手。二是努力营造规范有序的市场环境。惩治侵害非公企业犯罪行为，依法起诉侵犯知识产权、制售假冒伪劣商品等犯罪。要对损害非公经济主体商业信誉或产品信誉等犯罪予以坚决打击，依法惩处国家工作人员在办理涉及非公经济主体项目审批、贷款发放、资金拨付、招标等过程中的职务犯罪。严厉打击非法集资、网络传销、地下钱庄、假币、银行卡、涉税等经济犯罪，切实维护金融市场秩序。三是努力营造廉洁高效的政务环境。采取纠偏式保护方式，对交易额巨大、关联交易、招投标中围标串标等现象以及排斥外地企业、非公企业等不公平交易的行为进行专项治理；突出惩治国家机关工作人员利用职权索拿卡要、插手经济纠纷等破坏经济活动的职务犯罪；加大对“围猎”干部、围标串标、破坏公平竞争的行贿犯罪打击力度。

2. 健全服务非公经济的长效机制

一是搭建司法救助便捷高效的“绿色通道”。充分运用视频接访、“12309”举报网络平台等多种方式，为非公企业和非公经济人士合法权益的司法救助搭建便捷高效的“绿色通道”。二是积极开展司法专题预防活动。合理运用司法建议强化经营管理风险预警，积极开展专题预防活动，对可能影响非公经济健康发展、存在犯罪风险隐患的苗头性、倾向性问题开展专题预防调查、预警预测和警示教育。三是完善涉企案件通报制度。建立健全非公企业案件办理情况季度通报制度，重点通报办理侵犯非公企业产权和其他合法权益经济犯罪案件、相关职务犯罪案件、监督侦查机关该立案不立案、违法插手经济纠纷等情况。

3. 创新服务非公经济的有效形式

一是各级司法机关坚持树立和强化“司法机关和司法工作是当地良好经济发展环境的重要组成部分甚至标志”的理念。有效消除影响经济发展的各种顽症痼疾，扮演好“清道夫”“啄木鸟”“守望者”的角色。二是提供精准有效服务。各级司法机关工作人员要定期到企业走访，与企业家代表多交流、多沟通，努力掌握企业发展状况和司法需求。在深入调查研究和主动征求各方意见的基础上，就企业高度关注的刑事风险防范与应对问题，邀请相关专家进行授课，帮助非公企业提高经营管理法治化水平和防范法律风险的能力。

（四）“强身健体”，提高非公企业持续发展的能力

1. 规范企业管理，提升竞争能力

建立健全现代企业制度是非公经济企业发展的必由之路，非公经济企业必须突破以家庭为核心的管理方式，努力实现职业化管理和民主决策，提高运行效率，降低运行成本，并依法建立健全各项规章制度，完善内部运作机制，合理设计收支安排和税务计划，建立完善的管理制度。

2. 强化法律意识，提高维权能力

在非公经济人士中，广泛开展遵纪守法教育，引导他们学法守法，树立法律的信仰和敬畏之情，消除金钱万能思想，使其成为遵纪守法的模范公民；引导非公经济企业严格依法办事，走“前门”，不走“后门”，不触红线，努力成为守法经营的模范企业。鼓励非公经济企业聘请法律顾问，提高依法维权能力。

3. 提高自身素质，塑造良好形象

一是充分发挥行业协会（商会）作用。建立健全各行各业的行业协会，进一步推进行业协会与行政机关之间的关系，充分发挥其自我服务和中介服务功能，提高其权威性和吸引力，使其成为各行各业的真正“娘家”。二是加强诚信法治教育。引导非公经济诚信经营，坚决杜绝生产假冒伪劣产品，不断提高产品质量，努力为广大消费者提供放心产品，坚持依法经营。三是强化社会责任教育。鼓励非公经济人士在搞好自身企业的同时，积极参加再就业工程，参与精准扶贫，鼓励引导非公经济人士积极参与社会公益活动，推动社会进步。

新时代我国女性领导干部成长环境研究

张巧艳*

摘　要　妇女干部是党的干部队伍中的一支重要力量。目前，我国在女性领导干部的培养选拔上与世界发达国家相比还存在一定差距：一是女性领导整体占比偏低；二是任职结构不合理。影响我国女性领导干部成长环境的有利方面是我国相关法律政策的支持；不利方面主要包括社会因素和个体因素两个方面。为了使女性领导干部能顺利成长成才，必须化解社会不利因素，同时应发挥女性自身优势。

关键词　新时代　我国女性领导干部　成长环境

妇女干部是党的干部队伍中的一支重要力量，党的十九大报告指出，要统筹做好培养选拔女干部工作。加强妇女干部的培养与选拔，将大批优秀妇女干部选拔到各级领导岗位上来，是党的事业发展的需要，也是加强社会主义民主政治建设、优化各级领导班子结构的客观要求。在新的时代背景下，怎样优化环境，激发广大女性干事创业的积极性，进一步发挥女性领导干部在我国经济社会发展中的重要作用，是我们应该研究的课题之一。

一、我国女性领导干部的现状

实行男女平等是我国的一项基本国策。自中华人民共和国成立以来，党和国家就非常重视妇女事业的发展，先后出台了一系列政策措施促进女性领导干部的成长。目前，我们在各行各业、各级领导班子中，都能看到女性领导的身影。但是，与世界其他国家特别是发达国家相比，我国在妇女领导干部的培养使用上还存在着两个明显的不足。

（一）女性领导整体占比偏低

据《2018中国女性职场现状调查报告》显示，中国的女性在基础工作和社会参与

* **作者简介**：张巧艳（1966～　），女，山西临猗人，中共甘肃省委党校（甘肃行政学院）哲学教研部主任、教授，主要研究方向为领导科学、公务员心理健康、公务礼仪。

程度上比例很高，占到46%，但在担任领导职务方面，比例明显偏低，而且越到高层比例越低。根据相关统计，在副处一级的男女比例基本相近，但到正处一级的男女比例差距就开始拉大，到厅局级的男女比例更是相差悬殊，且越到高层越呈现“单棵独株”倾向。以党的十八届中央委员为例，25位中共中央政治局委员中有2名女性，占比8%；205位中央委员中有10位女性，占比4.9%；171位中央候补委员中有23位女性，占比13.5%。在全国390位省委常委中，有女性35位，占比9%；其中，辽宁、上海、西藏、青海、新疆5个省份的省委常委会班子中没有女性成员。在308位省级政府正副职中，有29位女性，占比9.42%。

（二）任职结构不合理

一是副职多，正职少。以党的十八届中央委员为例，在任26个党中央部门机构“一把手”中，只有一位女性。在国务院各部门和机构中，74个单位中有4位女性“一把手”；在国务院25个组成部门“一把手”中，有2位女性。1个直属特设机构（国资委），15个直属机构（安监总局局长缺位）和13个直属事业单位中无女性“一把手”，4个办事机构中，只有国务院侨办主任裘援平为女性。16个部委管理的国家局中，只有国务院副秘书长兼国家信访局局长舒晓琴为女性。全国有28位女省长，刘慧为唯一正职。厅局级及以下情况亦如此，而女性在副职及非领导职务上占比明显高于正职。

二是两头少，中间多。女性干部整体呈橄榄形格局，高层和基层比例都很低。如在农村，留守女性占到农村人口的60%左右，但在村委会中，女性占比不到16%，能够担任村委会主任的不到1%。这就意味着在类似宅基地、土地转让等关系到各家切身利益的村层面决策的时候，女性几乎是不能够发出她们足够的代表性的声音。

三是业务型辅助型岗位多，支柱型岗位少。许多女性领导的起步和出身就是专业业务骨干。据调研，有69.9%的女性领导具有正高职称，17.1%有副高职称。

四是年龄普遍偏大。以党的十八届中央委员为例，35位女性省委常委中，有16位“60后”；28位女性省长（市长、主席）中，有14位“60后”。在厅局级领导干部中，年龄在50～55岁的有28.1%，55岁以上的占到24.5%，二者加起来是52.6%，超过一半，而40岁以下仅占8.7%。

二、影响我国女性领导干部成长的环境因素分析

影响我国女性领导成长的环境，既有有利的方面，也有不利的方面。

（一）有利方面

1. 时代发展的大趋势

女性解放运动开展100多年来，使男女平等已经成为一种社会共识，女性的价值也得到进一步的认可和释放。早在20世纪50年代，现代管理学之父彼得·德鲁克就预言：“时代的转变，正好符合女性的特质。”因为管理的核心就是管人，对人的关注

和关爱将越来越重要，而这正是女性的优势。管理大师明茨伯格也曾提到，组织需要培育、照顾和关爱，关爱是一种更女性化的管理方式。正是在这一时代发展的大趋势影响下，女性不断地打破传统，挑战男性在社会中的主导地位。如今，女性参政已经成为经济发展和社会进步的重要标志，女性参政程度已经成为衡量一个国家或地区文明进步的重要尺度。据联合国《2017年女性参政地图》有关数据显示，截至2017年1月1日，全球共有17位女性国家元首和政府首脑。女议员的比例从2015年的22.6%升至23.3%，女议长比例为19.1%。其中，卢旺达、玻利维亚、古巴、冰岛和尼加拉瓜5国女议员比例最高，保加利亚、法国、尼加拉瓜、瑞典和加拿大5国的女部长比例最高，均超过50%。

2. 我国相关法律政策的支持

实行男女平等是我国的一项基本政策，党和国家历来非常重视妇女事业的发展。早在1992年，就出台了《妇女权益保障法》（2005年作了修改），就妇女的政治权利、文化教育权利、劳动和社会保障权利、人身权利、财产权利和婚姻家庭权利作了相关规定。1995年，第四次世界妇女大会在北京召开，这次大会以平等、发展、和平为主题，进一步指出了提高全球妇女地位的主要障碍，并发表了《北京宣言》，制定了今后的战略目标和具体行动。2001年和2011年，国务院分别颁发了《中国妇女发展纲要》，确定了妇女与健康、妇女与教育、妇女与经济、妇女参与决策和管理、妇女与社会保障、妇女与环境、妇女与法律7个优先发展领域的主要目标和策略措施。2001年，中组部还专门下发了《关于进一步做好培养选拔女干部、发展女党员工作的意见》等。这些法律政策的出台，为我国女性领导干部的成长提供了很好的平台，有力促进了女性领导干部的成长。目前，我们在各行各业、各级领导班子中都能看到女性领导的身影。

（二）不利方面

1. 社会因素

首先，传统封建的性别观念及性别角色定位制约着女性的发展。虽然，我国的女性解放已经走过了近1个世纪，但传统的封建思想依然顽固不化，在一些领域严重影响着人们的思想观念。如“男主外，女主内”的性别观念及性别分工，使得社会上相当一部分人仍然认为女性最大的天职就是把家庭照顾好。女性从政，特别是担任主要领导干部，被认为是“牝鸡司晨”，不仅会增加男性在工作上的竞争力，而且还会增加男性的心理承受力。对于男性，人们更多关注的是他们的职业道路和领导风格；而对于女性，人们更多关注的是她们作为领导者、妻子和母亲所面临的困扰。如果女性不能平衡好家庭和事业之间的关系，哪怕在工作上再出色，社会也不会认为她是一个成功的女性。为此，女性不得不建立并维系一个社会支持网络，来帮助平衡各种角色所带来的冲突，并实现每个角色的愿望和要求，付出比男性更多的时间和精力。

其次，长期以来形成的对女性的刻板印象影响着女性的发展。社会公共心态普遍认为，“女人头发长，见识短”，女性情绪不稳定，爱感情用事，独立性较差，依赖性较强，天生缺少领导力，等等。在这种思想影响下，一些人认为女性如果要从政，担任领导干部只能作为“点缀”和“陪衬”，不宜大力提倡，更不能矫“枉”过正。如果确实有一些女性凭借自己的努力走上领导岗位，其领导风格也常会成为人们质疑的对象。如果她们像男人那样执政，会被视为“狂妄”；如果她们展现温柔与亲和的一面，又被视为“软弱”。这往往令女性领导左右为难。正是这样一些烙印式的成见，致使女性走上领导岗位，特别是担任主要领导职务在干部队伍建设中难以形成大气候。

最后，繁重的家务劳动消耗了女性大量的时间和精力。受传统观念的影响，女性要把相当一部分时间和精力投入到照顾家庭及家庭成员上。据《2017年全球性别差距报告》显示，在中国，女性花在照顾家庭等无报酬工作上的时间占总劳动时间的44.6％，而男性的这一数字仅为18.9％。另据《2018中国女性职场现状调查报告》显示，对女性而言，婚后与婚前每天投入工作的时间并没有变化，但已婚女性却需要拿出更多的时间顾及家庭。这导致女性在工作上的发展往往投入相对不足，影响工作效率，影响自身成长。有些妇女干部面对事业和家庭两副重担，不得不舍弃事业，回归家庭。少数女干部尽管做出了一定的业绩，但因为未尽到家庭主妇的职责，很难得到家人的理解，有的甚至因为家庭与事业关系处理上的欠缺，致使家庭分崩离析，付出沉重的代价。

2. 个人因素

首先，女性的自我角色认同。传统的性别观念及性别角色定位在长期的发展中也潜移默化地内化为许多女性的心理认同，形成一种心理天花板现象。许多女性在生活中更愿意去适应社会对传统女性的角色要求和价值定位，而对于从政、当领导没有强烈的愿望，更没有积极性。受这种观念的影响，女性多对自身缺乏比较完整和长远的职业规划，为更多地照顾家庭而对于自己中长期的职业规划缺少非常明确的目标。这严重影响了女性的成就动机、从政意识、政治人格、个性心理特征等方面的发展。调查发现，相当一部分女性走上领导岗位是组织任命，是制度性安排而非自己主动选择的结果。

其次，女性的生理因素。女性是人类繁衍发展的主要承担者，其一生中不得不经历的经期、孕期、产褥期、哺乳期等无形中影响着女性的发展。一是女性在进入就业市场时面临的性别歧视。很多用人单位在招聘员工时，对女性，特别是适婚年龄的女性都会附加一些不平等的条款。特别是全面二孩政策实施以来，有生育二胎计划的也不在考虑之列。这使得女性一进入职场，就不得不面临着事业与生育问题的艰难抉择。二是生理因素导致的事业临时性中断。一些女性因为怀孕、生产、哺乳等因素，不得不临时中断事业，加之孩子出生以后对其的照顾，使得女性基本无法全力以赴地投入事业，更没有充足的时间和精力进行自我充电、自我成长。

三、化解不利因素，发挥优势，助推女性领导干部成长

女性参政程度是衡量一个国家或一个地区文明进步的重要尺度。我们要转变观念，化解社会不利因素，发挥女性自身优势，助推我国女性领导干部的顺利成长。

（一）改善社会环境，消除性别歧视，实现真正的男女平等

所谓真正的男女平等是指结果的平等或事实上的平等。也就是说，要考虑到男性和女性之间的差异，包括生理上的和社会文化上的差异，但同时肯定男女在权利、机会上的平等。为了达到这种平等，有必要创造一种支持性的环境，即通过提供有利条件或采取积极行动，让女性行使并享受权利，达到结果的平等。通过真正的男女平等，改变社会对女性长期以来形成的刻板印象，为女性的发展提供更加公平公正的社会环境。

1. 把社会性别平等纳入主流，以社会性别的视角来看问题

人的性别有两种：自然性别与社会性别。所谓自然性别（sex），亦称“生理性别”，是指男性和女性在生理上的差异，简称性别。自然性别一般是不能改变或很难改变的。所谓社会性别（gender），是指人们所认识到的男性与女性之间存在的社会差异和社会关系，即指在一个特定社会中由社会形成的男性或女性的群体特征、角色、活动等。

社会性别是相对于自然性别而产生的一个概念。它最早出现于 20 世纪 70 年代初的国际妇女运动中，随后在 20 世纪 80 年代后被联合国采用，20 世纪 90 年代以来成为国际社会分析男女平等的重要概念。社会性别是社会文化形成的对男女差异的理解以及在社会文化中形成的属于女性或男性的群体特征和行为方式。这些差异和关系会因各种具体社会形态和文化形态的不同而有所不同，且会随时间发生变化。社会性别观念的形成是一个社会化过程。社会性别常常在社会制度如文化、资源分配、经济体制等以及个人社会化的过程中得到传递和巩固。

1995 年，第四届世界妇女大会明确提出了社会性别主流化，并将此作为提高两性平等的一项全球性措施。所谓“社会性别主流化”（gender mainstreaming），是指在各个领域和各个层面上评估所有的有计划的行动（包括立法、政策、方案）对男女双方的不同含义。作为一种策略方法，它使男女双方的关注和经验成为设计、实施、监督和评判政治、经济和社会领域所有政策方案的有机组成部分，从而使男女双方收益均等，不再有不平等发生。把社会性别平等纳入主流的最终目标是实现男女平等。

2. 辨别并纠正社会上存在的伪男女平等

对于男女平等，我们党和国家历来十分重视，但受各种因素尤其是传统社会性别观念的影响，社会上对性别平等的认识出现了一些误区，主要表现为三种伪平等。一是绝对性平等，即认为男性和女性是相同的，因此像对待男性一样对待女性。这种模式赞成对女性机会平等，但仍继续期望女性根据与男性同样的规则和标准获得和享有机会。它未考虑女性和男性的生理差异和社会文化差异，而且不为女性提供任何特别

措施，女性不得不按照男性标准做事。二是对等性平等，即认为男女应该平等，但是采取的是同等的做法。男女各司其职，按照传统的观念来进行社会分工与责任分配。在很多被视为男性领域的角色或责任方面，女性被完全排除在外。而且在大部分情况下，跟男性相比，女性所扮演的角色和责任被赋予相对较低的社会价值。三是保护性平等，即通过排斥女性或限制女性的权利过度保护女性。女性被假定为弱者，该做法是基于女性比男性弱的看法，认为女性不适合做某些事情。这种做法使女性失去了很多机会，女性被排斥于那些所谓的对她们有害的环境之外。这一方面使那些陈规陋习作为一种社会规范长期存在；另一方面，人们认为男性不需要任何针对危险或危险职业的保护。干预措施总是着眼于排斥女性，而不是探究造成女性（甚至男性）难以享受权利的情况或环境。这三种所谓的平等，只是表面上、形式上的平等，而非真正的、实质性的男女平等。要实现真正的男女平等，必须辨别并克服这种假平等，通过责任方法和行动方法，为女性提供临时特别措施，实现真正的男女平等。

（二）发挥性别优势，提升自身素质，实现人生价值

良好的社会环境是女性成长成才的外部条件。女性要想实现自身的人生价值，必须发挥主观能动性，不断提升自身的素质。

1. 发挥性别优势，起到三种作用

由于受到生育哺乳等生理因素的影响，女性一般都具有与生俱来的爱心，内心柔软细腻，情感丰富，性情平和，善解人意，容易接近。在生活工作中比较重视关爱他人，具有较强的亲和力。遇到问题时，通常会比较注重考虑群体的和谐、潜在的关系以及群体成员的需求，在解决问题时更容易采用沟通、激励、协调、引导等柔性方式来处理。这一习惯运用到工作中，更容易形成一种宽厚包容、团结一致的向心力。同时，女性在哺育婴儿的过程中，还会形成比较敏锐的观察能力、感知能力、记忆能力、语言能力等，善于涉猎细节，辨别细微差别，使女性做事认真细心、平稳务实，坚韧不屈，耐力持久，避免了好高骛远、好大喜功造成的被动。女性的这些特质，正是现代领导者必备的素质之一。

女性要善于发挥自己的优势，在生活工作中起到三种作用。首先是润滑剂作用。工作中的人际关系微妙复杂，怎样处理好人际关系是工作艺术之一。女性一般都具有较好的亲和力，热情友好，善于包容，像水一样善利万物而不争，具有“以柔克刚”的天然优势。把这些优势运用到工作中，就能起到润滑剂作用。其次是缓冲器作用。女性一般都具有母性的慈爱与奉献精神，她们感情丰富，温柔细腻，容易营造和谐温馨的气氛。对于工作生活中产生的矛盾，也善于采取民主的、参与式方法来解决，这对于化解矛盾、和谐人际关系具有很好的作用，在团队中起到缓冲器的作用。最后是助推器作用。女性一般比较谦虚，善学他人之长，补己之短，在工作中比较务实，忌好高骛远，遇到困难时，比较耐心，坚韧沉着，细心周到，这些特质使女性在团队中能起到很好的助推器作用。

2. 不断学习进步，提升三种素质

党的十九大提出，要建设高素质专业化干部队伍。在新时代，女性要成长成才，必须紧跟时代步伐，不断提高自己的政治素质、业务素质和领导素质。

首先，政治素质。政治能力是领导干部的第一能力。习近平总书记曾经讲过："党的高级干部要注重提高政治能力，牢固树立政治理想，正确把握政治方向，坚定站稳政治立场，严格遵守政治纪律，加强政治历练，积累政治经验，自觉把讲政治贯穿于党性锻炼全过程，使自己的政治能力与担任的领导职责相匹配。"① 对女性领导干部而言，一是要树立核心意识，自觉在思想上、政治上、行动上同以习近平同志为核心的党中央保持高度一致，自觉向党中央看齐，向党的理论和路线、方针、政策看齐，向党中央决策部署看齐，做到党中央提倡的坚决响应、党中央决定的坚决执行、党中央禁止的坚决不做，坚决维护党中央权威和党中央集中统一领导，保证全党令行禁止。二是坚定理想信念。理想信念是政治能力的灵魂和命脉。女性领导干部只有将党的理想信念内化于心、外化于行，才谈得上有政治能力，才能在重大政治原则和大是大非问题上毫不含糊、毫不动摇。三是具有担当精神。政治担当是政治能力的实践检验和展现。有行动的担当是最好的讲政治，也是真正的讲政治。讲政治，不是搞苍白的政治表态，也不是高喊空洞的政治口号，而是见于行动，在落实上下功夫，在工作中见真章。

其次，业务素质。提升业务素质是新时代干部队伍专业化的内在要求，也是我们做好一切工作的基础。提升业务素质的途径就是不断学习，做工作中的行家里手。学习是领导干部增长知识、增加智慧、增强本领，解决能力不足、本领恐慌问题的重要途径。一是学习习近平新时代中国特色社会主义思想，在学习的基础上，坚持理论联系实际，做到学以致用，善于运用马克思主义的基本原理和立场观点方法武装头脑、指导实践、推动工作；二是结合自身的工作实际，学习熟练业务的新知识，努力提高业务工作水平；三是拓宽学习渠道。"学愈博而见愈远"，领导干部要适应社会发展的要求，以提高创新能力为重点，自觉地学习和掌握新知识，扩大视野，开阔眼界，不断提升自身的综合素质，才能在工作中做到善思善做善成。

最后，领导素质。由于领导工作的特殊性，不断提高领导素质已不是纯粹的领导个人行为，而是一种社会行为，是一种社会责任。社会的复杂、环境的变化、发展的要求、业务工作的创新，都要求领导者勇于挑战自我，重新审视自己，重新设计自己，并不断地将自己的领导能力提高到一个崭新的水平。女性领导干部只有不断学习现代领导科学理论，领会现代科学领导理念，掌握现代领导科学艺术，才能在复杂多变的现代社会和领导环境中适应时代发展的需要，履行好领导职能，创造性地开展工作，才能有效而全面地提高自身的领导能力与领导水平。

---

① 《使贯彻〈准则〉〈条例〉成为自觉行动》，《人民日报》（海外版）2017年2月14日。

新时代领导干部必备的基本素质

刘东军[*]

摘　要　党的领导干部作为关键少数，肩负着引领广大人民群众、建设中国特色社会主义、实现中华民族伟大复兴的中国梦的时代重任，必须具有较高的领导素质、领导能力和领导水平。这是时代的呼唤、事业的需要、人民的希望。新时代党的领导干部应具备崇高的理想信念、坚定的党的观念、深厚的理论功底、牢固的宗旨意识、科学的创新理念、勤奋的学习精神等基本素质。

关键词　新时代　领导干部　基本素质

党的领导干部作为关键少数，肩负着引领广大人民群众，建设中国特色社会主义、实现中华民族伟大复兴的中国梦的时代重任，必须具有较高的领导素质、领导能力和领导水平。这是时代的呼唤、事业的需要、人民的希望。新时代党的领导干部应具备以下几个方面的基本素质。

一、崇高的理想信念

理想信念是共产党人的精神“钙”和安身立命之本。理想信念凝聚着共产党人的初心与使命，是指引方向的航标、修身立业的基石，是正气之魂、力量之源。正如习近平总书记所强调的，理想信念就是共产党人精神上的“钙”，没有理想信念，理想信念不坚定，精神上就会缺“钙”，就会得“软骨病”，要练就“金刚不坏之身”。“走好今天的长征路，必须坚定共产主义远大理想，为崇高理想而矢志奋斗。”“心中有信仰，脚下有力量，没有牢不可破的理想信念，没有崇高理想信念的有力支撑，要取得长征胜利是不可想象的。”① 他特别强调：“理想信念坚定，是好干部的第一标准，是不是好干部首先看这一条。”②

---

* **作者简介**：刘东军（1941～　），男，山东平阴人，中共平阴县委党校教授，中国领导科学研究会理事，中国领导人才专委会理事，研究方向为马克思主义中国化和领导科学。

① 《习近平谈治国理政》第2卷，外文出版社2017年版，第49页。

② 《习近平谈治国理政》，外文出版社2014年版，第413页。

共产主义远大理想，建设中国特色社会主义共同理想，是中国共产党人的精神支柱和政治灵魂，是新时代党的各级领导必须牢固树立的最根本的领导素质。在今天新的历史时代，党的各级领导干部应牢固树立崇高的理想信念，并带头做共产主义远大理想和中国特色社会主义共同理想的坚定信仰者和忠实践行者。只有牢固树立共产主义远大理想和建设中国特色社会主义共同理想，才会在建设中国特色社会主义事业、实现中华民族伟大复兴中国梦的征程中，始终坚持正确的前进方向，保持充满生机活力的内在动力和成就伟业、开创未来的精神支柱，从而引领广大人民群众在建设中国特色社会主义的伟大征程中勇往直前。

二、坚定的党的观念

党政军民学，东西南北中，党是领导一切的。习近平总书记反复强调党的核心领导问题，党的领导是社会主义的本质特征，党是社会主义建设事业的领导核心。中国革命、建设、改革开放的伟大实践证明，没有中国共产党的英明领导，就没有新中国，就没有中国特色社会主义事业今天所取得的辉煌成就。历史实践证明，中国共产党是由中国最先进的分子组成的。首先，中国共产党是中国工人阶级的先锋队，同时是中国人民和中华民族的先锋队；其次，中国共产党代表了中国先进生产力的发展要求，代表了中国先进文化的发展方向，代表了中国最广大人民的根本利益；再次，中国共产党把全心全意为人民服务作为党的根本宗旨，以人民为中心，依靠广大中国人民的力量，为最广大人民谋取根本利益；同时，中国共产党把马列主义、毛泽东思想、邓小平理论、“三个代表”重要思想、科学发展观、习近平新时代中国特色社会主义思想作为自己的理论基础、指导思想和行动指南；最后，党章总纲明确规定，党的最高理想和最终目标是实现共产主义。综上所述，我们不难看出，中国共产党先进的阶级本质，开天辟地、敢为人先的首创精神，坚定理想、百折不挠的奋斗精神，立党为公、忠诚为民的奉献精神，以马克思主义为指导、为共产主义奋斗终生的崇高理想，决定了中国共产党必然要成为中国社会主义事业的领导核心。

中国共产党的核心领导地位，是历史的选择、时代的选择、人民的选择、事业的选择。党的各级领导干部，必须牢固树立党的核心领导观念，牢固树立“政治意识、大局意识、核心意识、看齐意识”，在思想上、政治上、行动上自觉维护以习近平同志为核心的党中央的绝对权威，对党中央不阳奉阴违，不做两面派，不搞地方主义、山头主义、小团体主义，不拉帮结伙搞阴谋诡计。同一切危害党的核心领导地位的言论行为作坚决斗争。自觉接受维护党的核心领导，是党的各级领导必备的基本素质。

三、深厚的理论功底

这个理论功底就是马克思主义理论水平，就是 21 世纪中国化的马克思主义。在纪念马克思诞辰200周年大会上，习近平总书记强调：马克思主义始终是我们党和国家的指导思想、改造世界的强大思想武器。因为马克思主义不仅科学揭示了人类社会发展的客观规律，为人类彻底解放和自由全面发展指明了前进方向，而且还告诉了我们认识世界、改造世界的科学立场、观点和方法。马克思主义是科学的理论、人民的理论、实践的理论，与时俱进不断发展的理论。中国共产党是用马克思主义武装起来的政党，中国共产党人是马克思主义忠实的信仰者，坚定的实践者，有力的创新者。一代代中国共产党人把马克思主义普遍原理和中国实际相结合，在革命、建设和改革的伟大实践中，不断探索和揭示了共产党执政规律、社会主义建设规律、人类社会发展规律，引领中国人民站起来、富起来、强起来，从而也创新发展了马克思主义。

习近平总书记反复强调，面对十分复杂的国内外环境，肩负繁重的执政使命，领导干部特别是高级干部要把系统掌握马克思理论作为看家本领，并且将理论思维创造性地具体化为辩证思维、系统思维、战略思维、历史思维、时代思维、底线思维等形式，以利于广大干部掌握和运用。党的各级领导干部必须学好、用好、发展好马克思主义，把学好、用好马克思主义作为看家本领。特别要学好、用好习近平新时代中国特色社会主义思想，深刻认识它的时代意义和历史意义，自觉学习好、践行好、宣传好，增强“四个意识”，坚定“四个自信”，进一步深化对共产党执政规律、社会主义建设规律、人类社会发展规律的认识，从而引领广大人民群众夺取中华民族伟大复兴的新胜利。

四、牢固的宗旨意识

中国共产党章程明确阐明，中国共产党始终代表中国最广大人民的根本利益，坚持全心全意为人民服务。党除了工人阶级和最广大人民群众的利益，没有自己特殊的利益。党在任何时候都把群众利益放在第一位，同群众同甘共苦，保持最密切的联系，坚持权为民所用、情为民所系、利为民所谋，不允许任何党员脱离群众，凌驾于群众之上。对党的各级领导干部来讲，为什么人的问题是一个根本的立场问题？中国共产党从建党那一天起，就把解放中国人民、让人民当家做主、全心全意为人民服务写在自己的旗帜上，并领导中国人民推翻了三座大山，建立了人民当家做主的新中国，走上了社会主义的康庄大道。党把全心全意为人民服务作为党的根本宗旨。

习近平总书记反复强调并号召党的各级领导干部要“心中有民”。他指出：“历史和现实告诉我们，密切联系群众，是党的性质和宗旨的体现，是中国共产党区别于其他政党的显著标志，也是党发展壮大的重要原因。能否保持党同人民群众的血肉联系，决定着党的事业的成败。我们的党来自人民，植根人民、服务人民，党的根基在人民，血脉在人民，力量在人民。失去了人民拥护和支持，党的事业和工作就无从谈起。党要继续经受住执政考验、改革开放考验、市场经济考验、外部环境考验，就必须始终密切联系群众。在任何时候任何情况下，与人民同呼吸共命运的立场不能变，全心全意为人民服务的宗旨不能忘，群众是真正英雄的历史唯物主义观点不能丢，始终坚持立党为公、执政为民。”他还要求，“要始终与人民心心相印，与人民同甘共苦，与人民团结奋斗”。[①] 习近平总书记不仅这样号召和要求，而且还率先垂范。他做到了心里时刻装着人民、想着人民、贴近人民、奋斗为了人民，成为党的各级领导干部学习的楷模和光辉榜样。作为新时代党的各级领导干部，应该以实际行动学习习近平同志的人民情怀，真正做人民群众的公仆、勤务员，心里时刻装着人民，权为民所用，情为民所系，利为民所谋，事为民所办，与广大人民群众同甘共苦，团结一心，敢于担当，勇于拼搏，为广大人民群众的根本利益奋斗终生，无私奉献。

五、科学的创新理念

创新是一个民族进步的灵魂，是一个国家兴旺发达的动力。我们党历来十分重视创新精神的培育，作出了推进自主创新、建设创新型国家的重大决策，把创新作为国家发展战略的核心，提高综合国力的关键。特别是党的十八大以来，以习近平同志为核心的党中央更是把创新放在新发展理念的首位。习近平总书记指出，我们必须把创新作为引领发展的第一动力，把人才作为发展的第一资源，把创新摆在国家发展全局的核心位置，不断推进理论创新、制度创新、科技创新、文化创新，让创新贯穿党和国家的一切工作，让创新在社会蔚然成风。

创新从根本上讲，就是在社会实践中不断探索事物发展变化的客观规律，认识新情况，揭示新矛盾，把握新规律，开创新局面，在破旧立新中促进社会发展，推动历史前进。对党的各级领导干部来讲，要完成自己肩负的使命，推动社会主义事业发展，不仅要有勇于担当的奋斗精神，而且还要有敢于创新、善于创新的革命精神。特别是在今天新的历史条件下，领导干部要有新作为，就必须牢固树立大力创新的科学精神。创新不是盲干、乱干，必须从实际出发，理论联系实际，实事求是，在实践中检验真理，发展真理。要做到这一点，领导者必须不断深入实际，调查研究，分析新情况，揭示新矛盾，找出新问题，把握新规律，探索新路子，采取新措施，促进工作不断前进和发展。科学的创新精神是各级领导干部必不可少的根本素质。

六、勤奋的学习精神

习近平总书记在《依靠学习走向未来》一文中，深刻阐述了勤奋刻苦学习的重要意义，号召党的各级领导干部要养成勤奋刻苦学习的良好习惯。他指出：“全党同志一定要善于学习，善于重新学习。同过去相比，我们今天学习的任务不是轻了，而是更

---

① 《习近平谈治国理政》，外文出版社 2014 年版，第 366～367、428 页。

重要了。这是由我们面临的形势和任务决定的。”他还指出：“领导学习不学习不仅仅是自己的事情，本领大小也不仅仅是自己的事情，而是关乎党和国家事业发展的大事情。这也就是古人所说的‘学者非必为仕，而仕者必为学’。只有加强学习，才能增强工作的科学性、预见性、主动性，才能使领导和决策体现时代性、把握规律性、富于创造性，避免陷入少知而迷、不知而盲、无智而乱的困境，才能克服本领不足、本领恐慌、本领落后的问题。否则‘盲人骑瞎马，夜半临深池’，虽勇气可嘉，却是鲁莽和不可取的，不仅不能在工作中打开新局面，而且有迷失方向，落后于时代的危险。”①

党的各级领导干部应该把学习作为一种美德和任务，养成一种良好的学习习惯。任何知识的获得，智慧的增长，能力水平的提高，事业的成败，都是勤奋刻苦学习的结果。古今中外，古往今来，凡成就大事者，都是勤奋刻苦学习的典范。过去以毛泽东为代表的老一辈无产阶级革命家，今天以习近平同志为核心的党中央，都是全党特别是党的各级领导干部学习的楷模和典范。当前有的领导干部，整天忙于事务，不注重学习，把学习作为一种负担，即使学也不是真学，更谈不上勤奋刻苦，而是走过场、图形式，正因为如此，能力水平素质低下，工作平庸。尽管是少数人，但危害极大。没有勤奋刻苦的学习精神是非常危险的，特别是在今天新的历史时代，不勤学者、不苦学者、不善学者迟早要为人民所抛弃、为时代所淘汰。时代呼唤、事业需要、人民希望党的各级领导干部必须牢固树立勤奋刻苦的学习精神，否则，就不能称之为一个合格的领导干部。

① 《习近平谈治国理政》，外文出版社 2014 年版，第 401、402 页。

“亲”“清”新型政商关系的内涵及其建构路径

王玉堂　郭　颖*

摘　要　政商关系是一个涉及国与民、政与商、公与私、政治与经济等多个方面的复合结构。构建“亲”“清”新型政商关系，必须强化法律规约，落实“负面清单”；提供明确指引，细化“正面清单”；密切政商合作，探索共赢之道；发挥工商联、商会组织作用，助力政商关系。

关键词　政商关系　内涵　路径

2016年3月4日，习近平总书记在全国政协十二届四次会议民建、工商联界委员联组会时指出：“新型政商关系应该是什么样的？概括起来说，我看就是‘亲’‘清’两个字。”[①] 并对“亲”“清”二字作了精辟、独到的阐释。“亲”“清”新型政商关系的提出，既呼应了时代的发展步伐和廉政反腐形势，也符合民营企业家的期待。“亲”是驱动力，“清”体现规范的要求。“清”是“亲”的前提和条件，“亲”是“清”的着眼点和落脚点。构建“亲”“清”政商关系，有利于形成各尽其职、共谋发展的格局，有利于营造公平有序法治的市场竞争环境，有利于打造政治生态的“绿水青山”，进一步巩固和发展党领导的爱国统一战线，为激发企业家精神、发挥企业家才能、推动企业更好更快发展提供了坚实保障，对顺利完成“两步走”战略目标、实现中华民族伟大复兴的中国梦具有重要意义。

一、“亲”“清”新型政商关系的基本内涵

新时期应当如何正确界定和处理政商关系，是我国经济社会发展中必须回答的现实问题。只要搞改革开放、发展社会主义市场经济，就不可能绕开政商关系。特别是在基层，领导干部几乎每天都在和民营企业打交道。因为“政”需要“商”来发展经

---

* **作者简介**：王玉堂（1962～　），男，山东梁山人，中共东平县委党校常务副校长，山东财经大学兼职教授，上海交通大学客座教授，山东省党校系统智库联盟理事，山东省中国特色社会主义市场经济研究会常务理事，主要研究方向为党的建设、领导科学、墨学；郭颖（1984～　），女，山东东平人，中共东平县委党校讲师，主要研究方向为党的建设。

① 《习近平谈治国理政》第2卷，外文出版社2017年版，第264页。

济，“商”需要“政”来提供好的服务，营造好的环境。对于构建新型政商关系，习近平总书记将其概括为“亲”“清”两个字。“亲”“清”是新型政商关系的基本内涵，是对传统非正常政商关系的矫正。

（一）政商之间要“亲”

习近平总书记指出：“对领导干部而言，所谓‘亲’，就是要坦荡真诚同民营企业接触交往，特别是在民营企业遇到困难和问题情况下更要积极作为、靠前服务，对非公有制经济人士多关注、多谈心、多引导，帮助解决实际困难，真心实意支持民营经济发展”；“对民营企业家而言，所谓‘亲’，就是要积极主动同各级党委和政府及部门多沟通多交流，讲真话，说实情，建诤言，满腔热情支持地方发展。”①

“亲”是同心、同向，是一种合力，体现了以习近平同志为核心的党中央对充分调动非公有制经济人士积极性、充分发挥民营企业作用的鲜明态度。首先，领导干部要调动非公有制经济人士的积极性，要明白民营企业对经济发展做出的贡献，对当地就业税收做出的贡献。这些民营企业家就像是过去大家庭里的壮劳力，是挣工分的，所以在心理上要“亲”、在工作上要“近”，要充分发挥民营企业的重要作用。其次，要坦荡真诚地同民营企业家接触交往，帮助其解决实际困难。不能推卸责任，为了避嫌干脆绕着问题走，对民企发展中的信贷压力、税费负担视而不见，不愿意出手相助。再次，不能厚此薄彼，“手心手背都是肉”，国企、民企都一样亲。最后，还要注重强化企业家的社会责任感，在加快企业发展的同时，为地方经济社会发展贡献力量。

（二）政商之间要“清”

习近平总书记指出，对领导干部而言，“所谓‘清’，就是同民营企业家的关系要清白、纯洁，不能有贪心私心，不能以权谋私，不能搞权钱交易”；对民营企业家而言，“所谓‘清’，就是要洁身自好、走正道，做到遵纪守法办企业、光明正大搞经营”②。

“清”是红线、底线，是一种尺度，体现了以习近平同志为核心的党中央对各级领导干部在政治纪律和政治规矩方面的严格要求。“没有规矩，不成方圆。”守纪律、讲规矩是对全体党员干部党性的重要考验，也是党员干部对党忠诚度的重要检验。近年来，全国查处的一批腐败案件暴露出官员和商人不正常交往，构建了所谓“政商朋友圈”，政商勾结，搞权钱交易。有些干部帮了企业家的忙就想要回报，把他们当钱袋子，想潇洒了就让他们来买单；有些企业家亲近领导干部主要是瞄准他们手里的审批权和影响力，为了企业利益给领导灌“迷魂汤”，让他们丧失原则，投桃报李。政商关系之间要“清”，就是公是公、私是私，把为企业服务和个人关系分清楚，不要搞得亲

① 《习近平谈治国理政》第2卷，外文出版社2017年版，第264页。

② 《习近平谈治国理政》第2卷，外文出版社2017年版，第264、265页。

亲密密、卿卿我我，不要兄弟相称、江湖气十足。①

我们党要净化党内政治生态，就要治理官商交往。双方既要守住交往底线，又要明确划定交往规则和范围，领导干部为企业服务不是为了谋取私利，企业不是寻求权力的“保护伞”。有了底线思维、规矩意识，在政商交往中，就能保持健康心态，维护正常秩序，促进公平竞争。

（三）政商之间要处理好“亲”和“清”的关系

官有官德，商有商道。“亲”与“清”既相互联系，具有内在统一关系，又界限分明，不可混淆。客观来说，“亲”与“清”既内涵各异、彼此不同，又相辅相成、互为补充。“亲”“清”政商关系从本质上说，是处理好政府与市场的关系。“亲”要求更好地发挥政府的服务作用，“清”要求更好地发挥市场的决定性作用。政商之间既不能“勾肩搭背”，也不能“背对着背”，要“各安其位、各负其责、各得其所”。建立新型政商关系，必须反对“亲而不清”和“清而不亲”两种倾向，切实促进双方亲清结合、公私分明、各司其职、共同发展，让政商关系密切而纯洁起来。习近平总书记的“亲清”论，是对新时代政商关系的生动诠释和形象概括，体现了二者之间既相处“亲密”又不失“分寸”的最佳状态和内在关系。

二、当前政商关系中存在的现实问题

政商关系的概念可以从以下三个层次来把握：“第一层是政治与经济的关系，不同的政治运行机制与经济运行方式是相互影响、相互造就的。权力集中的政治运行机制必然要加强对经济运行的控制，经济主体活动的自由度越高也就越要求进一步分散政治权力。第二层是政府与民营企业的关系，主要体现在政府对企业生产经营活动的干预程度和企业对政府决策的影响程度。第三层是政府官员与民营企业家的关系。这三层关系中第一层次是最基本的、最核心的关系，直接影响着第二层次和第三层次，第三个层次则是其外在的表现。”② 毫无疑问，改革开放以来，随着非公有制经济的快速发展，民营企业家阶层对经济社会的影响力日益扩大，各级政府和民营企业共同为中国经济的快速发展提供了动力，政商关系总体健康。但是，以高度人格化为主要特征的政商关系中存在诸多不容忽视的突出问题，现实中的主要表现有：

（一）官商勾结型

部分领导干部与民营企业家以利益、情感为纽带结成官商联合体，双方通过权钱交易达到各取所需的目的。部分领导干部利用手中的权力肆意扭曲公平竞争规则，通过倾斜性的项目审批、资源划拨、工程包租等方式为私营企业谋取利益铺平道路，民

① 参见彭江龙：《关于构建“亲”“清”新型政商关系的思考》，《党建研究》2017年第8期。

② 孙丽丽：《关于构建新型政商关系的思考》，《经济问题》2016年第2期。

营企业家则为官员满足其欲求提供种种服务。

（二）仗权欺商型

部分领导干部依靠行政权力扭曲市场经济运行规则，干扰企业正常生产经营活动。一些领导干部以计划经济思维、简单行政化手段去管制、干预甚至操纵企业正常的生产经营活动，代替企业决策，随意变更产业发展政策，比如针对私营企业的随意摊派、兼并重组中的“拉郎配”以及产业政策、行业标准的随意调整等。更有甚者，部分领导干部欺压、打击与自己没有利益关系的企业家，逼迫其行贿或者使其退出竞争。

（三）消极躲避型

部分领导干部在高压反腐态势下奉行少干事就不出事的理念，不敢与企业主接触，不愿关注企业的生产经营活动，甚至连基本的公共服务都不正常提供。一是把握不准，不敢作为。由于把握不好与企业交往的分寸，一些领导干部在处理政商关系时容易走极端，为了避免不必要的麻烦，干脆舍“亲”而保“清”，不吃、不拿、也不干。二是怕担责任，不愿作为。有些领导干部为了不出事，宁愿不干事，给企业该办的手续不办，该批的项目不批，习惯于做“太平官”和“无为官”，缺少了应有的担当。三是重视不够，被动作为。一些领导干部不关注、不重视企业，不去学习经济、管理等一些知识，不懂得怎么样为企业来服务，不主动为企业排忧解难。四是庸懒散拖，消极作为。一些领导干部以消极态度对待民营企业家，到企业调研、推动工作明显减少，一些干部与企业家不怎么联系，干部对企业缺少积极性。

（四）商裹挟政型

由于一些地区政治生态恶化，部分不法民营企业家或者利用其在政界编织的关系网裹挟与其有交集的领导干部，或者利用各种手段拉拢腐蚀领导干部，迫使领导干部按照企业主的利益来行使行政权力，媒体频频曝出的地下组织部长就是典型现象。

上述四种现象表面上是领导干部与企业家之间的问题，但其实质上并非简单的官商之间的勾搭、贿赂，而是政府职能不当行使与企业经营理念偏离的复合作用下产生的不正常现象，更深层次上则是经济社会运行方式与市场经济规则的不完全协调，文化层面上则是传统农耕文化与现代市场经济文化的碰撞与冲突。一方面，当前的政治运行方式依然带有深刻的计划经济痕迹，政府和市场的边界不够清晰，行政权力集中化、政府权力部门化、部门权力个人化的客观现实使得官员手中的权力具有很强的资源划拨能力和财富制造能力，从而不可避免地带来了官商之间的勾连和博弈；另一方面，在现实的经济社会运行中，政府对市场运行的监管调控能力远远大于市场对政府行为的影响能力，即政府在一定程度上可以按照自身的意愿去行使权力而可以不必过多关注市场的反应。而民营企业家影响政府决策的合法渠道相当有限，出于对资本增值的追求，通过不法渠道影响行政决策就有了必要性。此外，由于传统农业社会的文化遗存影响，官优于商、商依靠官的思维模式依然根深蒂固，而基于现代民主政治和市场经济而形成的依法行政意识、公平竞争意识尚未充分确立，也使得一些干部和企业家对相互帮衬、各取所需有理所应当的心理。

三、“亲”“清”新型政商关系的建构路径

新时代，重构政商关系新生态，要遵循“合作、有界、有法”的基本准则，政府按纪律规矩办事、企业按市场规律出牌、工商联商会组织当好桥梁纽带，共同营造良好政治生态。

（一）强化法律规约，落实“负面清单”

1. 加快制度跟进

要完善立法程序，使建议立法、创制法案、审查法案、提交讨论、征求意见、通过法律、修改法律等过程严丝合缝。积极创造条件，扩大民营企业家参与非公有制经济领域及其相关领域的立法机会，制定政策前要充分听取并吸收工商联商会组织等代表企业家利益的人民团体的意见和建议。要加大对既有法规的清理力度，消除有利于违法边缘的法律法规。要及时制定规则，建立严格的舆论监督和独立的司法体系，为权力监督提供制度保障。要完善对各级政府官员的培训制度和道德约束机制，提高他们反腐倡廉、反奢倡俭的道德水准和自律要求。

2. 推进依法行政

建立科学的分权和制衡体系，以制度防止权力“乱作为”。继续推进简政放权，减少许可事项，规范行政处罚，落实税收法定，完善政府“权力清单”“责任清单”和“负面清单”，能由行业监管和市场自行调整的，一律放弃前置审批。[①] 推进招商体制改革，政府部门要恪守诚信原则，为企业提供“一条龙”服务；加强行政监察，发挥审计监督作用，对公共资金、公共资源、国有资产严加监管，落实权力清单、责任清单、负面清单；发挥工商联商会组织在政策衔接、政策第三方评估中的作用，切实解决好政策落实“最后一公里”问题。

3. 执法公正严明

要营造公正的执法环境，完善权力追责制度，缩小立法与执法的缝隙，减少寻租“间隙”。加大对各种违法行为的查处力度，铲除官员利用公共权力谋取私利的土壤。政府要做执法的表率，既防治粗暴执法，也要防止软弱执法。可尝试实行交叉执法制度，对食品、药品、环境等重点领域，实施异地交叉执法，防止地方保护主义。建立健全商业贿赂犯罪档案查询系统和不廉洁企业及其负责人“黑名单”制度，对市场经济活动中有行贿记录的企业，依法依规限制其有关经济活动；对不廉洁企业或者有行贿记录的非公有制企业负责人，在相关规定期限内不得授予政治荣誉或给予政治安排，

① 参见韩阳：《健康政商关系的基本内涵、实践经验与建构路径》，《重庆社会主义学院学报》2016 年第 1 期。

推进非公有制企业廉洁风险防控。在涉企反腐案件审理中，注意保护、协助和调查企业的合法利益，防止影响其正常生产经营。

（二）提供明确指引，细化“正面清单”

1. 营造公平公正的市场环境

党政部门应公正平等对待民营企业，落实促进民营经济发展政策，努力推动垄断行业的市场化改造。各部门之间要加强政策衔接，提高行政效能、服务水平、政务服务透明度。发展网上办公，使审批阳光化、便利化、快捷化，在服务理念、服务态度、服务方式、服务质量、服务速度、服务反馈等方面，进一步完善服务制度。在减少事前审批的同时，加强事中和事后监管。畅通民企诉求渠道，推行并落实政府挂钩联系企业制度等相对固定的政商互动制度。

2. 及时创新微观制度

细化政商交往的“正面清单”，建立公共服务清单和中介服务清单，为政商交往提供明确指引。针对法律没有明确规定、有相关规定但操作性不强、规章制度之间衔接不畅等问题进行“打补丁”“填空白”，推进微观制度的创新，把握好执纪执法的政策界限。为了加强沟通、提高效率、节约时间，可以规定公职人员与企业人员通过工作餐会的形式，进行见面商谈。

3. 细化容错纠错办法

建立容错提出、受理、审议界定机制，以明确规范让官员有作为、敢作为，保护作风正派、锐意进取的干部；要避免刻板化、标准化执法，给创新留有制度空间，并及时根据市场、技术的需要更新相关制度，让企业家放心大胆地去创新、去发展。

4. 形成激励机制

推进企业诚信评价体系建设，对于廉洁记录良好的企业和企业家，予以表彰、鼓励、扶持；通过各种传统主流媒体和互联网新兴媒体宣传企业家良好形象，在民营企业家中起到典型示范作用，完善干部的考核评价和激励机制，鼓励创新，表扬先进，不断激发干事创业、开拓进取的精气神。

（三）政商密切合作，探索共赢之道

1. 打造健康服务型政府

政府要转换思维方式，做到政府维护市场、市场培育企业，而不是政府筛选、培育企业。加强群众意识和服务意识，努力打造廉洁型服务型政府，让企业安心做事业、办实体。

2. 鼓励现代企业制度建设

企业要及时识别政府对政绩的需求，注重与政府相关部门沟通，借由规范的政商环境谋求发展经营创新创业，利用企业自身的行业地位和信息资源为政府提供服务和建议。同时加快建立现代公司治理结构，筑实股份所有制股权基础，消除家族企业

“一股独大”的现象，并逐渐建立职业经理人制度，形成董事会制约。

3. 拓展政企合作渠道

一是大力发展混合所有制经济。混合所有制经济能实现国有资本和民间资本的共赢，带动经济的健康发展。要引导民营企业把握混合所有制改革及市场初期带来的兼并重组、债务重组、破产清算等低成本扩张机遇，融合发展、做优做强。二是为PPP模式提供制度保障。PPP模式利益共享、风险共担、长期运营的合作原则，有利于构建新型政商关系。要以制度供给为路径，切实规范政府在PPP项目中的特许权行为，依托第三方平台，制定规范化、标准化、科学化的交易流程，对项目提供技术支持。建立健全监督体系，让PPP项目中的政商关系在阳光下运行。

（四）发挥工商联商会组织作用，助力政商关系

1. 坚定理想信念，倡导守法诚信

要支持统战部、工商联不断拓展理想信念教育实践活动的深度和广度，突出以“守法诚信、坚定信心”为重点，突出年轻一代这一新着力点，突出各类商会主阵地，突出互联网新媒体等新渠道，突出互动式、体验式活动等新形式，引导非公有制经济人士争做爱国敬业、守法经营、创业创新、回报社会的典范。[①] 要提升教育培训的实效性和吸引力，帮助企业家认识到依法治国对企业创业、创优、创新发展带来更多红利，树立市场经济应当是平等经济、规则经济、法治经济的理念，保持“不行贿”的道德自觉和自律，形成办事依法、遇事找法、解决问题用法、化解矛盾靠法的风气，通过创新不断提升核心竞争力，逐渐摆脱企业发展对官员关系的依赖。切实加强企业党组织、工会、共青团等组织建设，加强民主管理、民主监督力度，为企业民主管理提供可靠的政治保证和组织保证。

2. 强化部门合作，营造法治环境

深入开展构建“亲”“清”新型政商关系宣传教育活动，开展构建亲清政商关系研究，汇编“亲清关系大家谈”成果；开展以案释法教育，组织民营企业家旁听违法经济类案件审理，参观反腐倡廉警示教育基地，面对面进行警示教育；运用多种载体宣传“亲”“清”正能量，积极培育廉洁文化建设示范点；推进与法院、检察院、司法、劳动、工会、仲裁委等部门合作，强化法律服务和法治宣传；选编典型案例，引导企业依法经营、依法治企、依法维权，建设法制性的政商关系。

3. 支持引导商会依法自治，参与社会治理

政府应建立纵向和横向相结合的商会组织网络体系，有序推进各类商会组织去行政化改革，为行业协会商会自我“造血”、现代治理、合理退出创造良好的制度条件。

---

① 参见杨卫敏：《构建“亲”“清”政商关系探析——学习习近平有关新型政商关系的重要论述》，《江苏省社会主义学院学报》2016年第3期。

工商联要支持和引导商会组织开展政策第三方评估，协助政府进行产业行业调整和区域经济协调、招商引资、建设产业园区，及时掌握民营经济运行情况等。推进政府购买服务，引导商会承接政府职能转移，政府与行业协会商会应依托法律合同确立权利义务，通过市场机制来建立合作联系，建立购买项目的双向选择机制；在立项评审、预算编制和绩效评估等环节，引入听证会、满意度调查等程序，引导公众参与监督；制定服务合同违约时的应急预案，降低项目购买风险。

4. 做好政治安排，提升协商水平

工商联要引导民营企业家有序参与社会事务管理、立法协商和规则制定，监督依法行政及公正司法，帮助企业学会用法律表达和实现利益需求。支持统战部、工商联完善非公有制经济人士综合评价体系，对非公有制经济人士的思想政治素质、履行社会责任情况、守法创新经营情况、企业发展与经验管理情况、个人修养及公众形象等进行综合评价，把评价结果作为非公有制经济人士政治安排的前置条件和重要参考，把好“政治关”和“代表性”问题。[①] 应把事后性、补偿性安排模式转型为培养性、引领性安排模式，引导非公有制经济人士特别是年轻一代切实履行职责，增强社会责任感。

① 参见张艳娥：《统一战线处理政商关系的作用机制及其转型创新》，《重庆社会主义学院学报》2016 年第 1 期。

人才培养

多校区办学环境下的高校共青团育人模式探索*

林　竹**

摘　要　自20世纪80年代以来，多校区办学逐渐成为各大高等教育机构长久以来热烈探讨和实践的教学模式，它既存在着多样化、层次条理性、办学规模化等优点，同时也存在着文化整合困难、管理分散、学科结构欠缺等缺陷。高校共青团育人工作一直是大学生思想教育的重要组成部分，如何育人、形成何种育人模式，体现了高校的思想精神和教育水平，也凸显了共青团工作的职能和作用。在多校区办学这一环境和背景之下，高校共青团的育人模式如何与新环境相适应，如何探索新的育人模式，关系到高校育人工作的开展和学生的成长成才。

关键词　高校　多校区办学　共青团　育人模式

高校共青团工作以育人为核心，是加强和改进大学生思想政治教育工作的前沿阵地，也是组织青年、引导青年、服务青年的有力抓手。作为高校工作的重要组成部分，共青团工作按照党的要求、顺应历史时期的变化，不仅具有鲜明的时代特征，而且还受高校办学环境的影响，带有鲜明的“校园特色”的烙印。目前，我国高校（尤其是综合性大学）在扩大办学和招生规模而开拓新校区的同时，面临着由多校区办学带来的诸多挑战。在此背景下，高校共青团育人功能的显现和发挥也受到多校区办学环境的影响。如何在多校区办学环境下更好地发挥共青团职能，开展多校区共青团育人模式的探索与研究具有重要的理论和现实意义。

一、高校多校区办学环境的形成与发展

国外大学多校区办学模式出现较早，在英、美、日等国的探索与实践已有较长历史，也获得了许多成功的经验。美国学者科尔和盖德认为多校区办学是指由两个或两

* 该论文为共青团山东省委和青年工作课题研究优秀成果三等奖《基于多校区办学环境下的高校共青团育人模式构建》的成果之一。

** **作者简介**：林竹（1983～　），女，山东栖霞人，山东大学经济学院党委副书记、讲师，主要研究方向为思想政治研究、学生事务管理与发展指导、党建工作。

个以上高级校区组成；只受某个单级的管理委员会合法管理；管理委员会或多校区大学系统行政部门与各分校之间的重要职责分工明确的一种办学方式。[①] 如著名的美国加州大学，由九个分校联合体组成，采取“事业部型组织机构”，运用集中决策、分权管理的方式对多校园系统进行管理；日本东京大学按校区功能定位，三个校区承担基础教学、科研等不同的办学任务，具有各自特色。其共同特点是在制定发展规划、招生办学等具体问题中赋予了各分校、学院较大的自主管理权。

我国高校多校区办学状况是伴随高等教育改革和发展的深入形成的。随着高等教育大众化目标的确立以及社会经济对综合型人才的需求，肩负人才培养重任的高校从地理空间上实现校园土地的扩张和从资源整合上实现办学规模的扩大成为必然选择。1992 年后，自上而下的大学扩建与合并工作全面推进，以“共建、调整、合作、合并”为指导方针，围绕着建设世界一流大学、综合性大学的目标，6 年间，共有 207 所高校合并调整为 87 所普通高等学校。[②] 随后，一批学科综合、规模巨大、实力较强的综合性多校区大学，如新浙江大学、新武汉大学、新吉林大学、新山东大学、新复旦大学等也应运而生，旨在适应经济社会发展和科技进步对高层次人才的需求，增强高校知识创新和培养创新人才的竞争力。

二、多校区办学环境下的育人问题分析

目前，在高校多校区办学成为大势所趋的环境下，由于原有办学模式和管理模式的打破所带来的种种问题，诸如资源整合、学科融合、人心凝聚等浮出水面。如何处理分散与凝聚、割据与融合、断裂与传承，成为共青团育人工作的当务之急。

（一）校区与人员的分散和凝聚

高校扩张或是合并带来的首要问题是形成了多个校区，分散在不同的地理空间里，因而教师、学生、管理人员等教职员工也被阻隔在不同的办学空间内。不论是同一城市的分区模式，还是异地分区模式，虽然实现了大学办学实体的规模拓展，却造成了资源整合的困难、管理成本的加大等。育人的主体和客体由于分散在各个校区内，其客观条件的制约使其无法充分享有综合性大学的各类物质、制度资源，其发展机会和平台也受资源配置等问题影响出现公平和效率的缺失。地理位置的分散造成人员分布的分散，人员在地域上的分散则促使人心的凝聚、组织凝聚力的体现成为势在必行之事。

（二）思想与文化的割据和融合

大学校园文化是一所大学在长期办学实践中所创造和逐步形成的一种独特的文化，

---

① 参见伍运文：《多校区大学的校园文化建设》，《理工高教研究》2003 年第 8 期。

② 参见鲍道苏、徐光明：《1＋1＞2 是怎样实现的——南昌大学改革与发展纪实》，《中国教育报》1998 年 5 月 2 日。

是师生员工在教学过程、科研活动、服务社会、生活娱乐等实践活动中创造的，既受社会大文化系统的影响，又具有相对独立性的文化。这种文化不仅为全校师生员工所认同和遵循，反映出大学的办学理念、办学方针、专业特色和独特的精神、文化氛围，而且还反映出大学长期发展的战略目标、群体意识、价值观念和行为习惯。大学校园文化是一所大学代代相传的独有的精神财富，具有强大的凝聚力和感召力，时时都在大学生中产生影响和作用。[①] 大学文化塑造的大学气候有硬、软两种环境。硬环境侧重于物质文化，比如校园建筑风格、绿化环境、公共设施等彰显文化品位和气质的视觉标识；软环境则侧重于制度文化、价值观念等长期积淀的大学团体意识。多校区办学尤其是合并型大学在校区建设的软、硬环境上都秉承着各自的历史和特色，其多样性和丰富性如不能得到有效的整合，则如藩镇割据一般，综合型大学只不过是徒有虚名。多校区文化的融合是思想、价值、观念、道德规范的融合，也是人心的沟通、凝聚和统一。[②]

（三）精神与传统的断裂和传承

大学精神是大学文化中的精髓和核心。她是大学在创立之初到发展过程中长期提炼出来的具有独特气质的精神形式和文明成果，体现着大学的整体风貌、办学水平、感召力和生命力，在长期的积淀中已经深深内化为每个大学人无论是教职员工还是学生心中崇高的精神动力和支柱，并自发自觉地认同和维护。大学精神以大学文化为基石，凝结于校园的一草一木、一砖一瓦中，也口口相传于师长大家、前辈同窗之中，其要义贵在于传承。多校区高校或是按功能将不同院系安排在不同校区，或是按年级将高低年级分开设置，横向空间的分割与纵向时间的分割使“传承”失去了根基。

三、多校区办学环境下的高校共青团育人模式构建

（一）工作理念的凝练与提升

高校共青团工作应顺应高等教育改革的需要，与学校环境发展与文化建设同步，且满足青年的需求。共青团育人成才的目标也应满足社会用才的诉求，与学校人才培养目标一致，且充分考虑到大学生成为有用之才的迫切需求。在遵循客观规律、以人为本的前提下，其育人模式的构建应以理念先行。

理念是实践活动在哲学层面上的指导思想，综合反映实践活动的价值观、信念和行为准则，是一切实践活动的理论先导，决定着实践活动的思维、活动方式及发展方向。[③] 理念创新是制度创新和实践创新的先导。马克思环境论指出，环境决定着人们的思想和观念，人对环境也具有积极的能动作用。在多校区办学环境下探讨共青团育人

---

① 参见刘龙海：《加强大学校园文化建设实现人本管理》，《中国高教研究》2007 年第 1 期。

② 参见杨建超、魏兆和：《多校区和谐校园文化建设》，《江苏科技大学学报》（社会科学版）2008 年第 12 期。

③ 参见于海洋、杨淑珍：《思想政治教育环境建设理念的创新》，《中国青年研究》2007 年第 11 期。

理念，即要将多校区大学发展的方向与愿景同大学人才培养的精神融汇于共青团育人的过程之中，使育人环境与育人行为产生有效的互动。从多校区办学的育人困境入手，结合共青团的优势，以思想引领为先导，以组织凝聚力建设为基石，将育人过程细化为育心、育思、育识、育行、育才几个层次。

育心，即育精神。培养大学精神与社会公民意识。育思，即培育思想与品行，树立社会主义核心价值观，秉承中华传统美德。育识，即培育远见卓识，具有求是拓新的意识，学习社会主义先进文化。育人以育心、育思、育识为先，是共青团工作的宗旨和大方向，对应着多校区工作困境，用团组织的号召力和凝聚力克服人员与校区的分散，促进文化的凝聚力，实现文化的融合；由文化的凝聚力实现思想的凝聚力，由思想的凝聚力达致精神的凝聚力，使得良好的传统得以继承和发展。

育行，即培育良好的行为规范，树立做事的原则和准则。育才，则是在帮助学生健全人格、树立道德和品行的基础上对人的综合素质和知识能力的培养。育行和育才是共青团工作的具体职能所在，是实现育心、育思、育识的具体方法，也是在其指导下进行具体工作的具体目标。

（二）组织管理制度的整合与重构

多校区的办学背景势必要带来共青团工作组织管理的相应变革，这涉及共青团工作内部运行是否高效。管理学中运用战略管理方法对组织的生存和发展进行有效规划，并对组织运行进行控制与评价，是一种动态的管理过程。战略规划有助于组织发展方向明确化、组织功能明晰化，有利于组织内部的交流与沟通。多校区办学环境更需要团组织在自身管理过程中注重长远性、全局性和综合性。

1. 组织架构调整

由若干要素以一定结构形式连接构成的具有某种功能的有机整体称为系统。其要素之间具有整体性、相关性、层次结构性、动态平衡性、时序性。从系统论视角来看，多校区高校共青团各级组织更加多样和结构复杂，要实现发展，必须表现出高度整体性。校级团委的统一领导、统一规划为共青团育人工作的施行指明具体方向。相关性体现为，各校区中分布各院系团委之间及院系团委与校级团委之间相互联系、相互依赖，各校区及各学院团委不是孤立存在的。层次结构性即明确各级团组织都是由下属团组织构成，同时又是更大系统的组成要素，处于一定的网络层次中。各基层团组织、院系团组织、校团组织及分校区团组织派驻机构共同构成了高校共青团组织，且在不断发展变化中。要明确各自的制度及职能定位，结合学校实际情况选择是以集权型的纵向管理为主，还是以相对分权型的横向管理为主，以让更趋复杂的组织架构形成一个有机统一的整体。

2. 沟通渠道拓展

一方面凭借现代化信息技术架构组织联络渠道，建设数字化办公系统，以网络为基础对各类资源进行数字化处理，充分有效地配置和使用各种资源，用数字化多媒体手段简化办公流程、丰富办公内容；另一方面，利用共青团开展实地调研和宣传优势，定期开展跨校区全校范围内的调研活动，充分了解师生需求，弥合多校区间的交流沟通障碍。

3. 绩效考评引导

采用合理的激励机制调动各级团组织工作的自主性，建立新的评价机制，倡导既系统又可操作的好方法。兼顾效率和公平，在资源配置、发展机会等方面提供公平的竞争环境和平台，培养团干部统筹的视野，对于管理高效的创新做法进行有效激励。

（三）育人职能的深化与创新

高校共青团的育人职能在于围绕学校的工作部署和人才培养目标，以育人理念为指导，突出思想引领和成长服务两大任务，以高品位、多层次的校园文化活动为载体，以加强基层团组织建设、着力培养青年学生骨干和促进学生就业创业为重点，努力凸显学校共青团的思想属性、政治属性和组织属性。

1. 依靠基层团组织的凝聚力为思想政治教育搭建平台

围绕多校区背景下高校育心、育思、育识、育行、育才的育人工作理念，将引导学生认识"社会需要什么样的人，自己应该并能够成为什么样的人，自己如何成为这样的人"作为思想政治教育的核心，用爱国主义的思想引领人，用无私奉献的品德感召人，用创新进取的精神激励人，用人文关怀的氛围陶冶人。坚持用邓小平理论、"三个代表"重要思想、科学发展观和习近平新时代中国特色社会主义思想构筑青年学生的精神支柱，以社会主义荣辱观教育增强青年学生的道德意识，将"热爱祖国、守护道德"作为引领学生树立社会主义核心价值观的旗帜，紧密联系社会和校园实际，将多校区环境纳入思想政治教育自身发展的内部因素，发挥环境自身的育人功能，最大限度地实行环境与思想政治教育在功能上的互补。探索教育途径，化整为零，将外部多样性、复杂性的校园环境细化为每一个构成校园文化、校园精神的要素，从基层团组织这一最细微的细胞入手，将基层团组织的凝聚力建设作为思想政治工作的"生命力工程"。将润物无声的真情关怀寓于其中，通过组织开展红旗团委创建和团支部达标升级、团员教育评议等活动规范制度建设，营造良好的氛围，以青年的兴趣为切入点，采取校院两级的主题立项与结题答辩的形式，推出创新性团日活动。同时，利用建国、建党、五四运动等契机，高扬红色主旋律旗帜，如建立红色理论社团，以喜闻乐见的社团活动形式，积极引导学生创新理论学习、强化比较鉴别，投身社会实践，坚定跟党走中国特色社会主义道路的理想信念。将个人理想融入全民族的共同理想，在为祖国和人民的不懈奋斗中体现自己的人生价值。

2. 依托社会实践、志愿服务活动育文化，树品牌

社会实践与志愿服务活动是将育人理念落实于行动的有力抓手和纽带，在提升当

代大学生综合素质、搭建团员青年成长舞台方面发挥了巨大的作用。以人人参与为基础，以基层团支部为单位，以组建团队为带动，淡化校区的空间概念，将校园与社会环境融为整体，将社会实践活动与人格培育的成长导航工程相结合，为打造有专业特色的社会实践梯级平台，为不同年级、不同专业的学生发展提供平台。将其内涵从单薄的时节性活动提升为扎实开展的工作和事业，将其范畴从保证学生全员参与拓展到营造良好的自觉自愿、薪火相传的学习实践的文化氛围，将共青团鲜明的青春印记同大学刚毅厚重的学术传统相融合，将社会实践理念凝练为大学精神的重要组成，号召广大青年将青春作为旗帜，深入思考、踏实实践、实事求是、无私奉献。注重加强组织队伍建设，完善项目制度的规范化和传承性，引入理论研究，形成了志愿服务团队化组织，项目化运作，课程化培训的志愿服务工作体系。

3. 完善创新创业教育，传承学术精神

将培育创新意识、锻炼创造能力、崇尚创业精神、营造创新创业氛围作为引导，以“挑战杯”全国大学生课外学术科技作品竞赛等龙头赛事为平台，形成备赛的组织模式：交流—培训—选拔—评审—成果—交流；着眼于学生成长的培育模式：大一学生加强宣传培养兴趣（教学活动之内的专业信心）；大二学生加紧动员踊跃尝试（教学活动之外的专业互动）；大三学生厚积薄发，结出成果（自主自发的创新意识）；大四学生经验分享年级传承（创新钻研的学术精神）；研究生“朋辈”辅导（年级互动的良好氛围）。利用讲坛、论坛、沙龙、学生刊物、公共选修课等形式启迪学术智慧和塑造真善美的心灵，将奇思妙想的火花汇聚成对于专业知识的忠诚热爱和对于学校精神的深刻领悟。

4. 开展校园文化活动，为每一个学生搭建成长舞台

广义的校园文化涵盖了精神文化、制度文化、环境文化、行为文化多重意义，是与大学使命相关联的集体创造的文化成果。而以团组织为先锋开展的校园文化活动是整合多校区资源、融合多校园文化进行育人工作的重要载体，利用丰富多彩的活动形式和活动内容可以实现育人形式的多样和育人内容的丰富，也可以将实现多校区文化与精神融合的目标寄托于具体的活动载体。以社团活动、文艺体育活动为核心内容的校园文化活动究其根本在于培养学生用微笑面对挫折的态度，在竞争中互相合作的本领，在愉悦感中心智健康的成长，在创新中展现青春的价值。这一方面为学有所长、出类拔萃的精英学生群体提供了展示自我的精彩舞台，另一方面也为广大“草根阶级”的普通同学提供了陶冶情操、锻炼自我的宽广平台。

“双一流”视域下山东省高校弱势学科人才培养方式创新研究*

赵　霞　纪光欣**

摘　要　本文立足于山东省在“双一流”高校建设背景下一些弱势专业被停招、裁撤的问题研究，探讨了专业停招的原因及对人才培养的不利影响，并在此基础上提出构建“政、用、校、学”“四位一体”的弱势学科人才培养模式优化对策。提出政府层面要确定人才培养核心地位战略，企事业用人单位要确定培养人才目标与要求，学校层面要优化人才培养方向的方式和质量，学科或者专业层面做好培养与保障，以期提升弱势学科人才培养质量。

关键词　双一流　弱势学科　人才培养　高校

在新一轮“双一流”高校评比中，针对一大批“非双”的弱势专业，山东省很多高校采取了直接裁撤的简单粗暴方法。应对性裁撤弱势学科的行为对高校的学科生态发展、师资力量存续，特别是人才培养结构等产生了负面影响。如何慎重对待弱势学科，如何提高这些学科的人才培养质量，创造学科生态健康发展的积极局面，优化弱势学科人才培养模式，已经成为山东省乃至全国高校亟待解决的一个现实问题。

一、“双一流”及弱势学科人才培养的理论综述

（一）关于“双一流”的界定

截至目前，国外学者对于“双一流”的研究文献尚不多见。国外学者现有的研究成果集中在以下几个方面：首先，关于“世界一流”（world-class）的研究。美国学者梅耶（Heinz-Dieter Meyer）在对美国和德国一流大学进行研究后认为，美国大学成功

* 基金项目：山东省高校教育人才研究会课题“‘双一流’视域下山东省高校弱势学科人才培养方式创新研究”（RK19-1），获中国石油大学（华东）教学改革项目“MOOC视域下的我校本科课程全网教学线上线下模式改革研究”（JY-B201849）资助。

** **作者简介**：赵霞（1978～　）女，中国石油大学（华东）经济管理学院副教授，主要研究方向为人才培养。纪光欣（1966～　）男，中国石油大学（华东）经济管理学院教授，主要研究方向为公共管理。

的关键在于其大学自治制度的设计。他主要关注大学的设计细节和机构环境，确定了当今世界一流高等教育黄金标准的实践和选择。此外，英国学者考文（Robert Cowen）也就这一问题阐述了类似的观点。其次，相关世界一流大学的研究。英国学者琼斯（Jill Johnes）认为一流大学的评价标准为：一是即将进入大学学习的学生；二是欲寻找大学教职的学者（求职者）；三是那些需要在竞争激烈的学生招聘领域中站稳脚跟的大学管理者；四是把公共财政花费在大学投资上的政府。① 从国内研究来看，我国教育部联合财政部、国家发改委 2017 年发布了《统筹推进世界一流大学和一流学科建设实施办法》提出了建设大学和学科“双一流”的目标，并指出建设“双一流”要坚持“三个面向”（即面向国家重大战略需求、面向经济社会主战场以及面向世界科技发展前沿），注重“三个突出”（即突出建设的质量效益、社会贡献度和国际影响力，突出学科交叉融合和协同创新，突出与产业发展、社会需求、科技前沿紧密衔接），这是我国官方正式对建设“双一流”高校的明确指导和界定。关于“双一流”建设的标准，中国人民大学周光礼认为：“要从学术队伍、学术成果、学生成果、学术声誉等维度与世界一流大学进行比较。”“建设世界一流大学和一流学科必须坚持国际标准。”赵沁平指出：“大学要避免对国际化评价（如 SCI、ESI、EI 等）的单一追求，‘双一流’建设目标不能偏，不能被各种排行榜所绑架，更不要被商业行为所左右。”② 关于“双一流”下人才培养问题的研究，付海南、毛丽娅认为在“双一流”高校建设中，还存在着人才培养职能的边缘化、人才培养目标的趋同化、培养过程的市场化的问题③；王静婷、刘宝认为“培养模式不明确、实践教学效果欠佳、师资队伍建设有待提高”是“双一流”建设中存在的问题④；林友芳等以北京交通大学为例认为在“双一流”研究生人才培养中存在“引一流生源、一流课程体系建设的挑战，研究生培养研究导向与平台支撑不足、过程管理与论文质量监控措施不够完善、导师指导力度不够”等问题⑤；关于“双一流”下人才培养措施的研究，部分研究者对所属机构进行实例分析，探讨学校在“双一流”建设目标背景下的人才培养，比如徐群芳、余扬通过对高校经济学专业人才的培养研究表明，人才培养做到目标要合理定位，培养模式要拓宽创新，课程体系要科学构建，培养制度要改革创新；王蓓对通过对行业特色型大学人才培养的分析认为，要以“三个面向”为人才培养的需求导向，人才培养的目标要多元融合，人才培养途

① 参见张丽莎：《以“双一流建设”为导向的学科评估制度优化研究》，吉林大学硕士学位论文，2018 年。

② 赵沁平：《基于教育规律探讨一流大学建设的几个“双一流”》，《研究生教育研究》2017 年第 10 期。

③ 参见付海南、毛丽娅：《“双一流”建设下高校人才培养的定位、缺位和进位》，《黑龙江高教研究》2018 年第 10 期。

④ 参见王静婷、刘宝：《“双一流”背景下民办本科院校应用型软件人才培养模式研究》，《微型电脑应用》2019 年第 1 期。

⑤ 参见林友芳、赵宏伟、周亮、袁中兰、王顺淞：《“双一流”背景下计算机大类专业高端人才培养综合改革探索》，《工业和信息化教育》2018 年第 6 期。

径动态平衡，人才培养模式要兼容并包等措施。[①] 大多数研究者提出，需要对高校组织与管理模式进行调整，在教育教学改革方面则提出要提高教师素质、优化课程设置并培养出创新型人才。研究者普遍认为人才培养的基础是对高校学生实践能力的培养，但高校治理、教学改革、人才培养这些问题是在“双一流”建设语境之外也面临的问题，所以研究者在此类问题探讨中只是将“双一流”建设作为研究背景，而不是研究目标。

（二）关于弱势学科及人才培养路径的研究

关于弱势学科的概念的界定，肖凤玲认为：“弱势学科指的是在所有的学科中处于较差地位且获取学科建设资源较少的学科，其特征主要表现为非主流学科、配角地位、易被忽略。”[②] 有的学者认为，学科优弱主要是由生源、师资、成果、资源占有、学科地位及社会影响等因素决定。也有的学者从学科分类的角度提出，应用型学科往往在资源获得、声誉、权利等方面优于纯学科。人文、社科类学科很难获得项目资助，因为这些学科不能直接为社会提供经济效益，社会影响小，经常性地被轻视。本文认定的弱势学科即在本次“双一流”建设标准下被评为C级以下特别是面临被裁撤或者停招的学科和专业。关于弱势学科人才培养问题的原因，邓刚等认为：“优势学科、重点学科会在资金扶持、人才引进、设备支持等方面得到优待，而其他普通学科的发展空间就会被相应地压缩，最终发展成特色不鲜明、发展环境差、发展方向不明确的‘弱势学科’。”[③] 郭华桥认为：“大学弱势学科的发展不仅与教育资源的分配密切相关，而且还与学科评估排名、外界的认同相联系。一旦被打上‘弱势学科’的烙印，往往会出现学科建设经费短缺、发展机会不平等、师生权益受限等现象，进而导致人才培养失衡、发展不和谐、歪曲人性等严重问题。”[④] 关于弱势学科人才培养路径的研究，宋泽南、刘艳萍提出：“大学弱势学科首先要发展自身特色、错位发展；其次要依托优势学科，借力发展；再次要集中方向，快速发展；最后要建设学科，促进可持续发展。”[⑤] 在《国家重点学科分布及其象征意义分析》一文中，我国学者也提出：“政府要顾及大学学科的‘能力生长点’，建立优弱势学科进退场机制，鼓励优势学科‘反哺’弱势学科，且大力扶持人文社会学科的发展，从整体上提高高等教育人才培养质量。”[⑥] 杜慰纯、江珩等探讨了弱势学科转化成核心学科以及推动人才培养质量提升的方式。

---

① 参见王蓓：《“双一流”建设背景下行业特色型大学人才培养路径》，《教育观察》2018第12期。

② 肖凤玲：《单科院校弱势学科权益问题探讨》，《重庆文理学院学报》（社会科学版）2006年第5期。

③ 邓刚、马玲、席小涛：《高校弱势学科学生专业稳定性面临问题与对策研究——以重庆理工大学为例》，《太原城市职业技术学院学报》2013年第7期。

④ 郭华桥：《“双一流”背景下研究型大学弱势学科的治理逻辑》，《重庆高教研究》2016年第11期。

⑤ 宋泽楠、刘艳萍：《学科群落框架下的商务英语专业发展：问题、障碍与建议》，《绥化学院学报》2018年第11期。

⑥ 周守军、陈佩佩、孙来文：《国家重点学科分布及其象征意义分析》，《中国高教研究》2009年第1期。

通过对国内外研究现状进行总结，我们不难看出，目前的研究仍没有解决以下问题：第一，高校如何科学慎重地考虑专业裁撤问题对人才培养的影响；第二，“双一流”高校中如何激发弱势学科的价值进而实现转型，力促人才培养质量如何提升的问题如何解决？本研究拟为解决这些问题提供思路。

二、“双一流”下山东省高校弱势专业停招情况、原因及不利影响

山东省在“双一流”高校评比中排在全国第一的A＋学科仅有5个，B＋的学科也仅有4所大学，针对一大批“非双”的弱势专业，很多高校采取了直接裁撤的简单粗暴的方法。2018年5月，山东省教育厅要求在教育教学过程中出现办学条件严重不足、教学质量低下、连续2年就业率较低的专业，除个别特殊专业外，应调减招生计划直至停招；连续5年不招生的专业，应提出撤销。2017年度，山东高校停招及撤销专科专业96个；本科专业停招及撤销更多，如山东大学为整合一批弱势、老化和碎片化的学科，增设少量国家和地方经济社会发展急需学科，将专业数量压缩到90个左右。部分山东省高校本科专业部分如表1、表2所示。

表1　　山东省部分高校专业停招情况一览表

山东部分高校	停招专业
山东大学	2015年，停办临床医学七年制（含临床医学药学方向）、口腔医学七年制2个专业。根据社会需求，广告学、电子信息科学与技术、管理科学、图书馆学和电子商务（管理学院）等5个专业近年来暂缓招生。2017年9月，宗教学、广告学、管理科学、图书馆学、教育学、电子商务（管理学院）等6个专业已经暂停招生
中国石油大学	2015年，公共事业管理、工商管理、电子商务停招；2019年，行政管理、国家贸易、市场营销、财务管理专业停招
山东师范大学	2018年暂停招生的20个本科专业、1个专业方向分别为：国际政治、经济学、舞蹈学（体育舞蹈）、葡萄牙语、法语、作曲与作曲技术理论、摄影、广播电视学、播音与主持艺术、社会工作、应用物理学、电子信息科学与技术、应用化学、食品质量与安全、人文地理与城乡规划、自然地理与资源环境、工程管理、人力资源管理、物流管理、财务管理、城市管理；2019年播音与主持专业、摄影、舞蹈学（健美操）、舞蹈学（体育舞蹈）、作曲与作曲技术理论
山东艺术学院	公共事业管理，音乐学（音乐治疗）、作曲与作曲技术理论（电子音乐作曲与制作）、音乐学（音乐传播）三个专业方向；在省外暂停了校考专业舞蹈学、舞蹈编导
山东科技大学	理论与应用力学、自然地理与资源环境、人文地理与城乡规划、地球物理学、水利水电工程、数字媒体技术、环境科学、秘书学

续表

山东部分高校	停招专业
青岛大学	暂停招生 12 个专业和 2 个艺术类专业方向；暂停 11 个普通类专业：金融工程、保险学、政治学与行政学、社会工作、材料物理、电子科学与技术、环境科学、材料成型与控制工程、工业工程、化学、广告学；暂停 1 个中外合作办学类专业：朝鲜语；暂停 2 个艺术类专业方向：视觉传达设计（广告设计方向）、服装与服饰设计（服装表演方向）

资料来源：根据各高校网站公开资料统计所得。

表 2　　山东省部分高校专业停招原因及不利影响

停招原因分析	停招对人才培养造成的不利影响
学校原因：1. 迎热而上，学校对学科建设缺乏战略规划； 2. 专业投入不足，发展欠动力； 3. 人才引进乏力，师资人才缺乏； 4. 狭隘和功利性理解“双一流” 专业层面：1. 专业基础差，发展欠前景； 2. 专业设置冷门，脱离市场需求； 3. 师资力量不足，专业发展受限； 4. 专业学生就业质量差，人才培养质量不足	1. 学科的不均衡发展，人才培养后续乏力； 2. 优秀人才流失严重，学生没有归属感； 3. 造成大学人才培养的肤浅化、功利化，忽视教育的本质； 4. 人才培养结构失衡，普遍缺乏人文素养

资料来源：根据各高校网站公开资料统计所得。

在这些被停招的专业中，我们可以看出：第一，人文社科专业裁撤所占比重大。通过表 1 部分山东省高校停招专业来看，人文社科类的专业占到了 90%以上，但是人文社科专业对于整个高校的学科生态、人才培养质量的提升都是不可或缺的力量。第二，专业停招与人才培养质量低高度相关。在对山东大学、山东师范大学、山东艺术学院的调研中发现，专业停招的很重要原因都是与人才培养质量低有很大的关系的，所以有必要研究山东省高校弱势专业人才培养质量的提升问题。第三，简单粗暴的专业停招对高校发展有着很大的弊端。显然，专业的在校学生和该专业的全体教师是专业“裁撤”后最大的“失落者”，这不只是关乎“饭碗”的问题。对许多老师来说，从本科读到博士，在专业方面的多年积累和学识找不到用武之地，给年轻教师的职业发展带来很大的不确定性。专业发展失去根基，有些有能力的优秀师资力量就会选择离开，造成学校人才的大量流失。对于专业学生来说，专业学生没毕业就失业，没有专业归属感，对专业学习失去热情，很容易让他们随波逐流、迷茫无措，人才培养质量更无从谈起。

三、“双一流”下山东省高校“四位一体”弱势学科人才培养创新的路径

构建“政、用、校、学”“四位一体”弱势学科人才培养模式，从培养战略、培养目标、培养方式、培养保障方面确保人才培养质量的提升。

（一）政府层面确定人才培养核心地位战略

1. 树立“百年树人”的思想，突出人才培养的核心地位

尚玮等指出不同的学科有不同的发展轨迹和成长成熟周期。[①] 人才培养更是如此，俗话说“十年树木，百年树人”，人才培养不能急功近利，要有一个长期的投入和运作过程，所以要从长远角度，给弱势学科一定的时间和空间，待其长成参天大树。大连理工大学的康乐认为世界一流大学并不是某种身份的象征，也不是排名的宠儿，它们对人类、对国家更显著、更持续的贡献突出体现在人才培养上。[②] “本科教育是高等教育的基础和根本，专业是人才培养的基本单元和基础平台。”教育部高等教育司司长吴岩这样强调。为此，在“双一流”建设的背景下，从政府层面要牢牢把高校人才培养第一要位的思想，树立长远观念，给高校弱势学科以成长蜕变的机会。

2. 做好战略规划，加强宏观指引

作为高校的管理方，山东省政府要做好战略规划，充分调研市场和学生需求，把握市场发展现状，了解国际学术前沿，有针对性地选择符合需求的、质量好的、与学术前沿接轨的专业。确定人才培养原则，应加强宏观政策指引，主持顶层设计，强化绩效评估，创新财政资助方式，营造公平竞争的大学发展环境，倡导理性客观的学科管理方式。

3. 科学规范进行学科评估，正视弱势学科人才培养价值

人文社科类学科不能以发表顶尖的期刊论文作为选拔高层次人才、破格提拔教授的唯一硬件条件，南京师范大学的刘齐认为国家要在学科评估中有“教育自信”，要形成一套既遵循高等教育内在发展规律，又符合国际管理和中国教育发展与改革实际国情的动态、开放、科学和基于发展和改进为宗旨的世界一流大学和一流学科遴选和评价指标体系。[③] 山东省人民政府、教育厅要密切关注国家政策动向，重视政策的延续性，正视学科评估的工具理性，避免过于精致功利主义的评价指标体系。要辩证看待“双一流”评价指标，正视弱势学科对于社会进步、经济发展、人才培养的意义，提倡人才多元、全面发展。

---

① 参见尚玮、陈强：《“双一流”政策下高校“弱势学科”的治理建议》，《上海教育评估研究》2018年第6期。

② 参见《关于“双一流”建设，观点全在这了》，2017年3月29日，http://www.sohu.com/a/130844651_387110。

③ 参见《关于“双一流”建设，观点全在这了》，2017年3月29日，http://www.sohu.com/a/130844651_387110。

4. 联系山东实际，统筹高校学科发展

作为“孔孟之乡”的山东省，历来重视人文素质教育在培养人才方面的重要地位。在高校专业调整问题上，不要盲目跟风，要根据山东省的发展规划和经济社会实际，把学科人才培养纳入山东省发展规划中来，宏观平衡各圈层学科发展，统筹高校学科发展，突出地域特色。

（二）企事业用人单位确定培养人才目标与要求

服务于地方经济社会发展是地方高校学科建设的内在要求。作为企事业单位，在高校弱势学科的人才培养中也不是无事可为。高校弱势学科人才培养质量低的一个原因是与社会脱节，与企业人才需求目标和要求脱节，进而造成人才培养质量不高，就业能力差。因此，企事业用人单位有必要让高校的一些弱势学科在进行人才培养时了解他们的需要，了解他们的发展痛点，解决他们的实际问题，帮助高校准确把握和及时调整学科的研究方向和人才培养目标。同时，建立产业链与学科链的关联度，用人才培养来支撑产业转型升级和区域经济发展。企事业用人单位也要作为高校人才培养的摇篮，提供产学研实践基地，社校联手，提高人才培养质量。

（三）学校层面优化人才培养方向方式和质量

1. 严格专业建设与裁撤程序，杜绝行政官僚

作为高校行政长官，不能在没经过充分的调查取证和广泛咨询意见的情况下，独断专行，任意取消某些在“双一流”评比中处于弱势但对于整个学校学科生态健康发展不可或缺的专业。严格专业建设与裁撤程序，成立专业与学术委员会，广泛调研，认真沟通专业教师与学生建议，慎重考虑专业裁撤问题。深入调查与倾听一线教师和教授的意见和建议，规范和谨慎地做出弱势专业人才培养整改意见。

2. 加强投入和支持，确保人才培养质量提升

弱势学科人才培养质量提升需要大量的投入，只有得到大力的支持，工作才能进行下去。为此，学校要加大资金支持，大力引进人才，鼓励现有人才，为学科建设和人才培养等创造条件。要给予学科发展全面支持，在人才引进、资金投入、办学条件上给予平等政策，鼓励和激励教师进行人才培养模式创新教学。

3. 加强专业评估与反馈，修正弱势学科人才培养方向

对弱势学科课程的评估与反馈是学校管理过程中十分重要的一个环节，评估主体应包括权威机构、专家和选修学生，应建立一套科学有效的评估体系，评估标准严格按照此评估体系进行。评估结果应及时反馈给专业和教师，对于存在问题进行整改，分析专业不合格的原因，并根据人才市场发展、研究前沿对弱势学科进行人才培养方面的更新，以便提供有效的、实用的学习指导。

4. 对专业调整做好程序建设，包容对待弱势专业

可以建立预警机制，对于一些人才培养质量差、就业前景不好的专业设立预警机

制，给予警告并规定整改时间。在此期间，扩大自主权，容许经过专业调整，整合强、弱势学科专业理论，实现弱势学科焕发生机。在建设一流学科的过程中，更要关注各类学科的适应性、均衡性和社会价值。双一流建设一定要重视学科生态的平衡，在均衡发展中追求卓越。

（四）学科或专业层面做好培养保障

1. 错位发展，走特色人才培养之路

山东省高校明确学科目标与定位，实现积极转型，依托学校优势特色发展，拓宽资源获取渠道。刘奕涛认为，弱势学科要走错位发展的特色之路，探索弱势学科与本校办学特色、学校所在区域经济、文化特色的内在关系，以办学特色和区域特色促进弱势学科特色发展，形成特色的学术风格和发展领域。① 坚持差异化、特色化的错位发展，是弱势学科获得发展良机、争取发展空间、化弱势为强势的重要策略。

2. 联系实际，寻找弱势学科人才培养的现实“土壤”

要根据本学科的特点，探索学科教学、研究与社会服务相结合的发展之路，增强学科建设的社会需求发展导向，与本学科相关的行业、职业界建立常态化的协同创新关系，这是弱势学科获得持续发展的社会“土壤”，只有不断挖掘、培植学科与专业潜能，弱势学科才能真正建立与社会发展需求相结合的丰富联系，寻求创新点和增长点。

3. 注重人才培养交叉融合创新，实现与一流学科的良性共生状态

整合学校和学院相关资源，将其他学科前沿的内容适当地融入本学科发展，从其他学科研究视域融合和发展弱势学科的研究视域，坚持多学科、跨学科的协作，促进弱势学科与一流学科间的交叉与融通，不断探索和生成弱势学科新的增长点和发展空间。在研究层面提出交叉学科融合发展，实现弱势学科与一流学科的良性共生状态。

---

① 参见刘奕涛：《“双一流”建设要为“弱势学科”发展留空间》，2017 年 6 月 14 日，http://www.cssn.cn/zx/bwyc/201706/t20170614_3548750_1.shtml。

《管子》的“训化论”及其当代意义

张灿贤*

摘　要　《管子》中的“训化论”是其教育论的重要组成部分，内含着丰富的育人思想。《管子》的“训化论”有着较为系统的内涵，对当今素质教育、人格养成有着重要的现实意义。

关键词　《管子》　训化论　素质教育

《管子》中的“训化论”是其教育论的重要组成部分，内含着丰富的育人思想。《管子》多篇论及“训化”，从育人角度明确提到“训”与“化”的篇章达20余篇。“训”是训诫、教导之意，“化”是熏陶、影响、渗透之意。《管子》的“训化论”有着较为系统的内涵，对“训化”的意义、内容、途径和方法均有论述。相比而言，其主要内涵更多地指向教育的途径、方法与手段，具有操作性较强的实践性特征，显示出更为深远的方法论意义。《管子》倡导“训化”须求远、求慢、求细、求实，使所训化的内容逐渐内化为人的素质修养，进而外化为人的行为习惯。在强调素质教育、人格养成的今天，深刻认识并践行《管子》的“训化论”无疑具有重要意义。

一、《管了》“训化论”的主要内涵

（一）训化人民是立国之本

《管子·权修》论述的是巩固政权的策略与手段，其中指出：“一年之计，莫如树谷；十年之计，莫如树木；终身之计，莫如树人。一树一获者，谷也；一树十获者，木也；一树百获者，人也。我苟种之，如神用之，举事如神，唯王之门。”在这段论述中，“树人”不仅被视为执政者最长远的治国计划，而且还是最重要的立国条件。“树人”就是教育训化人，“树人”的目的是为了收到“一树百获”的功用，使所树之人服务于国家，故而此计“唯王之门”。此篇还指出：“凡牧民者，使士无邪行，女无淫事。

---

* **作者简介**：张灿贤（1963～　），男，山东荣成人，山东理工大学齐文化研究院执行院长、教授，主要研究方向为文化社会学。

士无邪行，教也；女无淫事，训也。教训成俗而刑罚省，数也。”在这里，教训成为管理人民的重要手段，人民得以训化也就成为国家政权稳固的重要条件。

《管子·牧民》将礼、义、廉、耻视为国之“四维”，指出：“守国之度，在饰四维”，“四维张则君令行”，“四维不张，国乃灭亡”。要使民众知礼义廉耻，显然只能通过教育训化的途径来实现，教育训化是“四维张”的必要条件，自然也就成为君令行、国不灭的必要条件。该篇还把“明鬼神，祗山川，敬宗庙，恭祖旧”视为“顺（训）民之经”，其“顺（训）民”的目的是为了避免“陋民不悟”“威令不闻”“民乃上校”与“孝悌不备”，仍是出于治国的目的。

《管子·立政》指出：“期而致，使而往，百姓舍己以上为心者，教之所期也。始于不足见，终于不可及，一人服之，万人从之，训之所期也。”意为对人民实施教育训化的目的是使人民听从指挥，并能一心效忠于统治者。《小匡》篇中桓公批评“寡功者”“教训不善，政事其不治”，把教训不善视为政事不治的原因。

在《管子》的论述中，训化人民与统治者自身的素质及国家法令的执行情况密切相关。《管子·君臣上》篇指出：“能象其道于国家，加之于百姓，而足以饰官化下者，明君也。……身立而民化，德正而官治。治官化民，其要在上。”可见，君主“身立”，方能有效地对人民实施训化。《管子·正世》指出：“夫君人之道，莫贵于胜（法令立行）。胜，故君道立；君道立，然后下从；下从，故教可立而化可成也。夫民不心服体从，则不可以礼义之文教也。”在这段论述中，国家政令畅通成为顺利进行礼义文教的前提条件。这样，君主的“立身”、国家法令的畅通与训化人民便形成了一种良性互动关系。

（二）训化是一个慢工程

《管子·权修》篇中提出的“终身之计，莫如树人”，不仅是把教育训化人视为长远的治国计划，而且还将此视为一个过程漫长的大工程。“训化”的关键在于“化”，《七法》篇中指出：“渐也、顺也、靡也、久也、服也、习也，谓之‘化’。”“渐”是渐进之意；“顺”通“驯”，是驯服之意；“靡”通“磨”，是磨炼之意；“久”通“灸”，是熏陶之意；“服”是适应之意；“习”是习惯之意。可见，“化”的六层内涵均包含尚慢之意。

《管子》主张，无论是对人的专业技能培养，还是对人内在素质的培养，都要注重日常影响与熏陶，时时处处实施训化，以收到逐渐渗透的效果。《小匡》篇讲的是对人的职业兴趣与职业技能的培养，要使各种职业后继有人，做父兄者就必须坚持不懈地对子弟进行职业训化，士、农、工、商各有各的训化途径，但统一的要求是“旦昔从事于此，以教其子弟”，使其子弟“少而习焉，其心安焉，不见异物而迁焉”。这里强调的就是要通过反复提讲，慢慢熏陶，使受教者在潜移默化中熟悉相关的内容与技能，并逐渐培养爱岗敬业的精神。

《管子》倡导的“教化成俗”同样需要慢功夫，《管子·八观》篇说：“教训习俗者众，则民化变而不自知也。”意为通过长期的教化形成习俗，人民便会在不知不觉中有所进步。

（三）训化要务实求细

《管子》的“训化论”倡导务实求细，主张育人要在细微处下功夫，这一思想在《弟子职》一篇中有着最为典型的体现，此篇可谓是《管子》“训化”思想的具体实践，是其教育理念的直接落实与教育方法的直观体现。该篇从学生的求学态度、待人礼节、日常行为、学习方法等一一作了详尽的规定，甚至具体到学生的仪表、坐姿、表情神态及饭食柴束的摆放方法，可谓不避其繁，细微至极。更重要的是，篇中提出了“凡言与行，思中以为纪，古之将兴者，必始于此”与“周而复始，弟子以为纪”的可贵观点。前者强调一言一行要以中和之道为准则，古之将成大事者都是由此开始，揭示了做好小事与成就大事的关系；后者则强调周而复始的坚持，以养成良好的习惯，进而内化为一种基本素质。这样严格、细致、恒久的训练方法一旦落实，势必会收到良好的“训化”效果。

（四）训化与风气相互作用

《管子》作者认为，对人的训诫教导与社会风气是相互影响、相互作用的关系，一方面，有效的训化是形成良好社会风气的手段与条件；另一方面，社会风气又反过来对人产生训化作用。《管子·权修》篇中提出“教训成俗”的观点，意为教育训化时间久了，就会形成习惯与风气。《管子·七法》篇进一步论述了训化对“变俗”的作用：“不明于化，而欲变俗易教，犹朝揉轮而习欲乘车。……变俗易教，不知化不可。”《管子·版法》篇也提出“必先顺（训）教，万民乡（向）风”，其意也是说只有首先实施教育训化，才能形成万民之风气。在《立政》《侈靡》等篇章中则强调了风气习俗对人的影响，《立政》篇指出“未之令而为，未之使而往，上不加勉，而民自尽竭，俗之所期也”，意为风气会在潜移默化中对人产生影响，化为人的一种习惯和自觉的行为。

《管子》的“训化论”有着极为丰富的内涵，除上述几个方面之外，还包含着实践育人、环境育人等重要内容，此篇不再赘述。

二、《管子》“训化论”的当代意义

我国当代教育重视素质培养，从古人那里汲取育人智慧无疑是必要途径。《管子》中的“训化”思想大多已被今人继承与化用，但其丰富的内涵未必被今人全部领悟，其中某些内涵也尚未被今人理解，进而导致践行上的明显不足。今天，重温《管子》的“训化论”对我们更新育人理念、完善育人方法、提高育人成效，无疑具有重要的现实意义。《管子》的“训化论”至少有以下三个方面的启发：

（一）全面育人乃国之大计

所谓全面育人就是对人进行全面训化，这与当下倡导的素质教育思想是一致的。目前，我国的素质教育还存在着主体范围过窄，对其概念认识不清、意义认识不深、落实远远不够等明显的问题。培养什么样的人、如何培养人以及为谁培养人是决定国家往何处去的根本问题。因而，对素质教育的认识和落实就成为当务之急。要通过素质教育来实现全面育人的目的，至少应从以下三个方面入手：一是应提升育人的责任主体层次。素质教育的关键不仅在于学校的落实，而且还在于上层的宏观育人战略以及是否真抓实管。因此，加强顶层设计，完善宏观育人战略并层层落实是先决性条件。二是健全育人内容。首先，要注重育心育德。目前，我国的学校教育、社会教育与家庭教育都存在育心育德内容的明显不足，对人的心灵培育、精神塑造与人格养成的重视程度还远远不够，各级学校的相关课程普遍存在应付性开设、缺口明显、效果甚微等现象。《管子》把礼、义、廉、耻视为“国之四维”，在经济当先、价值多元的今天，加强对人的心灵品德教育无疑应是基本国策。三是要加强文化育人。在西方文化大量涌进、传统文化面临挑战的今天，要使国人在中西合璧的文化环境中不失本土文化立场，继承光大传统文化精华，养成国人独特的文化人格，就必须把文化育人提到国家教育战略的议事日程。习近平总书记在全国高校思想政治工作会议上的讲话指出要更加注重以文育人。中共中央办公厅、国务院办公厅于 2017 年 1 月印发的《关于实施中华优秀传统文化传承发展工程的意见》也鲜明地体现出这一思想。

（二）育人要避虚就实

育人的关键在于讲实效，求远效，不搞形式主义，不搞应时应景教育，不敷衍，摒弃短期功利目的。学校仅仅开几门相关课程、建几个相关场所、设置几个相关环节是远远不够的，仅靠孩子们背背《弟子规》、行行拜师礼、穿穿汉服之类也难以实现文化育人的目的。要在落实的途径与方法上下力气，首先要靠施教者的言传身教。教师是人类灵魂的工程师，承担着神圣的使命。传道者自己首先要明道、信道。其次，教师要对学生加强人文关怀，要从只认考试成绩的窠臼中跳出来。最后，要重视过程育人，不能只管头尾，育人过程的缺失不可能培育出高素质人才。

（三）要注重细节育人与环境育人

对人的熏陶与感染应主要落实为细节育人与环境育人。细节育人与环境育人既有区别，又有联系，前者侧重于从受教者的一点一滴、一言一行抓起，后者则侧重通过耳闻目染地达到育人目的。同时，环境又往往是由细节构成，所以，环境育人又离不开细节育人。

细节育人要求施教者从大处着眼，从细处着手，进一步深刻认识细节的重要性并努力践行，尤其应注意通过细节养成受教者良好的行为习惯。目前的中小学教育普遍把育人目光直接投射到中考、高考等功利性目标，对学生进行知识传授，这几乎成为主要的、甚至是唯一的育人途径，忽视学生的言谈举止、行为习惯等细节问题，这几乎成为普遍现象，学生坐姿不端、站相不正、言语粗俗、待人无礼已司空见惯，许多的学生竟然连正确的握笔姿势也没能掌握，近视的人数也早呈压倒之势。这些身心缺陷与施教者忽视细节育人显然是分不开的。

环境育人需要施教主体的多元化、多面化，通过多方合力，全方位地营造育人环境。这就要求构建社会、家庭、学校三位一体的环境育人机制，形成三者目标一致、互促互动、互补互渗的环境育人态势，使受教者时时处处接受环境熏陶，随时随处汲取正能量。目前，我国的社会环境、学校环境及家庭环境在育人功能上都有着极大的发展空间，其中社会环境的育人功能发挥尤为薄弱。在经济为重、价值多元的今天，社会的负面影响往往会腐蚀人心，极易导致人心不古、世风日下的败德局面，因而，社会环境的影响力就不得不受到重视。优化社会环境的影响因子并非易事，短时期内难以奏效，但仍大有可为。各级党政部门、文教机构可出台一些扎实的措施，形成上层大力倡导、下层极力践行的人文环境优化机制。

专创融合人才培养方案研究

——以植物学专业为例*

赵小丹　李海燕　张誉洲　刘柏玲**

摘　要　在教学过程中融合专业教育和创新创业教育是我国培养高素质创新型人才的要求，双创教育与专业教育是相辅相成、相得益彰的。本文以植物学专业为例，结合其创新创业教育的现状，从教育理念、师资队伍、教学模式、教学实践等方面，将创新创业教育融入现有的植物学专业教学体系中，以期对提升植物学专业学生的创新创业思想和能力的培养具有一定的指导意义。

关键词　创新创业教育　专业教育　植物学　师资力量

大众创业、万众创新是新时期中国经济转型和发展的重要动力，也为高等教育的创新发展提供了新的历史机遇。因此，高校要把培养大学生的创新创业能力作为教学工作和管理工作的重要内容，作为提高学生综合素质的重要途径和方式，以适应当代社会发展的需求。高校作为知识与技术创新的重要基地，担负着培养具有专业知识和双创意识兼备的人才任务。2015 年，国务院在《关于深化高等学校创新创业教育改革的实施意见》中指出高等学校创新创业教育改革的总体目标、指导思想、基本原则及改革任务和具体改革措施，从《中国大学生就业创业发展报告（2013～2014）》中的相关数据进行分析不难发现，专业教育与创新创业教育的分离，导致了“专业不专”的现状，也是当代大学生创业实践所面临的最大挑战。因此，高校如何结合自身办学定位与专业特点深化学校创新创业教育改革成为高校教育教学改革的研究重点。

一、专业教育与创新创业教育关系分析

目前，国内部分高等学校开展的创新创业教育仅仅是作为大学生就业指导中的一

* 基金项目：山东省高等教育人才研究会项目“基于植物学专业的专创融合人才培养实施方案范式研究”（RK19-19）；高职院校大学生创新创业辅导员队伍建设研究（RK19-20）。

** **作者简介**：刘柏玲（1978～　），女，江西萍乡人，博士，曲阜师范大学生命科学学院副教授，主要研究方向为植物进化发育生物学和植物组织培养。

部分，在毕业前开设几门创新创业课程，或者学生组成团队在导师的指导下参加一些创新创业竞赛，而在平时的专业课中未将创新创业教育理念融入教学过程中，这就使得创新创业教育与专业教育处于分离状态，使得创业教育“空壳化”[①]。普通高校的专业教育中并没有涵盖创新创业教育，而是长期注重传授专业学术知识，强调基础知识与前沿理论的学习和训练，重视学生学术专长的培养，而忽视对学生的创新创业技能培养，脱离社会对人才全面发展的需求，导致学生普遍缺乏创新意识和创新能力。[②] 专业教育如果只以既有的知识为基础，那么人才的知识提升一般难以适应社会发展。另外，专业教育具有阶段性，而社会对人才的需求是不断提升的。因此，使专业教育和创新创业教育相融合是当代高等教育和社会需要努力发展的方向之一，专业教育不仅要注重吸收并传播前沿知识，而且还要注重在专业课堂结合培养人才的创新创业素质，以适应未来社会对不同类型人才的需求。[③]

二、专业教育融入创新创业教育的必要性

教育的目的是使人的德、智、体、美、劳等方面全面提升，使之成为适应社会发展的综合型人才，专业教育和创新教育也要服务于这一目的，创新创业教育不仅要培养学生的创新创业意识，而且还需要学生掌握管理、法律、商贸相关的专业基础知识。[④] 2010 年，教育部在《关于大力推进高等学校创新创业教育和大学生自主创业工作的意见》中指出：创新创业教育要面向全体学生，结合专业教育，融入人才培养的全过程。[⑤]

（一）专业教育是创新创业教育的基础

创新是创业的基石，而创新需要有扎实的专业知识作为支撑，因此，只有具备了扎实的专业知识，才能在创业的道路上少走弯路。例如，《植物分类学》中学习的葫芦科植物丝瓜是一种常见的蔬菜，而且由木质部细胞组成的丝瓜络还可以作为淋浴和餐具洗涤用品，研究表明丝瓜络具有显著的天然抗菌特性，可以设想，利用丝瓜络的抗菌性用于空气过滤器的生产[⑥]，这一创业思路就是以专业知识为基础。专业知识不在，创业能力就是空谈，脱离专业教育的大学生创业活动，既反映了大学生创业的误区，

---

① 参见成伟：《从背离到融合：大学生创业教育与专业教育关系的创新》，《教育发展研究》2018 年第 11 期。

② 参见徐志强：《高校创业型人才培养的双螺旋模式》，《教育发展研究》2015 年第 5 期。

③ 参见陈奎庆、毛伟、袁志华：《创业教育与专业教育融合的模式及实现路径》，《教育教学》2014 年第 22 期。

④ 参见于丹、丁天全：《论高校创新创业教育融入专业教育的路径探析》，《教育教学论坛》2017 年第 38 期。

⑤ 参见刘振中：《高校创新创业教育与专业教育的深度融合——基于 L 学院旅游管理专业的思考》，《教育理论与实践》2018 年第 33 期。

⑥ 参见［英］克里斯·比尔德肖：《100 种影响世界的植物》，刘夙译，北京日报出版社 2019 年版，第 46 页。

也反映了大学生创业的迷茫。[①]

（二）专业教育和创新创业教育相辅相成

专业教育是创新创业教育的核心，专业意味着职业领域的专长，创新创业中所指的“业”与专业教育息息相关。大学生如果不能从个人专业中找到就业创业的优势领域，就只能成为普通的劳动者，从而无法体现高等教育的应有价值。例如，大学生在学完《植物学》课程，再经过为期一周的山东蒙山野外植物实习，对很多具有食用和药用价值的野生植物进行整理和归纳，于是产生了开发蒙山野生植物的创业思想，撰写了以开发野生植物的药食价值为主题的创业计划书，获得了第九届山东省大学生创业计划大赛三等奖。因此，创新创业教育的实现离不开专业知识和基础知识。同时，创新创业教育突出培养学生的创新创业思维、意识和能力也可以对专业教育进行有益的补充，二者在融合的过程中应发挥各自的特点和优势。[②]

（三）创新创业教育融入专业教育是有效开展创新创业教育的趋势

大学生应该拓宽自己的知识结构和储备，这对创新创业的方向具有导向作用。而培养大学生的创新创业能力是当代高等教育发展的基本方向，是知识经济时代的基本需求，也是国家强盛的战略需要。[③] 因此，加强大学专业教育与创新创业教育的深度融合，是中国创新创业教育发展的趋势和必由之路，也是专业教育的升华之路。

三、创新创业教育与植物学专业教育融合的方式

《植物学》是生命科学的基础和应用学科，详细讲解了植物的营养器官根、茎、叶，生殖器官花、果实和种子的形成过程、解剖结构和生理特征以及它们在食用、药用、工业、农业等领域的经济应用价值。因此，由植物学衍生出多门学科，如《药用植物学》《园林花卉学》《植物组织培养》等，把创新创业教育融入这些专业课程的学习中，将激发青年大学生基于专业知识的创新思维和创业活力。

（一）明确创新创业教育理念

高等院校应将创新创业教育体系融入人才培养方案，使创新创业教育与专业教育融为一体，改变创新创业教育“空壳化”的状态。一是根据不同专业特点确定相应的人才培养方案，将创新人才培养教育融入其中。根据专业需求构建学科专业结构，根据社会经济和市场需求建立能及时优化的专业调整机制。二是把人才培养目标定位融

① 参见杨峰、杨新娟、王艳华：《专创融合的教育理念与实践：基于综合型人才培养的视角》，《高教学刊》2017年第16期。

② 参见王杜春：《高等农业院校创新创业教育与专业教育深度融合的实践探索——以东北农业大学为例》，《东北农业大学学报》（社会科学版）2016年第3期。

③ 参见杨帅、薛岚、王超、成建生：《专创辩证统一视阈下专业教育与创新创业教育融合效应的分析》，《教育现代化》2018年第20期。

入创新创业课程体系当中。鼓励教师开展一些适合自身学校大学生发展的高品质课程，使学校的优质课程资源不断提升。比如，在《植物学》的基础上可开设《植物组织培养》课程，利用生命科学学院的实验条件和设备，把理论知识和试验操作相结合，对具有较高经济价值的植物进行种苗的繁殖，培养学生结合专业知识进行创新创业能力的训练。三是创新教学方法和考核方式。鼓励教师实行讨论式、参与式、启发式、对分课程等教学方法，积极鼓励学生直接参加部分教学活动，培养学生的自主创新和独立思考的能力，改变“填鸭式”教学方法。

（二）融合专业教学师资与创新创业教育师资力量

推进创新创业教育和专业教育的融合，离不开教师的辛勤工作，这与教师队伍的综合素质息息相关。优秀的师资团队和教学管理团队是实践创新创业教育教学理念和改革教学方法的关键因素。因此，要利用现有的教师资源和教学手段，将专职和兼职结合，努力打造一支具有教学水平高、多元化的创新创业师资队伍。教师的专业知识教学应尽量将知识与人们的创业贡献相联系，在讲授专业知识与技能的同时也应培养学生的创新创业思维和意识。立足于专业的创新创业教育，应在每门专业课的讲授时尽量赋予其相应的创新创业途径与市场前景。例如，在讲授植物“叶”的知识时，可以把叶脉书签的制作、叶片标本制作和以叶片为素材的艺术品加工等内容融入教学中，体现专业教育中所蕴含的创新创业教育，并鼓励学生进行自主思考，探索所学专业知识如何与创新创业项目相融合，培养学生养成将专业知识与创新创业互相融合的思维，并在创新创业思想的激励下促进专业知识的学习，从而实现专业教育与创新创业教育的融合。

（三）融合专业教育课程与创新创业教育课程

2015 年 10 月，教育部与国家发展改革委、财政部联合下发的《关于引导部分地方普通本科高校向应用型转变的指导意见》，着力引导我国应用型大学的建设。至此，地方本科院校的转型发展已经纳入国家高等教育发展的基本战略规划。只有将专业教育课程与创新创业课程相融合，才能最大限度地激励大学生立足于专业进行创新创业的热情与意识。例如，在讲授“植物的繁殖”时，扦插、嫁接方法在蔬菜和果树农业的苗木繁殖的市场应用中具有巨大的经济价值；植物组织培养在不受地理和环境条件影响下，能在较短时间内快速大量繁殖经济价值较高的植物，如蝴蝶兰等，将创新创业相关知识渗透其中，引导学生从创业者的角度思考所需要掌握的专业知识。这样既可以提升学生的学习兴趣，也可以让学生初步了解专业知识在创新创业中的应用价值。

（四）融合专业实践与创新创业教育实践

将专业知识应用于实践是高等学校教学计划的重要组成部分，是大学生学习阶段的重要实践性教学环节。高校教师要致力于提高实践教学的针对性和指导性，帮助学生更好地将学到的理论知识应用于实践，夯实专业知识，使学生的主观能动性得到的极大程度的发挥，激发学生的自主创新能力和主动探索精神，在专业教师的指导和参与实践的过程中逐渐获得自主实践的能力。比如，在讲完植物“花”的知识后开设实践课——花材的利用和插花艺术，指导学生利用不同的花材进行鲜花艺术的创作活动，制成花束、花篮、瓶花等作品，使学生所学的专业知识融入创作过程中。因此，专业知识教育实践和双创教育实践的有机融合，可以使大学生在专业实践的基础上提高创新创业实践能力、自主探究能力和团结协作能力，从而提高大学生参与创新创业实践的积极性和主动性。

四、双创教育与专业教育融合的途径

（一）整合教育资源，建设高素质教师和管理队伍

利用现有的教师资源和教学手段，将专职和兼职结合，努力打造一支具有教学水平高、多元化的创新创业师资队伍。选派创新意识和业务水平较高的优秀教师外出进修，参加全国高校创新创业教育骨干教师培训，提高专业教师创新创业教育的教学水平；定期选派管理队伍教师到各个学院挂职锻炼和参观学习；定期邀请经验丰富的专家人士、成功企业家等给专业教师作专题报告和培训。

（二）安排合理的课程体系与实践教学体系

紧随国际科学技术发展的趋势，将本科生不同阶段的教育、不同课程的教学内容以及课程体系进行优化，使教学内容尽可能与时代发展的要求接轨。以人才培养目标为出发点，优化课程教学体系，把教学与科研结合起来，使教师的最新研究成果充分融入教学过程中，从而形成特色鲜明、紧跟科学前沿的理论教学体系，保证教学内容始终追随时代发展的需求。

大学生实践动手能力的培养是创新性人才培养的重要途径之一。本科生从大二开始进入实验室，在教师的指导下进行试验。教师要求大学生仔细阅读相关的最新国内外研究文献，结合研究内容写出实验方案并付诸试验和实践，这样，理论和实践的结合使学生的创新能力得到培养和提高。

（三）建立创新创业实训体系

高等学校和各级教学单位搭建创新创业教育实践平台，建设基础实验室、专业实验室、实习实训场所和创业孵化基地，面向全体本科生开放。利用现有科技创新平台，依托创新平台的科研团队、设备资源、科研项目、大学生创新创业项目等软硬件基础，培养具备自主创新创业能力的学生，最大限度地鼓励大学生创新创业，发掘大学生自身创新创业潜质，不断扩大项目覆盖面，加大资金支持力度，鼓励优秀指导教师参与大学生的创新创业项目。

（四）科学研究成果的转化，为创新创业开辟途径

以《植物学》为例，我们的研究成果之一是通过组织培养和繁殖得到不同种类的

观赏植物和药用植物，具有非常高的经济价值和应用价值，把这些研究成果转化为生产力，是实现大学生的创业梦想创造切实可行的有效途径。另外，研究成果材料可以入驻大学生创新创业孵化基地进行推广，以吸引更多的企业进行合作。

五、结语

专业教育和创新创业教育的有机深入融合，不仅能体现专业教育在创新创业活动中的重要作用，激发学生学习专业知识的热情和积极性，同时能培养学生的创新创业意识、精神和能力，而且创新创业教育还会“反哺”专业教育，在双创教育的同时加深学生对专业知识的理解。因此，植物学专业学生的创新创业教育要完全融入已优化的专业教学体系当中，以专业知识的课堂教学为支撑，将创新创业的意识和理念融入专业教育当中。同时，要注重培养学生的综合能力，提高学生的综合素质，从而发挥高等教育培养综合型人才的优势。期望本文的研究能为其他类似行业中实现我国大学生专业教育与创新创业教育的融合提供新的思路和方法。

高职院校优势专业人才培养课程途径探析

方　玥*

摘　要　高职院校离不开先进教育理念，本文通过分析高职院校现代学徒制专业课程体系实施过程中的问题，结合笔者所在职业技术学院连锁经营管理专业，探讨采用现代学徒制培养高技能应用型人才设计专业课程体系在校企合作培养人才中的重要性和必要性。

关键词　教育改革　连锁经营管理　现代学徒制

一、高校现代学徒制人才培养模式概述

学徒制这一教育模式在我国由来已久，自封建社会至今，其教育模式在我国的手工业技艺、知识传承等各个方面都起到非常重要的作用。与现今的教育模式不同，学徒制这一教育方法随着社会的变迁和时代的发展也从未停止脚步。1929 年，南京国民政府正式颁布《工厂法》，赋予学徒的法律地位。1950 年，中央人民政府政务院颁布《关于开展职工业余教育的指示》，规定了学徒如何签订劳动合同、如何考核等问题。1958 年，国务院又颁布了《关于国营、公私合营、合作社营、个体经营的企业和事业单位的学徒学习期限和生活补贴的暂行规定》，对学徒的学习年限、学习内容、学习期间学徒待遇以及双方的义务和权利方面都有了规定。① 高职院校的课程体系构建是专业建设的基础，专业建设又是人才培养的基础和前提。我国在《国务院关于加快发展现代职业教育的决定》和《教育部关于开展现代学徒制试点工作的意见》中都要求高校的专业发展与实践相结合，构建现代学徒制体系，加强对工学结合教育模式的探索。如何加强专业建设课程体系的再构建，如何将现代学徒制与人才培养模式相结合都是当下高校研究的热点。笔者将青岛酒店管理职业技术学院 2018 级连锁经营管理学生的

---

* **作者简介：** 方玥（1992～　），女，河南开封人，青岛酒店管理职业技术学院助教，硕士研究生，主要研究方向为项目管理、连锁经营管理、人力资源管理。

①　参见姚玲：《基于现代学徒制人才培养模式课程体系构建——以连锁经营管理专业为例》，《农村经济与科技》2018 年第 18 期。

人才培养计划进行研究，以期将学生培养为专业综合型人才。

高校现代学徒教育模式是指大学生在大一、大二期间在校学习专业课程，最后一年根据学校的安排在企业里实习，实习单位根据学生的成绩，要求指派一名相关专业的师傅，手把手教授学生实践操作知识。连锁经营管理的学生，在校上课时会与即将实习的单位相结合，学习一部分专业理论知识课程，另一部分时间在企业里实习，在实践中提高和进步，并可获得相应的劳动报酬。我国自经济体制改革以来，由计划经济向市场经济过渡，劳动者就业制度以及劳动关系发生了较大的变化，中职、高职学生的数量在不断增加，企业从以前的收学徒改为招聘技术工人等。1989 年，原劳动部办公厅下发了《关于印发学徒中培训制度改革座谈会纪要》的通知，肯定了学徒制在现代企业劳动中的作用，另外还强调经济体制的改革，企业也要不断深化发展。① 现今，教育部再次在《关于推进高等职业教育改革创新引领职业教育科学发展的若干意见》中提出了现代学徒制的概念，指出现代学徒制作为我国最古老的职业教育模式，应该继承下来，并将其更好地与当今的社会发展相融合，要结合高职院校教育的发展规律，在专业建设工作中深入挖掘，使现代学徒制模式下培养出的学生不仅具备较高的专业理论知识，而且还应具备较高的企业实践能力。②

二、专业建设现状分析

（一）课程开发能力不强

高职院校的学生更应注重实践能力，因此在构建人才培养方案的同时，应加大实践课程所占比例。现今课程的设置应更倾向于案例性教学，实践内容的扩充，减少中文、英语基础课程的比例。据不完全统计，连锁经营管理专业办学规模都不大，在校生很难超过 500 人。根据调查显示，部分学校的专业课程设置的教学内容与实践活动不匹配，学生实习或者毕业进入企业后，无法在第一时间直接上岗，学生的办公能力、接受能力、创新能力、实践操作和动手能力都较低，企业无法满意。

（二）教学效果差

目前，高校的课程设置大部分为理论性课程，缺乏实践内容，但是随着高校信息化的发展，硬件设备设施也随之更新，学校在实训课上加大了投资比例，让学生在实践课中加深体验。但总的来说，这种体验无论是从时间还是效果上都不能令人满意，可采取以下几种做法：第一，将学生带到相关的连锁企业参观，如迷你岛、优客、7—11 便利店等连锁企业，观察企业中的生产线、工作环境，以期学生能够在企业里提高

① 参见李静：《现代学徒制专业课程体系构建的实践与探索——以无锡商业职业技术学院连锁经营管理专业为例》，《黑龙江科学》2018 年第 17 期。

② 参见孙颖：《独立学院应用型人才培养模式简析》，《教育现代化》2018 年第 39 期。

自身素质，但是这种做法只是停留在表面，并不是让学生深入管理行动中，对学生管理素质的提高有限。第二，学校定期针于各个专业开展专题讲座，通过成功人士的演讲和展示，传授管理知识和经验，但是这种方法也是理论性较强，缺乏实际操作。第三，校内建立起实训中心，让学生在课余之时参与实训活动，如理货、销售、收银等工作。这种方法起到了较好的理论与实践结合的效果，但最大的问题是这些工作过于简单，学生只需在很短的时间内即可掌握好操作方法，正因为工作内容简单，也不需要企业的“师傅”带领学习，学生在工作中也只能获得较少的报酬。久而久之，学生不愿意干，积极性低，企业方又不愿意将相应的岗位提供给学校来实训，最后形成恶性循环。

三、现代学徒制人才培养模式课程体系构建

（一）增强人才培养模式的目的性

结合现代学徒制的教育理念，应将把学生培育为具有较高道德素养，熟练运用计算机基本操作，具备一定的英语交流能力，熟悉并可以运用现代的连锁管理技巧，同时也懂得一定的法律知识、物流技术、大数据下营销知识等。既然如此，学校在设置专业课程的时候就要以人为本，因材施教，不同的学生分成不同层次并设置相适应的课程，教师在授课的时候以分组方式授课，有针对性地培养学生。学校与企业培养人才的目的应做到统一，学校以育人为本，企业以盈利为本，对人才的定义也截然不同，学校希望人才为综合型人才，但企业希望的是与岗位匹配的专业人才。那么，学校与企业两方应相互服务，学校应做好前期企业调研，对学生有针对性地进岗前培训和职业能力培训，而企业需为学生配备有责任心，业务能力强的师傅，一步一步地在老师傅的带领下提高自己的实践能力。

（二）引入更为先进的授课方法

时代在进步，社会在发展，传统的教学模式已经越来越难以适应信息量庞大的社会发展。如何结合网络大数据设定适合高职院校的课程也是当今社会教育研究的热点。连锁企业在我国发展得如火如荼，各种企业的资源库都已整合至相应教育平台。高职院校课程设置应考虑三方问题：学生、教师和企业。高职院校的教师应在授课的时候，认真建立自己的课程库资源，通过平台网站的 PPT、名人访谈视频、企业相关培训视频、公开课视频等资源的先行学习，留给学生思考的空间。学生通过前期预习学习课程的基础知识、概念、理论之后在课堂上与教师相互交流，共同探讨深入的话题以提高课堂讲授效率。而教师在课堂的职责不再是讲授最基本的理论知识等概念性问题，而是通过大量的实践案例，结合微课信息化等手段，在师生互动的环节加深学生对相关知识的理解，这种方式更能激发学生的专业能力。企业人员在课堂讲授中扮演外聘教师，讲授的内容主要是针对学生在校内实训、听讲座、参观企业遇到的一些问题做

出解答，解决学生在企业当中实际遇到的问题。

（三）加强实践能力培养

高职院校的学生毕业后一般在企业基础岗位工作，工作几年后才能升职为中高层，因此实践能力的培养应带有目的性和针对性；应将课堂从学校转移到企业，随时发现问题，解决问题。专家来到学校内作讲座应与学分挂钩，从政策上引导学生学习更为先进的管理技能。对于实训室实习，应增加新的有技能和创新性的岗位，并制定实训标准和方案，给予学生一定工作报酬和奖励，让学生在一线工作中提高积极性。学校在对学生的能力加以培养时，需要根据学生的特点、职业素养培养的规律等内容实行专业的培养，以达到提高学生能力的目的。在传授理论知识的同时，也需要逐步引导学生将理论知识转变为实际应用的能力，才能为社会培养出具有真知识、真能力的综合型人才。

校企合作协同育人模式探析

潘广臣*　李显耀　殷子惠　纪春景　柳风祥　孙　渊

摘　要　文章通过分析高校校企合作育人对于人才培养的重要意义，明晰校企合作过程中存在的缺乏制度化保障、育人体系不完善等问题，深入探索校企合作育人新模式，共同打造产、学、研结合的校企合作新平台，为高校培养全面发展的高素质、综合型人才奠定基础。

关键词　大学　校企合作　协同育人

随着我国经济社会的发展和科技的进步，大量综合性高素质人才成为社会发展的中坚力量，校企合作共育人才教育模式逐渐成为中国高等教育探索的重要途径。校企合作是学校与企业之间共同参与人才培养的教学模式，其定位充分满足了国家和地区的战略需求。在当前形势下，探索出符合中国实际情况的一套校企合作教育模式具有重要的现实意义。

一、当前校企合作育人的意义及存在的问题

校企合作是一种学校与企业共同参与的人才培养形式，目的在于培养高层次人才，谋求共同利益，促进共同发展。同时，作为减少就业压力、提高人才素质的双赢教育模式，实现了大学生学习与社会实践的有机结合，对创新型人才的培养具有重要意义。

（一）校企合作育人的意义

1. 有利于完善高校人才培养机制

完善校企合作共育人才制度，开展一系列丰富多彩、行之有效的活动，深入推进校企合作班建设工作蓬勃开展，是促进学生学习和实践相结合的重要方法。高校可以依靠校企合作平台积极与企业联系，有针对性地制定人才培养计划，调整教学内容，提高教学质量。同时，本着互利共赢、以人才为本、以就业为重点的原则，高校将继

* **作者简介**：潘广臣（1990～　），男，山东烟台人，山东农业大学动物科技学院讲师，研究方向为高校思想政治工作。

续深化与企业的合作，建立长期互利的工作机制，强化专业技能培养，继续为企业提供“订单型”人才，促进高校学生高质量就业。

2. 有助于提高学生综合素质

在校企合作中，学生在班主任带领下走进企业，实地参观企业办公、生产工作环境，观看实践生产运作流程，在生产、服务第一线接受企业管理培训，增进学生对企业的了解，切身感悟工作的严谨性。同时，学生可以通过积极参与假期实习等实践机会，将课本知识与实践相结合，培养自身良好职业素养及端正工作态度，为日后走向工作岗位奠定基础。

（二）校企合作存在的问题

1. 校企合作缺乏制度化保障

校企合作是一种跨越学校和企业两种不同性质的活动，良好的校企合作机制是校企合作育人不断深化的重要力量。[①] 目前，参与校企合作的主体包括学校、企业、学生、教师及相关保障单位，因无法确定配套的人员和经费投入等问题，使校企合作活动的正常开展和培养计划的实现缺乏制度化保障。

2. 校企合作和教育制度不完善

部分高校没有科学化的校企合作活动体系，没有标准化的校企合作活动大纲，学校与企业对接空间有限。目前校企合作对接平台主要是“校内创新实训中心”和“校外实践教学基地”。但由于缺乏规划和系统性，在校企合作的过程中，产学结合的教学结构不合理，导致高校在创新实践型人才培养中既不能使各种教育要素资源形成合力，也很难为不同年级和需要的学生实现校企合作的准确对接。

二、校企合作教育模式探索

（一）高效办学，建立长效机制

高校应把创新实践教育融入人才培养过程，通过校内实训机制、课程置换制度、暑期到企业实训等方式，开展广谱性启蒙教育，有效提升学生的创业意识、创新精神和创新能力。同时，配合渗透式专业教育和专业化继续教育共同创造一个集生产、教育和研究于一体的教育教学模式。面对新形势、新局面，高校应积极探索，对校企合作参与主体，包括学校、企业、学生、教师以及相关保障单位的责任和权利进行制度规范，确保校企合作活动的正常发展和培训计划的正常实施。

---

① 参见沈燕：《高等职业教育校企合作人才培养机制的构建——基于“5321”模式的探索》，《教育发展研究》2015年第7期。

（二）深入挖掘，拓宽合作平台

校企合作必须创新机制，使得学校和企业的利益得到平衡。[①] 为了提高学生就业能力，增加其职业选择机会，高校应充分发挥平台的作用，积极与各企业协商，建立充足的人才储备库，通过各种渠道帮助学生广泛联系企业。高校应不断创新合作形式，丰富活动内涵，通过举办校企合作洽谈会、企业文化教育报告会、学生专业技能汇报展示会等活动，邀请商界人士进入校园，建立“企业—学院—学生”综合交流平台，进一步提高校企合作的质量。

（三）专业对口，避免形式主义

高校不仅是教学研究的基地，而且还是思想文化、创新创业教育的主阵地。高校教育工作者不仅要注重向学生传授专业知识，而且还要引导其树立正确个人发展观，成为学生健康成长的引路人。高校应针对不同专业发展方向及人才培养要求，联系企业开展相关专业知识培训讲座，提供可操作产品，锻炼学生的实际动手操作能力。同时，带领学生深入行业一线，开设校外课堂，有效提高学生对动手实践能力的重视度。高校要不断完善班级课堂考核制度，加大对学生监督，创造符合企业要求的定向型技术人才。

（四）加强“双导师制”建设

高校大力推进创新创业引领计划，在与企业合作过程中，逐步建立双导师培养制度，即校内导师和校外导师共同培育模式。“双导师型”教师不仅具有广泛的专业基础知识，而且还具备专业和实用技能，对于有效提高人才培养质量有重要意义。校内导师结合学生所学专业，根据学生自身发展条件，提出具体可行的创业项目，同时为学生提供创新性指导，减少创业阻力；校外导师广泛参与行业市场，在创业方面眼界更为宽广，能针对学生创业提出前瞻性指导。

校企合作共育人才模式是学校与企业基于资源共享和优势互补，以合作共赢、共享成果为原则的一种人才培养模式。其中，高校提供知识和人才，企业分享技术和经验，双方形成发展共同体，最终实现教育和技术创新。作为高校，必须在实践中积极探索，结合学校发展实际，努力做到吸取新观念，探索新出路，以过去经验为出发点，不断发展和完善校企合作，开创高校综合型高素质人才培养的新局面。

① 参见韦振锋、蒙玉玲：《校企合作育人模式的研究与实践——以广西财经学院为例》，《高校论坛》2017年第6期。

项目管理视角下实践育人平台建设研究

——以山东交通学院为例

徐大丰　宋　超*

摘　要　实践育人平台建设是高等院校实施育人育才的重要基础，是实现人才强校、人才强国目标的重要手段。为进一步推动和加强高等院校的实践育人平台建设工作，本文结合项目管理理论和我国高等院校的发展特点，在系统分析我国高等院校实践育人平台建设与管理体系关系的基础上，研究适合我国高等院校实践育人平台建设的理论模型，并在此基础上，提出优化我国高等院校实践育人平台建设的建议。在我国人才强国目标的引领下，高等院校必须加强实践育人平台建设，将校内知识与校外实践相结合作为培养新世纪人才的核心内容，积极构建实践育人平台，实现以平台为基础，以育才为目标的新型培养机制。

关键词　实践育人平台　项目管理　构建　机制

改革开放以来，我国高等教育事业经过四十多年的发展，无论是在办学规模上，还是在人才培养质量上（当前我国已经超过美国，成为全球培养博士数量最多的国家），都已经取得了举世瞩目的成绩。“盛世之下，必有隐忧。”虽然我国高等教育培育了众多人才，但人才创新实践能力不足仍然是制约我国实现人才强国目标的重要因素，也是我国在探索高等教育改革事业过程中不可回避的问题。

党的十九大报告指出：“中国特色社会主义进入新时代，我国社会主要矛盾已经转化为人民日益增长的美好生活需要和不平衡不充分的发展之间的矛盾。”“建设教育强国是中华民族伟大复兴的基础工程，必须把教育事业放在优先位置，深化教育改革，加快教育现代化，办好人民满意的教育。”① 结合我国高等教育的现状来看，教育培养

* **作者简介**：徐大丰（1969～　），男，汉族，山东济南人，博士，山东交通学院经济与管理学院行政管理系教师，主要研究方向为项目管理；宋超（1980～　），女，汉族，山东日照人，博士，山东交通学院经济与管理学院行政管理系教授，主要研究方向为人力资源管理。

①　习近平：《决胜全面建成小康社会　夺取新时代中国特色社会主义伟大胜利——在中国共产党第十九次全国代表大会上的报告》，《人民日报》2017 年 10 月 28 日。

的粗放与人民群众对教育实践多样及个性化的需求产生了矛盾，高等教育办学的思路必须转变到培养学生实践能力的方向上来，而高校的实践育人平台建设就是其中的一项重要举措，也是促进我国高等教育改革的重要方式。因此，探索高校实践育人平台建设，构建实践育人机制，对深化我国高等教育改革、培养实践创新人才，从而进一步推进我国的人才强国目标建设具有重大的战略意义。①

一、当前高校实践育人培养的困境

（一）实践育人培养理念不足

教育改革浪潮中，高等教育改革无疑是其中的一个重要环节。在创新型教育培养模式下，创新型人才培养成为高等教育改革的关键。身处在“大众创业、万众创新”的新时代，高校学生承担着重要任务。目前，我国的高等教育培养模式仍是较为注重专业性理论知识，主要通过课堂的教学让学生掌握基础性知识点。但在特色化、个性化的教学方面，高等院校应该做出创新型举措。大多数教师的教学理念相对传统，教学方式较为单一，这对学生创造力的培养有着直接影响。当前，在我国教育模式下，人才教育过度注重专业化教育，教师观念固化、教学过程程序化，课后缺乏交流，造成我国高等教育创新型人才培养理念普遍不足。

（二）实践育人培养师资不足

教师具有创新精神、创新意识、创新能力是创新型人才培养的决定性因素。高等教育创新型师资队伍建设的局限性主要有以下几个原因：一是当前教师管理考核体制阻碍了创新型师资队伍的成长。目前，大多数高校实行量化考核机制，将教师工作分为教学、科研等几个模块。在这种机制下，教师创新动力不足，激励机制不完善，使得教师很难花费过多精力在创新型人才培养工作上。二是高校的晋升机制影响了师资队伍的建设。高校教师职称评聘对科研水平、教学能力均有硬性指标，而创新型人才培养工作的具体考核办法仍不完善，因而影响了创新型师资队伍的建设。三是教学体制固化严重影响了创新型师资的发展。高等教育教学在制定培养方案和教师选聘等方面依旧按照传统的模式，高校教学固化程度较深。同时，在教师选聘的过程中，高等院校大多较为注重教师的学历以及本身具备的科研素养，缺乏对教师创新性能力的考核评估。经验丰富的人才，其学历未必能达到高等院校的选聘要求，这也在一定程度上阻碍了创新型师资人才进入高等院校。

（三）实践育人培养体系不完善

高等院校是国家人才培养的重要基地，但当前的创新型人才教育体系仍不完善。

---

① 参见胡斌梁、蒋宏宇：《创新型人才培养视角下校企协同育人机制研究》，《当代教育理论与实践》2017年第10期。

一是创新体系不完善，企业、科研平台可以为高校创新型人才的培养提供更为具体的目标和平台，但当前尚未实现很好的对接。二是创新知识教育体系不完善。高校在课程教学改革、创新知识的传授过程中会受到众多阻力，大多数的知识性课程依旧采用较为传统的方式进行教授，部分改革创新的课程未必能够受到学生们的喜爱。因此，在学生创新能力培养和个性化教学方面仍有不足。

二、高校实践育人的培养特点

在高校实践育人的培养过程中，必须迎合时代与社会的需求，培养出综合素质、专业素养、实践能力与创新能力都全面发展的“口模型”人才。① 图 1“口模型”人才是新时期人才培养的首选目标，“口”字的四笔看起来简单且相互独立，但每一笔都离不开对方的支撑，只有将四笔放在一个整体内才有意义，这也预示着在人才培养的过程中，不能仅仅注重某一方面的培养而放弃全面发展。

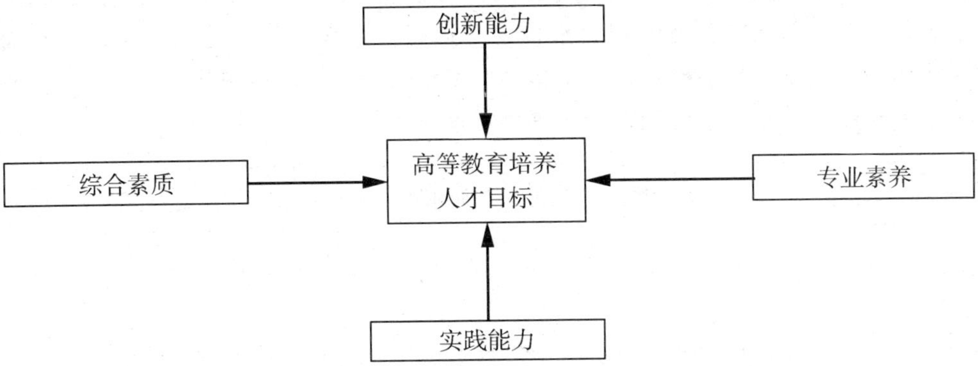

图 1　新时期高等院系培养人才模型——“口模型”

（一）实践育人培养目标对接社会需求

校企合作育人通过对接社会需求，为高等院校明确创新人才的培养目标。创新的动力源于社会的需求，只有不断地培养出适应社会发展的人才，高等院校才能源源不断地向社会输送高质量的创新人才。21 世纪归根结底是科技竞争、人才竞争，传统的人才培养模式已难以满足现今社会工作需求。校企合作模式有利于将人才培养目标与企业实际岗位知识技能相结合，实现人才培养与社会需求的有效对接。各高校通过多方论证，最终选出适合学校自身办学特色、自身专业特点以及学生适应能力的校企合作发展模式。校企合作单位充分利用双方资源，达到人才培养的新高度。

（二）实践育人培养实现学校与社会共赢

校企合作是新时代的产物，努力达到双赢的局面，才能够成为长效合作机制。校

① 参见马林、赵炳起：《构建高职创新人才文化育人平台的实践探索》，《创新与创业教育》2014 年第 5 期。

企合作模式下，高校、企业、社会三方共同实现利益最大化。对于高校来说，通过校企合作模式，既改变了原来较为单一的教学方式，将企业资源合理化的引入课程体系，又为学生们提供了创新实践的机会和平台，促使创新能力进一步提升。对于企业来说，利用高校的人才优势和优质的科研平台，能够为企业寻找新的增长点。对于社会来说，通过高校与企业的合作，实现人才培养与社会需求的无缝对接；进一步提高了高校向社会输送人才的质量，提升了社会竞争力，同时也在一定程度上提高了高校毕业生的就业率，降低社会压力。高校培养的人才也将成为企业潜在的人才储备力量，总之，校企合作模式实现了多方共赢。

三、项目管理视角下实践育人平台建设

项目管理的深刻内涵主要集中于它的制度性和完善性以及管理本质的服务性。高等院校在构建实践育人平台的过程中，应本着以实现学生根本利益的最大化为目标，以培养服务业社会的创新实践型人才为出发点和落脚点，努力做好基于实践育人平台的学生服务工作，以项目管理的理念来构建与运行实践育人平台建设。美国著名企业史学家钱德勒在《战略与结构》一书中指出的组织结构关系图（见图 2）为本文在项目管理视角下进行实践育人平台建设分析提供了理论支持。①

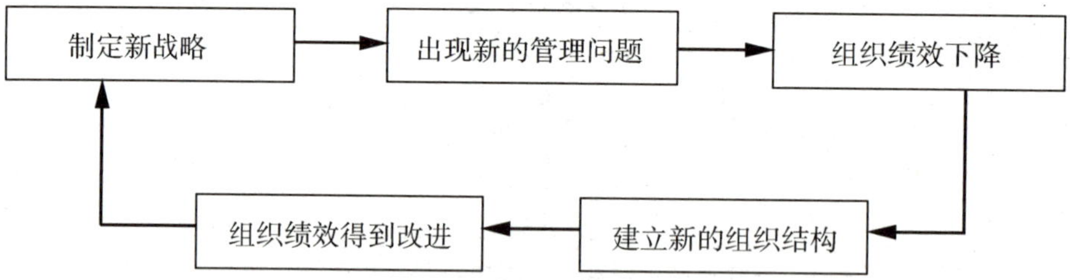

图 2　组织结构关系

（一）项目管理视角下实践育人培养的组织机制

建立完善的组织机制是推行校企合作培养育人的前提。② 从创新型人才培养视角来看，需建立校、院、系三个层面的组织体系来推动校企合作良性运转。学校层面上需由学校领导和企业领导、校企各部门主要负责人成立专门的委员会，把握全局，制定切实可行的培养方案。学院层面应与企业具体负责人一同建立专业的指导委员会，负责企业工作的对接、双方师资的确定、对培养方案的修订等问题进行细化和规范。系部层面通过专业的老师制定具体的课程、实训的培养目标及计划；同时与企业多沟通，进一步了解企业具体岗位需求，根据学生的不同特点，将其推荐至合适的岗位进行实

① 参见［美］阿尔弗雷德·钱德勒：《战略与结构》，孟昕译，云南人民出版社 2002 年版，第 3～4 页。

② 参见邝邦洪、赵复查、张松峰：《校企协同创新育人机制的理论研究》，《广东职业技术教育与研究》2018 年第 6 期。

习训练。通过校、院、系三个层面与企业具体负责人进行有效对接，完成校企合作的基本组织建设，这也是为创新型人才培养提供了基本保障。[①]

（二）项目管理视角下实践育人培养的制度机制

创新型人才培养是对现行教育观念的一大突破，校企合作育人的制度建设有助于形成规范化、程序化的管理流程。在制度建设的过程中，高校应根据创新型人才培养理念，结合自身专业的特色，深入了解合作单位的经营理念及管理体制，同时考虑学生的接受程度，制定出一套较为完善的合作育人培养方案。学校应对校企合作提供有力支持，如人力（选拔出合适的创业型导师带队）、财力（为校企合作机构高效运行提供专项资金）、物力（为创新型人才建立专门的培养基地）。各机构合理配置资源，保障各项问题趋于规范化，为校企合作育人提供制度保障。

校企合作是社会需求，是经济社会转型发展升级的必然产物，产业转型升级的根本在于人，在于人的创造力拉动产品和服务的价值提升。校企合作的意义是推进社会资源的协同创新，而协同创新的根本就是通过沟通达到深入的合作，在人才培养体系、运行机制等方面不断创新，为学生打造一个集约快速的成长通道。校企合作要参照工程教育专业认证思想和标准，建立一套完整的评价体系，以对整个人才培养过程进行过程跟踪和考核。在学校和企业双方共同努力下茁壮成长，培养出高质量的符合社会需求的应用型人才。

目前，各院校还存在生源质量不高和学生对校企合作专业的教学、实训以及就业情况满意度不高等问题。可加大双方人员交流、科研交流，创新现行的教学管理模式。[②] 与会人员均希望企校双方能建立一个健全的校企交流平台，共同打造学生的核心竞争力，培养出高素质的应用型人才。

（三）项目管理视角下实践育人培养的管理机制

校企合作协同发展共同培育创新型人才的管理机制，主要以课程教学为中心，包括人才培育目标的制定、培育模式的选择、课程体系的重构、人才培养方案的实施及教学质量的评估等。[③] 要保障人才培养的质量，需要高校在管理机制上建立更为科学合理的人才培养教学管理体系。具体来说，高校课程教学管理体系要涵盖以下内容：一是建立合理的培养目标，从学校的办学特色和专业特色出发，同时根据企业和社会的人才需求，设立各专业的人才培养目标。二是根据培养目标确定毕业要求。校企合作要落到实处，将专业化培养目标转化为专业知识和技能。三是设置好课程体系。从理论知识到实践课程，最后转化为专业技能；不断引导学生形成专业技能和创新能力。四是拥有良好的师资力量。以校企合作为契机，从中聘选企业高级管理、高级工程师

---

① 参见冯晓霞：《校企结合“订单式”高校公共体育应用型人才培养模式研究》，《当代体育科技》2018 年第 8 期。

② 参见徐峰：《基于校企深度合作的“电商运营人才”培养实训体系构建研究》，《电子商务》2018 年第 12 期。

③ 参见吴岩：《合作教育视角下应用型院校校企合作机制探析》，《教育与职业》2018 年第 24 期。

等担任创业导师或实践指导老师，努力打造双导师教学团队。[①]

根据《全面推进应用型人才培养方式改革工作安排》文件，负责人对近期教务工作及全面推进应用型人才培养方式改革的部分工作进行了说明。二级学院（部、系）主要负责人对本部门人才培养方式改革进展情况进行了汇报。重点指出：第一，这次应用型人才培养方式改革是推进学校发展的重大行动，只要我们齐心协力努力工作，山东交通学院可能会走在全国应用型人才培养方式改革的前列，也一定会衍生出对中国高等教育有重要影响的创新思想、观点和做法。第二，改革分两个阶段，第一阶段是依托二级学院实现人才培养体系重构，通过建立机制，发现一些在机制方面的不足；第二阶段，全校各职能部门要围绕新的应用型人才培养体系的重构，重新理顺机制，提高服务于改革的能力。在改革过程中，二级学院（部、系）领导班子、教学职能部门要分析、归纳教师提出的问题，不回避矛盾，不隐藏矛盾，不隐藏任何观点。第三，要建立人才培养方式改革的推进机制，一是建立由院长、分管教学院长、分管学生书记参加的例会制度，例会需形成会议纪要；二是推进集中排课、接力式上课，使教师有集中的时间投入到应用型人才培养方案的实施、实验室建设、科研活动及学生工作中。第四，如何支撑学校发展，关键是收益提高，我们要加速发展，使学校的投入衍生出效益来。第五，要基于改革的行动，全面全员实施能力提升工程，转变点在于从被动的工作，甚至是抵触的情绪，转换为主动的参与、奋进的工作，从被动变主动；在改革的进程中要不断地发现问题、解决问题，要依托于行动提升各方面的能力，包括个人的能力和组织的能力。

（四）项目管理视角下实践育人培养的保障机制

近几年，校企合作模式深入推进，为在校学生提供了更好的合作学习平台。学校在人力、财力、物力上还需加大投入，做好校企合作的基础保障工作。高校要通过深入贯彻国家创新创业精神，扩大校企合作规模、建立人才培育基地、实践学习场地等基础设施建设，为校企合作提供良好物质基础。学校通过设立专项资金方式，为企业导师提供合理报酬，同时选派学校专业老师去大型优秀企业进修，提高师资创新能力。学校应当为学生提供外出实习住宿、安全等制度保障，为学生购买实习保险等，降低学生外出管理及安全风险，促进校企合作有效运转。

山东交通学院紧抓人才培养主线，更新教育观念，不断推动具有创新精神、创新意识、创新能力的应用型创新人才培养。2013 年，获批为山东省高等教育应用型人才培养特色名校立项建设单位，是教育部应用技术大学改革试点战略研究单位。2017 年，获批山东省硕士学位授予立项建设单位（A 类）。山东交通学院是“全国高校毕业生就业 50 强”典型经验高校。在学科建设和专业建设方面，有道路与铁道工程、交通运输规划与管理等 4 个省级重点学科，载运工具运用工程 1 个省级特色重点学科，交通运

---

① 参见晋颖、王香兰、锁罗曼：《导师制下校企合作“协同育人”模式创新与推广》，《合作经济与科技》2019 年第 1 期。

输、土木工程2个国家级特色专业，车辆工程、机械设计制造及其自动化、船舶与海洋工程等7个省级特色专业，轮机工程、物流工程、金融学等5个省级高水平应用型重点建设专业（群）。运输车辆检测、诊断与维修技术实验室为全国交通行业重点实验室，道路交通应急与保障技术工程实验室为省级重点实验室，汽车运用技术、路面结构与材料、船舶与海洋运输、危险品物流安全与环保4个实验室为山东省高校重点实验室，交通土建实验中心、工程训练实验中心、汽车工程实验教学中心3个实验中心为山东省高校实验教学示范中心，机动车检测实验中心经国家有关部委批准具有国家实验室认可资质，国际商务研究中心、交通教育研究基地2个山东省高校人文社会科学研究基地。国家车辆事故深度调查（NAIS）工作站（山东）、中国交通教育研究会交通法学研究中心、国家技术转移东部中心交通产业中心、山东内燃机学会秘书处、国家科技部众创空间设在学校。2016年，获批“中国大学生iCAN创新创业实践教育基地”。特色专业及实验教学中心的建立，为学生们提供了良好的教学平台，拥有更加完善的教学设备，有助于提升实践技能。

2018年，山东交通学院共有26个项目获批，立项数量创历史新高。本次立项项目呈现出两大特点，一是覆盖面广，项目涉及新工科建设、教学内容和课程体系改革、师资培训、实践条件和实践基地建设、创新创业教育改革等5种项目类型；二是参与度高，获批项目覆盖汽车工程学院、工程机械学院、交通与物流工程学院、信息科学与电气工程学院、经济与管理学院、交通法学院、船舶与轮机工程学院等7个二级学院，教师的积极性和参与度显著提升。

产学合作协同育人项目是教育部为贯彻落实《国务院办公厅关于深化高等学校创新创业教育改革的实施意见》（国办发〔2015〕36号）文件精神，深化产教融合、产学合作、协同育人的重要举措。此次项目获批，进一步为山东交通学院深入推进产学合作、产教融合，全面提高应用型人才培养质量提供保障，使行业企业能真正参与到高等教育教学各环节中，促进人才培养与产业需求紧密结合。[①]

四、结语

随着我国改革开放步入深水区，高等教育的改革也面临着困境。在此情形下，高校实践育人平台建设是加强高校人才创新实践、推动高等教育改革的重要契机。培养创新实践人才需要高等院校进一步解放思想、大胆实践，改革以教学为主的人才培养模式，加大与企业的协同，提高学生进入社会后的实践创新能力。高校的实践育人平台建设是一个长期的动态发展过程，在此过程中，高校要不断探索出迎合时代需求的人才培养模式，用全球化的视角和思维来审视实践育人平台建设的重要性，不断推动我国的高等教育改革。

---

① 参见韦振锋、蒙玉玲：《校企合作育人模式的研究与实践——以广西财经学院为例》，《学周刊》2017年第6期。

校企联动助力乡村振兴人才培养

郭建平　孔德昇　王　婷*

摘　要　党的十九大以来，党中央高度重视“三农”工作，多次提出并强调解决“三农”问题的重要性。究其根源在于“三农”问题关乎着国计民生，必须坚定不移地把解决好“三农”问题作为全党工作的重中之重，坚持农业作为第一产业的基础性地位，大力发展农业，充分贯彻和落实乡村振兴发展战略。对于新时代的农业高等院校来说，首先要发挥好其好天然的师资力量，理论学科优势和教学资源优势；其次要为高校未来发展培养源源不断的人才，破解人才瓶颈制约。对于企业，只有不断地涌入人才，才会创造出更多的价值。农业高校为企业提供科研人才，企业为农业高校提供成果转化，相辅相成，才能全面助力乡村振兴。

关键词　校企联动　乡村振兴　人才培养

中共十九大首次提出乡村振兴发展战略，要求全社会把把“三农”发展放在战略全局的优先位置，大力解决农业农村农民在过去发展过程中遗留下来的问题，改善整个农业的发展方向，为农村发展注入新的动力，使得农民增收，与千万农业人口共同迈入小康社会的大门。习近平总书记反复强调，没有农村的小康相当于没有全国的小康，实现全面建成小康社会，就不能让农业没落、农村落后、农民掉队。乡村振兴，同时也要大力发挥教育的作用。教育是国之大计、党之大计，作为立国之本，强国之基，必须优先发展教育。乡村振兴，教育先行，新时代要想大力发展乡村振兴发展战略就必须为乡村培养一批德智体美劳全面发展，懂农业、爱农村、爱农民的乡村振兴领导者和建设者。而作为农业类院校，应充分发挥专业与人才的优势，创新思路，主动作为，服务乡村生态建设、文化建设、人才建设和经济建设，为广大农村和农民谋求发展和幸福，为经济社会发展贡献自己的一分力量。但对于一个涉农企业来说，必须因势而谋，转变企业发展理念，积极投身到振兴乡村的时代洪流中。在不断促进“三农”发展的同时，也要加强自身人才紧缺的不足，利用好农业类院校这一平台，达到预期的各项收益。

---

* **作者简介：**郭建平（1975～　），男，山西农业大学经济管理学院党委书记；孔德昇（1994～　），男，山西农业大学农村发展专业硕士研究生；王婷（1988～　），女，晋能清洁能源光伏工程有限责任公司。

一、校企联动的内涵

校企联动，顾名思义，就是学校与企业进行互信交流合作，双方建立合作机制，学校实现教育教学资源的充分配置与流动，扩大人才培养范围。企业则是为学校注入资金和社会环境支持，为双方未来发展建立互信基础，从而使得高校和企业的资源得到充分利用，实现“双赢”。

党的十九大中提出要把乡村振兴发展战略放在所有工作的优先位置，这是大势所趋，民心所向，要求全社会必须共同努力，要“共同行动”。“共同行动”原因在于两点：一是农业农村农民问题是全社会的基础问题，也是基础动力，生产力决定生产关系，只有解决好基础性的问题，才能实现中华民族的伟大复兴；二是农村为中国经济社会发展做出了巨大贡献，是改革开放的“引擎”。在新时代的今天，同样也不能忘记农村这个主体曾经发挥过的作用。因此，想要全社会“共同行动”，就要做到“一个明确，两个尊重”。

“一个明确”。要明确乡村振兴整个过程的具体内容，做到心中有数，做事有针对性。要坚持在振兴的全过程中，抓重点、补短板、强弱项，实现乡村各方面振兴，包括产业、经济、文化、生态、组织，推动农业现代化发展全面升级、农村社会全面进步、农民逐步实现增收，使广大农民感受发展带来的幸福感，这是实现乡村振兴的基础和奋斗目标。全社会要凝聚力量，众志成城，集中发力，从细微处做起，争取把乡村振兴战略的具体要求和内容贯彻落实到每一处。乡村振兴战略即围绕和解决“三农”问题，最终为我国未来经济的发展插上腾飞的翅膀。

“两个尊重”。第一就是要尊重农民意愿。乡村振兴战略的整个出发点和落脚点就是为广大农民谋幸福，为农业发展注入政策新风，为农村发展带去新方向。因此在乡村振兴的初始阶段，务必了解农民的切实需要，务必做到每一项政策办法都是为农民利益着想。只有这样，才可以深入了解农民的难处，制定方针政策时才能具体分析，才能调动农民的积极性，最终实现乡村振兴的奋斗目标。第二是要尊重乡村发展规律。《荀子·天论》曰：“天行有常，不为尧存，不为桀亡。”意思就是说社会发展有其特定的规律，不会因为有尧的圣明而存在，当然也不会因为桀而不存在。在乡村振兴发展战略实施的过程中，务必要遵循乡村的发展规律。因此，在保持原有的乡土风情与文化的基础上，适当地融入现代化元素，促使产业结构优化升级，推动农业体系现代化发展，成为乡村振兴的主要抓手。只有做到上述“两个尊重”，才能有效实施乡村振兴战略，长远发展。

产业兴旺是乡村振兴的基础，没有产业的支持，就没有振兴的基础。高校在技术研发和人才培养方面有着充足的经验和成果，而技术落地和长久发展又是企业的强项。所以校企必须实现协同联动才能促进乡村产业兴旺，进一步实现乡村振兴。“共同行动”，推动乡村振兴，当代社会的发展过程说明只有把实施乡村振兴战略摆在所有工作的优先位置，各级坚持认真贯彻落实，促使全社会共同发力，乡村振兴伟大目标的实现便指日可待。

二、校企联动培养企业领导人才的必要性

（一）自身发展的需要

随着经济社会发展进入新常态，企业和高等院校这两个相对独立的群体要想为国家的发展战略尽一份力，就必须要相互合作，这是促使企业未来发展的强大动力，也是高校加强自身适应社会、服务社会的重要途径。高等院校拥有强大的师资力量，人才精英聚集于此，相对于企业来说，高校缺乏资金支持和技术经验优势；相反，企业则是弥补了高等院校在某些方面的缺陷，拥有产业化和系统化的管理体系，且人员配置较为齐全，但在领导人才方面还比较短缺。校企联动的合作平台可以起到互补的作用，使企业和高校发挥各自优势，打造“双赢”局面。乡村振兴战略的提出给了校企合作的一个平台，高校和企业必须充分抓住乡村振兴战略实施的机遇，加强在人才培养，产学研用一体化、辐射带动贫困户等方面的合作，在自身发展的同时，为乡村振兴出一份力。

（二）时代发展的推动

在经济高速发展的今天，知识的作用体现得越来越明显。科学技术是第一生产力，随着我国人口红利的逐渐消失，产业经济的发展都需要大力发展科技，才能使经济再次进入新的发展时期。随着产业结构调整和升级，市场最紧缺的就是综合型人才，企业实力的竞争归根结底是企业人才的竞争。要在激烈的市场竞争中存活下来并且取得发展，企业必须寻求高校的帮助。高校是人才培养方面最大的组织，有充足的人力资源。而时代也不断要求高校培养实践型人才，所以高校也更多地让学生去接触社会。因此，时代发展推动校企双方在人才培养和产业发展方面的精诚合作，取长补短，共同进步。

（三）市场竞争的压力

技术创新也是决定企业竞争优势的关键因素。目前我国企业对科技创新的投入力度较小，资金不到位以及人员创新观念缺失；还有虽然有创新的意识，但政府及相关机构对创新失败的态度观念造成人们想创新但不敢创新的局面；在产业方面没有形成大氛围的创新产业体制机制，这都是目前的发展困境。因此，高等院校和企业合作有利于改善这一局面：高校拥有先进的理论知识优势，但由于缺乏资金人员支持，难以在短时间内转化成规模化的产业经济。企业则可以弥补其不足之处，利用自身的人员技术和资金优势帮助高校研发，二者共同推进创新研发成果面世，推动经济高质量发展。在市场经济的大环境下，高校必须让自己的科研成果转化为生产力，让自己培养的人才能有用武之地，这些都要求高校在校外有一个能延伸自己的平台。而企业正好提供了这样的一个机会，企业处于市场的最前沿，在帮助高校实现产学研用延伸的同时，自身也可以充分利用高校的相关资源实现自我的发展。

三、校企联动的具体措施

（一）校企协同，合作育人

以人为本是我国可持续发展战略的核心问题。而校企合作的主要目的之一就是培养新型人才、高素质人才，在此基础上才能根据人员的配置情况合理规划资源。高等农业院校作为精英人才的天然平台，在制定人才培养方案时必须具体问题具体分析，根据不同的人才制定不同的方案，这样才能把人才资源配置落实到方方面面，以避免造成资源的浪费。在当前乡村振兴的大背景下，高校和企业要精准培养人才，直接将人才资源输送到乡村一线去，用到最需要的地方上，在合作培养的方案制定上，也要精准施策，照顾到校企双方的利益。

（二）成立培训班，进行对口培养

根据学校所设专业的不同特点，聘请行业专家、企业领导与学校教师共同组建专业教学指导委员会。要明确专业人才的培养目标，确定专业教学计划的方案，提供市场人才需求信息，参与学校教学计划的制定和调整，根据企业、行业的用工要求及时调整学校的专业计划和实训计划，协助学校确立校外实习、实训基地。在当前乡村振兴人才急缺的情况下，通过校地合作、校企合作的方式能有效缓解乡村振兴中人才紧缺问题。学生们可以在实践基地调研，将自己的科研成果应用于乡村，帮助村民致富。

（三）科教助力，乡村振兴

科教助力就是要学校加大对人才教学教育的培养力度，同时企业也要注意加强科技理论等方面的培养。现代农业体系发展的关键在于培养人才的创新创造能力，培育新时代的农民就是为中国农业发展创造未来。形成农村科普工作新生力量，成为推动农业农村经济发展的带头人，也是培育新型职业农民、建设农村实用人才队伍的重要内容，为乡村振兴发展战略的实施提供支撑。科技是第一生产力，高校要和当地企业合作组建农技推广和服务队伍，让新型农业经营主体能更便捷地获取最新技术，足不出户就能与专家联系。

（四）建立产业帮扶平台，讲好品牌故事

涉农院校要和涉农企业之间建立长期有效的合作机制，扩大双方的交流，为乡村振兴开拓多项新兴产业平台。在此基础上，还要培养全社会的“双创”精神，扩大创业，鼓励创新，在整个社会范围内形成一种“大众创业、万众创新”的良好局面，为乡村振兴发展打好坚实的基础。产业帮扶最终要激发村民内生动力，提高其创新创业的积极性，高校和企业要充分利用自身资源，为自主创业出谋划策，提供资源，村民创业可依靠高校和企业已经运行成熟的品牌来推销自己的产品。

（五）开放共享，注入新鲜血液

开放共享主要就是以引进互联网高科技为主，旨在从根上改变乡村地区人们的观念，推动城乡一体化发展。当代农村主要的问题就是农民生产观念落后，要想改变这种状况，就要逐步融入现代化元素，让农民逐渐学习现代科学技术知识，改变过去保守的思想，接受现代化理念，从而调动农民的生产积极性，让广大农民积极发挥“传帮带”的作用，并普及到每一个家庭。以家庭农场、合作社为代表的新型农业经营主体正是在国家土地“三权分置”政策下成长起来的，其是传统封闭小农的对立面，体现了开放共享的新发展理念，所以校企要带头培养新主体，注入新血液。

（六）办好乡村教育

乡村振兴不只是产业的振兴，还是文化、组织等各要素的振兴。而要想实现乡村全面振兴，教育是根本。乡村教育作为教育事业的重要组成部分，受生源数量下降，教育质量影响已经处于停滞期，但教育是启民智、树民风、提民意的重要手段，一个没有教育没有文化的乡村是永远无法实现振兴的。而且随着生活水平和需求层次的提高，人们对教育的关注越来越大，对教育的投入也逐年增长。所以，乡村教育完全可以作为一个增长极，吸引各行各业人才汇聚于此，辐射带动乡村产业、文化等方方面面的发展。高校和企业在乡村教育的发展中有不可替代的作用，高校有不同层次的教师和学生，而企业有资金，教育是最大的公益事业，企业家投资乡村教育，不仅是回报社会的一种主要手段，而且还是千古留名的终身荣耀。所以校企合作在乡村教育领域大有可为，应充分沟通，充分合作，引领乡村教育的发展。

作为汇集农业类人才的农业高等院校来说，把乡村振兴发展战略具体内容落实到细微处，是作为农业人才培养平台的历史责任，也是新时代中国特色社会主义道路赋予农业高等院校的历史使命。作为市场经济一线的企业，在经济发展新常态阶段，面临的生存发展压力与日俱增，人才挖掘成为企业之间竞争力的关键因素。能否获得优质的人力资源，关乎着企业未来的发展。高等院校拥有充分的人才培养资源，而企业具有先进技术和设备，双方优势互补，有利于为乡村振兴培养一批懂农业、爱农村、爱农民的“三农”工作队伍。人才作为乡村振兴的核心和短板。习近平总书记强调，推动乡村振兴，要把人力开发放在第一位置。涉农院校要充分发挥涉农人才培养阵地和人才资源的优势，主动作为。校企联动，可以优势互补，资源共享，团队共融，共同发展，同时发挥教育优势，及时打造出一批爱农业、懂技术、善经营的新型农民，助力农业发展供给侧结构性改革，持续为乡村发展添加新动能，带动当地贫困户实现脱贫致富，积极推进乡村振兴及现代农业产业化的新发展。双方将共同创新机制，深化校企合作，着力拓展合作领域，扩大合作成果，推进科技成果转化，实现双方共赢，共同助力乡村振兴！

弘扬泰山文化与深化高校社会主义核心价值观培树

亓　燕　贾鲁音　李洪军*

摘　要　泰山文化对泰安地方院校文化育人具有非常重要的意义。培树社会主义核心价值观是文化育人的重要目标。本文通过分析泰山文化内涵与社会主义核心价值观的契合点，从营造人文环境、开展主题实践活动、搭建教育基地等方面提出对策，以期在弘扬泰山文化与深化高校社会主义核心价值观培树方面提供有益参考。

关键词　泰山文化　地方高校　社会主义核心价值观

2018年9月，习近平总书记出席全国教育大会并发表重要讲话，他指出："培养什么人，是教育的首要问题。""要在加强品德修养上下功夫，教育引导学生培育和践行社会主义核心价值观，踏踏实实修好品德，成为有大爱大德大情怀的人。"① 2019年3月，习近平总书记在学校思想政治理论课教师座谈会上发表的重要讲话中谈道："中华民族几千年来形成了博大精深的优秀传统文化，我们党带领人民在革命、建设、改革过程中锻造的革命文化和社会主义先进文化，为思政课建设提供了深厚力量。"②

立德树人是高校的根本使命。社会主义核心价值观作为社会主义核心价值体系的内核，反映社会主义核心价值体系的丰富内涵和实践要求。培育和践行社会主义核心价值观，实际上就是社会主义道德的培育与践行。青年是引风气之先的社会力量，青年的价值取向，既关系着自身的健康成长成才，又关系着未来整个社会的价值取向。因而高校教育必须着重培育和弘扬社会主义核心价值观，教育和引导学生成为社会主义核心价值观的坚定信仰者、积极传播者和模范践行者。

中华优秀传统文化作为中华民族的精神命脉，是涵养社会主义核心价值观的重要

---

* **作者简介**：亓燕（1971～　），女，山东济南人，泰山职业技术学院副教授，研究方向为思想政治教育；贾鲁音（1986～　），女，山东泰安人，泰山职业技术学院助教，研究方向为思想政治教育；李洪军（1975～　），男，山东肥城人，泰山职业技术学院讲师，研究方向为思想政治教育、人才培养与人事管理。

①　习近平：《坚持中国特色社会主义教育发展道路　培养德智体美劳全面发展的社会主义建设者和接班人》，《人民日报》2018年9月11日。

②　习近平：《用新时代中国特色社会主义思想铸魂育人　贯彻党的教育方针落实立德树人根本任务》，《人民日报》2019年3月19日。

源泉。同时培育和弘扬社会主义核心价值观，也必须立足中华优秀传统文化。地方院校在育人过程中，要结合当地实际情况，努力使地方优秀传统文化成为涵养社会主义核心价值观的重要源泉，使地方传统文化与时代主旋律相结合。这样，就使具有地方特色的校园文化在培树社会主义核心价值观的过程中焕发出独特的活力，更好地引领地方院校的办学方向。博大精深的泰山文化是中华优秀传统文化中极具特色的重要组成部分，同时也应当为地方院校深化社会主义核心价值观培树与践行提供精神沃土。

一、泰山文化内涵与社会主义核心价值观的契合点分析

社会主义核心价值观是普适的，泰山文化是相对具象的，二者之间在内涵上是相通的。泰山文化是中国传统文化的缩影，泰山精神内涵丰富，与当前的社会主义核心价值观有着诸多契合点，可以成为弘扬社会主义核心价值观的载体。我们可以根据社会主义核心价值观的具体内容，从泰山文化中汲取营养，有针对性地去挖掘泰山文化的育人要素，将泰山文化的多种精神内涵与当代大学生的社会主义核心价值观进行有机结合，更好地开展培育和践行社会主义核心价值观工作。

第一，将泰山文化中勇攀高峰的进取精神①与社会主义核心价值观教育相结合。通过弘扬勇于攀登、登高必自、自强不息的进取精神，对学生进行励志教育、挫折教育、生命教育、价值教育、爱国教育，将个人成长、成才与社会发展和国家富强联系起来。

第二，将泰山文化中顶天立地的担当精神与社会主义核心价值观教育相结合。中华文化典籍中常见“责任重如泰山”“稳如泰山”“泰山压顶不弯腰”“泰山石敢当”等词句，泰山文化中有着丰富的担当育人素材。② “挑山工”更是泰山精神中“担当”一词的缩影。2014 年 1 月，习近平总书记在十八届中央纪委三次全会上发表重要讲话，引用泰山“挑山工”不敢在“快活三里”久留的故事，要求广大党员干部越是爬坡过坎越应“咬定青山”，乘胜前进改作风；2018 年 1 月，习近平总书记在学习贯彻党的十九大精神省部级主要领导干部研讨班开班式上的重要讲话中，引用“快活三里”的例子，赞扬泰山“挑山工”精神；2018 年 6 月，习近平总书记在山东考察时的重要讲话中再一次发出号召，希望山东省广大干部群众以永不懈怠的精神状态和一往无前的奋斗姿态，真抓实干，埋头苦干，做新时代泰山“挑山工”。有担当，人才会诚信，事业才会成就，社会才会公正与法治，国家才会繁荣富强。通过弘扬扶正压邪、勇于承担的担当精神，对学生开展正义教育、诚信教育、爱国教育、民族精神教育，培树学生的社会责任意识。

第三，将泰山文化中“重如泰山”的价值取向与社会主义核心价值观教育相结合。通过一系列生动的“或重于泰山，或轻于鸿毛”的泰山文化教育素材，将个人生命价

---

① 参见吕继祥：《大力弘扬和培育泰山精神》，《山东科技大学学报》2003 年第 3 期。

② 参见时群：《高校校园文化建设的路径——以泰山精神融入驻泰高校为例》，《人文天下》2016 年第 22 期。

值与社会责任、国家命运相结合，陶冶学生爱国爱民情操，培树公平正义的价值观、人生观。

第四，将泰山文化中海天之怀的包容精神与社会主义核心价值观教育相结合。秦李斯在其《谏逐客书》中就论称“泰山不让土壤，故能成其大”。泰山之“大”，固然有其气象宏伟的自然因素，但更体现在人文的崇高和胸怀的博大。民国年间邱山宁的《泰山颂》对此作了精辟概括：“泰山何其雄，万象都包容。泰山何其大，万物都归纳。泰山何尊严，万有都包含。一切宇宙事，皆作如是观。”[①] 在弘扬泰山包罗万象、居高不傲的包容精神的过程中，可培养、形成学生民主、自由、平等、友善的人格和精神。

第五，将泰山文化中天人合一的和谐精神与社会主义核心价值观教育相结合。中华民族的独特思维方式离不开天人合一的和谐精神。泰山是中国首例文化与自然有机融为一体的双重世界遗产，自然与人文之间和谐；泰山儒释道兼而有之，多元文化之间和谐；泰山人秉承“以人为本”的服务理念，主体与客体、客体与客体之间和谐。把泰山和谐精神与社会主义核心价值观教育相结合，有助于对学生开展和谐成长教育，有助于培养具有和谐理念的人。而只有具备和谐理念的人，才可能构建经济、政治、文化、社会、生态和谐发展的社会。

二、用泰山文化培树社会主义核心价值观的路径探索

通过弘扬泰山文化培育社会主义核心价值观，既需要环境氛围的熏陶，又需要一定的实践活动加以落实。这就需要高校思想文化教育工作者立足育人为本，结合高校工作实际与泰山文化资源实际，广泛搭建平台、营造氛围、创设途径，多措并举开展便于广大师生理解并能乐于接受的丰富活动。同时，弘扬泰山文化、培育社会主义核心价值观，还需要与社会、时代相结合，力求让师生在参与解决当今社会现实问题（诸如生态环境问题、文明创建问题、创新创业问题等）的活动中接受教育、深化体验，换句话说，就是把泰山传统文化蕴含的育人要素以灵活的方式表示出来，融入校园和社会的物质环境与实践活动，使师生在深入理解和弘扬泰山文化的过程中，接受社会主义核心价值观教育，从而使社会主义核心价值观融入师生意识。

为解决上述问题，我们提出以下实现路径：

（一）创设条件，营造泰山文化与社会主义核心价值观相结合的特色人文环境

校园环境是学生学习生活的主要场所，校园环境与氛围对学生起到的是耳濡目染的教育作用。因此，在学校的布局规划、景点打造中，可以有目的地将泰山特色的校园景观与社会主义核心价值观宣扬相结合，营造浓厚的育人氛围，潜移默化地陶冶广大师生的情操，塑造师生文明、高尚的品格。比如，将社会主义核心价值观的代表性

---

① 刘秀池主编：《泰山大全》，山东友谊出版社1995年版，第1093页。

词句以泰山石刻的形式物化于校园环境；在富有泰山特色的校园环境中置入载有社会主义核心价值观的内容（尤其对于坐落于泰山脚下的各地方院校）；通过宣传栏、展板、电子屏、板报等形式，展示泰山文化与社会主义核心价值观相结合的重要意义。

（二）开设与社会主义核心价值观相关的泰山文化课程，将泰山文化与社会主义核心价值观教育纳入高校人文素质教育

搜集与社会主义核心价值观相关的泰山文化素材，编辑、开发与社会主义核心价值观相关的泰山文化教材，通过相关人文素质课程教学，积极培育泰山精神特色的社会主义核心价值观，既彰显区域特色，又增强了中华民族思想文化的整体凝聚力。

（三）丰富文化载体，宣传浓厚教育氛围

校报、校刊、专题网站、主题微信平台、广播站等宣传阵地是营造思想文化氛围、实施泰山文化育人、培树社会主义核心价值观的有效载体。各院校可用博大精深的泰山文化丰富社会主义核心价值观的教育内容，并面向广大师生征文征稿，让广大师生通过阅读、聆听、抒写等方式参与到用泰山文化培树社会主义核心价值观的学习、交流中，形成浓厚氛围。

（四）开设大讲堂，广开言路，增强用泰山文化培树社会主义核心价值观的实效

可举办关于泰山文化与社会主义核心价值观相结合的论坛或讲座，邀请思想政治与文化工作的专家学者为广大师生作报告，聆听专家学者对泰山文化与社会主义核心价值观相结合的认识和见解，从中接受熏陶和启发；也可依托大讲堂，搭建主题讨论会、演讲赛、经典诵读等平台，让广大师生参与到用泰山文化培树社会主义核心价值观的交流研讨、宣传教育中。

（五）搭建泰山文化教育实践基地，拓展社会主义核心价值观特色教育平台

一方面可根据地方院校自身条件，酌情建设富有特色的泰山文化资料馆、展馆或社科基地，丰富泰山文化书籍、图片、视频资料作为教育资源，在校内开展泰山文化教育活动；另一方面，可与当地相关的文化馆、景点、纪念馆合作，建立诸如冯玉祥纪念馆、泰安徂徕山抗日武装起义博物馆等校外泰山文化教育基地，与地方社会深度合作，在深入了解泰安特色历史文化的过程中，大力宣扬爱国主义、民族主义、集体主义以及石敢当精神等，从而深化社会主义核心价值观教育。

（六）大力开展泰山文化主题活动，丰富社会主义核心价值观特色教育载体

首先，有意识地将弘扬优秀泰山文化与社会主义核心价值观结合起来，深入开展特色书香校园建设活动。在每年世界读书日启动读书月活动，通过好书推介、征文、笔记展评、诗词大赛等形式，建设具有浓郁特色的书香校园。其次，组织学生积极参与泰山国际登山节、助演封禅大典、助力泰山导游等特色活动。通过参加泰山文化主题活动，感受五千年华夏文明和千年历史风云，深化天人合一、自强不息、攀登、友

爱、互助、担当、文明等精神体验，品味泰山源远流长、包容和谐的文化魅力，培树社会主义核心价值观。

（七）大力开展泰山特色担当精神的志愿者服务活动，推动社会主义核心价值观教育外化于行

志愿服务活动以关爱他人、服务社会为目的，以弘扬奉献精神为己任，志愿服务活动能够充分体现勇于担当的泰山精神，是践行社会主义核心价值观的有力体现。高校可将文化建设与精神文明建设实践活动充分结合，组织志愿者服务队，经常性深入泰山景区、社区，走进福利单位、公共场所，及时开展景点维护、助残敬老、疏导游客、科技服务等志愿服务活动，助力地方社会文明创建工作，在服务社会的实践活动中，充分体验担当的泰山文化魅力，培树社会主义核心价值观。

用泰山文化培树社会主义核心价值观，意义深远。作为广大思想文化教育工作者，我们应以习近平新时代中国特色社会主义思想和全国教育大会精神为指引，紧跟新时代社会与教育发展的步伐，落实文化传承与创新行动，立足地方优势特色文化，积极挖掘泰山文化育人要素、探寻弘扬泰山文化育人途径，为培育社会主义核心价值观提供鲜活素材，丰富现实载体，提供理论支撑，使社会主义核心价值观脱离空泛，让泰山文化在地方院校立德树人中发挥出更大作用，谱写出更加绚丽的育人新篇章。

舞蹈美学学科建设研究

王　森*

摘　要　在一般的认识中，舞蹈虽然是美育的重要组成部分，但进入美学界的时间却不长，就像著名舞蹈家吕艺生先生说的：舞蹈美学像是来得很唐突。事实上，任何事情没有前人铺路，哪有后人的路好走。相比已经走过了四个30年的文艺美学来讲，舞蹈美学的姗姗来迟，预示着学科建设的难度非比寻常。在瞬息万变的消费时代，多元化研究对提高舞蹈艺术的软实力有着积极的作用，舞蹈艺术进入美学领域已是大势所趋，众望所归。

关键词　美学　舞蹈美学　学术地位

2010年世界美学大会的召开，开启了以“美学的多样性”为主题的大讨论，舞蹈美学以正统身份出现，当今也即将迎来中国舞蹈美学的第一个10年。舞蹈美学体系由最初的美学与舞蹈教育、美学与舞蹈创作、美学与舞蹈科学三大主题，发展衍生出本体论、身心一元论、审美论、舞蹈审美意识、舞蹈审美教育等较为集中的热点问题，舞蹈美学意识形态和相关的专题研究的出现，为以后舞蹈学学科的补充做出了积极的准备。

一、“日月如合璧，五星如连珠”——美学与舞蹈

中国的学术体系中本没有“美学”一词，作为纯粹的舶来品，美学的研究对象，自其诞生以来一直备受争议。在美学诞生的200多年中，各派别各执己见，“没有任何一种能够得到美学界的公认，导致了众说纷纭、没有一致理论前提的混乱局面”①。但艺术是美学的主要研究对象，这一点是毫无疑问的。“美学作为一门独立的学科，则是18世纪的事了，至今不过260年的历史。然而，可惜的是美学早期仍基本上没有论述

---

* **作者简介：**王森（1989～　），女，山东薛城人，中国人才研究会理事，山东青年政治学院教师，主要研究方向为舞蹈理论与实践。

① 徐庆博：《美学对象问题研究30年》，《滨州学院学报》2011年第1期。

舞蹈的。”[①]，在舞蹈理论书籍中，缺少能够为舞蹈美学提供理论依据的著作，“舞蹈美学因其舞蹈基础理论的薄弱而难于建立；舞蹈基础理论也因舞蹈美学的薄弱而薄弱”[②]。更为遗憾的是，舞蹈美学因美学内部的混乱而徘徊，造成了今天学科建设艰难前行的局面。

即便如此，舞蹈美学也仍然诱惑和引领我们从美学和哲学的角度，去寻找舞蹈在美学界的踪迹和存在感。如今的舞蹈艺术，在没有独立之前，甚至在没有“舞蹈”这个名词的时候，就已经成为生活的一部分。《诗序·大序》曰：“情动于中而形于言。言之不足，故嗟叹之。嗟叹之不足，故永（咏）歌之。永（咏）歌之不足，不知手之舞之足之蹈之也。”艺术的起源总是简单而自然的，在语言体系发展尚不完全的原始社会，人们通过手舞足蹈的形式宣泄情感，模拟事物的语言创作成为舞蹈历史的开端。人体动态所赋予的词汇意义在原始生活中得以彰显，强大的肢体替代功能提高了舞蹈的社会地位，舞蹈成为日常生活中最具有生命意识的一部分。从此，来源于生活又区别于生活的舞蹈变得尤为重要。随后，舞蹈的功能由替代性转向实用性，娱神巫舞的出现是人类对未可知力量的敬畏，也是相对成熟的审美活动的开始。舞蹈围绕着一切以生存为前提的问题，从无到有，开始了美的创造。

二、“不似则失其所以为诗，似则失其所以为我”——舞蹈与美学的关系

舞蹈与美学其实是联系非常紧密的一组词，舞蹈作品的创作、表演、体验等活动无时无刻不与美发生着关系，同时美学又引领着舞蹈艺术的审美定位。然而，直至20世纪80年代，舞蹈美学才在舞蹈前辈的带领下获得新生，向着学科建设的方向为舞蹈艺术发声，将舞蹈美学作为新时代的审美理想向前推进。这一审美理想在推进的过程中，出现了舞蹈美学体系研究的哲学型、美育型、文化型、审美型、东西方比较型等不同的研究模式，整个舞蹈美学建设高涨的积极性是其他时代所未曾发生过的。

舞蹈美学与美学本身千丝万缕，本质却有着云泥之别，舞蹈美学并不是将传统美学的林林总总渗透到舞蹈美学学科中去。从理论功能上说，舞蹈感性功能的影影绰绰与表现手法的沟壑交融，远远超越了美学分析式审视的理论限制，存在着一种虚幻与现实、感性与理性之间的张力。这种关系无法从美学的逻辑体系上照搬，也没法脱离美学获得至高无上的地位。

美学与哲学互为依存，密不可分。我们谈论舞蹈美学，更像是在谈论舞蹈的哲学，“哲学有其质，亦有其缘。论其质，则世界哲学，无不从同；以人之所疑者同也。论其缘，则各民族所处之境，不能无异；所处之境异，斯其所以释其疑者，亦自异矣。”[③]

① 吕艺生：《舞蹈美学》，中央民族大学出版社2011年版，第25页。

② 吕艺生：《舞蹈美学》，中央民族大学出版社2011年版，第33页。

③ 吕思勉：《从宋明理学到阳明心学》，新世界出版社2017年版，第6页。

哲学把舞蹈纳入麾下，摔碎后重新黏合，使原先背离的结构相互漫游穿插，在哲学的新环境中试图走出一条多元化扩张的道路。

三、“长风破浪会有时，直挂云帆济沧海”——舞蹈美学的曲高和寡

生活中的舞蹈深入实际，与民更始，哪里有广场，哪里就有舞蹈，而艺术性的舞蹈由于其过强的专业性而把普通大众拒之门外。舞蹈很远，舞蹈又很近，两个极端的拉锯在很长一段时间里使舞蹈盘旋于美学领域外延，被困在缺少底蕴的樊笼里。好在这并不意味着舞蹈美学的停滞，中国著名女画家周思聪曾说过“雅俗共赏并非衡量艺术的标准，曲高和寡才是真理”。与其他艺术门类一样，舞蹈美学的问世虽晚，但仍然得到了理解和肯定。

舞蹈美学的出现是一个洋溢着憧憬与希望的学理事件，同时，也充满了理论扩张的艰难。舞蹈美的研究方法无法把经验作为出发点，因为无据可查，就连黑格尔在谈论美学的时候，也把舞蹈剔除在了美学队伍之外。我们试图把理念作为研究的出发点，用理论思考的方式，深入理解舞蹈美的本质。在舞蹈人必读的理论书籍中，从舞蹈历史到舞蹈概论，从历史沿革到整体脉络，均有一般理念的共识性，像如今一样遭受哲学巨大冲击的情况还是第一次。因为哲学的“神圣化”与强大思辨性的存在，哲学抽象的思考方式不能够满足我们，就连舞蹈美在逻辑理念里的研究对象是什么的问题上，也是一知半解。

鉴于舞蹈美是一种感知感受效应，在没有多媒体的非数字化时代，因基础理论的匮乏与舞蹈本体的小众化，加上其特殊的民族性差异而无法找到一个“放之四海而皆准”的理论体系。舞蹈美学的研究对象存在于十几个二级学科中，他们之间的交叉和分支横跨了舞蹈生产过程中的方方面面，不同的研究对象导致了不同的研究方法，使求得舞蹈美的真谛的过程十分艰难，与之相应的声音也处于散兵游勇的漂泊状态。也许舞蹈美学的起点，就是从不受约束开始的，也许没有一种理论会给我们带来标准答案，但从初露端倪到含苞待放，每一个成熟的学科都有不断发展变化的过程，成熟是相对的。

四、“瑞气祥云初盛，诗情画意正浓”——舞蹈美学的学术表现

舞蹈美学的提出，为我们研究舞蹈的美提供了理想化的平台，在大趋势召唤的感知下，舞蹈美学的原创性著作表现出比较积极的影响，如欧建平的《舞蹈美学》，是舞蹈界第一本以“舞蹈美学”命名的著作，从艺术本质和舞蹈鉴赏的角度讨论舞蹈美学的核心，回归了“什么是舞蹈”的终极问题；吕艺生的《舞蹈美学》和《中国古典舞美学原理求索》，是具有思想启迪性的书籍，有感性思维的迸发，也有理性思维的探讨，试图在舞蹈美学世界中寻找感性与理性之间融会贯通的平衡；袁何的《中国舞蹈

美学》，立足于舞蹈本体，从古代舞蹈美学的角度，运用哲学思考的方法，对历朝历代的舞蹈审美范畴和审美意识进行了深入细致的分析和梳理，堪称中国舞蹈美学研究的奠基之作；邓佑玲的《舞蹈美学与舞蹈教育研究》，对中国舞蹈美学基础理论研究和民族审美意识的觉醒作了初步的思考与展望，对中国舞蹈教育的学科定位具有一定参考价值；林君恒的《当代舞蹈美学》，密切结合哲学思想，从抽象思辨的角度对舞蹈意识形态的方方面面进行了分析研究。

如今的舞蹈美学在成果积淀阶段，敢于直面和接触艺术的哲学性质，表现出了高度的专业化与责任感。如今，在舞蹈艺术的学术地位与实际社会地位不相符的情况下，舞蹈美学迫切需要属于自己的独立平台。体系建设是舞蹈美学发展的责任和使命，也是体现中国舞蹈美学风格的必然要求，它可以明确舞蹈理论的目标路径，在舞蹈美学变革的浪潮下，筑起中国舞蹈美学的宏伟大厦。

新时代基层妇联干部培养的对策研究

汪　洁*

摘　要　基层妇联干部是基层妇联组织的重要组成部分，她们的职能是满足最基层妇女群体的实际需求，是我们党联系妇女群众最基层、最重要的桥梁和纽带。其宣传党的政策的能力、解决妇女群众实际问题的能力直接影响到党的妇女工作的成效，所以培养基层妇联干部工作具有十分重要的意义。但是，我们必须清醒地认识到，我国基层妇联干部的培养工作仍然存在着诸多的问题，如培养内容简单，缺乏针对性、多元化的课程体系；培养资源分散，缺乏整合资源的平台和规划；培养方式单一，多以培训为主等。因此，研究我国基层妇联干部的培养工作有着十分重要的意义。本文以内蒙古自治区基层妇联干部培养为研究主题，采用理论分析和实证分析相结合的方法提出了完善培养工作的对策建议，对加强基层妇联干部培养工作、完善内蒙古自治区甚至全国的基层妇联干部队伍建设具有重要的理论价值和现实意义。

关键词　基层妇联　干部培养　基层妇联干部培养

一、树立基层妇联干部培养的理念

（一）树立培养基层妇联干部的领导观念

各级领导干部要树立重视基层妇联干部培养工作的领导观念，时刻保持党的政治性、先进性和纯洁性，认真贯彻落实中共十九大以来党和政府对基层妇联工作及干部培养工作方面的具体要求，尤其是习近平总书记在参加十三届全国人大一次会议内蒙古代表团审议时的重要讲话精神，各级妇联组织应按照党的统一部署和要求，将具体工作充分落到实处，影响和提升各级妇联干部的综合能力和业务水平，努力提升广大妇女群众的幸福感和满意度。① 一是领导干部要树立培养实用性人才的观念。以“打造

---

* **作者简介**：汪洁（1989～　），女，江苏沛县人，内蒙古自治区妇女干部学校教师，内蒙古大学公共管理专业硕士研究生，主要研究方向为妇女干部理论。

① 参见《全国妇联关于认真学习宣传贯彻〈中共中央关于加强和改进党的群团工作的意见〉的通知》，《中国妇运》2015 年第 8 期。

一支精锐的基层妇联干部队伍”为目标，全面提升基层妇联干部培养工作的实用性和针对性，在组织、指挥、协调和监督基层妇联干部培养工作时强化思想意识，提高决策意识，充分考虑基层妇联干部的实际需求，从学以致用的角度出发，从源头上解决组织队伍建设和干部能力水平提升的问题。二是领导干部要重视培养内容和形式的丰富、多样性。要进一步细化对基层妇联干部培养方式及内容的指导，要经常深入基层进行考察调研，充分发现问题、解决问题，体现领导干部在基层妇联干部培养工作中的促进作用，树立良好的领导观念。三是要重视完善相应的培养机制和培养体系建设。重视完善培养规划、培养方式、培养程序及效果评价等体制机制的建设，以提升制度本身对领导干部的约束力，形成良性、长效的基层妇联干部培养管理机制。

（二）形成培养基层妇联干部的社会理念

要在全社会倡导对基层妇联干部培养工作重要性的认识，通过舆论引导等方式，倡导全社会重视基层妇联干部工作。首先，基层妇联干部面向广大妇女群众，具有广泛性的社会服务职能，培养好她们就能提高基层妇联干部的服务能力和质量，使其发挥更大的社会效应。其次，作为受众群体，各种社会力量也应提升对基层妇联干部队伍建设及业务能力的关注程度，以提升服务能力为目的，以开展培养工作为契机，从法律、文化、社会、生活等多方面入手，提升基层妇联干部培养的实际效果。

培养妇联干部，一是要倡导广大妇女群众树立起依靠基层妇联干部的理念。提高基层妇联干部在全社会的认识度和影响力，让妇女同志在遇到困难时能第一时间想到身边的妇联干部，向基层妇联干部求助，打下良好的妇女群众基础，从而进一步引起各级领导的重视，也能吸收更多的社会资源加入培养基层妇联干部的队伍中来。二是要倡导民间组织积极为基层妇联干部培养工作提供服务的理念。加强与社会各界的交流与合作，邀请民间组织、社团、爱心人士参与妇联活动，在活动中看到困难，感知问题，从而自发地为基层妇联干部的培养工作提供物质、资金等力所能及的服务。三是要在基层妇联组织内部树立重视培养工作的理念。倡导理论联系实际的方法，营造以问题为核心、以勤奋务实为手段、以能力提升为目标的学习氛围，形成一种人人学习、人人进步的良好氛围，打开工作思路，培养出一支拥有更加开放视野、更加远大格局的基层妇联干部队伍。

二、夯实基层妇联干部培养的组织制度基础

（一）加强基层妇联干部培养的组织建设

基层妇联干部的培养需要不断加强干部培养的组织建设，建立完善的管理职能体系。一是要明确组织的根本任务。在自治区党委和妇联的领导下，正确贯彻执行党的群团工作会议精神，加强和改进基层妇联干部队伍建设，坚持需求导向，提高组织的有效性和针对性，大力加强基层妇联干部培养同群众需求的密切联系，充分体现党对

妇联干部政治性、先进性和纯洁性的要求。二是要整合其他地区妇联的资源。学习先进地区优秀的培养理念和培养方法，与其建立一对一、多对一的帮扶联盟，充分利用各地的培养资源和培养条件，解决培养过程中出现的难题。

（二）完善基层妇联干部培养的制度建设

在深入调查研究基层妇联干部培养需求的基础上，根据各个岗位和环节的需求特点，结合基层妇联干部培养工作的基本要求，不断完善干部培养的各项制度建设。一是完善领导干部调研制度建设。为提高领导班子对基层妇联干部培养工作的重视，制定并完善《基层妇联干部培养考核和奖惩制度》《领导干部下基层工作制度》等制度，督促领导干部深入基层，了解基层妇联干部实际困难，提高其对基层妇干培养工作的认识。二是完善培养对象培训考核制度建设。制定并完善《基层妇联干部定期学习制度》《基层妇联干部培训制度》《基层妇联干部培训出勤考核制度》《基层妇联干部培养成效考核制度》等各项制度。通过完善基层妇联干部培养工作的制度建设，使基层各岗位的培养工作有章可循，有据可依，不断激发基层妇联干部的热情和工作积极性，调动大家对培养工作的主动性和创造性，形成一种“人人学，比着学”的良好局面。

三、完善基层妇联干部培养的运行机制

（一）完善基层妇联干部培养的激励机制

各级妇联组织要建立一套促进基层妇联干部培养的激励机制。人力资源相关理论表明，合理的激励机制能给人们带来更多的工作感和满意感，能提升员工的幸福感，因此必须要建立相应的激励机制来提高基层妇联干部对于培养工作的热情和积极性。[①]一是建立一套工资福利待遇的激励机制，将基层妇联干部的培养工作与工资挂钩，提高培养实效。根据物价上涨水平，合理调整干部基础性绩效，在合适的范围内适当增大奖励性绩效水平，并将其与工作年限挂钩，保证经验丰富的老同志在没有晋升机会的情况下也能积极工作。通过物质性奖励来提高干部工作和成长的积极性，增强基层妇联干部对培养工作的热情。二是建立一套奖励机制，设计一套指标，对于通过培养工作取得实质性效果、经验值得推广的基层妇联干部进行奖励，将物质奖励与精神奖励相结合，提升基层妇联干部将所学所用相结合的积极性。

（二）健全基层妇联干部培养的协调机制

建立一套完善基层妇联干部培养的协调机制。利用“妇女之家”网站、微博、微信平台，加强与各省市基层妇联的联系，为整合各地培养资源搭建信息沟通平台。加强与政府的信息交流，让政府领导了解基层妇联工作动态，掌握妇女群众需求，为妇女事业发展搭建信息沟通桥梁。加强培养工作与群众需要的协调机制，要牢牢把握基

① 参见门琛：《女干部培养问题研究——以黑龙江省为例》，哈尔滨师范大学硕士学位论文，2015年。

层妇联工作的特殊性和服务对象的特殊性，统筹规划好各项培养活动，确保培养工作以群众的实际需要为中心，以基层妇联干部的实际需要为导向，不断提升其对上级指令有效执行的能力、对群众需求真实反映的能力，不断提高他们的综合素质和应对实际问题的能力。

（三）构建基层妇联干部培养的考评机制

建立健全基层妇联干部培养工作的考评机制，是保证培养工作取得实效的有效保障。根据胜任力理论要求，经过培养的基层妇联干部胜任实际基层工作的能力，培养途径的合理性，培养内容和培养效果的针对性等，这些必须通过一定的考评机制才能明确。一是妇联组织要制定一套《基层妇联干部培养考核和奖惩办法》，把各级领导干部对培养方案的实施效果、基层妇干对培养工作的满意度等作为对领导干部年度考核的重要内容，督促各级领导按照各区的不同情况制定符合当地化特色的培养细则。二是建立对基层妇联干部的考评机制，制定《基层妇联干部培养成效考评办法》，每年度对各区的培养情况、群众满意度进行通报，并对工作成绩突出的基层妇联组织和个人进行考评、表彰奖励，将其纳入后备干部人才库，采取奖惩结合，以奖为主，精神与物质并举的办法，构建一套合理的干部考评机制。三是各级政府设立监测评估领导小组，负责组织领导监测评估工作、审批监测评估培养方案、审核监测评估报告等。监测评估领导小组下设监测组和评估组，主要负责评估工作的指导和人员培训、制定评估方案、组织开展评估工作、撰写并提交评估报告等。

四、创新基层妇联干部培养的方式方法

（一）拓宽基层妇联干部培养的渠道

针对现行基层妇联干部培养方式单一且缺乏针对性的问题，各级妇联组织急需拓宽培养渠道。新时代基层环境错综复杂，更考验一个干部知识的全面性和解决问题的实操性，所以需要不断拓宽基层妇联干部的培养渠道，多角度、全方位地开展对基层妇联干部的培养工作。

一是开展岗前培训。在基层妇联干部新入职时，通过岗前培训让新人提前了解工作内容，进入工作状态。针对基层妇联干部应有的素质设计课程，开展理论培训，如服务的礼仪文化、传统文化、心理学基本知识、妇女儿童权益保障相关法律法规等，开展案例教学，以基层遇到的实际问题为案例开展教学工作，使新人尽快融入基层妇联的工作中。

二是开展职位轮岗。利用轮岗让基层妇联干部掌握妇联系统各个工作岗位的内容和工作方法。可以每半年从基层妇联干部中选派一至两名干部到上一级的妇联部门轮岗调训，通过到机关主要业务科室的轮岗，熟悉机关业务流程，熟悉机关的工作模式和方法，明确工作重点，将基层的问题带到机关来学，不断提升自己在基层妇联工作

中的现代领导能力。

三是利用挂职锻炼。各级妇联应定期选派基层妇联干部到上级妇联、上级政府各部门挂职锻炼，利用挂职锻炼让基层妇联干部掌握政府各个工作岗位的内容和工作方法，学习其他部门成熟的工作经验。例如，到人社相关部门挂职锻炼，学习社会保险相关知识以及解决劳动纠纷的能力；到民政相关部门挂职锻炼，学习低保、优抚等相关政策和标准；到计生部门挂职锻炼，学习计划生育相关政策等，提高基层妇联干部各项专业性技能。打开基层妇联干部的工作思路，提升其看问题、解决问题的高度，提高他们的专业水平、创新能力和解决实际问题的能力，充分发挥基层妇联干部联系和帮助广大妇女群众的作用。

四是开展多种形式的在职培训。首先，要切实利用好妇联系统内的资源。近年来，自治区妇联非常重视对基层妇联干部的培养，特别是中共十九大以来，内蒙古妇女干部学校举办了多次培训班，分别对东西部、贫困地区、蒙古族基层妇联干部进行培训，教育基层妇联干部时刻保持党的政治性、先进性和纯洁性，认真贯彻落实中共十九大以来党和政府对基层妇联工作及干部培养工作方面的具体要求。自治区妇女干部学校作为全自治区唯一一所专门培训妇联干部的学校，在妇女理论方面的研究非常深入，基层妇联可以将妇女干部学校的专业老师请到基层，因地制宜、因材施教讲解理论知识，真正让基层妇联干部吃透马克思主义妇女观，用哲学的理论和方法分析自己在基层实践工作中遇到的困难和问题，提高为妇女群众服务的本领。其次，要和高等院校联系，量身定制一套专业的培训课程体系，建立全面系统的长效培训机制，为基层妇联干部提供更加系统、规范的培训服务。最后，要利用好大数据和手机互联网，利用网课为基层妇联干部定制专业老师的课程，充分利用大数据整合出基层妇联干部培养的实际需求，提高培训质量和档次，让基层妇联干部也能享受到名师辅导的待遇，不断增强其学习的欲望和好学的信心，利用闲散时间完成培养工作。

（二）更新基层妇联干部培养的载体

不断更新基层妇联干部的培养载体，将基层妇联干部的培养与妇联基层组织建设紧密结合起来，提高基层妇联干部的认同度和参与度，同时增强培养团队的向心力和凝聚力。

一是整合现有载体资源。整合女企业家协会、“妇女之家”、团委、民委等现有资源，更新载体资源，解决基层妇联干部培养方式单一、培养资金短缺的问题，多方位、多渠道地培养基层妇联干部，把基层妇联组织建在学校、养殖、刺绣等不同产业链上，实现共建共享，促进基层妇联干部培养工作的实用性和全面性。

二是充分利用互联网的载体。在微博、微信等新媒体上发布系列专题，如党的十九大、“三个扎实”等专题课程，定制每天 5 分钟的微课堂，在每节课后设置相应的答题环节，一方面帮助大家巩固所学的课程知识，另一方面还能进行大数据统计，统计学习的人次、状态以及学习效果等，让基层妇联干部能够利用网络载体整合零散时间不断提升自己。

三是利用妇联活动载体在实践中培养基层妇联干部。如在基层妇联干部中开展“寻找最美妇联干部”的活动，将基层妇联干部中的优秀干部及其典型事例和工作方法推而广之。在基层妇联干部之间形成互相激励、互相学习、共同进步的局面，优化培养载体，提升培养工作的实用性和针对性。

（三）创新基层妇联干部培养的方法

要解决现有培养方式较单一的问题，提高培养质量和培训效果，提升基层妇联干部为民服务的能力，不断地创新其培养方法。

一是定期举办基层妇联干部学习沙龙。收集实际工作中经常遇到的具体问题，邀请相关领域的专家学者或者工作经验丰富的上级领导干部做开放式培训，由学员们随机分组、集体讨论，学习如何对面临的实际问题进行调查研究和深入分析，提出合理解决方案的能力。过程由专业老师指导进行，碰撞出理论和实践的火花，从而达到更好的培养效果。

二是开展针对性的能力提升培训。针对部分基层妇联干部反映的不能把所学知识和实际工作很好结合的问题，开展群众需求调研工作，梳理出服务对象的需求，按照重要性和紧急性原则，设计针对性的培养课程，有步骤、有条理地开展培训课程，提升基层妇联干部对群众需求的敏感性以及解决群众实际困难的能力。

三是利用基层妇联干部培养联盟，创新培养方法。整合各地培养资源，利用工作闲期组织基层妇联干部到经验丰富的地区实地考察学习，并与当地的基层妇联干部面对面交流学习，通过学习浙江省、包头市等地区的先进经验，与各地加强联系，形成联盟，合力培养基层妇联干部。

四是将妇女理论方面的顶尖专家邀请到基层实地，做到理论与实际相结合，培养基层妇联干部探索解决问题的方法。作为基层妇联工作者，沟通是妇联干部的主要工作，它占基层妇联面对群众全部工作量的50％以上，在“少用权力、多用智力”的背景下，准确的表达、有效的沟通能大大提高工作效率，并使工作效果显著增强。应邀请语言专家、心理专家为基层妇联干部开课，系统性地培养基层妇联干部，并通过实践操作课程提升其表达和沟通的能力。

五是通过实践课程加强对基层妇联干部的培养。上级妇联在布置工作时，有意识地让基层妇联干部自己谈思路说想法，多发表自己的意见；在筹划全市的大型活动时，也让基层妇联干部从筹划到组织多方位参与，有意识地为基层妇联干部提供参与的机会，让她们能将所学有所用，不断将理论和实际有机结合，切实提高培养效果。

五、完善基层妇联干部培养的师资和资金保障

（一）夯实基层妇联干部培养的师资力量

夯实培养所需的师资力量，是保障基层妇联干部培养工作有效性的必要保障。由于内蒙古自治区属于少数民族边疆地区，问题矛盾特殊，但同时又缺乏专业性人才，所以急需夯实培养干部的师资力量，才能不断缩小自己与发达地区的差距。具体方法有：一是夯实现有师资力量。将目前负责培养工作的教师送到培养条件成熟的发达地区和全国高校中充电学习，打造一支理论过硬、素质够高的师资团队，增强培养工作的软实力保障。二是要扩大师资队伍。通过舆论引导和一些优惠条件吸引优秀的成熟骨干教师加入基层妇联干部培养的师资队伍中，为师资队伍注入新鲜血液。三是要整合全国各地的师资资源。发挥妇联组织“联”的作用，用人脉和资源开展丰富多样的基层妇联培养活动，将自治区、区外优秀的骨干教师建立师资库，依据各地实际需求设计培养课程。

（二）加强基层妇联干部培养的资金保障

资金支持是干部培养工作的必要保障。资金保障的充分，才能丰富基层妇联干部的培养内容，拓宽培养形式，提升培养质量，达到更好的培养效果。加强基层妇联干部培养工作的资金保障，需要从以下几方面入手：

一是财政要加大对基层妇联干部培养工作的投入力度。增加培养专项资金，将对基层妇联干部的培养经费纳入每年的财政预算中进行统筹规划，建立健全基层妇联干部培养的专项资金保障制度，提高资金使用的最大化效益，建立培养工作资金保障的长效机制，确保培养规划的顺利实施。

二是要提高基层妇联干部的工资收入。在保障基本生活的前提下，适当提高基层工作人员的工资标准。如，提高基层妇联干部的人均绩效，根据工作岗位适当加大绩效工资投入力度，利用奖励性绩效促使基层妇联干部自身对培养工作投入更大的热情，提升基层妇联干部对培养的积极性。

三是要利用社会资源、依靠社会力量解决培养资金缺乏的难题。各级妇联要积极整合可利用的社会资源，将某些妇联服务外包，例如将“最美家庭”“创建文明家庭”等活动放手交给一些妇女组织、社团组织筹划举办，将节省的公用经费用于基层妇联干部的培养工作。另外，也可以与社会团体达成共同培养的合作协议，为企业、社团解决实际困难，同时利用他们的社会资源开展培养工作，解决资金不足的问题。

人才管理

新时代领导干部能力提升探析

崔玉滢*

摘　要　中国特色社会主义步入新的发展时代后，全新的历史发展方位对领导干部提出了更高的要求、确立了新的任务、明确了新的使命。从新时代领导干部应具有政治能力、战略思维能力、法治思维能力以及生态思维能力这四种能力入手，通过分析新时代领导干部在这四种能力方面存在的问题，探讨新时代领导干部能力提升的路径方法，能够更好地适应新时代的要求，推动党的伟大事业不断前进。

关键词　新时代　领导干部　能力提升

在党的十九大报告中，习近平总书记明确指出："中国特色社会主义进入了新时代，这也是我国全新的历史方位。"① 其中，习近平总书记通过立志高远、坚定有力的激励性话语，为我们指出了全新的发展方向，并对处于新时代中的领导干部提出了全新要求，要求其基于新的历史发展方位这一前提，在其中擘画蓝图，积极应对新的发展矛盾与面临的难题，勇担重任，承担起新的历史使命与责任。作为新时代的领导干部，必须拥有强烈的使命感、责任感和自豪感，持续增强自身的战略、法治、生态及政治等诸多层面的思维能力，更好地与新时代党和国家事业发展的实际要求相适应。

一、新时代领导干部应具备的能力

能力，指的是个体具备的水平与本领。领导干部的能力是领导干部自身素质的外在表现，是其政治、文化、心理、生理等诸多素质的综合反映和重要标志。② 在新时代的历史发展条件下，党承担着为人民群众谋求幸福以及复兴中华民族的重大历史使命与责任，而要践行这一历史使命，则必须带领人民不断建设伟大工程、推动伟大事业的发展、参与伟大斗争以及实现伟大梦想。在这"四个伟大"中，最为核心的就是建

---

* **作者简介**：崔玉滢（1995～　），女，山东淄博人，聊城大学政治与公共管理学院研究生，研究方向为思想政治教育原理与方法。

① 习近平：《决胜全面建设小康社会　夺取新时代中国特色社会主义伟大胜利——在中国共产党第十九次全国代表大会上的报告》，《人民日报》2017 年 10 月 28 日。

② 参见张铁网：《领导干部考核制度改革与创新》，中共中央党校出版社 2003 年版，第 90 页。

设伟大工程，其中最为关键性的环节就是建设一支强而有力的领导干部队伍。因此，新时代领导干部须具备以下四种能力：

（一）政治能力是新时代领导干部所要具备的根本能力

习近平强调："党的高级干部要加强政治能力，准确把握政治方向，坚守政治理想，坚定自己的政治立场，严格遵守政治纪律，不断增强政治历练，积累丰富的政治经验，自觉把讲政治贯穿于党性锻炼的整个过程当中，让个人政治能力和担负的领导职责之间相匹配。"① 在党的十九大报告中，他同样对此进行了强调："将党的政治建设放在首要位置上"；"全党同志尤其是高级干部，必须增强党性锻炼力度，持续提升政治觉悟与政治能力"；"全党必须坚定不移地执行党的政治路线，严格遵照政治规矩与纪律办事，在政治方向、立场、道路及原则上，和党中央保持高度的一致性。"② 这也是对新时代有关政治能力的全方位、精准化、系统性及科学化的解读，也是领导干部增强其政治能力必须遵循的根本性要求。

（二）战略能力是新时代领导干部所要具备的核心能力

党的十九大报告指出，中国特色社会主义步入了新的发展时代，这也表明中华民族、社会主义乃至世界的发展命运都产生了根本性变化，而中华民族的伟大复兴同样也步入了强国发展的新征途，这也让我国的发展步入了全新的历史发展阶段。对于中华民族而言，要想实现伟大复兴的目标，绝不可能是一蹴而就的。全党需为此付出艰辛的努力，需不断拼搏和进取。使命呼唤担当，并引领着未来的发展。因此，新时代的发展在客观层面要求领导者要持续提升与强化自身的战略思维能力。

（三）法治思维能力是新时代领导干部依法化解矛盾的需要

党的十九大报告中明确指出："推进科学立法、民主立法、依法立法，以良法促进发展、保障善治"，"建设社会主义法治文化，树立宪法法律之上、法律面前人人平等的法治理念"。③ 作为人类政治文明在不断发展与演变中的重要趋势，法治也是现代政治文明的一项重要发展成果。历史与实践发展经验证明，在中国特色社会主义法治机制以及社会主义法治国家的整体战略目标确立之后，其中起决定性作用的要素便是领导干部。他们是党依法执政、政府依法行政的主力军，学好法治必修课、练就法治基本功，关系到我国深化依法治国实践的成效。在我国步入特色社会主义新时代之际，领导干部也要提高法治思维能力，充分利用法治精神来发现问题，借助法治思维对问题进行分析，通过相应的法治方式来解决遇到的发展难题。

---

① 《党的十九大报告辅导读本》，人民出版社 2017 年版，第 153 页。

② 习近平：《决胜全面建设小康社会　夺取新时代中国特色社会主义伟大胜利——在中国共产党第十九次全国代表大会上的报告》，《人民日报》2017 年 10 月 28 日。

③ 习近平：《决胜全面建设小康社会　夺取新时代中国特色社会主义伟大胜利——在中国共产党第十九次全国代表大会上的报告》，《人民日报》2017 年 10 月 28 日。

（四）生态思维能力是新时代领导干部功业圆满的必要能力

党的十九大报告将生态文明建设上升至关乎中华民族永续发展的千年大计这一战略高度。而党章修正案中更是将与生态文明建设和发展息息相关的“美丽”一词增写到了基本路线中。近几年，生态文明建设不断受到各界的广泛关注和重视，这项功在当代、利在千秋的伟大事业，其战略性地位正在不断提高。但对于生态环境所推行的各项保护举措能否执行到位，是否获得实际成效，最为核心的环节还是在于领导干部对此是否以真抓实干的态度与行动来对待。为了民族的未来发展谋福利，为了给子孙后代提供美丽和谐的生存环境，领导干部必须尽快转变其发展观念，对工作思路不断进行创新，以百分百的干劲与韧劲投入到工作中，增强其保护生态环境的能力与水平。

二、新时代领导干部能力提升存在的问题

在新时代，不论是世情、国情还是党情和社情，都产生了重大转变。而这一系列变化对领导干部自身能力的提升，也提出了新的要求。然而，在现实实施过程和运用中，不少领导干部依旧出现了能力弱化或者不够强大的情况。

（一）政治能力方面

第一，坚持“四个自信”的信念不够坚定。目前，部分领导干部自身的理想与信念还不够牢固与坚定，对于马克思主义的信仰、共产主义的信念、新时代中国特色社会主义的信心以及中国共产党的信任还不够坚定，致使其出现了实践能力弱化的情况，而在推动相关工作时也出现了怠惰的现象。① 第二，“四个意识”还不够牢固，有待强化。少数领导干部本身的宗旨意识不够强大和坚定，特别是在大局意识、政治意识及核心与看齐意识等层面，还不够坚定与牢固，另外也出现了政治理论知识水平较差的情形。

（二）战略思维能力方面

第一，就个人视角而言，部分领导干部的目光与视野较为狭隘，过于追求私欲与个人私利，仅关注个人以及小集团的发展利益，命运共同体的意识不强，缺乏一定的公共精神。第二，就其他视角层面来看，部分领导干部仅关心经济的发展与增长，并未重视增强经济质量水平以及对结构进行调整等问题，同时，对其他类似问题的认知度不够，忽略了生态文明建设、改革开放、反腐败以及法治与党的政治等重要的建设和发展问题；部分领导者的顶层设计能力也较差，在确立战略发展规划之际，往往全局意识不足，缺乏长远的发展眼光，无法准确掌握社会发展的客观规律，找准并确定本地区、本部门以及本领域中的发展情况和未来的发展路径，无法兼顾整体和局部、短期与长期目标以及现实能力与发展需求，也未能对此提供和确定符合实际情况的发

① 参见钟健能：《青年领导干部修养漫谈》，党建读物出版社2006年版，第42页。

展建议、目标、方向和工作重心。

（三）法治思维能力方面

第一，存在权责不一致的问题。部分领导干部在实际工作环节，往往会出现“为官乱为”与“为官不为”两类错误倾向。具体来说，“为官乱为”者往往会将权力作为其升迁的重要筹码以及谋取私利的工具，而将责任抛诸脑后，全然忘却了其权力原本从何而来以及该用在哪些地方；“为官不为”者则较为世故和圆滑，认为“不做不错”是其为官的宗旨与准则，奉行“多一事不如少一事”的为官“铁律”，大多为善于打“太极拳”或玩“击鼓传花”的佼佼者。从根本上说，都是想当官爷不做公仆，要官权不担官责，这都是在思想深处淡忘了全心全意为人民服务的根本宗旨。第二，存在用权不愿接受监督问题。部分领导干部出现了不愿接受监督乃至拒绝被监督的情况。一些干部往往自恃清高，对其他人和事不屑一顾，满足于自身从工作中获得的成绩，并拒绝党组织与群众的监督。还有的干部认为，党组织对其进行监督是由于不信任他们；而同事间的监督，则属于故意找碴的行为，是刻意为难他们；下级对其进行监督，则是想挑战其权威，并想取代他们的地位与职务。

（四）生态思维能力方面

第一，一些领导干部缺乏生态价值观念，不能很好地理解“绿水青山”与“金山银山”之间的关系，仍然把发展经济摆在首位，肆意损害大自然，浪费资源。第二，生态政绩观念缺失。一些领导干部仍以生产总值增长率论英雄，只要经济增长可以完全不顾其他事业的发展。为了完成政绩，大手大脚推行项目。这种做法可能在短期之内使当地的经济发展步伐加快，发展速度提升，但从长远来看，势必会给生态环境的发展带来无法估量的损失与破坏，继而对民众的幸福感产生不利影响。

三、新时代领导干部能力提升的路径

强化能力提升，是新时代中国共产党人顺应时代发展与生活实践的迫切需求，也是领导干部必须终身参与的必修课。在新时代，应当采取怎样的科学举措积极应对各项挑战与风险，对党的现行执政地位进行巩固与加强，继而完成党的历史发展使命，这必须依靠领导干部队伍能力的提升。要想提升与强化领导干部的各项能力，可从下列层面来进行改善：

（一）政治能力方面

第一，增强对党的政治忠诚力。在新时代背景下，领导干部必须贯彻政治忠诚这一意识，将其作为政治红线深深地嵌入大脑中。[①] 在党的十九大报告中，习近平总书记

① 参见董立人：《新时代领导干部要不断提高政治能力》，《中国井冈山干部学院学报》2018 年第 4 期。

明确指出："旗帜鲜明讲政治是我们党作为马克思主义政党的根本要求。"① 其中，讲政治的重要内容之一就是必须对党绝对忠诚。而政治忠诚同样是衡量与评估一名领导干部合格与否的首要标准。对于领导干部而言，持续强化政治忠诚意识，也是其增强自身政治能力的重要前提以及最为基础性的要求。提高对党与国家的忠诚度，是坚定自身政治立场的关键性部分，是执政人员与相关干部的基础性工作要求。

第二，增强政治历练力。在新时代背景下，对于领导干部而言，其事业能否取得成功、自身能否获得成长以及职位能否得以提升，均与其政治历练是否丰富有关。"不断积累丰富的从政经验，增强自身的政治历练力度，也是我党培育领导干部的重要经验和方法，更是保障我党执政能力不断强化与提升的重要措施之一。"② 因此，领导干部是否具备较强的政治能力，在于其在实践环节中的磨炼与历练程度，只有通过各种历练不断成长，才能变得成熟。为此，领导干部必须时刻坚定自身的"四个意识"，在"四个伟大"的发展进程中，在党内政治生活中持续强化时代性、政治性、战斗性及原则性，以递进式的培养模式，增强自身站在政治视角上，分析发展态势、推进工作开展以及为事业出谋划策的能力。③

（二）战略思维能力方面

第一，重视战略思维培养，在学习研究中提升战略思维能力。领导干部在自觉学习的同时，各级组织部门必须针对领导干部强化其制度化与常态化的教育培训力度，对制度与方法进行创新，由此构建一套基于领导干部为对象的教育培训的长效机制以及可持续发展体系。习近平在省部级主要领导干部学习与贯彻十八届五中全会精神专题研讨班开班仪式中发表了特别讲话，其明确指出："要加强对干部的教育培训，针对干部的知识空白、经验盲区、能力弱项，开展精准化的理论培训、政策培训、科技培训、管理培训、法规培训，突出针对性和实效性，从而增加兴奋点、消除困惑点，增强工作责任感和使命感，增强适应新形势新任务的信心和能力。"④

第二，重视实践锻炼，通过实际工作增强自身的战略思维能力。对于领导干部来说，实践锻炼是提升其战略能力的核心与基础性环节。为此，习近平总书记也多次强调，实践不仅是检验干部能否胜任其工作岗位的重要标准，更是提高其能力的有效措施，"基层实践是培养锻炼干部的'练兵场'"，特别是对于地方以及基层干部而言，这也是掌握实际发展情况、向群众学习的最佳平台，更是磨炼其工作作风、增强素质水平的大考场⑤。在地方与基层一线中参加工作，和基层干部、广大群众共同历练，这对

① 习近平：《决胜全面建设小康社会　夺取新时代中国特色社会主义伟大胜利——在中国共产党第十九次全国代表大会上的报告》，《人民日报》2017年10月28日。

② 《习近平关于社会主义政治建设论述摘编》，中央文献出版社2017年版，第65页。

③ 参见唐士红：《习近平新时代政治能力建设思想探析》，《天津行政学院学报》2018年第3期。

④ 《习近平在省部级主要领导干部学习贯彻党的十八届五中全会精神专题研讨班上的讲话》，《人民日报》2016年5月10日。

⑤ 习近平：《在地方和基层历练中锤炼党性增长才干》，《党建研究》2010年第11期。

于提高领导干部，尤其是年轻一代干部的领导才干、丰富实践工作经验以及加快政治成熟的步伐而言，有着重要的指导意义。在十八届中央政治局第二十次集体学习会议中，习近平总书记也曾重点强调，我国目前正处于日益复杂的利益关系中，为此，我们必须善于对眼前与长远、局部与整体以及重点与非重点之间的关系进行有效处理与平衡，对利弊进行衡量时，要扬长避短，采取最佳的发展战略。习近平非常注重实践锻炼在领导干部的战略能力强化环节中的重要作用，他指出："共产党人的修养不是靠面壁坐禅获得，而是靠实践的积累、升华；共产党人的成功不是靠神仙上帝赐予，而是实践的必然结果。……共产党人在改造世界的社会实践提高修养，同时也获得事业的成功，这就是我们常说的'修行靠实践，功到自然成'。"[①] 通过实践强化修养水平，通过实践取得成功，这也是共产党人在建功立业过程中必须遵守的重要原则。

（三）法治思维能力方面

第一，坚持权责一致的原则。对于领导干部而言，其手握权力也就代表着要承担相应的职责，拥有特定权力也要承担特定责任，承担责任就必须得具备履责所需的相关权力。对此，部分领导干部并没有将精力集中到工作上，也没有在练好内功这一环下足功夫，而是只管人脉的经营，只管关系网该如何编织。作为权力的行使者与责任的承担者，领导干部的权力追根究底是由人民赋予，其主要反映党与人民群众的发展期望，必须深刻领会到权力大小与责任大小两者间是息息相关的。要通过实际行动让权责达到一致，践行初衷，积极发挥好人民公仆的作用与职能。

第二，强化用权受监督的思维观。针对领导干部所拥有的权力进行监督与约束，可将其倾向性、苗头性问题在萌芽状态就进行根除，让干部们减少犯错误的概率，这并非是对其过度苛求，而是在爱护与保护他们。另外，领导干部必须养成经由监督指导工作与生活的良好习惯，这是其自爱的重要表现形式，可减少甚至避免出现犯错误的情形。领导干部必须强化自身的纪律观念，自愿接受来自群众的监督，才能有效抵抗金钱等的诱惑与腐蚀，抵御人情所带来的重重"围猎"，防止出现"温水煮青蛙"的情况，有效规避党与人民所赋予的权力变为极少部分政治掮客牟取暴利的一种工具。

（四）生态思维能力方面

第一，树立生态价值观念。保护和改善生态环境与保护和发展生产力之间有着高度的一致性，在未来的国际发展竞争态势中，生态美好无疑是其关键性的竞争要素之一。为此，领导干部必须重视和强化"绿水青山就是金山银山"这一生态价值观，对"生态环境"这项重要的生产力要素给予高度关注。

第二，树立生态政绩观念。习近平总书记明确指出："我们强调不简单以国内生产总值增长率论英雄，并不是不要发展，而是要转变只顾经济增长但是不顾其他事业发

---

① 习近平：《摆脱贫困》，福建人民出版社1992年版，第46页。

展的传统思路，转变为了经济增长数字而不计一切后果、继而导致得不偿失的做法。”①这段讲话为领导干部的政绩考核提供了全新的导向，转变了过去片面追求“唯 GDP 论”的经济增长误区。在新的时代背景下，领导干部必须树立“功成不必在我，但功成必定有我”的意识，转变发展思路，克服其认知误区与偏差，统筹生态、经济及社会等效益的统一化发展，为子孙后代创造天更蓝、水更清、地更绿的美好生态环境。同时，领导干部必须深刻认识到，生态环境保护与修复是一项长期任务，绝非一朝一夕之功，更不可能一蹴而就，必须具备百折不挠的意志，勇敢追求，驰而不息，脚踏实地地推动生态文明建设与发展工作的顺利开展。

① 《习近平关于社会主义生态文明建设论述摘编》，中央文献出版社 2017 年版，第 28 页。

新时代高校干部干事创业激励机制研究

李鹏飞　肖　囡*

摘　要　高校是人才的聚集地和创新地，也是人才战略的核心。充分发挥党管人才的政治优势，着力激发干部队伍和人才活力，是促进高校发展的源泉和动力。本文从建立高校激励干部担当作为、干事创业机制角度，突出正向激励和新时代事业发展需要；从思想教育、选人用人、考核评价、人文关怀等方面提出具体举措，着力调动和激发高校干部的积极性、主动性、创造性，为高校事业发展提供人才保证。

关键词　人才　干部队伍　干事创业

党的事业，关键在人。当前正处在实现全面建成小康社会的关键时期，把新发展理念落到实处，需要广大党员干部撸起袖子加油干。良好的精神状态，是做好工作的重要前提。高校干部队伍是高校人才的重要组成部分，是推动高校事业发展的骨干力量，是推进人才强校战略的重要支撑。高校干部以什么样的精神状态工作，关系到党的教育事业发展，关系到立德树人根本任务的落实，关系到高等教育综合改革和人才培养的质量。

一、强化理论武装，提升干部干事创业、担当作为的思想自觉

（一）强化理论武装，坚定理想信念

一是深入学习贯彻习近平新时代中国特色社会主义思想和党的十九大精神，做到学深悟透，真正入脑入心，提升理论武装和思想自觉，自觉做习近平新时代中国特色社会主义思想的坚定信仰者、积极实践者和忠诚捍卫者。二是进一步强化理想信念教育、党性教育、政德教育，通过“两学一做”学习教育常态化制度化、“不忘初心、牢记使命”主题教育等形式，引导广大干部发扬新时代泰山“挑山工”精神，切实增强干事创业、攻坚克难的思想自觉和行动自觉。

---

* **作者简介**：李鹏飞（1980～　），男，山东梁山人，山东体育学院党委组织部副研究馆员，主要研究方向为干部人才和档案工作；肖囡（1982～　），女，山东昌乐人，山东体育学院馆员，主要研究方向为人才、就业和档案工作。

（二）推动思想解放，坚持改革创新

一是教育和引导广大干部进一步解放思想、更新观念，坚决摒弃思想僵化、故步自封、因循守旧的观念，积极学习先进，敢于对标先进，努力赶超先进。二是开阔眼界，提升工作格局，坚持把学校的发展放在党的教育事业和新时代发展大格局中，放在高等教育综合改革大坐标上来审视、谋划和推进，全面提升学校综合实力与核心竞争力。三是坚持发展是第一要务，在严守党纪国法、保持清正廉洁的前提下，对于有利于落实新发展理念的经验做法坚决支持，对于有利于破解高校发展改革难题、推动高校高质量发展的途径措施坚决支持，坚持以发展的思维谋划工作，以开放的视野配置资源，以担当的勇气破解发展难题。

二、注重担当作为，树立重实干、重实绩的用人导向

（一）认真落实新时期党的好干部标准

在干部选拔任用工作中，认真落实信念坚定、为民服务、勤政务实、敢于担当、清正廉洁的好干部标准，始终坚持正确选人用人导向，遵循德才兼备、以德为先的原则，凭实绩用干部，一切出于公心选干部、一切为了事业选干部、一切按照规矩选干部，把合适的干部放到适合的岗位上。

（二）注重担当作为，选拔任用干事创业、工作实绩突出的干部

一是在选人用人上体现讲担当、重担当的鲜明导向，坚持凭实绩用干部，大力选拔任用改革攻坚的促进派、实干家，大胆提拔任用真干事、能干事、干成事的干部，对于表现特别优秀或者工作特殊需要的，按照规定可以破格提拔任用。二是强化工作实绩和专业特长，坚持有为才有位，对于长期在教学、训练、科研和管理一线埋头苦干、业务突出、成绩显著的干部，优先提拔使用。三是坚持实事求是，公平公正对待每一个干部，坚持全面、客观、辩证地分析干部，对于工作实绩非常突出，但是因为个性鲜明、坚持原则不放松等原因，造成民主测评成绩一般的干部，不过分苛责，不求全责备、吹毛求疵，坚持从事业发展角度出发，对于符合条件的干部大胆选拔任用。

（三）推进干部能上能下常态化，营造能者上、庸者下、劣者汰的干事创业氛围

一是根据岗位职责，落实工作任务和责任，立发展军令状，严格进行问责问效，坚持不换思想就换人、不负责就问责、不担当就挪位、不作为就撤职，树立优者上、庸者下、劣者汰的鲜明用人导向和环境。二是加大对不称职、不适宜担任现职干部的调整力度，认真贯彻落实《推进领导干部能上能下若干规定（试行）》，对事业发展上不担当不作为，落实工作拖沓、不坚决，推进工作不尽力、不到位的干部，分别进行约谈、诫勉谈话或者组织处理，对乱作为、不作为、慢作为以及工作后进、不适应岗位要求、打不开工作局面、干部群众意见较大的干部，及时进行免职、调整、降职等

组织处理。

（四）加强年轻干部选拔培养

一是根据干部队伍实际情况，按照一定比例，通过专门推荐和考察，分级分类建立党群行政类、教学科研类等优秀年轻干部信息库，增强年轻干部选拔配备工作的前瞻性和准确性。二是坚持源头培养、跟踪培养、全程培养，采取学校和部门上下联动形式，根据学校改革发展需要和年轻干部素质能力、专业特长、发展潜力和主要不足，对优秀年轻干部逐人考察，分别提出培养方向，制定培养计划，落实培养措施。三是坚持早培养早锻炼，对有发展潜力、表现优秀的，及早考虑安排使用意见；对具有担当重任潜能的年轻干部，及早安排到重要岗位独当一面、锻炼成长。四是围绕高等教育综合改革、内涵式发展、党建和思想政治工作等方面，组织年轻干部加强学习培训，提高年轻干部思想政治素质和办学治校能力。五是坚持必要台阶和递进式培养，对有发展潜力的优秀科级年轻干部，注重多岗位和关键岗位培养锻炼，在完成重大任务、实施重点项目、应对重大事件中锻炼和考察年轻干部。六是强化年轻干部管理监督，把从严管理、从严监督贯穿于年轻干部培养选拔的全过程，严肃处理违规违纪行为，对理想信念不坚定、自我要求不严格、工作实绩不突出的，及时调整出优秀年轻干部信息库，并及时补充优秀人选。

三、加强考核激励鞭策，强化典型示范引领

（一）加强干部考核，激发考核动力

一是通过考核引导干部树立正确政绩观，紧紧围绕完成岗位职责和学校中心任务定目标，切实解决表态多、调门高、行动少、落实差等突出问题，力戒形式主义、官僚主义。二是建立干部日常考核机制，通过考察、调研、走访、约谈等形式，坚持经常性、近距离、有原则地接触干部，坚持全方位、多渠道地了解干部，注意收集、整理、分析干部日常思想和工作表现情况，形成日常考核材料，作为选拔任用干部和考核的重要依据，切实把情况掌握在平时。三是坚持分类考核，完善处级领导班子和处级干部年度考核、党建工作考核、优秀年轻干部考核等指标体系和考核办法，突出对党委重大决策部署贯彻落实情况、年度重点目标任务完成情况的考核，区分不同部门客观条件和职能等因素，对问题较多的班子和干部实行重点考核，进一步增强考核的差异化和精准度。

（二）强化结果运用，把考核结果作为干部选拔任用的重要依据

一是坚持考用结合，褒奖和鼓励政治坚定、奋发有为的干部，对考核成绩特别优秀或者名次前移幅度较大的单位和个人，在干部提拔任用上予以政策倾斜和重点考虑；对符合任职资格条件、年度考核优秀次数较多的，优先提拔使用。二是对考核结果较差或名次退步幅度较大的单位和个人，及时反馈提醒。对工作实绩较差，年度考核、

试用期满考核优秀排名靠后且不称职票排名靠前的处级干部进行约谈或调整工作岗位等处理。三是探索推行考核结果公开，处级领导班子和处级干部考核结果，通过约谈、书面反馈、张榜等形式在一定范围内公开，激励和鞭策干部担当作为、干事创业。

（三）注重发掘先进典型，强化示范引领

一是建立嘉奖记功制度，每年对在学校重点工作、重大项目和急难险重任务等方面做出突出贡献的单位或个人，由学校予以嘉奖、记功等奖励，鼓励干部在学校改革发展中攻坚克难、主动担当。二是根据工作实绩，评选表彰“担当作为好干部”“干事创业好团队”，并积极开展党内表彰，在干部身边树立看得见、摸得着的榜样和标杆，形成干事创业的良好氛围。三是对荣获表彰奖励的干部优先考虑提拔使用，强化先进典型的标杆和引领作用，激励广大干部见贤思齐、奋发有为。四是加强典型宣传和示范引领，对担当作为、干事创业的先进典型进行广泛宣传，并通过座谈交流、现场观摩、对标赶标等方式，定期组织交流担当作为、干事创业经验做法，搭建干事创业“擂台”，形成比学赶超良好的氛围。

四、增强干部队伍本领，提升推动科学发展能力

（一）加强干部队伍专业能力学习培训

着眼于培养忠诚干净有担当的高素质干部队伍，紧紧围绕学校中心工作，针对干部的知识弱项、能力短板、经验盲区，每年举办处级干部、党总支书记、党支部书记、年轻干部等专题培训班，提高干部专业思维和专业素养，培养专业能力和专业精神，增强干部队伍适应新时代中国特色社会主义发展要求，推动学校科学发展的能力提升。

（二）强化干部多岗位和实践锻炼

一是加强干部交流任职，对岗位经历比较单一或在同一岗位任职时间较长的干部，有计划地安排轮岗交流、多岗位锻炼，原则上处级干部不能连续在一个处级岗位任职超过两届或者10年。通过交流轮岗，优化干部队伍结构，激发干部队伍活力，提高干部面对复杂环境和解决实际困难的能力。二是突出干部实践锻炼，积极选派年轻干部到上级部门去学习提高，到基层去挂职锻炼，推动干部在实践锻炼中丰富阅历、历练成长，进一步补齐能力短板、提升综合素质。

五、加强干部人文关怀，激发干部担当作为热情

第一，加强干部谈心谈话，对存在苗头性、倾向性问题的干部，及时提醒，抓早抓小；对于受到问责等处理的干部，加强教育，纠正错误；对于工作和生活中存在实际困难的干部，加油鼓劲，帮助解决问题；对于提拔任用的干部，多加鼓励，进一步激发积极性主动性。通过谈心谈话，对于干部真正做到政治上激励、工作上支持、生活上关心、心理上关怀，激发干部干事创业热情。

第二，从工作实际需要出发，结合综合改革，进一步完善绩效工资制度，探索差异化分配办法，避免平均主义。认真执行国家工时制度，研究明确加班、餐补等政策规定，明确开支标准、管理办法以及纪律要求。

人才是社会发展和科技进步的原动力。习近平总书记指出："我们对高等教育的需要比以往任何时候都更加迫切，对科学知识和卓越人才的渴求比以往任何时候都更加强烈。"[①] 高等教育肩负着培养又红又专、德才兼备、全面发展的中国特色社会主义合格建设者和可靠接班人的重大任务，如何完成重大使命和任务，需要进一步贯彻落实习近平新时代中国特色社会主义思想和党的十九大精神，加强人才和干部队伍建设，引导激励广大干部担当作为、干事创业，奋力推进高校高质量发展。

① 《习近平总书记在全国高校思想政治工作会议上强调　把思想政治工作贯穿教育教学全过程开创我国高等教育事业发展新局面》，《人民日报》2016年12月9日。

建立健全容错纠错机制的研究

李 平 王 芮*

摘 要 建立健全容错纠错机制，宽容干部在工作中特别是改革创新中的失误，体现了全面从严治党背景下，我们党以宽广的胸怀包容错误、宽容过失、支持改革、鼓励创新的鲜明态度和坚定立场。建立健全容错纠错机制，必须严格按照“三个区别开来”的要求，正确从严把握政策界限；必须坚持把纪律和规矩挺在前面；必须设置严格的底线标准，严格问责；必须形成多元民主化的评价体系。

关键词 全面从严治党 容错纠错 机制

2018年5月20日，中共中央办公厅印发了《关于进一步激励广大干部新时代新担当新作为的意见》，对建立健全容错纠错机制专门提出要求，这是中央首次从制度的层面作出规定。总的要求是按照习近平总书记提出的“三个区分开来”，在具体工作中妥善把握事业为上、实事求是、依纪依法、容错纠错并举等“四个原则”，结合动机态度、客观条件、程序方法、性质程度、后果影响以及挽回损失等“六个要件”，对干部的失误进行综合分析，对该容的大胆容错，不该容的坚决不容。对给予容错的干部考核考察要客观评价，选拔任用要公正合理。建立健全容错纠错机制，为干部竖起航标，为干事创业的干部系上一条“保险绳”、罩上一道“保护网”，营造出想干事、能干事、干成事的浓厚氛围。这充分体现了以习近平同志为核心的党中央在全面从严治党背景下，鼓励改革、创新、实干的强烈信号，从制度层面以宽广的胸怀包容错误、宽容过失、支持改革、鼓励创新，切实为敢于担当的干部撑腰鼓劲的鲜明态度和坚定立场。

* **作者简介**：李平（1979～ ），女，山东东平人，中国领导科学研究会理事，中共东平县委党校讲师，硕士，主要研究党的建设、领导科学；王芮（1987～ ），女，山东博兴人，中共东平县委党校讲师，法学硕士，全县“两学一做”学习教育宣讲团成员、全县学习贯彻十九大精神宣讲团成员，主要研究党的建设、领导科学。

一、建立健全容错纠错机制是推动全面从严治党向纵深发展的内在要求

习近平总书记指出："全面从严治党，核心是加强党的领导，基础在全面，关键在严，要害在治。"① "严"就是真管真严、敢管敢严、长管长严。但"严"并不是不允许犯错误，不允许出现探索性失误。相反，共产党人都是辩证唯物主义者，从来不隐瞒自己的观点，不掩盖自己的错误。为了党的事业，为了人民的利益，随时准备坚持真理，随时准备修正错误。毛泽东早就告诫全党，"错误常常是正确的先导"②，"共产党人不要怕犯错误"③。陈云也说过："共产党是做事业的党，共产党员是做事业的人，做事就不可能没有错误。无论何人，哪怕他再高明，哪怕他很有本领，但还是有犯错误的可能。"④ 1950年6月18日，陈云在全国税务会议上再次强调："只有死了的人和未生出来的人不犯错误，要做事就不会不犯错误。"⑤ 对待错误、对待犯错误的同志，既不能搞残酷斗争、无情打击，也不采取自由、放任的错误态度。正确的做法应该是坚持原则、区别对待，既要维护党纪的权威和尊严，又要体现组织的关怀和温暖。这就要求建立健全容错纠错机制，宽容干部在工作特别是改革创新中的失误。容错纠错，说到底是一个纠偏促正、自我完善的过程。

（一）建立健全容错纠错机制，可以为干事创业者提供坚强后盾

干事业总是有风险的，不能期望每一项工作只成功不失败。在改革进入攻坚期和深水区的今天，面对改革创新中的失误，只有允许试错、宽容失败，才能让改革永不停顿、创新永无止境。建立健全容错纠错机制，就是从制度层面，明确敢作为与乱作为的具体情形和政策界限，从而使干事创业者卸下包袱、轻装上阵，真正让广大党员干部放开手脚去干，放心大胆去闯，从而让实干家大展身手，让探路人专心谋事，让先行者奋勇前行，再也不用担心出了问题收不了场。

（二）建立健全容错纠错机制，可以为干事创业者搭建平台

建立健全容错纠错机制，体现的是一种立场、一种态度、一种导向。导向至关重要，不仅决定着干部的努力方向，而且还影响着事业发展的方向。有什么样的导向就有什么样的干部队伍，干部的工作态度、工作作风、敬业精神、尽责程度，决定着事业发展的成就和水平。通过建立健全容错纠错机制，为干事创业者搭建平台，把那些在急难险重任务面前不缩头、歪风邪气面前不低头、大是大非面前不扭头的干部，放

① 《习近平总书记重要讲话文章选编》，中央文献出版社、党建读物出版社2016年版，第370页。
② 《毛泽东选集》第3卷，人民出版社1991年版，第803页。
③ 《毛泽东选集》第5卷，人民出版社1977年版，第310页。
④ 《陈云文选》第1卷，人民出版社1995年版，第268页。
⑤ 《陈云文选》第2卷，中央文献出版社2005年版，第146～147页。

到那些工作棘手、烫手甚至难于下手的岗位上，放到那些条件差、困难大、矛盾多的地方，让他们去经受锻炼和考验，锤炼作风和党性，更好地担负起攻坚拔寨、推动发展的重任。

（三）建立健全容错纠错机制，可以消除瞻前顾后、畏葸不前的负面心态

建立健全容错纠错机制，主要是从从严治党、保护干部的角度，保护好想干、敢干的担当者，消除党员干部思想上的顾虑，营造宽容失败、鼓励创新的机制和环境，为改革路上的探索者、创业途中的先行者保驾护航。从改革的角度出发，建立健全容错纠错机制，是让干部有作为、敢担当，激励干部敢作为。鼓励创新，鼓励担当，鼓励干事，最主要的还是要免除他们的后顾之忧，做好他们的坚强后盾。

二、建立健全容错纠错机制，必须正确从严把握政策界限

《关于进一步激励广大干部新时代新担当新作为的意见》指出，准确把握政策界限，对违纪违法行为必须严肃查处，防止混淆问题性质、拿容错当“保护伞”，搞纪律“松绑”，确保容错在纪律红线、法律底线内进行。[①] 党的十八大以来，随着全面从严治党进入新阶段，全面深化改革进入深水区，经济发展进入新常态，同时也伴随着少数干部的“各种特权”被清除、“违规福利”被取消、“灰色收入”被封杀，各种问题也暴露出来。具体表现在：少数干部干事的思想困惑增多、动力不足、积极性不高，廉而不为、廉而不勤、忠诚不担当、干净不干事、懒政怠政，如此等等。能力不足“不善为”、动力不足“不想为”、担当不足“不敢为”等越来越成为阻碍改革、制约发展的重要因素。诚如习近平总书记所言：“这个问题极为重要，现在看来也十分紧迫。”[②] 这就要求我们在全面推进深化改革的过程中，不断推动官员由“不敢为”逐步过渡到“敢为”，营造一个良好的有益于改革的社会环境和社会风气。改革发展过程中的每一项创新都不可能一帆风顺，必然会出现这样或者那样的问题。由于改革创新而出现的错误我们必须严肃对待，不能挫伤改革者的信心和勇气，建立健全容错纠错机制显得尤为重要。在这种情况下，在改革攻坚过程中不仅需要积极营造敢闯敢试、锐意进取的社会氛围，而且还要加快形成允许试错、宽容失败的社会共识，必须尽快建立健全容错纠错机制，为敢担责、能担当、肯干事、能干事的干部撑腰打气，营造一个宽松、宽容、和谐的干事创业环境。要高度警惕对待工作消极犹豫、敷衍了事的行为，对于为官不为、故意拖延改革的干部，必须追究其庸政懒政怠政的责任。只有这样才能最大限度地调动广大干部的积极性、主动性和创造性，才能将全面深化改革推向深入。

---

① 参见《中共中央办公厅关于进一步激励广大干部新时代新担当新作为的意见》，《人民日报》2018 年 5 月 21 日。

② 习近平：《在省部级主要领导干部学习贯彻党的十八届五中全会精神专题研讨班上的讲话》，《人民日报》2016 年 5 月 10 日。

建立健全容错纠错机制，必须坚持从实际出发，既要鼓励想干事的干部敢作为，又要防止一些别有用心的人乱作为。容错纠错，“容”和“纠”的是改革探索中的过失、工作中的过错，绝不是对违规逾矩者的宽容和放纵。《关于进一步激励广大干部新时代新担当新作为的意见》指出：“建立健全容错纠错机制，宽容干部在改革创新中的失误错误，把干部在推进改革中因缺乏经验、先行先试出现的失误错误，同明知故犯的违纪违法行为区分开来；把尚无明确限制的探索性试验中的失误错误，同明令禁止后依然我行我素的违纪违法行为区分开来；把为推动发展而出现的无意过失，同为谋取私利的违纪违法行为区分开来。”[①] 因此，建立健全容错纠错机制与坚定不移推进全面从严治党非但不相矛盾，而且高度契合。这里的关键是把握好政策界限，严格区分是“犯错”还是“犯规”，是“主观无意”还是“明知故犯”，是“大胆改革”还是“无视规矩”，既不能让探索改革的“领头羊”成为改革失误的“替罪羊”，也不能让干事创业的干部吃苦又吃亏、流汗又流泪，更不能让一些无视纪律和规矩的人钻了空子，让一些假改革之名、行谋私之实的人占了便宜。作为党员干部，要增强政治意识、大局意识、核心意识、看齐意识，守纪律、讲规矩，时时心存敬畏而不存侥幸、保持清醒而不糊涂、保持警觉而不麻痹，深入践行“三严三实”，在任何时候、任何情况下，都不放纵、不越轨、不逾矩，始终保持共产党人忠诚、干净、担当的政治本色和立党为公、执政为民的公仆情怀。

三、按照全面从严治党的要求，加快推进容错纠错机制建设

建立健全容错纠错机制，事关党和国家事业发展全局，绝非权宜之计，而是战略之举，是全面从严治党的奠基工程。

（一）必须坚持把纪律和规矩挺在前面

建立健全容错纠错机制绝非“松绑”“放水”，党性原则和党的纪律不存在“松绑”“放水”的问题。容错纠错机制建立健全的基本前提是坚持全面从严治党，坚持把纪律和规矩挺在前面。必须严明容错纠错纪律，在支持和保护改革创新的同时，严禁打着改革创新的旗号搞劳民伤财的“政绩工程”“形象工程”，坚决惩治借改革创新之名徇私舞弊、贪污受贿、假公济私而严重侵害群众的利益等行为。在历史发展的过程中，一部改革开放的历史，就是一部“犯错—容错—纠错”的历史。所谓“摸着石头过河”，就是大胆摸索、容错纠错的过程，因为改革开放是伟大的事业，是前无古人的开创性事业，是没有现成的经验可取的，出现探索性失误和错误在所难免。对真正出于公心的改革者和改革结果必须客观评价，所犯的错误必须是在执行上级改革举措或是探索改革创新、破解难题、先行先试中，主观上出于公心、担当尽责，客观上由于不

---

① 《中共中央办公厅关于进一步激励广大干部新时代新担当新作为的意见》，《人民日报》2018年5月21日。

可抗力、难以预见等因素，未达到预期的效果、造成不良的影响和损失的行为或失误。必须明确规定哪些错误可以免责、哪些错误必须追责，才能为改革者提供清晰的行动准则和稳定的心理预期。如果是上级明令禁止后依然我行我素的就属于违纪违法行为，不可容忍。从全面依法治国的要求看，容错纠错机制绝非“乱作为”的“尚方宝剑”。2016 年 3 月 7 日，习近平总书记在参加十二届全国人大四次会议黑龙江代表团审议时指出：“干部干部，干是当头的，既要想干愿干积极干，又要能干会干善于干。”[①] 这就要求领导干部必须提高运用法治思维和法治方式处理复杂问题的能力，一切行为必须在宪法和法律规定的范围内进行。从全面从严治党的要求看，从严治党，净化政治生态，是党作出的重大决策。在纪委监督上，反腐利剑高悬，“乱作为”绝没有好下场。

（二）必须设置严格的底线标准，严格问责

在实际工作中，为了防止容错纠错机制成为少数干部违法乱纪行为的保护伞，必须设置严格的底线标准。严格问责从裁量上也并不是机械问责，而是以实现和保护人民群众最直接、最关心、最根本的利益为出发点和检验标准。从一定意义上讲，容错纠错机制建立健全的本身就是严格问责的题中之义。容错免责是严格执纪问责前提下的容错免责，没有从严执纪问责，也就不存在从宽容错问题。从严执纪问责是为了维护纪律的权威，惩戒“不干事”“乱干事”的党员干部；容错免责是从严执纪问责的一个方面，是为了更加严格、更加科学、更加客观公正地执纪问责。只有这样，才能更好地唤醒党员干部的责任意识，激发担当精神，推动党员干部切实把责任扛起来，确保敢干事、会干事、干成事。

（三）必须形成多元民主化的评价体系

建立健全容错纠错机制，其出发点是为领导干部干事创业、改革创新排除阻力、消除顾虑，落脚点则是激励干部勇于担当、敢于做事。当然，仅仅依靠建立健全容错纠错机制，并不能完全解决动力不足的问题，必须做到与考核评价、岗位任用等结合起来，发挥政绩考核评价作用。建立健全干部考核评价框架体系和考核内容，增加改革创新指标及其权重，探索将公众、媒体等纳入评估主体范围，形成多元民主化的评价体系。在全心全意为人民服务的前提下，干部干工作由于缺乏经验或方法不对头而犯了一些错误，这叫动机好，效果不佳。这当然是可以原谅的，同时犯错也要吸取教训，改正错误，以便把工作做好。至于玩忽职守、以权谋私者不在此列。要明确考核评价和是非曲直的评判标准，既防止有人滥竽充数、滥用制度红利，也为干事者提供明确行动准则。

---

① 《习近平李克强张德江俞正声刘云山王岐山张高丽分别参加全国人大会议一些代表团审议》，《人民日报》2016 年 3 月 8 日。

基于职称晋升的高校青年教师支持计划探析

——以山东理工大学为例*

杜清玲　张晓连**

摘　要　高校青年教师培养是一个系统工程。2011～2018年，山东理工大学实施青年教师支持计划，149名入选的高级职称比例由54%提高到了95%，职称晋升成为青年教师支持计划取得的显著绩效之一。本文以晋升职称的96名人选为研究对象，响应习总书记提出的"把论文写在祖国的大地上"号召，以《关于深化职称制度改革的意见》为指导，依据2014年《山东理工大学教师专业技术职务晋升聘用办法》，对照青年教师支持计划的选拔条件和考核目标，探讨思考支持计划实施过程中存在的问题，并给出修订建议，从政策层面完善青年教师培育机制。

关键词　高校　青年教师　培养　职称晋升

职称晋升是高校青年教师的根本诉求[①]，具备一举多得的功效。职称晋升意味着能有更大的话语权，拥有更多的资源，让更多人接受教师个人的思想，更大范围地推进教师个人在教育上、科研上的理念。同时，职称对教师而言，不仅仅是一张名片，它关系着青年教师的学术机会、项目申报与谈判、工资等福利待遇、荣誉感、个人成就感、社会地位等问题。[②]

一、支持计划实施状况

在《山东省高校青年教师成长计划》第一、二期工程[③]示范和带动下，山东理工大

* 基金项目：山东省社会科学规划研究项目"高校青年教师支持计划绩效评价及实证研究——以山东S大学为例"（19BJCJ19）。

** 作者简介：杜清玲（1969～　），女，山东招远人，山东理工大学编审，研究方向为人力资源管理；张晓连（1964～　），男，山东泰安人，山东理工大学人才工作办公室主任，研究方向为人才管理。

①　参见陈宾宾：《高校职称评聘制度对青年教师的影响》，《中国职工教育》2014年第18期。

②　参见于果：《新形势下事业单位职称评聘的改革探析》，《企业改革与管理》2015年第23期。

③　《山东省教育厅关于实施第二期山东省高校青年教师成长计划的意见》，2011年6月15日，http：//www.sdedu.gov.cn/sdjy/_ztzl/_gxrcgzsjcxal/559502/index.html。

学于2010年出台了《山东理工大学青年教师发展支持计划》（以下简称“支持计划”），重点资助业务能力强、综合素质高、具有学术发展潜力的40岁以下的一线青年教师。[①] 2011～2015年，我校青年教师支持计划已遴选五批，共有154名青年教师（理工科121人、文科33人）获得计划资助。截至2018年12月31日，在岗的149名人选的支持期已满。人选入选当年和支持期末结构状况统计分别见表1和表2。

表1　　支持计划人选入选当年结构状况统计

结构类型		第一批		第二批		第三批		第四批		第五批		合计	
		人数	比例	人数	比例	人数	比例	人数	比例	人数	比例	人数	比例
性别	男	16	57%	19	66%	19	59%	18	51%	20	67%	92	60%
	女	12	43%	10	34%	13	41%	17	49%	10	33%	62	40%
	合计	28	100%	29	100%	32	100%	35	100%	30	100%	154	100%
年龄	30岁以下	0	0%	1	3%	3	9%	5	14%	8	27%	17	11%
	31～35岁	13	47%	11	38%	15	47%	13	37%	15	50%	67	44%
	36～38岁	9	32%	8	28%	10	31%	11	32%	4	13%	42	27%
	39～40岁	6	21%	9	31%	4	13%	6	17%	3	10%	28	18%
	合计	28	100%	29	100%	32	100%	35	100%	30	100%	154	100%
职称	教授	2	7%	1	3%	0	0%	1	3%	0	0%	4	3%
	副教授	21	75%	20	69%	18	56%	14	40%	6	20%	79	51%
	讲师	5	18%	8	28%	14	44%	20	57%	24	80%	71	46%
	合计	28	100%	29	100%	32	100%	35	100%	30	100%	154	100%
学位	博士	27	96%	29	100%	30	94%	33	94%	27	90%	146	95%
	硕士	1	4%	0	0%	2	6%	2	6%	3	10%	8	5%
	合计	28	100%	29	100%	32	100%	35	100%	30	100%	154	100%

表2　　支持计划人选支持期末结构状况统计

结构类型		第一批		第二批		第三批		第四批		第五批		合计	
		人数	比例	人数	比例	人数	比例	人数	比例	人数	比例	人数	比例
性别	男	15	56%	18	67%	17	57%	18	51%	20	67%	88	59%
	女	12	44%	9	33%	13	43%	17	49%	10	33%	61	41%
	合计	27	100%	27	100%	30	100%	35	100%	30	100%	149	100%

① 《山东理工大学青年教师发展支持计划》，2010年7月31日，http://172.18.103.176/viewSimpleDocContent.action? id=412。

续表

结构类型		第一批		第二批		第三批		第四批		第五批		合计	
		人数	比例	人数	比例	人数	比例	人数	比例	人数	比例	人数	比例
职称	教授	20	74%	17	63%	7	23%	7	20%	0	0%	51	34%
	副教授	7	26%	10	37%	23	77%	28	80%	22	73%	90	61%
	讲师	0	0%	0	0%	0	0%	0	0%	8	27%	8	5%
	合计	27	100%	27	100%	30	100%	35	100%	30	100%	149	100%
学位	博士	26	96%	27	100%	28	93%	33	94%	29	97%	143	96%
	硕士	1	4%	0	0%	2	7%	2	6%	1	3%	6	4%
	合计	27	100%	27	100%	30	100%	35	100%	30	100%	149	100%

由表 1 可知，入选当年 5 批支持计划人选博士学位比例都达到了 90%，平均 95%；教授比例最高的是第一批，为 7%，平均为 3%；副教授比例前二批都接近 70%，随着一批批人选的遴选，比例逐年降低，到第五批低至 20%，平均比例为 51%；而随着一批批人选的遴选，年轻人才的比例逐年增高，30 岁以下人选前二批只有 1 人，平均比例仅为 2%，以后逐年增高，到了第五批其比例达到了 27%，35 岁以下的达到了 77%。由表 2 可知，支持期末博士学位比例平均为 96%，而教授比例达到了 34%，副教授比例达到了 61%，比入选当年的比例分别提高了 31%和 10%。

综合表 1、表 2 信息可知，2011～2018 年 149 名人选的高级职称比例由 54%提高到了 95%。职称晋升是实施支持计划的一个显著的绩效。本文以晋升职称的 96 名人选为研究对象，响应习近平总书记提出的“把论文写在祖国的大地上”号召，以《关于深化职称制度改革的意见》① 为指导，借鉴 2014 年《山东理工大学教师专业技术职务晋升聘用办法》，对照支持计划的选拔条件和支持期目标，总结其遴选存在的问题，并给出修订建议，从政策层面完善青年教师培育机制。

二、教授晋升业务条件对比

在 2006 年《教师专业技术职务聘任实施办法》（鲁理工大政发〔2006〕40 号）的基础上，学校 2014 年适时修订了《教师专业技术职务晋升聘用办法》（鲁理工大政发〔2014〕20 号）。② 对于正常晋升教授，保留了政治思想、任职资格、学历学位和任职年限等基本条件及教学要求，但增加了出国（境）研修基本条件，并分为理工、人文

① 《中共中央办公厅、国务院办公厅关于深化职称制度改革的意见》，2017 年 1 月 8 日，http://www.gov.cn/xinwen/2017－01/08/content_5157911.htm。

② 《山东理工大学教师专业技术职务晋升聘用办法》，2016 年 1 月 4 日，http://rshch.sdut.edu.cn/2016/0104/c215a3641/page.htm。

社科和音体美外三大学科门类，每类又设教学型和教学科研型两种类型。支持计划人选职称晋升基本选择的是理工和人文社科的教学科研型，在此重点比较〔2014〕20号文和〔2006〕40号文的正常晋升教授的业务条件，可详见表3。

表3　　正常晋升教授业务条件对比

选项	〔2006〕40号文	〔2014〕20号文（教学科研型）	
		理工类	人文社科类
必备项	首位核刊论文不少于3篇	主持国家级课题或省部级课题2项	首位发表论文、出版专著、主编国家级规划教材8篇（部）（其中CSSCI、SSCI期刊论文不少于5篇）或一区1篇或二区及以上2篇
选一	主持国家级教学、科研项目或省部级教学、科研项目2项	首位在核刊发表及在其他期刊发表并被SCI、EI收录（含著作、国家级规划教材、发明专利）10篇（其中专利不超过5项）或一区1篇或二区及以上2篇	主持国家级课题或省部级课题2项
	获国家级教学科研奖励额定内人员，省部级一等奖前5位，二等奖前3位、三等奖首位	获国家级教学科研奖励前6位，省部级一等奖前3位、二等奖前2位、三等奖首位；或获4次教学质量奖	获国家级科研奖励前6位，省部级科研奖一等奖前3位、二等奖前2位；或获4次教学质量奖
	主讲本科生2门及以上主干课程，年均400教分，并获4次教学质量奖或2次教学优秀奖或1次教学名师		
	首位在核刊发表及在其他刊物发表并被SCI、EI、ISTP检索论文不少于10篇或首位论文不少于8篇，并首位出版学术著作或主编省级高校统编教材		

由表3可知，〔2014〕20号文规定的正常晋升教授业务条件提高了，具体表现在以下四个方面：

（1）必备项，由3篇核刊论文到理工类主持国家级或省部级课题2项，到人文社科类首位发表CSSCI、SSCI期刊论文不少于5篇，大大提高了晋升的入门条件。

（2）教学科研奖励，国家级奖励由额定内人员提高到前6位，省部级奖励一等奖前5位到前3位，二等奖前3位到前2位；人文社科类只统计科研奖励，并且省部级三等奖不再计入。

（3）SCI、EI检索论文，由刊物论文的检索到期刊论文的检索，排除了会议检索论文，提高了学校论文层次。

（4）更加关注高质量论文，SCI、SSCI、CSSCI检索论文一区1篇或二区及以上2篇是一个业务条件，不再一味追求论文的数量是10篇或8篇，激励教师发表高质量期刊检索论文。

三、支持计划人选职称晋升

截至2018年12月31日，149名人选分批次职称晋升情况统计见表4。

表4　149名人选分批次职称晋升情况统计

晋升	第一批			第二批			第三批			第四批			第五批			合计			
	人数	比例	2014晋升	人数	比例	2014晋升	人数	比例	2014晋升	人数	比例	2014晋升	人数	比例	2014晋升	人数	比例	2014晋升	比例
教授	14	52%	10	15	56%	12	7	23%	7	6	17%	6	0	0%	0	42	28%	35	36%
副教授	3	11%	1	3	11%	1	12	40%	8	20	57%	20	16	53%	16	54	36%	46	48%
合计	17	63%	11	18	67%	13	19	63%	15	26	74%	26	16	53%	16	96	64%	81	84%

由表4可知，虽然学校于2014年修订了职称晋升聘用办法，提高了基本条件和业务条件，但支持计划人选晋升职称的比例为64%，其中2014年后晋升的所占比例为84%。人选职称晋升比例远远高于教师系列的平均比例3.41%。①

四、支持计划遴选与考核

支持计划文件规定了明确的遴选程序和考核目标。

（一）遴选程序

1. 选拔条件

（1）具备良好的思想品德、学术道德和科学精神，爱岗敬业，教书育人，积极投身于学校建设与发展。

（2）具有博士或硕士学位，申请当年不超过40周岁，身体健康。

① 参见高卫中等：《山东理工大学青年教师发展支持计划绩效评价》，《山东理工大学学报》（自然科学版）2017年第6期。

(3) 具有较好的学术基础和较大的发展潜力，近5年来取得的成果满足下列条件中的至少2项，其中第一项为必备项：① 以首位发表核刊5篇或3篇SCI、EI、SSCI、A&HCI、CSSCI检索的学术期刊论文（不含增刊、专刊）；② 以前两位的身份参与省级及以上科研项目；③ 获得省级及以上教学科研奖励。

2. 申报审批

按照文件规定，支持计划的遴选要经过个人申报、学院排序推荐、部门审核、学科组初选、校学术委员会评审、学校审定和网上公示等环节。个人到学科所属学院报名，学院教授委员会评议排序报人事处，人事处组织相关职能部门审核申报人员的成果信息，按照当年拟选拔人数2倍的比例进行理、工、文学科组初选，听取申报人员10分钟现场述职后由校学术委员会评审。遴选历时45天，入选比例理工科为44%，文科为36%。

（二）考核目标

三年支持期内取得下列4项成果中的至少2项视为考核合格：

1. 主持省级及以上科研项目；

2. 以首位发表3篇SCI、EI、SSCI、A&HCI、CSSCI检索的学术期刊论文或以首位出版学术专著1部；

3. 以首位获得省级及以上教学科研成果奖；

4. 完成国际合作研究项目（3个月以上）。

学校设立青年教师支持计划基金，资助标准为：自然科学类每人8万元，社会科学类每人4万元。资助以科研立项和国际合作项目的形式开展。人选在3年支持期内按年度填写《山东理工大学青年教师发展支持计划进展报告》，学院教授委员会组织评议后报人事处。

五、支持计划存在的问题

从入选比例来看，青年教师申报支持计划非常踊跃，支持计划的实施推动了学校科学研究和国际合作工作的开展。但这一支持计划的实施过程中也存在问题。

（一）论文重数量轻质量

支持计划的选拔条件对发表论文的数量要求严格，达不到文件要求的数量，就不具备申报的资格，从而导致部分青年教师为了能入选计划，不顾质量，只管数量，用发表论文的数量来衡量学术水平，形成了论文越多越好的误区。[①] “为入选搞科研，为计划编论文”，窒息了青年教师内在的专业发展的愿望、需求和动力，消磨了部分青年教师可持续发展的动力，进而造成其专业化发展的迟缓和落后。

---

① 参见汪建华：《高校教师职称评聘现状分析与对策探究》，《教师教育研究》2013年第5期。

（二）成果重科研轻教学

支持计划的选拔条件和支持期目标都严格明确了青年教师应该满足的硬性业务条件，比如：公开发表科研论文（SCI 等）数量、主持科研项目的级别、出版学术专著、获得科研奖励情况等，而忽略了教师的职责是“传道，授业，解惑”的宗旨。这种评审制度下，一些青年教师就会挖空心思地把精力主要投在科研事业上，而对学生知识水平的增长和综合素质的提高却帮助甚微，严重影响了高等院校教育教学水平的提高。①

（三）评审重纸质材料轻在线平台

在材料展示和公示期内，由于申报材料是纸质的，材料审阅起来既烦琐又不方便，进而降低了材料展示、公示的意义。专家在评审现场才第一次接触到申报材料，在有限的时间内，只能匆匆地看申报成果的数量多少，很难仔细揣摩其质量如何、对教学研究和学术方面的社会影响力有多大。

六、支持计划修订建议

（一）推行代表作制度

《关于深化职称制度改革的意见》指出：“推行代表作制度，重点考察研究成果和创作作品的质量，淡化论文数量要求。”代表作制度可以说是《意见》的一大亮点。②既是“代表作”，就要保证质量，作者会精心写作，认真打磨，直到自己满意为止。按照《意见》要求，职称制度的改革将“通过五年努力，基本形成设置合理、评价科学、管理规范、运转协调、服务全面的职称制度”。代表作制度的推行任重而道远。

（二）教学与科研成果并重

虽然在选拔条件和支持期目标中都包含了省级及以上教学奖励，但此奖励的获得是长期教学成果的积淀，对 35 岁以下的青年博士来说，获得的可能性极小。可以借鉴晋升教授的业务条件，将获得教学优秀奖作为选拔条件或支持期目标，鼓励青年教师长期潜心于教书育人事业。

（三）构建在线评审系统

评审系统有两个登录入口，一个是申报人员的，另一个是评审专家的。申报人员在规定的时间内登录系统，完成基本信息的填写，个人原始成果材料电子版的上传，个人申报表的上传，下载与查看他人公示材料等；待申报人员材料上传后，评审专家可以适时登录系统审阅材料，从而在评审工作开展前有足够的时间去了解每一位申报

① 参见黎宏宇：《浅论“十三五”形势下高校职称评聘制度改革的新思路》，《人力资源管理》2018 年第 2 期。

② 参见张泽青：《学术期刊发展的新机遇——职称制度改革对学术期刊的影响》，《编辑之友》2017 年第 10 期。

人员信息，做到心中有数。在线评审系统的推行避免了纸质申报材料搬来搬去、审阅不方便的限制，体现了无纸化办公的快捷与方便，也使评审工作更加公开、透明、科学、合理，提高了遴选的质量和效率。

青年教师培养是一个系统工程，在“十三五”期间，我校将继续围绕建设国内知名的教学研究型大学的战略目标，深化落实“一规划”“一精神”，扎实推进人才首要工程建设，以《关于深化职称制度改革的意见》为指导，适时修订青年教师发展支持计划，建立健全青年教师成长成才的长效机制，建立一支业务精湛、国际化的青年教师队伍，为实现学校可持续发展提供青年人才保障。

“90后”员工离职现状、问题及对策*

冯彩玲　梁萧阳**　樊立三

摘　要　随着“90后”大规模地进入职场，他们逐渐成为职场的主力军，在企业发挥着越来越重要的作用。但与此同时，企业“90后”员工的管理方面逐渐显现出新的问题，“90后”员工离职率高居不下，“闪辞”现象频发。这些问题困扰着许多企业，并给他们带来许多问题。本文就此从人力资源管理方面探索企业“90后”员工管理中存在的问题和原因，并针对“90后”员工的离职率高、“闪辞”现象频发问题提出一些建议。

关键词　“90后”员工　“闪辞”　人力资源管理

一、引言

（一）研究背景

随着“90后”一代进入社会，他们开始在社会诸多方面中崭露头角，在各大企业中大展拳脚，显现出他们的作用。“90后”充满激情、敢拼敢闯、有独特的思维方式、富于创新性、可塑性强…… 为社会注入了新鲜的血液、增添了新能量。然而，“90后”主张自由，不愿为组织规章制度的条条框框所约束、集体意识淡薄，抗压受挫能力差，多出现“闪辞”的情况……这些缺点给企业管理带来诸多问题，这就需要企业管理者们探索出一个新的管理模式和管理思维，使他们能够为企业所用并能够发挥出其价值。当然，不可否认的是，在企业未来发展中，“90后”员工们会作为主力军，为企业打好每一场硬仗，为企业的良好发展做出自己的努力。但是，现在企业最需解决的问题是如何留住“90后”员工，使他们主动、有效地为企业创造价值？

---

*　基金项目：国家自然科学基金青年项目（71402067）、山东省社科规划项目（18CGLJ14）和山东省高等教育人才研究会研究计划项目（RK17-11）。

**　**作者简介**：冯彩玲（1981～　），女，管理学博士，鲁东大学商学院副教授、硕士研究生导师，研究方向为人力资源管理与组织行为；梁萧阳（1991～　），女，河南漯河人，鲁东大学教育科学学院硕士研究生，研究方向为人力资源管理与组织行为。

（二）研究意义

“90后”作为企业发展强有力的生力军，对企业将来的发展至关重要，如何管理好“90后”这新一代员工，是企业当前需要考虑并解决的问题。“90后”员工作为新生代员工，对其管理应与时俱进，不断发现问题，探索和创新管理方式和管理思维，这样企业才能更为有效地使“90后”新生代员工发挥其才能，为企业创造更大的价值。因此，对“90后”新生代员工的管理问题进行研究和解决尤为重要。

二、“90后”概述

“90后”是“80后”的派生词，因此要想知道“90后”的定义，首先要明白什么是“80后”。“80后”一词来源于国际社会学家讨论社会发展的一个代名词，是指国家依法执行计划生育后所出生的一代人（计划生育发展阶段1979年至今），后来被广泛作为1980年1月1日至1989年12月31日出生的人群代名词。由此可推断，“90后”便指的是1990年1月1日至1999年12月31日出生的一代中国公民，有时泛指1990～2000年出生的所有中国公民。[①] 可以说，“90后”这一代基本与互联网相伴成长，是直接受互联网影响的一代，他们在思想价值观念和行为处事上与前代大有差别，他们个性张扬，思维活跃，不喜欢被约束，崇尚自由公平，因此他们被称为“离经叛道的一代”。在“90后”逐渐走出校园步入职场后，不可避免地会产生许多管理方面的问题。

相对优越的家庭环境，同时受大时代的影响，“90后”员工的个性较为突出，不易受约束，再加上这一代受教育的程度相对较高，他们的眼界和知识面也相对较广。由此，“90后”员工对于精神上的追求可能比对于物质方面要高一些，他们更希望在工作中能够得到大家的认可和上级领导的重视。如果在工作中不舒心，即使工资再高，他们也可能会离职去寻找一个更为舒心的工作环境。[②] 改革开放后，我国进入经济快速发展时期，同时我国互联网开始发展、全球化趋势加强，“90后”的价值观和思维方式也随之发生巨大变化。在家庭环境上，“90后”大多为独生子女，有时会显现出自私又脆弱的一面，在工作中多经不起挫折的打击，并且个性张扬，集体意识与合作意识淡薄。在性格上，他们有强烈的反叛意识，敢于挑战权威。在知识水平上，随着义务教育的普及，“90后”平均的知识水平超过了上一代，在工作中思考能力更强。受互联网时代影响，“90后”在网络上能够接触到更多的就业资讯，这就为他们选择或是转换职业提供了便利。

（三）人力资源管理

人力资源管理是对社会整体的人力资源的计划、组织、控制，从而调整和改善人

---

① 参见蒋极、曾静、王琳、全琦：《浅谈公司如何管理“90后”员工》，《经营管理者》2013年第15期。

② 参见黄玉杰、周石鹏：《“90后”员工的管理对策分析》，《改革与开放》2015年第18期。

力资源状况，使之适应社会再生产的要求，保证社会经济的运行和发展。[①] 具体涉及对企业员工——人、人与人、人与组织、人与物之间相互关系的研究。人力资源管理是现代企业管理的核心，是推动企业发展的内在动力，能够为企业竞争占领人才制高点。因此，人力资源管理对于企业发展至关重要。对于“90后”员工的管理，要从源头上做好招聘和培训工作，保证员工素质与岗位匹配、兴趣与职位范围适应；在管理过程中有效地激发员工潜能并对其行为进行规范，使其保持工作的激情和效率；在管理结果上提高企业生产效率、实现企业组织目标，并有效地留住人才为己所用。

三、“90后”员工离职现状、问题及原因

（一）“90后”员工离职现状

“90后”作为我国职场的生力军，正强势“攻占”着我国各大小企业，为我国经济发展做出重要贡献。但是，这一新趋势也引发了新的问题。2016年9月13日，《中国青年报》报道称：“90后”的个人兴趣高高凌驾于发展空间和薪资水平之上。数据显示，2011届本科毕业生3年内平均雇主数为两个，8%的本科毕业生毕业后有4个及以上雇主，38%的人毕业3年内仅为1个雇主工作过，不到40%的人能够在一个工作岗位上待到两年依旧“痴心不改”。[②] 换言之，大多数“90后”员工对工作兴趣的要求远高于工资的要求，并且在工作中缺少定性，离职率高居不下，“闪辞”现象频发。

（二）“90后”员工人力资源管理中存在的问题

目前在对“90后”员工的管理中遇到的最大问题是：离职率高居不下和“闪辞”现象频发。由此映射出企业人力资源管理中存在的种种问题。第一，企业选人存在问题。选人是否成功关系到之后的几乎所有工作，关乎是否有人可用及是否有人能用，也关乎企业各级、各类人员的质量和企业各项工作能否顺利开展，是人力资源管理的基础和关键环节之一。企业应依据人力资源规划开展招聘活动，依据人力资源规划中人力资源的需求、供给分析以及工作分析，得出企业所需招聘的人员数量，把对招聘的岗位、人员数量、时间限制等做出详细计划，并作为招聘的主要依据。[③] 企业人力部门根据人力资源规划选出合理的人员，在此过程中还要兼顾员工兴趣及素质是否与岗位相匹配。目前许多企业一味要求员工质量，即员工受教育水平和工作能力能否达到他们所需的水平。从短期来看，这种做法能够达到企业的期望水平，但长此以往必将导致员工工作兴致缺乏、工作效率低下甚至离职等问题。

第二，企业用人存在问题。许多企业的激励或绩效考核机制仍然沿用上一代的，

---

① 参见陈维政、余凯成、程文文：《人力资源管理》（第四版），高等教育出版社2016年版，第4页。

② 参见《多少90后“一言不合”就辞职　90后辞职原因大起底》，《中国青年报》2016年9月13日。

③ 参见姚水洪、任新刚：《现代企业人力资源管理概述》，大连理工大学出版社2007年版，第148页。

未能激发“90后”的潜力。因此，企业的激励手段和绩效考核方式要与时俱进，要具体问题具体对待，不能一概而论。在不适当的工作机制中，势必会激化“90后”员工与管理者、管理制度的矛盾。

第三，企业育人存在问题。企业对于员工不仅仅是把他们招进来、会利用他们创造价值就可以了，更重要的是敢于并善于对他们进行投资，促进组织效率的提高和组织目标的实现。重视员工全面素质的提升和员工对组织文化的认同，通过培训学习提高组织核心竞争力，从而实现组织与员工“双赢”①。然而很多企业忽视了对员工的投资，员工的知识、技能等不能与时俱进，满足不了企业提高生产效率和竞争力的需要，最后企业裁员或员工辞职。这不仅浪费人力、物力、财力，而且还使企业失去了与其他企业竞争的时机和优势。还有的企业对员工进行“一锅端”式培训，所有职位的员工进行统一的培训，不能因职而异、因人而异，员工的技能、素质得不到有效提升。

第四，企业留人存在问题。许多企业面临着能招来人却留不住人的困扰，这归根结底就是薪酬系统不完善、工作环境不顺心。企业薪酬系统主要分为两部分：金钱报酬和非金钱报酬。② 即薪酬不仅有员工工资和奖金这些物质方面，而且还有个人福利、公共福利、有偿假期、生活福利等非物质方面。企业不能只注重员工的个人工资而忽视员工的福利等。有调查显示，许多“90后”更看重的是自己能够享受到的福利、自己付出的劳动能否获得对等的回报，如果一个企业的福利或公平程度满足不了“90后”的要求，他们很可能会选择离开企业。同时，一个良好的工作环境也尤为重要。除了常规意义上的外观环境，也包括工作氛围、管理方式、领导及领导方式、员工与员工之间的相处等环境。很多“90后”就因工作环境不如意、与同事之间的关系不融洽、与领导管理理念不合等问题向企业提出辞呈。因此，企业薪酬系统和员工工作环境关系到“90后”员工愿不愿意来和舍不舍得走的问题，这是考验管理者的一个大问题。

（三）“90后”员工离职问题存在的原因

1. 个体方面

受互联网时代影响，“90后”这一代的价值观念发生巨大变化，他们不再信奉“铁饭碗”，更多的“90后”会根据自己的兴趣来选择工作。某招聘网站2016年发布的“90后职场肖像”报告称：对于就职单位的选择，“90后”的个人兴趣高高凌驾于发展空间和薪资水平之上，在他们眼中，“铁饭碗”并没有什么了不起。可以说在他们眼中那些“铁饭碗”无非就是一些日复一日每天毫无起伏的工作，没有丝毫挑战性，提不起他们半点儿兴趣，更别说让他们扎根于此。

---

① 参见瞿群臻、甘胜军编著：《人力资源管理：理论与务实》，清华大学出版社2014年版，第154页。

② 参见胡建宏：《现代企业管理》，清华大学出版社2008年版，第186页。

2. 企业方面

“90后”大多为刚入职的新员工，属于被管理阶层。由于他们过于新潮的工作态度和价值观念，一时难以为管理者所接受。同时，管理者又不能更新管理方法和手段，依旧使用管理“80后”“70后”甚至“60后”的过时的管理方式和管理思维。因此频频出现“90后”挑战管理者权威、不服管理的现象，甚至会有一些“90后”员工由于接受不了传统的管理，无奈之下选择辞职。“90后”们大多有着自己的追求和目标，有时候他们进入一个企业是为了寻求一个提升自己的机会，但是有些企业缺乏对员工需求的考虑，培训也形同虚设，这就导致“90后”在物质和心理上都得不到满足，促使他们寻找另一个机会来继续实现自己的目标和追求。

3. 社会环境方面

从目前大的就业环境来看，我国的就业难问题日渐突出。“90后”进入职场便面临巨大的就业压力，大部分的毕业生在寻找工作时显得过于急切，他们会先找到一份工作，然后“骑驴找马”再找到一份令自己满意的工作，来更好地缓解社会生存压力和就业压力。[①] 通常来说，当他们找到令自己满意的工作时，理所当然地要辞职，这无疑增加了离职率。随着互联网时代的到来，网络越来越普及，“90后”身为与互联网同生长的一代，他们更能熟练地使用互联网，并据此获得更多的就业资讯和就业机会。这巨大的优势为他们提供了更大的职业选择的空间，并且降低了转换工作的成本和风险。可以说，互联网的发展为“90后”辞职到再就业提供了巨大的便利。

4. 教育方面

教育部在2003年出台的《促进高校毕业生就业工作的若干意见》中要求将毕业生的就业状况纳入高校评估指标体系，就业率被当成衡量高校教学质量的主要参考依据。高校为应对上级的评估压力，向毕业生大力倡导“先就业，再择业”的观念，甚至要求毕业生在提供就业协议书和收到就业接收函后才向毕业生发放毕业证书。许多“90后”毕业生在此影响下匆忙就业，而没有经过深思熟虑，考虑该企业和职位是否适合自己或是自己能否胜任这份工作，当工作后才发现该职位或是该企业并不适合自己，最后只好辞职。这种教育理念就为之后“90后”的“闪辞”埋下了伏笔，增加了“90后”员工的离职率。

四、“90后”员工离职应对策略

（一）优进优育：招聘+培训

招聘是现代企业管理过程中一项重要的、具体的、经常性的工作，是人力资源管理的基础和关键环节之一，它直接关系到企业各级、各类人员的质量和企业各项工作

---

① 参见路冬英、李菁：《企业90后员工“闪辞”问题探析》，《经营管理者》2014年第24期。

的顺利开展。因此，企业应足够重视员工的招聘。首先，企业要改变招聘理念，由找到“最好的人”转变为找到“最合适的人”。① 即要从专业、能力、特长和个性特征等方面具体衡量人与职之间是否匹配，员工价值观念等是否与本企业文化相适应，而不是认死理就要能力最强、素质最高的员工，若是员工的心不在本企业，即使能力再高也无济于事。所以，找到更适合的人比找到更好的人更为重要。其次，企业在招聘过程中要注重公平透明，一个公平的招聘过程会很大地提升员工对企业的好感度，同时也会很大程度地降低日后的离职率。

人才是企业生存与发展之本，人才培养至关重要，培养人才不是花费成本，而是投资。“只用不养”的掠夺性使用，只会让企业迅速丧失后劲。只有“用养结合”，让人才不断充电，企业才会有远大前途。“90后”员工虽然受教育程度较高、知识面较广，但是他们从小接受的教育属于应试教育，实践能力较弱，因此企业在开发、使用“90后”员工之前首先要打个基础——做好培训工作。“90后”员工个性比较张扬，企业组织培训不仅可以提高员工技能，而且还可以增强“90后”员工们的集体荣誉感，更好地融入集体、融入企业。因此，企业应重视员工培训并及时准确地予以体现和实施。同时需要注意的是，“90后”的价值观念和行为态度都比较个性独特，企业在进行培训时要注意培训方式、手段的与时俱进，重点要以“90后”的兴趣为切入点，避免枯燥乏味的讲座、演讲，可以进行一些拓展训练或是观看视频等灵活的方式，兴趣与技能相结合。总的来说，员工培训是企业进行的一项投资，要讲究回报大于投入，要能满足员工自身发展的需要，更重要的是要能提高企业生产效率、实现组织既定目标。

（二）知人善任：个人—岗位匹配+绩效考核

组织人力资源配置的核心就是个人—岗位匹配。个人和工作岗位需要匹配包含两层意思：一是岗位要求与个人素质要匹配，二是工作的报酬要与个人的动力匹配。这种匹配要求把个人特征同工作岗位特征有机结合起来，从而获得理想的人力资源配置结果。知人善任首先就要了解“90后”员工的能力与素质，在此基础上进行职位的分配和设定，使其个人素质、能力、兴趣等均能与所处职位相匹配，最大限度地发挥“90后”员工的才能，促进组织既定目标的实现。然而，只有能力没有动力依旧是无济于事的，因此，报酬与职位的匹配程度也十分重要。“90后”员工十分注重公平，他们更在乎所付出的劳动能否得到对等的回报。所以企业要抓住“90后”员工的这种心理和需求，或心理或物质使他们觉得公平，他们就会有动力去投入到工作中。

其次，要考虑如何规范“90后”员工的行为，使其为企业发挥“正能量”。这就需要绩效考核。企业通过绩效考核来了解员工，决定人力资源开发的计划与决策，决定对不同员工采取不同的培训方式，给予不同的薪金。对于“90后”这一代，企业要把

① 参见刁重艳：《基于90后员工高离职率的人力资源管理对策》，《商场现代化》2016年第15期。

好绩效管理的度，过严可能适得其反，过松又缺乏约束力。企业就需要根据具体情况制定灵活的绩效考核制度，不但能使“90后”规范行为达到企业要求，高效完成既定目标，还能通过考评使其了解自己的长处与不足以及领导与同事对自己的看法，以扬长避短，更好地提高自己的能力。

（三）留人有术：薪酬＋工作环境

薪酬管理是留住“90后”人才的一个重要手段。一个好的薪酬管理制度不仅能够吸引人才、留住人才，而且还能激励人才。多项调查结果显示，“90后”员工的兴趣远高于薪酬，有些家庭条件较好的“90后”，更看重投入是否能够得到对等的回报，他们更加注重公平。薪酬并不仅仅局限于工资，而且还包括奖金、佣金、红利及福利待遇等各种报酬形式。“90后”更喜欢新颖独特，企业可以在薪酬方面做些调整，给他们点儿惊喜。比如增加一些独特的福利：根据他们的不同喜好发些小礼物，或是与公平的绩效考核相结合给优秀员工带薪休假或提供一次旅游的机会等。这些不仅能够使“90后”员工感受到企业的用心，而且还可以使他们得到激励，更加努力地投入工作中。

留住人才的另一个重要手段就是营造良好的工作环境，包括管理制度、管理方式、领导风格 、领导与员工之间的关系、员工与员工之间的关系及工作氛围、工作条件等等。第一，沟通很重要。很多管理者并不重视沟通，不在乎员工的感受，这点在“90后”这里可以说是对其深恶痛绝、极其反感的。“90后”大多都是独生子女，他们渴望被关注、被理解，管理者们要时常与“90后”员工们谈谈心，对他们多点关心，多了解一点“90后”员工的想法。当他们感受到管理者的重视时，将会自然而然地投入工作中，这有时会比用金钱激励来得更有效些。第二，工作氛围也很重要。管理者要注意调节好“90后”与其他员工的关系，通过组织活动加强员工间的沟通与了解，化解员工间的年龄代沟。由此营造一个舒心的工作环境，为企业带来更好的效益。第三，适当帮助“90后”员工进行职业生涯规划也是有必要的。“90后”员工们在刚进职场时容易陷入迷茫中，分不清自己的职业方向在哪里，也弄不清自己感兴趣的职位是什么。管理者们要适当地给“90后”一点建议，使他们明确自己的兴趣职位和职业方向，找准自身的定位，以更加坚定的心态投身于工作之中，创造更大的价值。

五、结语

现今，“90后”逐渐进入职场，即将成为职场的中坚力量。因此，企业要通过探索新的方法手段来管理“90后”员工，解决现存问题，使他们更好地融入企业。要从实际出发，切实解决问题，为企业注入新的能量，带来新发展，激发出“90后”员工的创造力，为企业带来更好的发展、创造更好的效益。

实践探索

精品旅游背景下酒店管理专业工匠人才培养的探索与实践

陈增红*

摘　要　《山东省精品旅游发展专项规划（2018～2022 年）》中明确提出，要着重提高精品旅游要素质量，其中就包括培育精品酒店。培育精品酒店，推动酒店业高质量发展，工匠人才培养至关重要。本文立足行业需求，分析了酒店工匠精神内涵，并以山东旅游职业学院为例，对酒店工匠人才培养的路径进行了理论与实践的探索与研究。

关键词　精品旅游　酒店管理专业　工匠

一、培养工匠人才是酒店业发展的时代要求

山东省新旧动能转换重大工程实施规划中明确提出，重点提升传统产业，其中包括在精品旅游业领域，要提升综合服务质量，推进旅游业全域化、多元化、国际化发展。随着文化和旅游的高度融合，文明生态游、文化体验游、观光度假游、城市购物游、乡村民宿游、研学知识游、健身康养游、红色文化游、邮轮游艇游等旅游新业态不断涌现。①

酒店业作为旅游产业链上重要的服务环节，其发展业态也呈现了多样化的趋势，如文化主题酒店、智能化酒店、乡村民宿、精品酒店、体验式酒店、人文式酒店等新业态层出不穷。《山东省精品旅游发展专项规划（2018～2022 年）》提出，要着重提高精品旅游要素质量，其中包括培育精品酒店、打造精品餐饮。山东精品旅游产业要始终注重质量提升、品质追求和品牌发展，要加快"从有到优"的追赶，实现"从优到精"的超越，必须有具备工匠精神的工匠人才来支撑，才能全面促进精品旅游产业的高质量发展。同时，随着文化与旅游的融合、传统文化的回归、消费升级和经济转型，

---

* **作者简介**：陈增红（1963～　），女，山东招远人，山东旅游职业学院副院长、教授，研究方向为酒店管理、高等职业教育。

① 参见王德刚：《"精品旅游"引领旅游业提质增效》，《大众日报》2018 年 1 月 29 日。

培养酒店工匠人才是酒店品牌化蓬勃发展的需要，也是现代职业教育的时代担当。

二、酒店业工匠人才的时代内涵

工匠，又称“匠人”，指工人中的手艺人，今称“高技能工作者”。酒店业工匠，是指专注于酒店领域，针对这一领域的产品研发、加工过程、对客服务和经营管理等整个流程的每一个环节能够全身心投入，精益求精、一丝不苟地去完成的集世界性、高技能、高情感于一体的劳动者。① 酒店业工匠人才有以下特征：

1. 爱岗敬业。爱岗敬业是从业者基于对职业的敬畏和热爱而发自内心的一种全身心投入的认真踏实、尽职尽责的职业精神状态，他们视职业为生命，把工作当作修行，心无旁骛，从容淡泊。

2. 精益求精。精益求精是从业者对酒店的每个加工环节、服务产品、服务流程都凝神聚力、追求完美、追求极致的职业品质。

3. 专注执念。专注执念是指内心笃定而着眼于细节的耐心、执着、坚持的精神，是倾注于作品之中的精神、情感乃至魂魄。

4. 守正创新。守正，就是要坚持正确的政治方向，坚守定力。创新，就要以问题为导向，以顾客需求为导向，大胆解放思想，追求突破、改革创新。

三、培养酒店业工匠的实践探索

（一）守正创新，落实立德树人的根本任务

育人之本，首在立德铸魂。高等职业教育要回归育人为本、德育为先的教育本质，就必须把立德树人工作落实到教育教学全过程，唯有如此才能培养出德、智、体、美、劳全面发展的社会主义建设者和接班人。②

首先，聚焦用好课堂育人的主渠道。一是上好思政课程。思政课是落实立德树人根本任务的核心课程，它是培养大学生正确的世界观、人生观、价值观，促进其身心健康成长的主渠道和主阵地。③ 上好思政课的关键在教师，要聘用那些有坚定的理想信念、崇高的道德情操、有扎实的职业学识、有博大的仁爱之心的好教师作为学生职业生涯道路上的引路人。教师要及时准确地找到学生的兴趣点、兴奋点和关键点，采用灵活的教学方法与手段，把立德树人的任务落地，并开花结果。二是做好课程思政工作。知识传授和人格培养是相互渗透的，不能把二者割裂开来，各类各门课程都要始终把学生健康人格的培养融入教学过程中，将思政育人要素融入人才培养方案、课程标准、教学环境、管理制度、教学方法和教学评价中，从思政课程到“课程思政”，落

---

① 参见丁凤琴、周琴：《让“工匠精神”在职工创新中传承》，《中国石油企业》2018 年第 10 期。

② 参见余闯：《凝聚新时代教育改革发展强大动力》，《中国教育报》2018 年 7 月 3 日。

③ 参见孙阳：《高职大学生“工匠精神”的培育途径探索》，《辽宁高职学报》2017 年第 6 期。

实到每一门课程的实践教学中，贯穿到教育教学全过程。①

其次，劳模精神激励学生成长。劳动模范是优秀劳动者的典型代表，劳模精神激励了数以万计普普通通的劳动者立足本职、勇于担当、坚守信念、开拓创新、创造辉煌，劳模精神是对社会主义核心价值观的生动诠释和现实呈现。山东旅游职业学院会定期邀请旅游行业劳模、酒店企业精英走进校园，走进课堂，走到学生身边，分享他们的成长经历，以榜样的力量激励人，以先进的事迹感召人，以鲜活生动的案例培养学生努力拼搏、淡泊名利、甘于奉献的劳模精神。同时也培养他们以企为家、以店为家、以国为家的家国情怀，真正让劳模精神走进学生心里。

最后，构建第二课堂育人体系。打造立体化、全方位育人平台，如：志愿服务、社会实践、技能大赛、文体社团、创新创业等活动，出台考核评价办法，赋予学分，使育人工作贯穿教育教学、社会服务和社团活动全过程。通过丰富多彩的第二课堂实践活动，促使学生真切感受到“劳模精神”和“工匠精神”的内涵，持续塑造与精心培育工匠之魂，实现高等职业教育人才培养质量的内涵提升。②

（二）执着深耕，实现职业理想

酒店业是幸福产业，是国民经济发展的战略性支柱产业之一，是人与人之间交流最密切的产业之一。产业的发展，需要对酒店有情怀、有温度、有执念、有坚守的人才。因此，我们要培养学生扎根酒店业、深耕精耕酒店职业大地的信心与决心。

首先，通过专业认知培养学生的“热心”。在学生入学季，采用参观酒店、优秀毕业生讲座、与行业精英面对面交流，在校内建设生态教学体验馆、学而书吧等实训场所真实项目体验等方式，了解酒店各部门的布局、功能、酒店核心岗位的职责，增加学生对专业的认可度。

其次，通过跟岗锻炼培养学生的“恒心”。在校内生产性实训基地——百川花园酒店进行为期一个月的跟岗锻炼。此阶段实行“一课双师”教学模式，教师与师傅联合传授，形成“一体化”育人模式，即学生与员工一体化，教师与师傅一体化，教学与生产一体化。帮助学生深刻理解酒店工作的角色定位，引导学生热衷酒店工作，把酒店工作作为终身追求的事业，增强其职业归属感。

最后，通过顶岗实习培养学生的“匠心”。匠心是一种基于信心、恒心、执着心的锲而不舍、追求完美的心态。具备这种匠心的人，会对服务流程、产品品质、酒店企业的品牌声誉等热切关注，全身心投入，达到完美境地。顶岗实习期间，通过现代学徒制人才培养模式，师傅将精湛的技术技能、丰富的工作经验传授给学生，鼓励学生刻苦钻研业务、深耕服务、精进水准，最终成为企业需要的独具匠心的卓越工匠人才。

---

① 参见石书臣：《正确把握“课程思政”与思政课程的关系》，《思想理论教育》2018 年第 12 期。

② 参见杜恒杰：《“工匠精神”融入高职院校学生职业素养培养研究》，《现代职业教育》2018 年第 24 期。

（三）精益求精，打造酒店业工匠人才卓越的职业品质

首先，工匠职业品质融入教学。当前，人民群众对于酒店产品的需求从“有没有，缺不缺”到了“好不好，精不精”的发展阶段，酒店业已从数量规模扩张发展到品质内涵提升阶段。酒店对于兢兢业业、一丝不苟、追求卓越的人才需求极为迫切，因此，学校需要将历代工匠们“干一行、爱一行、精一行”的优秀职业品质融入教育教学的每个环节，使学生在潜移默化中锻造非凡气质，感悟“匠心”神韵，认真学习、刻苦钻研，顺利完成从“准职业人”到“职业人”的转变，努力向“大国工匠”的职业理想迈进。①

其次，通过大赛培养学生精益求精的职业品质。要坚持“以赛促学练内功，学以致用促发展”理念，根据产业需求培养人才。学校利用完善的校内实训条件，真实的职场环境，建立了“院赛一省赛一国赛”三级大赛选拔机制，让每位学生都参与到大赛活动中去，提升学生的专业技能、职业素养，使学生在大赛中产生获得感、幸福感和成就感。通过公正、公开、公平的层层选拔机制，锤炼学生一丝不苟、精益求精、追求卓越的职业品质，让优秀的学生脱颖而出，为酒店业培养德才兼备的工匠人才。

最后，发挥名师工作室的育人作用。名师工作室是培养酒店业工匠人才的重要平台，要充分发挥德艺双馨的行业企业名师作用。名师工作室要结合酒店企业生产一线实际，通过项目研发，有针对性地攻克酒店服务、管理、经营及技术难关，塑造学生的工匠精神，使学生能够独立从事产品创新设计与制作，掌握工匠的综合能力。② 大力推进技术革新和技术创新，加快酒店企业结构的升级改造，提高酒店企业的技术管理水平，推动技术进步。

（四）文化浸润，助力未来工匠的茁壮成长

高校既是文化传承的重要载体，也是思想文化创新的重要源头。文化的功能在于熏陶人、塑造人、教化人、培养人，文化能够为酒店业工匠人才培养注入活力。

首先，打造职业特色浓郁的物质文化环境。物质文化是学校文化外在的标志，它承载着学校文化的内涵。职业院校除了传授学生完备的知识和娴熟的技能以外，还要培养学生健全的人格。良好的物质文化环境对学生确立高尚的职业理想、健康的人生哲学、乐观的人生态度都是大有裨益的。校园里的一处景观、一幅壁画、一尊雕塑、一株花草，学生的校服、职业服装、宿舍装饰等，只要与学校的精神文化、专业文化相互应，就能够使学生在求知、求美、求乐中受到潜移默化的启迪和教育。

其次，打造内涵丰富的精神文化育人体系。精神文化是大学文化的核心和灵魂。

---

① 参见杜恒杰：《“工匠精神”融入高职院校学生职业素养培养研究》，《现代职业教育》2018 年第 24 期。

② 参见王威、周振刚、韩刚：《产教融合视阈下高职院校卓越工匠人才培养研究》，《哈尔滨职业技术学院学报》2018 年第 6 期。

酒店业是好客产业，优秀的员工享受服务客人的过程，并从中获得幸福感、满足感和自豪感。因此，学校培养的酒店管理专业学生要有大爱情怀、责任担当和工匠精神，能够以服务客人为荣，能够以“我们是绅士淑女，我们服务绅士淑女”的理念，竭尽全力为客人提供优质服务。为此，山东旅游职业学院精心设计了“我们的天职是创造幸福”的校训，定位了“我们是绅士淑女，我们培养绅士淑女”的山旅气质，提出了职业精神、职业素养、职业技能的核心职业素养，通过定期举办“百川论坛”“百川辩坛”“与院长面对面”“兰亭茶叙”“社会公益日”“山旅风采季”“山旅文化季”等活动，把学生培养成未来酒店业职业经理人。

最后，打造彰显职业特色的制度文化。制度文化是校园文化建设的保障系统，是维系学校正常秩序必不可少的保障机制，任何学校的文化传承与发展都需要制度保证。山东旅游职业学院在出台制度文化时，充分考虑旅游业特点，十分强调人的理想信念、奋斗方向、做人标准、生活方式、交际方式、行为规范，突出目标追求、审美情趣、价值取向等精神文化方面的条款，给制度以灵魂，力求把价值观念和道德规范自觉地转化为内心的信念和行动的准则，从而达到知行合一的目的。

（五）对接国际，培育未来大国工匠

随着经济全球化进程的迅速发展、“中国制造 2025”及“一带一路”建设的实施，国际交流与合作已成为高职院校寻求多元化发展的重要举措。山东旅游职业学院多年来不断深化与国际友好学校和酒店企业的交流与合作，积极探索国际化酒店管理人才培养路径，并取得了良好效果。

首先，要更新教育观念。教育观念是制约学校国际化发展的决定性因素。山东旅游职业学院一直坚持“旅游职业教育与旅游市场接轨、旅游职业教育与世界一流水准接轨”的办学理念，持续推进国际化进程，高标准培养具有广阔的国际视野、开阔的胸襟和情怀、强烈的创新意识、熟练的外语应用能力、较强的跨文化交际能力、能经受多元文化冲击能力的国际化人才。① 国际化人才培养必须有国际化的师资队伍才能组织实施和完成。学院采用了定期聘请优秀外教到校工作、国际知名品牌酒店高管进校园办专题讲座，派教师出境出国培训等方式来提升师资队伍的国际化水平，为培养国际化人才提供强有力的教师保障。

其次，将课程标准与国际接轨。国际化酒店管理专业工匠人才培养需要国际化课程的支撑，为了培养酒店业国际化人才，课程内容应不断更新完善，标准要与国际接轨。山东旅游职业学院充分利用与英国伯恩茅斯和普尔学院、澳大利亚南澳职业技术学院、我国台湾地区的高雄餐旅大学和大仁科技大学的合作关系，常态化聘请境外知名优秀学者进入课堂，将核心课程标准、世界酒店业发展现状、酒店管理经验、酒店

① 参见宋发富：《“一带一路”视角下国际化人才培养的目标与路径》，《黑龙江高教研究》2018 年第 12 期。

品牌文化、酒店管理者成长路径、酒店各级管理者胜任力等适时传授给学生，提高学生的国际化职业能力。

最后，建立稳定的海外实习基地。山东旅游职业学院先后与英国、阿联酋、日本、美国、法国及我国的澳门和香港特区等的旅游企业建立了长期稳定的学生实习研修合作关系，为国际化人才实践能力培养提供了平台，每年在海外实习研修的学生大约占学生实习总数的15%。通过海外顶岗实习，学生的国际化职业素养、职业竞争力得到了很大程度的提高，很多学生回国以后能够胜任高星级酒店基层以上管理人员职务，为酒店业工匠人才的培养打下了良好基础。

“弘扬工匠精神，培育大国工匠”已成为高等职业教育的时代使命，是职业教育文化软实力的象征。[①]“十年树木，百年树人。”培育大国工匠远非一朝一夕之功，需要全面深化改革，厚植公平竞争的土壤；需要校企深度融合，完善“双主体”育人机制；需要树立正确的人才观，营造劳动光荣、技能宝贵、创造伟大的社会风尚。我们热切期盼，通过各方努力、持之以恒的耕耘，能够培养更多酒店业大国工匠，为精品旅游业的提质增效高质量发展贡献力量。[②]

---

① 参见杜恒杰：《“工匠精神”融入高职院校学生职业素养培养研究》，《现代职业教育》2018年第24期。

② 参见汪锋：《基于“大国工匠”精神培育的高职教育文化建设路径探索》，《职教论坛》2017年第29期。

“立德树人”理念下高职院校思想政治教育工作探析

——以泰山职业技术学院为例

冯忠义　李洪军　李　娜　曹　成　江东彦*

摘　要　2006年11月，教育部发布了《关于全面提高高等职业教育教学质量的若干意见》（教高〔2006〕16号），提出“高等职业院校要坚持育人为本，德育为先，把立德树人作为根本任务”。党的十八大及十八届三中全会将“立德树人”作为教育的根本任务，为深化教育改革提供了总方向。本文在阐明“立德树人”理念提出的背景及内涵的基础上，以泰山职业技术学院为例，围绕“立德树人”为核心的高职院校思想政治工作的必要性，重点探讨“立德树人”理念在高职院校思想政治教育工作中的实现路径。

关键词　立德树人　高职院校　思想政治教育

2019年是中华人民共和国成立70周年，特别是在改革开放40多年来，我国经济发展步入了新常态，经济新常态带动了教育的新常态[①]，职业教育也显得愈发重要。但是，在高职院校学生职业技能提升的同时，思想道德建设滞后的情况也愈发明显。因此，教育部在《关于全面提高高等职业教育教学质量的若干意见》（教高〔2006〕16号）中提出“高等职业院校要坚持育人为本，德育为先，把立德树人作为根本任务”。党的十八大及十八届三中全会进一步将“立德树人”作为教育的根本任务，为深化教育改革提供了总方向。深入践行“立德树人”理念是高职院校必须面对的重点课题。2019年4月，泰山职业技术学院成功入选为山东省第二批优质高等职业院校立项建设单位。本文结合学院教学管理实践，探索如何在“拔节孕穗期”更好地引导学生树立

* **作者简介**：冯忠义（1976～　），男，山东汶上人，泰山职业技术学院组织人事处副处长，研究方向为党建和组织建设；李洪军（1975～　），男，山东肥城人，泰山职业技术学院讲师，研究方向为人才培养与人事管理；李娜（1981～　），女，河南安阳人，泰山职业技术学院讲师，研究方向为思想政治教育；曹成（1994～　），男，四川成都人，泰山职业技术学院组织人事处科员，研究方向为人才培养；江东彦（1988～　），男，山东平阴人，泰山职业技术学院基础部教师，研究方向为思想政治理论与教育。

① 参见王立明：《高职院校“立德树人”教育策略研究》，《生物技术世界》2015年第8期。

正确的世界观、人生观、价值观。

一、“立德树人”理念提出的背景及内涵

高等职业教育是高等教育的重要组成部分，担负着培养社会主义现代化建设高素质技术技能型专业人才的重任，在“立德树人”理念践行方面承担着极为重要的责任。

（一）“立德树人”理念提出的背景

1. 立德树人是教育的根本任务

教育是培养人的社会活动，“培养什么人，如何培养人，为谁培养人”是所有教育活动的出发点和落脚点，是必须明确的根本问题，是贯穿教育活动全过程的主线，决定了国家的教育目的、教育方针和相关政策宗旨。而“立德”是培养途径，重点解决了如何培养人的问题；“树人”是培养目的，着重探讨培养什么人的问题；教育的社会主义性质决定了为谁培养人的问题。马克思有关人的全面发展学说是我国制定教育目的理论基础，从根本上决定了“立德树人”是教育的根本任务，立德是树人的基础和前提，树人是立德的目的和归宿，两者相互影响、相互制约，是培养中国特色社会主义合格建设者和可靠接班人不可或缺的两个方面。

2. 高校学生价值取向呈现多元化趋势

科技的不断进步极大地推动了经济的飞速发展，加速了信息爆炸时代的到来，社会各领域不可避免地受到了多元化信息的强烈冲击，高校学生更是受多元化信息影响的首要人群。高校学生群体拥有较强的信息接受能力，但信息辨别能力却有待提高，因此成为意识形态工作的重点对象。总体而言，高校学生主流意识形态认同状况是积极向上的，但部分学生也呈现出政治意识淡薄，虚无主义、享乐主义、利己主义有所抬头，理想信念缺失等现象，直接影响到人才培养的质量。

3. 新时代背景下高校德育工作现状

中共十九大报告明确提出，我国进入了中国特色社会主义新时代，实现中华民族伟大复兴是新时代中国共产党的历史使命。为了实现这一历史使命，必须积极推进社会主义政治、经济、文化等领域的新征程。高等教育肩负着培养人的重要职责，为我国进入新时代、实现新使命、开启新征程提供丰富的人才资源。而当前高校在教学过程中仍存在重教书轻育人、重智育轻德育的现象，“同向同行，协同效应”的课程思政体系仍需深度探讨，多部门联合、全员参与的大思政工作格局仍需进一步完善。

（二）“立德树人”的内涵

明确“立德树人”的内涵是践行立德树人的前提。2018 年 5 月 2 日，习近平总书记在与北大师生座谈时指出：“要把立德树人的成效作为检验学校一切工作的根本标准，真正做到以文化人，以德育人，不断提高学生思想水平、政治觉悟、道德品质、文化素养，做到明大德、守公德、严私德。要把立德树人内化到大学建设和管理各领

域、各方面、各环节，做到以树人为核心，以立德为根本 。”① 习近平总书记阐明了立德树人要德才兼备，以德为先。

“立德树人”以“立德”为教育的根本，以“树人”为教育的核心。“立德”语出《左传·襄公二十四年》：“太上有立德，其次有立功，其次有立言，虽久不废，此之谓不朽。”“树人”语出《管子·权修》：“一年之计，莫如树谷；十年之计，莫如树木；终身之计，莫如树人。”我国历来强调“德”的作用，司马光曾说：“才者，德之资也；德者，才之帅也。”而其中“德”随着时代的发展，也有着更加丰富的内涵。今天我们谈“立德”，就是要树立符合中国特色社会主义需要的“德”，就是要树立崇高的理想信念。②

在新时代下，“树人”就是要培养拥护中国共产党的领导和中国特色社会主义制度、中国特色社会主义优秀的建设者和接班人。党的十九大报告提出：“青年兴则国家兴，青年强则国家强。青年一代有理想、有本领、有担当，国家就有前途，民族就有希望。中国梦是历史的、现实的，也是未来的；是我们这一代的，更是青年一代的。”③ 高等教育要在社会主义的意识形态下培养能够承担民族复兴的历史使命的新时代青年。高职院校作为我国技术型人才的培养基地，高职院校的工作者和管理者不仅肩负着传授知识、培养技能的责任，而且还担负着传播社会主义核心价值观，将社会主义核心价值观植入学生的素养培育之中的重任。

二、以“立德树人”为核心的高职院校思想政治教育工作的必要性

党的十一届三中全会作出了实行改革开放的历史性决策，开启了我国改革开放和现代化的历史新进程，教育事业也随之取得了飞速发展。同时，我国高职院校思想政治工作也在跌跌撞撞、积累经验中逐渐打开局面，形成了具有中国特色的高职院校思想政治教育工作体系和以育人为核心的思想政治教育体制。目前，这一体系在新时代和新形势下正受到严峻挑战：一方面，高职学生表现出个性独立、自我意识强大、集体主义意识淡薄等鲜明特点；另一方面，高职院校教育工作也普遍存在重专业技能学习、轻思想政治教育的情况。

（一）学生思想政治素质现状不容乐观

与普通高等教育院校相比，高职院校学生在学生生源、学习特点和综合素质等方面都呈现出不同特点。高职院校学生生源结构较为复杂，包括普通高中、职业高中、

① 《习近平在北京大学师生座谈会上的讲话》，《人民日报》2018 年 5 月 3 日。

② 参见王树理、曹艳 ：《 坚持立德树人，开创高校思想政治理论课教学新境界》，《西部素质教育》2017 年第 24 期。

③ 习近平：《决胜全面建成小康社会　夺取新时代中国特色社会主义伟大胜利——在中国共产党第十九次全国代表大会上的报告》，人民出版社 2017 年版，第 70 页。

3+2模式转段学生等，学生文化基础薄弱，导致其进入学校后必须投入更多的精力去学习专业课程，从而忽视思想政治理论相关课程。同时，由于学生的信息辨别处理能力偏弱，网络新媒体带来大量信息的冲击，各种文化观念进入视野，世界观、人生观和价值观极易受到不良影响。本文结合泰山职业技术学院学生管理工作实际，研究发现部分学生存在自律意识较差、道德滑坡、意识扭曲、社会责任感不强等情况，具体表现为以下四个方面：

1. 道德认知水平不高

美国心理学家科尔伯格将人的道德认知水平分为三个阶段：前习俗水平、习俗水平和后习俗水平，只有到达后习俗水平的人才算真正拥有道德判断力。与普通高等院校相比，高职院校生源素质存在一定差距，道德认知能力较弱。在较强就业意愿的促使下，高职生更多关注技术技能水平的提升，直接导致了道德认知普遍不全面、不深刻的现状。

2. 道德情感不稳定

高职生普遍表现出个性鲜明的特征，自我认知和评价比较客观。但是，受多元化信息的影响，高职生有关道德评价标准并不恒定，在道德情感方面表现出不稳定的特征，关于自我和他人道德行为的心理体验存在不同标准。

3. 道德意志不坚定

在传统文化与现代文化、主流文化与非主流文化、中西方文化的交融与较量中，部分高职生表现出价值标准取向模糊、政治信仰淡化的特征，极易被不良文化同化。

4. 道德行为有所失范

高职生群体自身文化素养偏低，高职院校思政工作也处于低水平运行状态，极易产生道德失范行为。如在个人利益与社会利益的权衡中，部分高职生更多偏重于个人利益而忽视社会利益，甚至为获得个人利益不惜损害社会利益。

（二）学校思想政治教育工作有待进一步完善

思想政治教育工作是高职院校在传道授业解惑过程中的导向标，“立德树人”是高职院校思想政治教育工作的核心。高职院校思想政治教育工作者必须将“立德树人”这一思想贯穿教育工作始终，这是推进“四个全面”建设，实现“五位一体”全面布局，践行社会主义核心价值观，贯彻和落实习近平总书记新时代中国特色社会主义思想的重要组成部分和必然要求。加强高职院校的思想政治教育工作和大学生思想道德品质建设，是促成人才全面发展的重要途径，也是党和国家对于高职院校人才培养的迫切要求。面对社会发展的新局面，高职院校的思想政治教育工作必须以“立德树人”为核心，用正确的思想和有用的教育，以社会主义核心价值观为指导帮助学生，树立符合社会主义意识形态的世界观、人生观、价值观，为中国特色社会主义建设培养优秀的建设者和接班人。

目前，我国高职院校的思想政治教育存在着形式化、功利化等现实问题，具体表现为重职业技能教育，轻思想政治教育；重思政工作人员，轻全员化参与；重课堂教育，轻实践教育等。同时，高职院校思想政治教育在师资配备、课程设计、教学方法等方面存在与高职生不相匹配的情况，针对性较差，未能形成适应高职教育的思政体系。因此，加强“立德树人”为核心的高职院校思想政治教育工作势在必行。

三、“立德树人”理念在高职院校思想政治教育工作中的实现路径

为深入践行“立德树人”理念，泰山职业技术学院积极探索实施“德技并重，理实一体”的人才培养模式，通过实施德、智、体、美、劳“五育”并举，达到全程、全员、全方位育人效果，促进学生真、善、美、健、能全面发展。学生综合职业素养不断提高，成为既具备扎实专业技能，又具有“进取、担当、包容、和谐”精神的高素质技术技能型人才。

（一）筑牢思想政治课程体系，强化意识形态工作主阵地

习近平总书记在学校思想政治理论课教师座谈会上指出：“思想政治理论课是落实立德树人根本任务的关键课程”，“办好思想政治理论课关键在教师，关键在发挥教师的积极性、主动性、创造性”，“思想政治课教师，要给学生心灵埋下真善美的种子，引导学生扣好人生第一粒扣子。”[①] 为加强思想政治课教师队伍建设指明了方向。

泰山职业技术学院高度重视思政师资队伍建设，创新教育教学方式。一是始终坚持把“立德树人”作为思想政治理论课的中心环节。学院认真学习习近平总书记在全国高校思想政治工作会议上的讲话精神，端正和提高认识，要求教师在教学、生活辅导中都融入“立德树人”的教学内容；二是重视辅导员和思政教师队伍建设。近年来，学院不断加大人才引进力度，招聘多名优秀年轻教师充实辅导员和思政教师队伍，大力开展教师岗前培训，把师德师风作为岗前培训的重要内容。同时，聘请了一批教学经验丰富的校外教师，充分加强校内外思政课程教学交流，也辐射带动和提高了一批中职、中专院校思政课的教学水平；三是注重思政教师的教学能力培养。学院多次组织基础部思政教师参加各种培训项目，加强与其他高校在学科建设和教学上的交流，学习先进理念，互相交流经验。思政教研室内部组织教师集体备课，开展听课活动，集体研究教学方法，讨论教学难题，开展“结对帮扶”活动，逐渐形成有经验的老教师对年轻教师进行“传帮带”的传统；四是完善思政课课程设置。改变原来思政课“老师讲学生听”的传统教学模式，实行“3＋2”“2＋2”教学模式，提高参与度，加强学生的自主学习和交流研讨能力；五是重视“课程思政”的建设。2017年，中共中

① 《一堂特殊而难忘的思政课——习近平总书记主持召开学校思想政治理论课教师座谈会侧记》，2019年3月19日，新华网，http：//www.xinhuanet.com/2019-03/19/c_1124250582.htm。

央、国务院印发的《关于加强和改进新形势下高校思想政治工作的意见》中强调：要充分发挥思想政治理论课的主渠道作用，深入实施高校思想政治理论课建设体系创新计划，完善教学体系，提高教师素质，创新教学方法，增强教学的吸引力、说服力、感染力。学院由此积极制定“课程思政”的实施方法，认真开展落实书记、院长带头上好思政第一课的工作，并组织各系部党组织书记、系部主任为学生上好思政第一课。同时，梳理了各门专业课程所蕴含和承载的思想政治教育功能，使各类课程与政治理论课同向同行，推进习近平新时代中国特色社会主义思想进教材、进课堂、进头脑。

（二）大力推进第二课堂建设，发挥社团育人功效

第二课堂内容涉及广泛、活动形式新颖，是高校人才培养的重要环节，是学生创新能力和综合素质能力培养的重要载体，能够发挥第一课堂无法替代的育人功效，是第一课堂的有益补充。

泰山职业技术学院借助学雷锋日、“五四”青年节、“八一”建军节、国庆节等重大节日开展系统主题教育活动；以青年志愿者服务、社会技术服务等爱心社团活动为载体开展服务活动；以轮滑、武术、诗词、曲艺等兴趣活动社团为载体开展个性特长培育；以各专业技能训练队等专业活动社团为载体深化技术技能培养，在院、系、班层层设计第二课堂活动课程，并形成第二课堂活动记录表，将学生参加活动情况纳入学生档案，既是学生个人成长的记录，又可作为用人单位招聘的重要参考。同时，学院十分重视学生心理健康教育，充分保障学生的身心健康。学院成立了心理健康教育中心，筹备了心理健康教育中心活动室，为心理健康教育工作的开展提供了良好的环境。近年来，学院多次开展包括“心理大讲堂”系列讲座、心理电影赏析、团体素质拓展、学生心理普查、心理情景剧大赛、心理健康知识展板评比等活动，从心理健康方面为学生的成长成才保驾护航。

（三）系统设计第三课堂，健全实践育人体系

第三课堂主要涉及在校期间的各个寒暑假和在企业工学交替或顶岗实习的时间段。在寒暑假期间，既可以组织安排学生参加“三下乡”、志愿者等社会服务活动，也可组织学生到企业进行跟岗或顶岗锻炼；企业工学交替或顶岗实践是课堂教学的直接延伸，是实践教学体系不可缺少的重要组成部分。

泰山职业技术学院系统设计的第三课堂，不断健全实践育人体系。一是利用社会实践，开阔学生视野。学院借助开展暑期“三下乡”、假期社会调查等一系列社会实践活动，引导广大青年学生深入基层，磨炼意志，提升能力，增长才干，为促进广大青年学生提高自身素质，发挥知识技能优势，自觉服务社会提供重要渠道和有效载体。二是借助志愿服务，培养学生情操。学院各系部成立“望岳实践队”“建筑工程系消防志愿者服务社团”“工艺美术系工蚁联盟志愿服务团队”等学生志愿服务组织，定期组织开展志愿服务活动，帮助在校学生树立互帮互助的意识，增强回馈社会的奉献精神，

提高社会责任意识。三是利用平台优势，开展创新创业教育。在“大众创业、万众创新”的热潮下，学院积极开展创新创业活动，2015 年成立“泰安创业大学”，支持学院获得“创客团队挑战赛”冠军的团队在校内建立创业基地，带动学院学生积极参与创新创业。

同时，学院重视完善校内校外协同育人机制，在校企合作、校军合作方面采取了积极举措。学院不断深化校企深度融合，积极探索校企一体化育人，实施“政行企所校”多元化办学模式。如学院实行的现代学徒制试点、职教集团化办学、订单合作办学和厂校一体办学等多种形式，实现从学校培养为主体育人到校企“双主体”育人的转变。2016 年，学院与南海舰队签署联合办学协议，招收定向培养士官，2018 年开始为战略支援部队定向培育士官。士官定向培养既提高了对在校大学生的素质培养水平，同时又为部队输送了优秀人才，为我国国防事业做出了贡献。

（四）创新第四课堂，提升环境和文化育人功能

文化具有潜移默化的影响效果，具有独特的渗透作用。校园作为学生的常驻场所，校园文化的影响不容忽视，做好高职院校的思想政治教育工作，应该重视校园文化的建设。泰山职业技术学院立足自身实际，结合泰安地域文化特色，积极传承和弘扬中华优秀传统文化和泰山文化精神，将“挑山工精神”“青松精神”“石敢当精神”“登攀精神”等贯彻于育人全过程，以融合泰山精神为主线，突出高职院校校园文化的特点，融传统文化、泰山文化、企业文化、大学文化为一体，对校园环境进行整体设计，充分挖掘其“润物细无声”的感染与熏陶作用，让学生在潜移默化中厚植德行、涵养精神，全力打造泰山特色校园精神文化。

首先，学院成立泰山书院，在书院文化的熏陶下“立德树人”。“学院＋书院”是泰山特色的校园文化建设品牌项目，被山东省教育工委立项为全省校园文化建设十大项目。泰山书院被命名为第四批“泰安市关心下一代教育基地”，学院关工委借助基地多举措开展“传承红色基因，争做时代新人”主题教育活动，拓展了科学教育基地的功能，完善和提升了基地的服务水平。其次，创建校园制度文化。学院积极推进教学管理制度的系统化、规范化，大力改进人才培养方案，加强对教学各环节的管理、监督、考核、激励制度的建设，以制度建设推进教学改革。在学生管理上，重视学生的品德和素质培养，以制度来督促学生养成良好的作息规律和勤奋的优秀品质。学院开展各种各样的活动，例如“每日一善”活动，着重培养学生助人为乐的良好品质。再次，注重校园环境文化创建。学院在注重和加强校园净化、绿化、美化建设的基础上，重点构建主题文化，实施了“两场、两园、六区”文化主题建设，在广场建成一组书本雕塑，强调学校是学习知识的场所，广场周围建成了 12 组以教育家、科学家、能工巧匠为主题的人物雕像群，一组《天工开物》浮雕更是凸显了高职教育特色。创业广场主要设置了一些文化休闲设施。生态园则结合生物工程系园林实训基地建设，突出了环保生态教育主题。

四、结语

习近平总书记在全国高校思想政治工作会议上的重要讲话，深刻回答了事关我国高等教育事业发展的一系列重大问题，是新形势下我国高校思想政治工作的纲领性文件。立德树人是教育的根本任务，是高等教育的时代命题，我们必须把立德树人重大意义置于时代背景下审视，在更高层次、更广范围找坐标、找定位。作为山东省优质高等职业院校立项建设单位，学院积极探索“立德树人”理念的实现路径，为高职院校意识形态工作开展提供有益借鉴。

基于“青马工程”培养高校药学人才综合素养的探索与实践*

张　萌　魏淑婕　徐婷婷　侯雪芹**

摘　要　当前，高等院校作为改革开放新时期传播社会主义核心价值观的重要基地，是全面深化实施“青马工程”的重要平台。山东第一医科大学（山东省医学科学院）药学院以“青马工程”探索实践作为深化教育改革的突破口，通过强基础、搭平台、重引导的原则，营造以马列主义为基础、中国特色社会主义为根本、青年团体积极努力进取的校园文化环境，在新时代各种思潮冲击下，着力探索和构建更有利于培养药学人才综合素养的“青马工程”教育体系，使药学人才政治素质与专业素质齐头并进。

关键词　高校　药学人才　“青马工程”

“青年马克思主义者培养工程”简称“青马工程”，由团中央于2007年5月15日在北京启动，旨在通过以教育培训和实践锻炼等方式，提高大学生骨干、团干部等青年群体的思想政治素质、政策理论水平、实践创新能力和组织协调能力，学习中国共产党第十九次全国代表大会精神和习近平新时代中国特色社会主义思想，努力发扬党中央工作会议精神，使其成长为中国特色社会主义事业的合格建设者和可靠接班人。

一、药学教育中的“青马工程”发展现状

“青马工程”经过十余年发展，各高校培养的大批对党忠诚、信仰坚定、素质优良、作风过硬的青年大学生已陆续走向重要岗位，成为中国特色社会主义建设的生力

* 基金项目：2019年度山东省高等教育人才研究会项目（RK19-9）、2018年泰安市科学技术发展计划（引导计划2018ZC0256）。

** 作者简介：张萌（1982～　），女，山东第一医科大学（山东省医学科学院）讲师，药学院团总支书记，主要研究方向大学生思想政治教育、大学生科技创新；魏淑婕（1998～　），女，山东第一医科大学（山东省医学科学院）学生；徐婷婷（1998～　），女，山东第一医科大学（山东省医学科学院）学生；侯雪芹（1984～　），女，山东第一医科大学（山东省医学科学院）讲师，研究方向为药理学。

军。但各高校间“青马工程”的发展不均衡，且仍存在一些问题，如：有些高校“青马工程”教育理念滞后，学员自身认知格局不均衡；整体机制上缺乏连续性、系统性、完整性，对进入、实施、保障以及测评等方面缺少统一标准；课程体系不完备，专业教育与实践脱节，教育培训方式方法单一，针对性、创新性、实效性较弱；师资薄弱，具备专业教育和思想教育双重职责的“骨干”教师较少等。

广义的高校药学人才包括药学类专业师资力量和进修学生，即教授课程老师、专家和在校学习进修学生，狭义的药学人才是指在药学专业领域学习进修的学生。高校人才旨在培养全面掌握药学学科基础知识和技能，具备创新精神和实践能力，能够从事和药学相关的如药物研发、生产、流通、管理、质量控制等方面工作的较高综合素质的专业人才。

药学教育作为我国高等医学教育的重要组成部分，秉承“以人为本，药学服务”的现代药学理念，培养药学类专业人才，为合理、安全用药保驾护航。全国共计有881所高校涉及药学类专业，招生数量巨大。山东省各高校积极响应国家号召，开展了形式多样化的“青马工程”培训班，通过理论学习、社会实践、素质拓展、青年论坛、志愿服务、参观学习等形式内容丰富的活动，提高了学员的思想政治素养、政策理论水平和实践能力，但与提升药学师生专业素养的关联培养较少①，通过“青马工程”培养药学人才综合素养的体制亟待健全。欧美等国外高校为适应国家培养优秀人才的需要，也以各种方式加强思想政治教育。比如，美国把对学生进行个人良好品德教育确定为国家八大教育目标之一，只有拿到政治类科目规定学分才能获得学位；英国、德国等也都把高校思想政治教育放在十分重要地位。

二、高校药学人才政治素养现状分析

当前，我国高校整体思想政治工作紧跟党的步伐，校园风清气正。然而，也存在部分药学教师意志不坚定，急功近利，片面追求专业提升和职称晋升，工作主动性、参与性差，信仰模糊化、价值观多元化、学术行为不端等问题，如实验数据剽窃、篡改、抄袭，甚至出现发表论文造假等行为不端事件。个别学生认知方式和需求内容分化明显，责任心差，对政治问题和社会现象认识存在偏差，甚至出现错误认知，存在心理不健康、观念狭隘等问题。在山东高校“青马工程”实践过程中也存在一些问题，具体表现为以下几个方面：

（一）培训对象和培养格局缺乏均衡性

将共青团干部、班干部、学生会干部三个群体作为重点培养对象，忽略了青年知识分子及广大学生群体。受众面窄，对入选学员缺乏规范性选取标准。

---

① 参见王琦：《高校培养青年马克思主义者有效路径探析》，《学校党建与思想教育》2013年第8期。

（二）教学内容和教学方式缺乏系统性

授课教师多以灌入式教育为主，过于注重阶段成果展示，对政治理论课程认知水平不一，教学内容单一，缺乏生动性、灵活性、创新性，忽视长期成效；接受课程的学员理解不深入、不到位、不扎实；实践资源少、效果差。

（三）培养模式和培养方法缺乏整体性

教学培养主要依赖组织管理者和师资队伍的主观判断；理论授课老师多为学校或学院邀请，单靠“打游击”“讲奉献”方式的授课模式不是长效做法；特色课程建设有限；评价体系缺乏规范化和持续跟进机制，新老学员间未搭建有效沟通及衔接。

（四）理论实践与专业实践缺乏结合性

在高校药学领域开展的将马克思主义经典理论与中国特色社会主义理论实践相结合的活动较少，多数学员在理论转化、具体落脚点上缺乏有效锻炼，理论与实际不能有效统一。[①]

（五）保障措施和保障体系缺乏统一性

各高校、各学院间各自为战，互相交流沟通少；各学院对“青马工程”经费投入、活动开展、教育配比、人员调配、制度建设上也存在差异，未形成统一标准的保障体系。因各项活动经费不足，专业实践活动受限。[②]

二、高校药学人才“青马工程”实践与探索

（一）培养标准

根据以往的经验，总结对“青年马克思主义者”的本质要求；结合专业背景和知识结构，改变只注重规范化和精英化的单一模式，有针对性地对药学人才进行培养。构建统一纳入标准的“青马工程”考核评价体系，对培训态度不端正、培训过程不配合、考核评价不合格的学员进行中期淘汰或不予结业，坚持“双严”（严进、严出）的考核标准。同时，完善校、院两级“青马学员信息库”，建立跟踪评估，档案留存，力争使每位学员能够成为有政治觉悟、责任担当、专业能力强的药学领域的接班人。

（二）培养理念

坚定理想信念、磨炼高尚品格、造就出色本领、敢于创新创造。

---

① 参见陈爱梅：《实施“百优青马工程”开创大学生信仰教育新路》，《中国高等教育》2014年第1期。

② 参见施一峰：《基于思想政治教育方法论视域的高校“青马工程”质量提升策略研究——以广东工业大学“青马工程”实施项目为例》，《教育教学论坛》2018年第21期。

（三）内容创新

1. 实践创新

秉持以德为先、综合评价、优胜劣汰的原则，完善和健全“青马班”学员选拔和考核机制，采取逐级选拔、分级培养方式，优化青马学生选拔环节，实施动态淘汰机制。采取开放式“学分制”多元化管理，学员以“班级精彩我来记”的日记形式记录班级活动。为每名学员建立档案，对考核成绩、培养效果进行全程跟踪与反馈，逐步形成良性机制和制度保障。①

2. 内容创新

将“青马工程”作为直接联系药学人才的重要抓手，利用微时代和新媒体网络平台，设计适合年轻人学习、交流、分享的“青马思想”应用软件，通过线上、线下的方式打造全新课堂授课，即时与学员分享感兴趣的实时话题和心得体会；以团建促党建，以党建带动团建，丰富团课教育形式，展现当今时代青年的使命感和责任感，培养“团建成长教师”，组织各类社团活动，构建以学员兴趣为引领的自主学习模式；定期组织“青马班”研讨会，集中检查分享学习心得、自省总结；充分发挥大学生社团作用，激发学生主动性和积极性。

（四）具体措施

主要从思想引领、专业教育、户外素质拓展、志愿服务四个方面，立体化培养药学专业领域青马学员的综合素质。

1. 思想引领

（1）加强意识形态领域信仰教育和传承红色文化教育

以阶段性集中授课形式为主，讲授十九大报告及习近平总书记系列讲话精神等内容，在“青马工程”培训过程中，矢志不移地引导学生树立马克思主义信仰。让学员接受红色文化的熏陶，将红色文学作品、影视作品引入课堂，使学员接受红色教育，切实感受从马克思主义进入中国到共产党人带领广大群众进行反帝、反封建、反侵略革命运动，从中华人民共和国成立到改革开放，在党的领导下，民族兴旺，国家富强，人民生活水平不断提高，从而进一步坚定共产主义理想，增强了爱国情感。

（2）树立正确的人生观、价值观和世界观

加强对高校药学人才是非观念及诚信的教育，自觉抵制各种错误思想和利益的诱惑，指导药学人才用辩证唯物主义和历史唯物主义的世界观、方法论进行科学分析论证，有对错误观点和倾向进行辨析的能力，指导师生坚持学术诚信，不忘初心，砥砺前行。

---

① 参见吴昊：《“青马工程”：高校马克思主义理论创新型人才培养的路径选择》，《法制博览》2017年第3期。

2. 专业教育

（1）拓展专业实践内涵，积极参与各类科研赛事

整合相关学科，将理论教学与科研实践紧密联系，定期邀请经验丰富的指导教师、竞赛获奖学生代表开展专业讲座，如：如何申请课题、如何撰写课题申报书，从如何选拔动员到参赛的各项注意事项等，与学员们现场互动交流，为“青马班”授课的专业教师提供一定的资金支持，创造条件拓宽授课教师的知识视野，推荐学生参与各类学术交流和研讨，鼓励申报国家青年基金、面上基金等。[①]

（2）将“翻转课堂”引入“青马授课”模式

借助自媒体等手段，丰富“翻转课堂”模式，搭建“青马班”学员课堂内外、网上线下交流方式。由“青马班”学员轮流对课程理论和专业授课内容进行“翻转课堂”讲述，建立“一人讲，众人评”机制。重点培养学员综合运用所学的基本知识和技能，提高研究实践能力，培养自我创新能力。

（3）构建高水平药学专业“青马工程”导师队伍

在保留原有必修课基础上，结合药学学科特点，创建“青马工程”药学导师制度，为“青马班”学员开设富有专业特色的选修课。以小组教学的模式授课，尤其增加综合性、创新性、实验性的内容，通过小组研究讨论，引导学生向“质疑、奇思、妙想、创新”的求异方向发展。对导师的专业、学历、职称、业务能力等方面制定硬性要求，保证“青马”导师整体质量。遴选范围从学校专业教师到科研院所、医药企业、医院质检等单位中具有丰富经验的教师、企业高管等，构建一支高学历、高水平、专业背景深厚、实践科研创新能力强、年龄结构合理的“青马”师资队伍。

（4）培养品学兼优的学长队伍

制定“青马工程”学长制的选拔条件、工作职责和激励机制。学长对低年级学生要热情关爱、耐心帮助，为学员分享创新创业经历，树立学习榜样。通过开展主题教育活动、经验交流会，建立全天候、无缝隙的信息沟通渠道，提高学员自主协商、制定活动方案、协调引领团队、撰写报告等的基本能力，传递勤奋好学、乐于奉献精神，努力提高个人素质和创新创业竞争力。

（5）团结共赢，增强产、学、研协同发展

启动联合攻关项目，加强科研活动与学术联系，创新成果和产业关联，创新项目同社会生产力共发展。可尝试以小组形式直接与企业建立产学研联盟，建立一批长期稳定且具有一定规模、技术设备先进、管理模式完善的企业作为校外“青马工程”培训基地，能接纳学员到企业锻炼，通过仪式化的导入让学员对企业文化有一个更加深入的认知。校内建立专门的固定情景室，模拟仿真职业环境，对学员进行实训，以缩

① 参见张杰：《高校“青马工程”培养模式调查与探索》，《当代教育实践与教学研究》2017年第12期。

短就业岗位适应期。鼓励教师发扬“青马精神”，积极参与企业生产研发。

3. 户外素质拓展

增设户外素质拓展等类似活动，着重让学员体会团队的凝聚力、归属感、彼此的合作与信任等，提高自身心理素质，激发内在潜能，培养乐观心态和坚强意志，组建综合能力优秀的团队。

4. 志愿服务

志愿服务是“青马工程”培养马克思主义者的重要途径，是鼓励药学人才借助山东省大中专学生志愿者暑期“三下乡”社会实践活动、“千村行动”的平台，采用讲座、比赛等线上线下相结合的方式，由“青马”教师带队深入实践，进行义诊、用药安全知识普及宣传等志愿服务活动。目前山东第一医科大学药学院已形成诸如盲校献爱心、校园环境美化、乡村爱心支教、敬老院敬老爱老等一系列“青马工程”品牌志愿活动项目。

四、结语

“青马工程”是高校进行思想政治理论教育的重要工程项目，以全面提高药学类专业人才思想政治素养为目标，以药学专业为导向，以科技创新、药学赛事等为契机，以师生科研课题为载体，以素质拓展为实践平台，以专业知识为基础，通过砥砺实践、户外素质拓展、思想引导、学习参观等方式对“青马”学员进行各方面系统的培养教育，以点带面，着重探索“青马工程”对培养药学人才的多种途径，使更多药学人才成长为对社会、国家有利的全能型人才。同时向各基层团支部辐射和渗透，推进中国特色社会主义医药事业深入快速发展。

山东第一医科大学药学院充分认识开展“青马工程”的重要性，以“青马工程”探索发展作为深化教育改革的突破口，带动全体师生融入“青马工程”人才培养全过程。按照习近平总书记所提出的“爱国、励志、求真、力行”的重要要求，坚持强基础、搭平台、重引导的原则，营造以马列主义为基础、中国特色社会主义为根本、青年团体积极靠拢、努力进取的校园文化环境，着力探索在新时代各种思潮冲击下，构建更适合药学人才培养的教育体系，使其政治素质与专业业务素质齐头并进，立时代之志，为祖国的药学事业贡献自己的力量，做新时代中国特色社会主义思想的信仰者、践行者、布道者。

校院两级学生制度体系的探索与构建

——以山东农业大学为例

王　群　许　盈　李　涛　李万佳*

摘　要　山东农业大学坚持以习近平新时代中国特色社会主义思想为指导，贯彻落实全国高校思想政治工作会议精神以及2017年教育部颁布的《普通高等学校学生管理规定》等要求，坚持制度建设人人参与，制度面前人人平等，探索构建了校院两级学生制度体系，切实提升学生管理服务法治化水平。

关键词　校院两级　学生制度体系

全面推进依法治国明确了建设中国特色社会主义法治体系和建设社会主义法治国家的总目标。高校学生工作要主动适应依法治国和依法治校的新形势、新任务和新要求，建立健全学生制度，依法依规开展工作，加快学生管理法治化进程。

一、加强高校学生制度建设的重要意义

（一）实施依法治校需要加强高校学生制度建设

《国家中长期教育改革和发展规划纲要（2010～2020）》中明确提出："大力推进依法治校，学校要建立完善符合法律规定、体现自身特色的章程和制度，依法办学，从严治校，认真履行教育教学和管理职责。"加强高校学生制度体系建设是推进依法治国、依法治校，提升学生管理法治化、科学化的客观需要；是深化教育体制改革，适应教育发展新形势，提升学生工作管理水平和效益的内在要求；是高校加强内部管理，维护学校、教师、学生等合法权益，提高人才培养质量，促进学生成长成才的重要保

* **作者简介**：王群（1970～　），男，山东巨野人，山东农业大学学工委书记、学工处处长、武装部部长，副教授，研究方向为大学生思想政治教育；许盈（1981～　），男，山东泰安人，山东农业大学学工处副处长，讲师，研究方向为大学生教育管理；李涛（1979～　），男，山东滕州人，山东农业大学学工处学生教育管理科科长，讲师，研究方向为大学生规范化管理；李万佳（1987～　），男，黑龙江讷河人，山东农业大学学工处学生教育管理科副科长，讲师，研究方向为大学生规范化管理。

障。推进高校学生制度体系建设对实施依法治校，健全现代大学制度，推进高校治理体系和治理能力现代化具有重要意义。

（二）新规定出台需要加强高校学生制度建设

《普通高等学校学生管理规定》（教育部令第41号，以下简称《规定》）是指导和规范高校实施学生管理的重要规章，涉及学生的权利与义务、学籍管理、校园秩序与课外活动、奖励与处分、学生申诉等诸多方面，对3000多万在校大学生的学习和生活具有重要影响。笔者对国内外高校学生制度建设情况进行查阅、调研，总体来说，高校学生制度建设坚持以谋划设计为前提，组织领导为关键，执行落地为根本，反馈修订为保障，总体遵循合法原则、人本原则、民主原则和持续原则等基本原则，严格规范酝酿、起草、审查、表决、宣传、解释等基本程序，同时强化高校人员和高校机构的基本监督。随着《规定》的修订颁布和依法治校观念的不断深入，对学生制度体系的科学化、规范化提出更高要求。

（三）应对新挑战需要加强高校学生制度建设

依法治校的理念提出至今，高校学生制度建设有了较大发展，但学校各类突发事件屡屡发生，反映出高校学生制度建设的不足，仍存在着普遍问题和突出难题，面临巨大挑战。一是部分高校学生制度的制定和修改缺乏科学性和民主性，阻碍了学生制度的完善；二是部分学生对管理规定执行不到位，随着依法治校理念的推进，高校学生制度建设取得一定成果，但有些规定没有落到实处；三是部分高校对学生制度的解释权混乱，由于学生制度的局限性和现实生活的复杂性，高校学生制度在运行过程中存在一定冲突，未有明确解释。因此，如何促进高校学生制度的科学化、民主化，贯彻落实学生制度的顺利运行、实施是高校学生制度建设面临的重大挑战。

二、校院两级学生制度体系的建设原则

为做好学生制度建设工作，山东农业大学开展了学生管理法治化现状调研活动，其中一项结果显示，仅有26.21%的学生清楚了解学生管理制度的相关内容；62.8%学生表示偶尔关注，略知一二；还有部分学生（10.99%）对学生管理制度内容并不关心，更不清楚。可见，学生的法治意识和法治观念还很薄弱，离法治化的要求还有距离。这就需要我们把学生制度的制定、执行、监督等工作在学校和学生层面双向互动起来，把管理者和被管理者的积极性调动起来，在依法依规开展管理服务工作的过程中提高广大学生的法治意识和法治观念，在法治意识水平不断提高的同时加快学生法治化管理进程。

（一）坚持制度制定人人参与

调查显示，90.58%的学生认为在制定、修订规章制度时，有必要听取广大学生的意见，30%的学生希望能够直接参与规章制度的制订。当前，《刑法》修正案将组织作

弊、买卖考题、替考等行为纳入范畴，《教育法》和《高等教育法》修正案于 2016 年 6 月 1 日起施行，教育部《普通高等学校学生管理规定》《普通高等学校辅导员队伍建设规定》等相继出台，《山东农业大学章程》也已顺利通过山东省教育厅核准生效，关于学生管理的“上位法”已经颁布实施。“自上而下”对于学校相关学生制度提出了新的建设要求。此前，学院在梳理“下位法”院级学生制度过程中，对校级学生制度有了深入的对照和思考，学校学生管理规定中确实存在着与实际工作不相适应的情况，例如，关于学生素质评价、奖学金评定、发展性资助等牵涉学生切身利益的条款应当作出进一步修订和完善，以促进学生个性发展；关于交流交换生管理服务、学生出国（境）等新时期的工作应当作出明确规定；等等。“自下而上”需要对校级层面的学生制度进行废改立。综合上、下两方面的需要，我们在学生制度建设工作中坚持五个“既要”：既要与“上位法”相适应，也要与“下位法”相衔接；既要抓校级学生制度的废改立，也要抓院级学生制度的“回头看”；既要看学校层面的制度运行情况，也要看学院层面的制度执行报告；既要立足校本制度，也要借鉴省内外高校成熟经验；既要广泛听取部门学院的意见，也要广泛听取专家、老师、同学们的意见，同时吸纳部分学生直接参与修订，切实提高修订意见的代表性。让制度未“出台”先“出门”，在意见听取中凝聚制度建设共识，在制度修订中增强法治意识观念。

（二）坚持制度面前人人平等

制度的实践是制度建设的核心内容，制度建设有没有好的效果，关键看制度的执行力和公正力。为此，要做好两个方面的工作。一是坚持正面教育为主，确保广大学生享有平等的制度知情权。配合学生制度的修订、颁布实施，深入开展学生制度学习月、法治入校园等活动，使制度的学习教育经常化、系统化，增强学生对制度的了解和认同感，提高学生遵守和维护制度的自觉性，营造人人崇尚制度、人人遵守制度、人人执行制度的制度文化氛围。要充分发挥学工人员的示范作用，以尊重和维护制度的模范行动，带动学生不断增强制度意识和规则意识，形成严格执行制度的良好习惯。二是强化制度刚性约束，一把钢尺量到底。调查中有 21.50%的学生表示遇到过不按照学生管理规章制度办事的情况。制度一旦形成，就要坚决执行，做到言必行、行必果、违必究，不能照顾“面子”，乱开“口子”，搞“下不为例”和“既往不咎”。中央纪委监督执纪“四种形态”，对我们有重要的启示作用，在学生制度执行上也要把握“四种形态”：批评教育要经常开展，让触碰了制度“底线”的同学在纪律“红线”面前止步，学生管理严格按照制度办事、师生有较强法治意识成为常态；经批评教育仍不改正、违反纪律的，要给予相应轻处分，让轻处分成为大多数；对少数受到轻处分仍然严重违反纪律的，提请校长会议给予重处分；对极少数重处分后仍我行我素的，给予改变“学生”身份的开除学籍处分或作出退学处理。这“四种形态”都是为了“惩前毖后，治病救人”，真正体现对学生的严格要求和关心爱护，坚决杜绝一上来就要给予重处分或改变“学生”身份，搞“不教而诛”。

三、校院两级学生制度体系的建设路径

（一）构建校级学生制度体系

1. 修订制度标准

一直以来，学校高度重视学生工作规范化、制度化和科学化建设，把《山东农业大学学生管理规定》作为制度标准，每学年定期开展修订工作。第一，充分准备，奠定基础。通过多种形式组织全体学工人员、全体学生认真学习《规定》内容，邀请高校专家教授进行《规定》专题辅导，进一步统一思想，提高认识；梳理《学生手册》与《规定》中的冲突条款，形成对照表，面向团委、教务处、国交处、财务处、公安处、后勤处、图书馆、网信中心等部门和各学院征集修订的意见建议，形成具体意见和修改建议。第二，会议修订，统一意见。组织有关部门负责人，学院分管学生工作的党委副书记、团委书记、辅导员及学生代表召开学生手册修订工作会，按照《规定》有关要求，围绕学籍管理、图书馆管理、社团管理、日常管理、学生处分等方面办法的修订进行深入探讨，形成一致意见。第三，形成报告，提交审议。根据修订会议精神，形成《修订报告》和《修订说明》送审稿，提交有关部门和法律专家审签，再次征集意见，根据有关方面反馈意见，修改送审稿，形成校长办公会审议稿，提请会议审议。修订意见经校长办公会审议通过，印发《山东农业大学学生管理规定》。

2. 出台考核制度

2015 年，学校结合“学科建设大讨论”和“三严三实”专题教育，在全校大学生中开展了“优良学风，你我同行”学风建设大讨论活动。为巩固大讨论成果，对学风建设工作进行科学合理的考核评价，找准薄弱环节，强化有效措施，进一步完善学风建设长效机制，2016 年起，学校对学院年度学风建设工作进行量化考核。第一，明确考核内容。制定颁布了《山东农业大学学风建设量化考核指标体系》，包括组织领导、思想教育、行为管理、安全稳定、学风养成、奖励资助、队伍建设、工作创新等 8 个一级指标，涵盖 25 个二级指标、77 个三级观测点，设有具体考核内容和评分标准。第二，明确考核形式。在考核过程中，坚持四项工作原则：即全面考核与重点考核相结合，突出重点；定性考核与定量考核相结合，注重定量；过程考核与结果考核相结合，注重过程；达标考核与实绩考核相结合，注重实绩。经过两年来的量化考核，校院两级学风建设工作的科学化和规范化得到了有力提升，每年 1 月对上一年度学风建设先进单位进行隆重表彰。第三，在优化中提高。为贯彻落实上级主管部门和学校要求，更好地推进学团工作，开展了学团队伍集中调研，成立学生工作考核调研组、辅导员考核调研组和创新创业考核调研组，各调研组通过查阅文献资料，线上开展教师、学生问卷调查，线下组织召开座谈会、研讨会，校内进行个体访谈，校外借鉴兄弟院校

经验做法，现已出台《山东农业大学学风建设先进单位评选暂行办法》，起草形成了《山东农业大学招生就业先进单位评选暂行办法》《山东农业大学辅导员绩效考核暂行办法》《2018年度学生工作考核评价指标》等待发制度，不断健全学生工作考核机制。

3. 形成制度汇编

学校梳理大学生教育管理工作的上级文件，形成《大学生思想政治教育文件汇编》1册，包含上级相关文件40余个；修订完善学生相关制度，形成《山东农业大学学生制度汇编》1册，其中包含思想教育、学风建设、招生就业、资助国防、创新创业、队伍建设等六个方面，涉及学生工作相关意见、办法、通知等90多项。两个汇编在全校范围内印发，作为学生工作开展的指南针和方向标，也为院级学生制度建设指明了方向。

（二）构建院级学生制度体系

学校党委《关于推进校院两级管理体制改革的意见》中明确指出，坚持分级管理、权责一致、放管结合的基本原则，健全运行机制，制定出台校院两级管理具体实施办法和管理制度，明确校院两级职责，建立校院两级统筹联动的管理运行体系。为此，学生工作在贯彻落实上分两步走：

1. 学院制定制度

按照学校党委制度建设的要求，学工部门启动了院级学生制度“一院一品”建设，各学院学生工作领导小组在学院党委行政的领导下，坚持法治化和人性化相结合、指导性和实用性相结合、统一性和特色性相结合，立足学院学生工作实际，依照校级学生制度，修订完善各学院学生制度，初步形成学院学生制度汇编（送审稿）。

2. 学校审核制度

学工部门制定院级学生制度审核工作方案，由学生工作处牵头负责，成立以学院党委副书记为组长，学院团委书记、学工处工作人员为组员的审核组，分组对学院学生制度汇编（送审稿）进行审核，逐一审查学院学生制度与国家法律法规、学校相关规章制度的一致性和学院学生制度自身的规范性，提出修改意见和建议。学工处统一反馈给相关学院进行修改完善，最终形成了全部二级学院的学生制度汇编。同时要求，各学院学生制度汇编需定期修订完善，并报学工部门审核备案。

在确保校院两级学生制度一致性的前提下，二级学院形成院级学生制度特色，如，农学院形成以“班主任＋”为依托的班主任管理制度，食品科学与工程学院形成了学生党建团建制度的工作特色，植物保护学院形成了以社会实践、课外活动为核心的“第二课堂”管理机制，信息科学与工程学院形成了创新创业、学科竞赛奖励的制度体系等，院级学生制度建设取得阶段性成效。

四、学生制度建设的下一步努力方向

制度管长远管根本，制度建设只有进行时，没有完成时。学校学生工作将牢固树立“长远谋划，精细化管理，求真务实，遵规守矩，主动担当”的理念，不断健全和完善校院两级学生制度体系，更好发挥制度在学生教育管理服务中的基础性作用。

（一）进一步健全学生制度监督体系

规范制度的运行流程，公开、透明地落实各项制度规定，让制度在阳光下运行。结合工作考核评价，建立健全对制度执行情况的监督机制，不断拓宽监督渠道，整合各方监督力量，形成监督合力。执行制度的单位充分发挥各自作用，加强对工作人员制度执行情况的监督。

（二）进一步完善学生权利救济途径

无救济无权利，从法治的角度构建学生权利救济制度显得十分迫切。学校须进一步探索建立学生维权组织，建立健全申诉、仲裁制度，保障学生诉讼请求权，切实维护学生合法权益。

“双轮外溢驱动”理论下海外儒学传播及人才需求研究

——以韩国济州汉拿大学孔子学院为例*

刘均国**

摘　要　改革开放以来中国经济的高速发展，使得2010年的中国综合经济实力超过了日本，从而成为世界第二大经济综合体。在雄厚的经济基础上，作为中华文化代表的中国儒学的地位也得到了相应的提升。可以说，儒学等中华文化从被动的提及现今主动的输出彰显了中国国家实力的增长。而在儒学等软实力的输出中，如何实现儒家文化和所在国文化的融合，如何实现儒学在当地的发展创新，这些是儒学传播中需要思考的问题。

在韩国济州汉拿大学孔子学院的儒学推广工作中，以孔子学院为依托，并结合其当时当地的具体情况，通过吸引和培养儒学人才，使得传播儒学等中国文化取得了良好的推动效果。而其推动的理论依据即“双轮外溢驱动”理论，这个理论的关键就在于着重于两个极点的发展，再由两极延伸带动全面的扩张。此理论在济州岛的儒学推广中得到了广泛的应用，并在教学和交往中获得了不俗的成果。

关键词　孔子学院　双轮外溢驱动　儒学　济州汉拿大学

一、中国儒学海外传播情况

改革开放以来，中国经济经过了四十多年的高速增长，不仅在经济建设方面取得了巨大的成果，而且在精神文化建设方面也有了不断的发展：构建了覆盖全国的现代公共文化体系，提供了丰富且多样化的文化精品。此外，国际儒学联合会作为国际上影响最大的儒学研究与普及的民间学术团体，近五年来对儒学普及、推广做了卓有成

* 基金项目：山东青年政治学院青年项目课题“儒学走向世界的‘双轮驱动模式’研究——以济州汉拿大学孔子学院宣传模式为例”。

** **作者简介**：刘均国（1982～　），男，山东枣庄人，山东青年政治学院教学科研办公室主任、讲师，研究方向为韩朝政治文化、国际关系、儒学等。

效的工作。国际儒学联合会主办多次儒学普及与推广会议，积极拓展儒学普及与推广的国际化合作的方式、方法，借鉴“儒家文化圈”在诸国和地区的儒学普及经验，进行网络建设、师资培训、教材编写，组建学术专家团队走进学校、社区、乡村，进行儒家伦理的推广与落实。《光明日报》2014 年登载有《“曲阜共识”：建立激励机制加强儒学研究推广》一文，号召全国各地的儒学研究团体和学者共议中华优秀传统文化当代价值与儒学社团的历史使命。此外，全国各地先后建立了各种各样的儒学研究团体：如北京大学儒学研究院、山西省当代儒学研究会、山大儒学高等研究院等。宋大琦、杨万江、洪范在《儒学的机遇与方向——大陆新儒家评议》中提出：推广儒学离不开民间儒学推广者、儒家宪政派和儒家法哲学三个方面共同的努力；同时提出“儒学的机遇与方向”的观点，指出随着 21 世纪中国的崛起，中国的传统文化随着“国运上的转变看起来也是儒学发挥作用的一个机遇”。[①] 此外，于 1995 年创立的《国际儒学研究》期刊也成为推动国际儒学研究、交流和普及的重要学术平台和国内外研究儒学的一个重要刊物。

“文明特别是思想文化是一个国家、一个民族的灵魂。无论哪一个国家、哪一个民族，如果不珍惜自己的思想文化，丢掉了思想文化这个灵魂，这个国家、这个民族是立不起来的。”[②] 文化自信首先就是传统文化的自信，而儒学作为中国传统文化的重要组成部分，是文化自信首要倡导的内容。进入 21 世纪以来，中国不断扩大对外文化交流合作，主动“走出去”，凭借文化软实力实现了国际影响力更上一个新台阶的目标。而孔子学院建立的目标就在于为发展中国与世界各国的友好关系，增进世界各国人民对中国语言文化的理解，同时也是为了培养汉语学习者和扩大中国传统文化的传播。本研究将要涉及的韩国济州汉拿大学孔子学院建立于 2009 年，该学院自建立之初就开始实施“两条腿走路”的“双轮外溢驱动”方式进行汉语教学和中国传统文化传播，在短短的数年间就成为济州特别自治道乃至韩国国内具有极大影响力和号召力的文化推广机构。

中国的孔子学院（Confucius Institute）是中国国家汉语国际推广领导小组办公室在世界各地设立的推广汉语和传播中国文化的机构。总体来说，全世界的孔子学院结构可以分为孔子学院和孔子学堂两类。作为中国传统文化，特别是儒学的传播平台，孔子学院重要的一项工作就是为世界各地的汉语学习者提供汉语教学和传播传统中国文化。数据显示，欧洲、美洲和亚洲是孔子学院分布最密集的地区。

孔子学院招募外派中方院长、汉语教师和汉语教师志愿者三类。根据 2018 年在北京召开的第十三届全球孔子学院大会提供的数据，2018 年孔子学院共培训各国汉语教师 55 万人次，参加国家汉语教师证书考试的各国教师达到 2.2 万人次。2018 年面授学员 186

---

① 参见宋大琦、杨万江、洪范：《儒学的相遇与方向——大陆新儒学评议》，《当代儒学》2015 年第 1 期。

② 《习近平在纪念孔子诞辰 2565 周年国际学术研讨会上的讲话》，新华网，2019 年 9 月 24 日，http://www.xinhuanet.com//politics/2014-09/24/c_1112612018.htm。

万人，注册学员占78.5%，学分学员占49.4%，汉语考生达到680万。截至2018年，孔子学院共举办中国文化、人文交流活动20万场，参与其中的民众达1亿人次。①

二、儒学传播需求情况分析

儒学在当代的传播呈现一种令人担忧的趋势，即集大成者随着年龄和时代的推移而逐渐减少，中年儒学人才也因年龄临近退休影响力有所下降，青年学者还没有能力做到独当一面。而随着市场经济的发展和人民不断增长的对思想文化的需求，当今社会对儒学之需求变得空前巨大。

随着世界第二大经济体地位的确立，经济实力增长助力了中华民族的伟大复兴。而中华民族的伟大复兴需要传统文化——儒学的复兴作为支撑。作为数千年来中华文化的主体，一直影响中国人方方面面的儒家文化的复兴与传播是民族复兴的题中之义。换言之，当今的传统儒学文化的复兴与海外传播，急需一大批既能传承与守护，又能开拓与创新的儒学人才，需要一大批从事中华文化尤其是儒学研究、教学、传播的人才。而中华儒学文化走向世界同样需要一大批文化传播的使者。中国高校现行的文史哲等对儒学海外传播人才培养模式已远远不能适应海外对儒学人才的需求，故“双轮外溢驱动”理论下，探讨如何进行海外人才培养是中国儒学海外传播得以实现的重要保证。

汉语、汉文化等传统儒学推广工作的重难点主要在于广泛收集所在国家和地区的一手资料，了解该区域的政治、经济、文化等各方面状况，进而制定出有效科学地将“双轮驱动”的文化推广模式运用到实践中去的策略。同时，立足已有的推广经验和成果，进一步搞清已有的经验解决了哪些问题，还存在哪些不足，怎样加以改进。在此基础上，确定该文化推广的着眼点，避免盲目性。通过研究总结得出新发现、新观点、新见解，并能将其运用到应用研究领域。汉语推广中“双轮驱动”理论的运用有多方面的优势：首先是具有新内容。利用异国文化传播的模式、模型研究，“双轮驱动”理论通过借鉴济州汉拿大学孔子学院的文化推广模式，构建中国的儒学文化推广形式。研究内容中涉及经济学、哲学等相关理论，也涉及国内外文化传播的模式差异等。其次是寻找新的角度。在推广和传播的过程中，引入经济学的“双轮外溢驱动”理论概念，这一跨学科的理论研究视角是一种全新尝试，汉拿大学孔子学院在这种模式下成功地推广了汉语和中国传统文化。那么这一新视角也成为本课题研究的突破点之一。最后是采用新的研究总结方法。用不同的研究方法会得出互有差异的结论，通过研究方法方面的改动，希望得出更本质、更具有科学性和实用性的文化传播模式。

认识一个事物的本质要进行比较分析和实地调查研究。根据马克思主义哲学观念“应当从客观存在着的实际事物出发，从其中引出规律，作为我们行动的向导。为此目

---

① 参见第十三届孔子学院大会数据，2018年12月，http://conference.hanban.org/pc/news_details.html?main_lan=cn&_id=8。

的，就要像马克思所说的详细地占有材料，加以科学的分析和综合的研究”[①]。因此，在总结汉拿大学孔子学院文化推广经验的同时进行实地调研，并以理论研究为辅，从实地调研中得出客观结论，分析中国传统文化推广传播中已出现和可能出现的现象和问题，探究其深层次原因。通过广泛的实际交流，以网络为手段，在借鉴国内外经验的基础上，对大量存在的客观实际进行比较分析，以得出精炼的理论，且提出可行的建议，从而对中国的文化传播大有裨益。可以说，具体的推广模式应该可以归结为：实地调研，理论分析—对比分析，数据收集—总结归纳，提出建议—现实应用，实践检验。

三、外溢理论下儒学海外传播人才培养

“双轮外溢驱动”理论为经济学术语，本义是指在一国或地区内同时存在多个相对独立的经济增长极，选择培植并发展其中在整个空间中起支配地位的成对应状态的一对增长极，再由这对增长极分别承载并驱动各自增长极的辐射发展，最终使其所覆盖的一国或地区全部区域聚合成为一个整体，从而实现空间的均衡发展。换句话来说，在发展中可以选取其中最为具有优势的两个对应点进行培育，当这两个对应点得以培育壮大后再带动其他点的发展。这个发展过程，既充分体现了效率优先的原则，也符合整体经济效益最大化的目标。[②] 而将这一经济术语专用于人才培养领域，则可以解释为在培养人才时选取两个关键点着重培育，将此两点逐步培育为优势长处后，再带动其他方面的均衡发展。也就是说，在对儒学传播者的培养方面，可以借用两个关键部分的增长带动此类人才素质的全面提升。具体可以分为如下几点进行分析说明：

第一，海外儒学传播者的培养是“高校外语学习”和“儒学文化传承”的结合，即“外语＋传承”的培养模式。高校是培养人才的摇篮，高校的办学理念、管理体制和培养目标直接关系到高校人才培养的质量。[③] 在实现创新驱动发展这一目标上，离不开高校人才培养。而高校的外语学习，则是当前时代的需要。首先是学习其他国家的先进技术、优秀文化成果的需要。在当前全球一体化的时代，如果不能熟练地掌握一门外语是很难在国际社会中立足的，求生存、求发展的时代要求学习外语。其次是与其他国家合作交流的需要。在学习他国技术文化的同时，还有着必然的交流合作等活动。而如果不能掌握好外语，则国家间的交流就无从谈起。

海外儒学传播人才的培养首先是外语人才的培养。没有一定的海外语言知识、充分的语言交流能力，很难将中国儒学的知识精髓讲解清楚。如何将文字背后深藏的文化底蕴翻译出来则是外语人才培养的更高层次的要求，也是对海外儒学传播者的必然要求。

---

① 钱程：《实事求是——毛泽东思想的精髓》，《视点》2014 年第 7 期。

② 参见刘均国：《儒学走向世界的“双轮驱动模式”研究》，《孔子学院发展研究》2017 年第 12 期。

③ 参见郭姗姗、赵湘雯：《高校人才培养路径探析》，《人力资源管理》2015 年第 6 期。

儒学传统知识的传承并不是简单机械地照搬照抄，而应该是在扬弃中寻找适合当代社会发展的儒学文化。简单来说，就是既要符合中国传统文化观念，也要切合国内时代旋律和国外的文化接受程度。

海外儒学传播人才的培养还在于将所传承的儒学知识“本土化”，即符合儒学传播所在国的文化传统，至少不能背离或与之产生冲突矛盾。在英语中“empathy”的含义近似于中国的“同感、共鸣”，这就和中国“万物一体”的王阳明心学有着共同的内涵，也和孟子的“万物皆备于我”有着同质的内容。传播者就要能够把儒家的传统融合到西方的文化中，同时能对西方文化起到补充或修正的作用。即便在东北亚地区，当代韩国的“汉江奇迹”与其民族主义都和儒学是分不开的。韩国的民族主义与儒学精神融合在一起，形成了一股强大的独立民族意识，成为推动其经济腾飞的精神动力。

如上所述，海外儒学传播人才的培养可以在国内高校中的外语专业教学中，加入当代儒学知识的学习。外语作为文化交流与传播的重要工具，对青年人有着强大的吸引力；儒家传统文化传承了数千年，有着其本身的深厚底蕴。通过“外语＋儒学”的“驱动模式”，可以培养出优秀的精通外语的青年儒学传播人才。

第二，儒学传播者的培养还在于“行万里路”和革故鼎新的相互结合，即“实践＋创新”的培养模式。[①]“行万里路”的观点就是要在实践中学习，用实践来验证理论的正确性。当今分布于全球的孔子学院等国家传统文化传播机构众多，截至 2017 年 12 月 31 日，全球 146 个国家（地区）建立 525 所孔子学院和 1113 个孔子课堂。[②] 这为以儒学为代表的中华传统文化的传播和青年学生传播者的实践提供了场所和物质保障。

同时，在实践中要做到一点就是要符合当地文化传统和民族习惯等，在此基础上就当代儒学进行创新发展。在儒学“本土化”的推动和实践的同时，应进行创新发展。以韩国的情况为例，历史上朝鲜半岛在秦汉时代就开始接触儒学等“汉文化”，在近代化的进程中，韩国在接受西方文明的同时，并没有放弃儒学文化等传统，而是将其转化为国家发展进步和稳定团结的精神支柱，遍布韩国的传统“孝道”“三纲”等就是成功案例。[③] 这就需要这些青年儒学传播者的实践与创新。

当代中国儒学的发展可以分为“传承”和“创新”两大类：“外语＋儒学”可以说是传承发展，而“实践＋创新”则主要侧重于创新发展。传统儒学在近现代的百年间经历了曲折反复的过程，成为事实上的“绝学”。所以，在儒学传承的同时，创新更是不可忽视的长远之举。

---

① 参见葛艳红：《儒家文化中的创新思想》，《商丘师范学院学报》2007 年第 23 期。

② 参见国家汉办官网数据，http://www.hanban.edu.cn/confuciousinstitutes/node_10961.htm。

③ 参见史丽萍：《中韩儒家文化比较研究——韩国儒家文化承继对中国的启示》，对外经济贸易大学硕士学位论文，2004 年。

提升工科大学生就业质量路径探索

——以山东农业大学为例*

于小艳　徐宏志　王　琪**

摘　要　就当前社会需求状况来看，工科类学科的大学生社会需求量大，其就业情况较其他学科相对乐观，然而调查显示，山东省工科大学生普遍存在就业层次不高、就业满意度较低、晋升发展缓慢等问题。以山东农业大学机械与电子工程学院为试点，构建了包括学生、高校、家庭、企业在内的四位一体的大学生就业质量提升体系，一定程度上提升了工科大学生的就业质量。但要根本解决大学生就业质量问题，还需要政府、高校、社会、学生自身的共同努力，通过深化改革，形成合力，以提高工科大学生的就业质量。

关键词　工科大学生　就业质量

就业是民生之本，大学生作为就业大军的重要组成部分，不仅关系到自身的幸福、家庭的和谐、高校的发展，而且还关系到整个社会的稳定，因此大学生就业质量影响深远。[①] 然而，目前多数高校仍单纯地追求就业率，存在重数量、轻质量的问题。因此，对提升高校工科毕业生就业质量的路径探索势在必行。

一、工科大学生就业质量现状及分析

本文选取山东大学、山东农业大学、山东理工大学、山东科技大学、青岛大学、德州学院等十所高校的学生为样本，对近三年的工科类毕业生和在校生分别进行就业竞争力与就业意愿调查，以徐工集团、牧羊集团、烟草公司、国家电网等工科用人大

* 基金项目：2017 年度山东省社会科学基金（16SYB012）、山东农业大学学生工作研究课题（XGKT201609）。

** **作者简介**：于小艳（1982～　），女，山东德州人，山东农业大学食品科学与工程学院团委书记、讲师，主要研究方向为大学生思想政治教育；徐宏志（1981～　），男，山东曲阜人，山东农业大学食品科学与工程学院党委副书记，主要研究方向为大学生就业指导；王琪（1990～　），女，山东德州人，山东农业大学食品科学与工程团委副书记、讲师，主要研究方向为大学生创新创业。

① 参见王霆、张婷：《扩大就业战略背景下我国大学生就业质量问题研究》，《中国高教研究》2014 年第 2 期。

户企业作为用人单位调查对象进行毕业生就业质量调查。本次调查共发放问卷1250份，其中在校生700份，收回有效问卷665份；毕业生500份，收回有效问卷487份；用人单位50份，收回有效问卷50份。调研发现工科大学生就业质量存在以下三方面问题：

（一）就业层次较低

在毕业去向方面，工科大学生的企业就业比例占到63.8%，升学占28.6%，出国占1.7%；就业单位性质方面，72%的毕业生进入民营企业工作，就业去向为公务员事业单位的仅占1.8%；工作地点方面，以山东省为主，仅有13.7%的工科大学生在北上广等一线大城市就业；工作环境方面，76.3%的工科大学生初毕业时在车间从事一线工作，环境相对恶劣；工作收入方面，月收入2000～3000元的占58.2%，3000～4000元的占28.7%，4000元以上的仅8.2%。从以上数据可以看出，工科大学生就业层次相对较低。

（二）毕业生满意度较低

调查显示，工科大学生的就业满意度仅为32.4%，许多毕业生就业后不久便纷纷离岗，跳槽现象严重。原因主要有三方面：一是毕业生期望值过高。近年来大学毕业生均为90后，从小生活条件优越，注重享受生活，他们的择业期望值较高，希望找到工作条件优越、工作压力不大并且待遇丰厚的工作，然而社会现实与他们的期望差距较大；二是用人单位的虚假宣传。部分用人单位为吸引优秀毕业生，在宣讲时夸大公司优势，隐瞒劣势，使得毕业生对工作的期望值高于实际，入职后便会形成强大的反差；三是毕业生缺乏正确的就业观，系统职业发展规划教育的缺失导致大学生缺乏对自我及职业的正确认知，许多大学生在择业期匆匆择业，就业后发现所从事的工作自己不喜欢也不适合，从而导致就业满意度不高。

（三）毕业生发展晋升较慢

调查显示，71.3%的工科大学生对就业后发展情况不满意，主要表现为两个方面：一是人职匹配度较低，毕业后所从事岗位与所学专业匹配度不高，专业素养提升缓慢；二是职务晋升缓慢，工科大学生就业后多年在同一岗位工作。究其原因有三：一是高考扩招，大学生已不再是精英阶层，认可度较高的单位已经相对饱和；二是公司人才管理模式存在问题，个别企业为提升公司形象，部分岗位故意提高学历门槛，出现“高能低配”的现象。另外，部分单位存在排资论辈、晋升渠道不畅等问题；三是工科大学生自身存在问题，由于院校培养质量、学生自身在校学习积累等情况参差不齐，部分工科大学生自身能力欠缺，无法适应岗位要求，导致自身发展缓慢。

二、提升工科大学生就业质量路径的实践探索

从此次工科大学生就业质量调查结果可以发现，导致就业质量不高的既有社会环

境、企业制度、家庭背景、高校层次等客观原因，也有工科大学生自身素养的主观原因。[①] 据此，山东农业大学以机械与电子工程学院为试点，构建了包括学生、高校、家庭、企业四位一体的大学生就业质量提升体系，高校在体系中起主体作用，学生则是整个体系的主角。

（一）加强校企联系，打通学生就业渠道

一是建立以专业为单位的用人单位信息库，准确掌握与专业匹配度高的用人单位信息，包括用人单位行业排名、招聘方式、联系方式等；二是积极拓展就业市场，努力建立与行业排名靠前、学生认可度高、社会评价好的用人单位的联系机制，加强校企间的相互交流，使得用人单位了解并认可学校，进而接收学校毕业生；三是建立反馈机制，通过问卷调查与企业走访的形式，一方面了解企业的需求与对毕业生的评价，进而提高学校培养的学生质量以满足企业需求，另一方面反馈毕业生对企业的意见与建议，促进毕业生在企业顺利成长。

（二）加强家校沟通，提升学生就业层次

家校沟通主要有三方面内容：一是通报学生在校期间各个阶段学习发展的要求及特点，使家长掌握一定的高等教育理念，了解大学生活特点，对孩子进行有针对性的教育督促。二是纠正部分家长错误就业理念，消除家庭对毕业生就业的不利影响。如个别家长因好面子要求孩子就业待遇必须高于民工、工作环境必须在办公室，受“养儿防老”观念影响要求孩子工作地点必须在家附近，这些要求提高了毕业生求职的难度。三是充分利用大学生家长资源。毕业生来自五湖四海，家长在不同地区不同行业岗位就职，他们具有较多的社会资源，充分利用这一资源对毕业生择业大有益处。家校联系在方式上可采用《致家长一封信》，建立家长微信群、QQ 群等渠道进行集体性信息的推送。而对于需要特殊关注的群体，如就业困难学生、就业观念老化固执的家长、就业资源丰富的家长，则可以通过电话、家访等途径加强学校与学生家长的沟通，从而促进学生高质量就业。

（三）加强教育指导，提升学生就业本领

开设就业指导课程，提高工科大学生择业能力。高校可以在大一开设职业生涯规划课程，引导学生正确地认知自我、认知专业、认知职业，开始让学生思考规划个人学业与职业；大二开设创新创业课程，讲解创新创业相关政策及方法，引导鼓励大学生积极探索实践，进行创新创业；大三、大四开设就业指导课程，培训简历设计、面试等技巧，讲解考研、出国、考公相关政策与备考准备等，切实解决学生就业选择的实际问题。结合课程开设情况，学校为工科大学生建立求职档案。根据课程开设情况，要求工科大学生结合自身实际进行自我规划，使每名工科大学生做到自我认知，行业

---

① 参见李晓萌、王新：《提升大学生就业质量的路径》，《教育与职业》2015 年第 19 期。

认知，并树立正确的择业观念。

搭建创新创业平台，提升工科大学生的核心竞争力。工科大学生的核心竞争力在于以专业知识为基础的创新创业上。结合专业特点，建立“双创”长效机制：一是实施梯队导师制，由导师、高年级学生组成“双创”导师团，通过结对子的形式加强双创启蒙教育；二是实施普惠制，开展阶梯式“双创”活动，即在大一时开展专业启蒙实践训练，大二则结合专业知识进行创新比赛，大三则深入研究，参加省级以上比赛及进入导师课题活动；三是实施分级管理制，组建创新团队实验室，一般性项目在开放实验室进行，重点项目在专业团队实验室进行。通过“双创”体系，吸引工科大学生参与其中，通过实践巩固专业知识，切实提高动手能力，提高工科大学生的就业竞争力。①

开展精准帮扶计划，提高工科大学择业成功率。工科大学生在大三学年确立个人就业选择，学校根据学生的就业选择进行分层分类的精准帮扶。针对考研的同学，可邀请专家进行报考学校选择、复习准备方法、心理压力缓解、复试面试、调剂指导等讲座和培训；针对考公与出国的学生，联合培训学校对学生进行专业培训；针对就业学生，进行实习培训、简历面试技能培训、就业信息推送等工作；对于情况特殊的学生则由院领导、辅导员、专业教师进行一对一的跟踪帮扶，直至顺利完成就业。

（四）加强制度建设，激发就业工作热情

建立就业工作全员参与制，成立就业工作领导小组，由学院主要负责人担任组长，全院师生共同参与其中。其中包括就业工作导师制，学院为每一名大四学生配备一名导师，由专业教师担任，对学生大四学年的就业进行一对一的指导。聘请校企联络员，各学院在近三年的毕业生及在校低年级学生中聘请校企联络员，企业联络员负责为毕业生介绍所在公司的基本情况、应聘技巧等，学校联络员负责为毕业生搜集相关就业信息、联系接待用人单位到校招聘，积极推送学校毕业生。

建立就业质量考核体系，考核指标包括就业率和就业质量两项②，总分 100 分，其中就业率占 50 分，就业质量占 50 分，考核详细内容见表 1。

表 1　　就业质量考核体系评分内容

一级指标	二级指标	考核内容	分值比重（%）
就业率	最终就业率	正式就业率 就业率增幅	30
	就业工作	信息发布 就业市场 就业指导	20

① 参见朱钧陶：《大学生就业质量评价体系的实证研究——以华南农业大学为例》，《高校探索》2015 年第 5 期。

② 参见刘承磊、于小艳、赵鸿：《大学生科技创新活动长效机制的构建》，《中国农业教育》2014 年第 2 期。

续表

一级指标	二级指标	考核内容	分值比重（%）
就业质量	毕业生就业层次	毕业生就业去向 毕业生单位性质 毕业生工作地点 毕业生待遇水平	30
	毕业生人职匹配度	毕业生专业与 职位匹配情况	10
	毕业生满意度	毕业生对就业单位 是否满意调查结果	10

三、实践效果及思考

（一）实践效果

就业质量提升体系运行以来，山东农业大学的工科大学生就业质量有了明显的改观。2017 年，学院联系了 154 家企业到学校招聘，其中 52 家是新开辟的就业市场。

就业层次有所提升，如表 2 所示，2016～2017 年，毕业生升学率提高了 8.6%，学院的考研动员、考前指导、复试指导、调剂指导有效促进了升学率的提升。“恋家”现象有所改变，出省就业毕业生较往年增加，其中到北上广等大城市就业的人数提高明显；毕业生就业层次的提升也带动了平均待遇水平的提升，毕业生月工资待遇由 2016 年的 2900 元/月提到了 2017 年的 3200 元/月。

表 2　　山东农业大学机械与电子工程学院 2016～2017 届毕业生就业情况

毕业生	升学率	学历匹配度	专业匹配度	毕业生平均待遇	人职匹配度	毕业生满意度
2016 届	26.1%	72.7%	73.8%	2900 元/月	32.8%	28.6%
2017 届	34.7%	82.1%	84.6%	3200 元/月	35.2%	34.4%

大学生就业人职匹配度提高。就业匹配包括学历匹配、专业匹配和能力匹配三种，其中能力匹配是大学生的主观感受，因个体感受不同，此项数据的客观性不强。就业质量提升体系运行以来，随着来校企业质量的提高、毕业生就业指导力度的加大，工科大学生的学历匹配和专业匹配度都有所提升。如表 2 所示，2017 年学历匹配度提升 39.4%，专业匹配度提高 10.8%，学生在择业时不再单纯考虑待遇问题，而是以后的长远发展，入职是否匹配，择业观越来越理性科学。

大学生就业满意度提高。系统的就业指导提高了大学生职业规划能力，对自己的兴趣、爱好、气质类型比较了解，清楚自己适合哪种类型工作岗位，做到了“知己”。自聘请“校企联络员”以后，大学生择业前会通过企业的联络员了解企业的详细信息，包括工作时间、内容、条件、待遇以及公司文化等，提高了企业的透明度，做到了“知彼”。由此，大学生到单位工作后，适应期明显缩短，跳槽现象减少，满意度也有所提升。

（二）工作思考

就业质量提升体系的主体是学校，但需要和社会、企业、家庭等的共同合作，在运行过程中遇到的诸多困难，也需要政府、企业和社会的共同努力。

进一步推行学生素质教育。素质教育已推行多年，但面对高考的压力，家庭、学生、学校仍以学生的学习为重心，忽视了其他方面的发展。许多大学生尤其是农村地区大学生缺乏自我意识和明确的目标与方向，对职业缺乏正确的认识及体验，从而导致职业生涯规划教育困难较大，教育体系改革还需要进一步深入。

加快社会体制改革，进一步调整收入水平，整个社会的就业观念有待进一步更正。目前社会所认可的优质岗位为工作稳定、压力小、待遇优厚的公务员、事业单位或大型国有企业，大量高学历优质人才选择了对专业知识要求不高的岗位，造成一定程度的人职不匹配。而一些技术岗位人才稀缺，这些岗位需要有专业背景的人经过一定的基层锻炼积累，然而基层岗位工作条件恶劣、待遇较差，不被大学生认可。因此应加快收入分配改革，鼓励大学生多层次就业。

高校转变办学理念。大学生就业质量提升的根本在于大学生自身素养的提升，即高校提高人才培养质量。目前存在高校办学与社会经济发展结合不紧密、专业培养与社会所需不符、学生动手实践能力较差等问题，需要高校主动加强与社会的联系，根据社会所需进行教学与人才培养改革。

“商会启航”的实践探索

袁芙蓉*

摘　要　商会是市场经济的产物，商会建设不仅是一个经济问题，而且还是一个社会问题。近年来，各类商会组织发展迅速，不仅在反映诉求、维护权益、规范行为、提供服务、构建“亲”“清”政商关系等方面发挥了积极作用，而且还在促进企业家自我教育、自我管理、自我服务、自我成长等方面取得了显著成效。但我国商会在发展中良莠不齐，困境颇多，为进一步克服不足，有必要加强商会立法、理论研究和实践探索，发挥商会和企业家促进经济社会发展的积极作用。

关键词　商会启航　“亲”“清”政商关系　发挥作用　促进经济社会发展

2016年2月，习近平总书记在视察江西时，对新余市通过成立民营企业家商会和在商会建立党组织，引导本土民营企业家积极参与农村社会建设和治理的做法进行了点名表扬，并鼓励农民企业家回馈故里，支援农村建设。为落实习总书记的讲话精神，中共新余市委统战部联合市工商联，在全市实施“商会启航”品牌创建工程，推广水北商会经验，通过“党建+商会”建设模式，引领民营企业家“举党旗、抱团干、带民富”。在党组织的模范引领下，乡镇商会、异地商会、外埠商会、行业商会、园区商会等你追我赶、齐头并进，积极参与家乡建设、勇于承担社会责任，成为党委政府沟通联系群众的桥梁和纽带，成为贴心服务企业的会员之家和社会公益事业的重要力量。商会会员逐渐形成了“不做好事，不好意思；做点好事，不够意思；多做好事，才有意思”的价值观。

一、以组建为基础，形成全覆盖的“燎原态势”

组建商会，是“商会启航”品牌创建的基础工程。首要解决的是“谁牵头，谁当头，如何建”等问题。为此，中共新余市委统战部、市工商联针对不同的商会类别，分别制定不同的牵头发起组建模式：乡镇商会由乡镇党委担当牵头发起角色；外埠商

* **作者简介**：袁芙蓉（1964～　），女，江西崇仁人，中共新余市委统战部常务副部长。

会和异地商会有针对性地分别由统战部、工商联领导班子成员挂点牵头推动，并列入年度考核内容。在解决“谁当头”的问题上，紧紧抓住会长和秘书长人选这一关键，确定会长人选标准为经济实力较强、有担当、办事公道正派能服众，秘书长人选标准为乐于奉献、协调能力强、处事公道有亲和力。在实际操作中，着重选择在当地有名望的民营企业家担任会长，秘书长或顾问则主要由当地籍从机关事业单位退休的领导干部担任。在商会筹建过程中，中共新余市委统战部、市工商联全程指导协调，使商会的组建工作规范有序，掀起了各地商会形成比学赶超的热潮。全市一县三区的乡镇商会实现了全覆盖，分宜县成立了全省第一家村级商会，商会建设形成“燎原态势”。

二、以“党建＋”为引领，打造商会发展的“红色引擎”

“打铁先得自身硬。”为确保商会“搞得活，管得住，不失控”，防止商会成为“帮会”，新余市从“三结合”上下功夫，推动商会组织与党的组织同步组建，同步发展，打造商会发展的“红色引擎”。一是商会党建与商会建设相结合。采取选派乡镇党委负责同志担任乡镇商会党组织负责人等形式，确保商会党建工作标准化、规范化。同时，发挥新余市工商联非公经济组织党委作用，将党建工作作为考核验收“五好”工商联、“四好”商会的重要内容，推进商会和党组织同时筹备、同时上报、同时审批、同时成立的“四同时”工作要求，积极扩大党组织在商会的覆盖面，为商会党建工作的开展奠定坚实基础。二是商会党建与理想信念教育相结合。通过在商会建立“新时代传习所”，举办“民营企业家大讲堂”“党员活动日”“理想信念教育报告会”等活动，引导非公有制经济人士增强“四信”，听党话，跟党走。例如，九龙山商会开展了一系列以“红色九龙山，领航新征程”为主题的理想信念教育活动；下村商会组织会员赴井冈山接受传统教育等。2018 年，有 3 位民营企业家获得江西省“优秀中国特色社会主义事业建设者”荣誉称号，4 名获得“优秀创业者”荣誉称号。三是商会党建与服务民企相结合。充分发挥新余市工商联党组联系商会企业的桥梁和纽带作用，通过每年召开一次商会基层组织建设工作会，不定期地开展交通安全知识培训、会计金融知识培训等，有效地将党的工作与经营管理、文化建设、诚信建设和精神文明建设等融为一体。充分发挥党员在商会会员中的先锋模范作用，通过开展“党员示范岗”“党员经营户”“三亮”、先锋储绩等活动，使党组织不仅成为商会的政治堡垒，而且还成为服务企业发展的战斗堡垒。2017 年以来，商会企业中共有 1012 条合理化建议由党员提出，429 个技术革新项目由党员主持，创造了 4.99 亿元的经济效益。

三、以规范为重点，构建商会管理的“核心动能”

一是指导商会规范内部控制。新余市工商联编印了《商会工作指南》，指导按照法人治理结构规范商会建设，明确会员代表大会、理事会、会长、秘书长的权利与职责。按照商会章程，加强制度化建设，形成民主选举、民主决策、民主管理、民主监督、独立自主、规范有序的运作机制。同时，推动商会实行“轮值制、动议制、办结制、问责制”等内部管理制度，确保商会议事有规矩，办事有时限，责任有人担。二是加强商会骨干培训。通过每年举办一期非公企业家MBA总裁班，拓宽商会骨干的眼界，提升经营管理水平；举办政策宣讲报告会、理想信念报告会，组织商会骨干赴爱国主义教育基地观瞻等形式，教育引导非公经济人士传承“红色”基因，争当优秀企业家；举办商会党组织负责人培训班、商会会长培训班等，提升商会骨干对商会的认识和管理水平。三是打造支持商会发展的平台。推动全市各级各类商（协）会会长担任本级工商联的执委、常委，或各级人大代表、政协委员。引导他们积极参政议政，提出议案、提案或社情民意；利用中秋茶话会、春节座谈会、迎新联谊会等形式，搭建市四套班子领导与商会、企业家面对面的沟通平台；打造银企对接平台；创设会员企业交流合作平台；组织企业家参加了2017中部（长沙）民营经济发展论坛、新余（深圳）双向股权招商推介会、新余（上海）产业转移招商推介会等；设立信息服务和维权服务平台。2017年以来，帮助企业调处矛盾纠纷、诉讼维权，发送法律风险提示，举办法律讲座，挽回经济损失6000余万元。

四、以发挥作用为根本，树立了商会良好形象

“商会启航”品牌创建工程实施以来，商会会员参与新农村建设、精准扶贫、助学助困等一系列公益义举的大手笔、大气魄，成为社会持续关注的焦点，树立了民营企业家良好的社会形象。

一是商会成为助力地方经济发展的“先遣队”。以商招商，积极参与招商引资工作，利用在商联商的优势，构建了商会之间多方位、深层次、高效率的招商网络，通过商会组织的推介，投资电镀工业园项目、五金机电模具城项目、安防产品生产项目等一大批投资规模大、发展前景好的项目纷纷签约落户。“渝郎回乡”，积极参与家乡建设。2017年4月，中共新余市委统战部牵头启动“渝郎回乡”工程，通过召开“渝郎回乡”创业大会、“渝郎回乡”中秋座谈会、“渝郎回乡”发展大会，出台“三优先、三保障”优惠政策，吸引在外“渝郎”回乡发展，报效桑梓。“千企帮千户”助力农村精准脱贫，通过“项目带户，结对帮贫，驻点扶村”三措并举，带动了全市社会扶贫工作的积极开展，实行“一对一”结对帮扶，落实产业扶贫项目和农民专业合作社，投入产业扶贫资金2亿多元，解决了400多名农民就业。

二是商会成为美丽乡村建设的“后援团”。通过捐建新农村，有效地改善了农村基础设施。水北商会熊水华等4位企业家捐资3600多万元帮助家乡熊坑村实现整村重建，罗坊商会名誉会长胡三根捐资7000万元为家乡建设中学，珠珊商会理事彭世勇为巷口村民出资安装自来水等，全市商会捐建新农村基础设施资金达3亿元。捐建颐养之家，实现农村老人集中供养，全市413个行政村已建立颐养之家616个，成为“老人开心，子女安心，组织放心”的“三心”幸福工程。参与乡村社会治理，商会设立社

会管理综合治理工作领导小组和矛盾纠纷调处领导小组，在“拆三房，建三园”、蓝天行动、保家行动中，上千名乡镇商会会员发挥在家乡的影响力和号召力，带头拆“三房”，并参与劝导和调解拆房纠纷，得到当地党委、政府的高度肯定。

三是商会成为会员抱团发展的“桥头堡”。商会积极探索“以商养会，以会促商”的发展道路，或以商会名义注册公司，或为会员提供法律、信息、融资等服务，打造商会良好的“造血”功能和抱团发展的服务功能。例如，欧里商会设立了矿产行业发展部、现代农业发展部、旅游服务发展部等部门；九龙山商会注册了“新余龙特工贸有限公司”；水北商会帮助会员办理注册公司 15 家，提供法律维权服务 16 起，促进项目合作 900 余万元；罗坊商会成立了“新余市余泰投资管理有限公司”，并为会员企业建立融资互助与“倒贷”平台；新余市家具建材（装饰）协会开展互助基金会贷款，帮助会员融资 2650 万元；新余市汽车流通行业协会联合会员举办车展 6 次，交易汽车 4800 多辆，金额 54 亿多元。依托商会谋发展已成为广大会员的共识。